DISCURSO E CONTEXTO

Uma abordagem sociocognitiva

Consulte nosso catálogo completo e últimos lançamentos em **www.editoracontexto.com.br.**

Teun A. van Dijk

Discurso e Contexto

Uma abordagem sociocognitiva

Tradução de
Rodolfo Ilari

Revisão técnica
Viviane Ramalho

Foto de capa
Jaime Pinsky

Montagem de capa e diagramação
Gustavo S. Vilas Boas

Preparação de textos
Lilian Aquino

Revisão
Daniela Marini Iwamoto

Dados Internacionais de Catalogação na Publicação (CIP)
(Câmara Brasileira do Livro, SP, Brasil)

Dijk, Teun A. van
Discurso e contexto : uma abordagem sociocognitiva / Teun A. van Dijk; tradutor Rodolfo Ilari. – 1. ed., 2ª reimpressão. – São Paulo : Contexto, 2020.

Título original: Discourse and context : a sociocognitive approach.
Bibliografia.
ISBN 978-85-7244-693-8

1. Análise do discurso – Aspectos sociais 2. Cognição 3. Comunicação – Aspectos sociais 4. Contexto (Linguística) I. Título.

11-13844 CDD-401.41

Índice para catálogo sistemático:
1. Análise do discurso : Comunicação : Linguagem 401.41

2020

EDITORA CONTEXTO
Diretor editorial: *Jaime Pinsky*

Rua Dr. José Elias, 520 – Alto da Lapa
05083-030 – São Paulo – SP
PABX: (11) 3832 5838
contato@editoracontexto.com.br
www.editoracontexto.com.br

SUMÁRIO

PREFÁCIO

Trinta anos atrás, escrevi um livro chamado *Text and Context*. Esse livro trata de maneira ampla e bastante formal de texto, mas trata muito menos de contexto – uma noção que é de importância crucial para explicar como o discurso se insere na sociedade. Nos meus trabalhos mais recentes de Estudos do Discurso Críticos, versando por exemplo sobre racismo, ideologia e discurso, o contexto é muito frequentemente tratado como algo que serve de pano de fundo social ao discurso, mas que é muito pouco ou nada analisado em termos teóricos.

Tradicionalmente, no estudo da língua e do discurso, o contexto é concebido em termos de variáveis sociais independentes, como o gênero, a classe, a etnia e a idade, quando não em termos de condições sociais do texto e da fala. Os estudos da *indicialidade* definem os contextos de preferência em termos *semânticos*, por exemplo como referentes para as expressões dêiticas, mas a maior parte desse trabalho fica limitada às orientações espaciais ou temporais dos participantes.

As teorias dos atos de fala deram conta formalmente de algumas das propriedades dos Falantes e dos Ouvintes, como seus conhecimentos, seus desejos ou seu *status*, visando formular condições de adequação, mas não avançaram ulteriormente na análise dessas condições contextuais.

A Análise de Discurso Crítica (ADC) se interessa crucialmente pelas condições sociais do discurso, e especialmente por questões de poder e abuso de poder, mas também não conseguiu desenvolver teorias do contexto mais específicas, como fundamento para seu próprio empreendimento crítico. Obviamente, o poder não se mostra apenas em alguns dos aspectos do 'discurso do poder' ['powerful speech'], de modo que precisamos ter acesso ao contexto como um todo e em toda a sua complexidade, para entender de que modo o poder se relaciona com o texto e com a fala e, mais geralmente, de que modo o discurso reproduz a estrutura social.

Tanto a *Psicologia Cognitiva* do discurso quanto a *Inteligência Artificial* avançaram muito nas últimas décadas na exploração dos processos e das representações envolvidas na produção e compreensão do discurso. Elas proporcionaram *insights* sobre o papel fundamental dos modelos mentais e do conhecimento que diz respeito ao processamento e ao uso do discurso. Mas esses modelos continuavam sendo semânticos, não pragmáticos. Deixando de lado alguns estudos experimentais sobre diferenças individuais ou sobre objetivos diferentes, pouca pesquisa empírica sistemática foi feita sobre a influência do contexto no processamento do discurso.

A Psicologia Social é uma das poucas disciplinas que produziram ideias sobre estruturas de situações e de episódios que se prestam a ser usadas como propostas capazes de fundamentar uma teoria do contexto, mas essas ideias não foram concebidas como uma teoria do contexto para o discurso. Na verdade, *excetuando a Psicologia Discursiva*, o estudo do discurso nas orientações predominantes da Psicologia Social ainda é bastante marginal.

Se há uma disciplina que deveria proporcionar *insights* sobre a natureza dos contextos e sua influência no discurso, essa disciplina é a Sociologia. Mas, ironicamente, a principal contribuição que a Sociologia deu à análise do discurso foi a análise da conversação, que, pelo menos em seus primeiros momentos, foi ainda mais descontextualizada do que a maioria dos trabalhos em análise do discurso – na medida em que enfocou mais as estruturas da interação do que o entorno, os agentes e suas propriedades. Note-se, porém, que nas primeiras décadas, houve tentativas esporádicas de definir situações sociais na Sociologia, culminando especialmente na obra de Erving Goffman, que talvez seja o sociólogo que mais contribuiu para a nossa compreensão de como a interação e a fala são situadas.

A Antropologia e, especialmente, a *Etnografia da Fala* e a *Antropologia Linguística* são as únicas orientações de pesquisa que, até o momento, deram atenção por um período de décadas ao estudo do contexto como um componente óbvio dos "eventos comunicativos", começando pela conhecida grade SPEAKING, de Dell Hymes nos anos 1960. A isso se relacionam os estudos etnográficos feitos na área da *Sociolinguística Interacional* por John Gumperz e outros, sobre aquilo que chamaram de 'contextualização'. Até hoje, essas são também as poucas abordagens que produziram (publicaram) livros sobre contexto e contextualização.

Podemos concluir a partir desse brevíssimo resumo que, na maioria das disciplinas humanísticas e sociológicas, há um interesse crescente no estudo do contexto, mas um interesse que ainda carece de foco.

Há milhares de livros, em muitas disciplinas, em cujos títulos aparece a palavra 'contexto', mas a grande maioria desses estudos usam a palavra informalmente, como 'ambiente circunstante', 'condições', 'situação' ou 'pano de fundo' de caráter social, político, geográfico ou econômico, mas quase nunca no sentido específico de 'contexto do texto ou da conversa'.

São poucos os livros em Linguística, nos estudos sobre discurso e nas Ciências Sociais que usam a noção de contexto em termos de restrições ao discurso e consequências do discurso, mas a maioria desses estudos enfocam especificamente o discurso, e não a natureza complexa de seus contextos. Isso, evidentemente, não causa surpresa, porque a noção mesma de 'contexto' implica uma definição relativa a 'texto', e nesse caso o 'texto' (ou a conversa) é o fenômeno focal. Ou seja, em geral, os contextos só são levados em conta com o fim de compreender ou analisar melhor o discurso. Se assim não fosse, o estudo do 'contexto' seria mera Psicologia, Sociologia ou Antropologia das circunstâncias, dos agentes sociais e de suas propriedades, bem como seus processos cognitivos, suas atividades, interações práticas sociais e organizações.

Está na hora de levar os contextos a sério, desenvolvendo teorias explícitas a respeito deles e da maneira como se entende que se relacionam ao discurso e à comunicação. Este livro, da mesma forma que *Society in Discourse* (Van Dijk, 2008), no qual eu exploro o estudo do contexto nas Ciências Sociais, é uma tentativa de desenvolver precisamente uma teoria desse tipo. Para tanto, examina (o uso da) noção de contexto e seus possíveis componentes em Linguística, Sociolinguística e Psicologia Cognitiva. *Society in Discourse* estende essa exploração teórica no que diz respeito à Psicologia Social, à Sociologia e à Antropologia, estudos aos quais se fará frequentemente referência no presente volume. Embora tenham uma relação íntima enquanto estudos abrangentes do contexto, os dois livros podem ser lidos como estudos independentes – já que este visa em grande medida leitores interessados em (Socio)linguística e Psicologia Cognitiva, ao passo que o outro visa leitores interessados em Psicologia Social, Sociologia, Antropologia e Ciência Política. Naturalmente, torço para que os leitores deste volume leiam também o outro estudo sobre contexto nas Ciências Sociais, dada a relação óbvia entre contextos sociais do discurso e o estudo das situações e interações comunicativas nas Ciências Sociais.

Este livro é o primeiro inteiramente dedicado à noção de contexto e, portanto, deve ser encarado como um estudo de caráter exploratório. É um estudo teórico, inspirado por ideias e desenvolvimentos ocorridos na Linguística, na Sociolinguística e na Psicologia Cognitiva. Resenharei um grande número de estudos empíricos, mas em compensação não terei para relatar nenhum estudo ou experimento etnográfico novo sobre contexto. Ao invés disso, pelo livro afora, ilustrarei a teoria exemplificando-a por meio de um dos mais influentes discursos dos últimos anos: o debate sobre o Iraque na Câmara dos Comuns Britânica. Em seu discurso pronunciado nesse debate, Tony Blair apresentou e defendeu uma moção que visava legitimar a Guerra contra o Iraque – uma guerra da qual conhecemos as trágicas consequências.

Esse discurso, e os que foram apresentados em seguida por outros Membros do Parlamento, proporcionam muitos exemplos de como uma abordagem descontextualizada do estudo do discurso e da conversação sofre de limitações e leva a descrições superficiais, formalistas e às vezes triviais, que ficam seriamente abaixo de uma análise do discurso, já que o discurso está profundamente imerso na vida social e política.

Como, intuitivamente, quase tudo pode tornar-se relevante para o discurso – mesmo que considerássemos apenas os assuntos de que falamos, ou a infinidade de situações em que podemos falar –, uma teoria do contexto corre o risco de tornar-se uma Teoria de Tudo. É portanto crucial definir no sentido literal do termo, isto é, delimitar, algo que de outro modo poderia vir a abarcar uma larga parte da sociedade. Na verdade, não há exagero em pensar que o discurso de Tony Blair precisa ser compreendido não só como o de um primeiro-ministro que se dirige aos Membros do Parlamento – MPs daqui em diante – (e à nação, e ao mundo) no contexto de um debate parlamentar na Câmara dos Comuns Britânica no dia 18 de março de 2003, mas também como parte da política externa do Reino Unido, das relações com os Estados Unidos da América e com a União Europeia, como parte da questão do Oriente Médio e assim por diante.

A menos que queiramos perder-nos em infinitos contextos, precisamos concluir que nem tudo aquilo que pode ser compreendido de algum modo como 'pano de fundo' do discurso é necessariamente parte de seu 'contexto', quando este é definido em termos mais estritos e teóricos. O contexto tem base no conhecimento do mundo, mas não é a mesma coisa que o conhecimento do mundo. Portanto, desenvolver uma teoria do contexto significa antes de mais nada selecionar aqueles elementos de uma situação comunicativa que são sistematicamente relevantes para a fala e o texto. Isso significa que precisamos examinar, em primeiro lugar, como essas situações vêm sendo definidas em Linguística, Sociolinguística, Psicologia Cognitiva e Social, Sociologia e Antropologia – e somente em seguida imaginar critérios sobre aquilo que cabe ou não incluir na teoria do contexto.

Este livro não se limita a explorar e resenhar uma grande quantidade de trabalhos mais antigos. Também apresenta e defende uma tese teórica que pode ser óbvia (pelo menos para os psicólogos e para alguns sociólogos antigos de formação fenomenológica), mas que não tem visibilidade na maioria das Ciências Sociais do momento e das várias abordagens do discurso e da comunicação. Esta tese é muito simples, mas é crucial para a compreensão do que é o contexto e de como se relaciona com o discurso: *Não é a situação social que influencia o discurso (ou é influenciada por ele) mas a maneira como os participantes definem essa situação.*

Portanto, os contextos não são um tipo de condição objetiva ou de causa direta, mas antes construtos (inter)subjetivos concebidos passo a passo e atualizados na interação pelos participantes enquanto membros de grupos e comunidades. Se os contextos fossem condições ou restrições sociais objetivas, todas as pessoas que estão na mesma situação social falariam do mesmo modo. Portanto a teoria precisa evitar ao mesmo tempo o positivismo social, o realismo social e o determinismo social: os contextos são construtos dos participantes. Essa é também a razão pela qual a principal hipótese da teoria do contexto é uma hipótese sociocognitiva, e este livro pode ser definido como uma perspectiva sociocognitiva sobre o estudo do contexto, no âmbito de uma abordagem multidisciplinar mais ampla.

A tese de que os contextos são construtos subjetivos dos participantes também dá conta da unicidade de cada texto ou conversa (ou de seus fragmentos), bem como da base comum e das representações sociais compartilhadas pelos falantes, na medida em que são aplicadas em sua definição da situação que chamamos de contexto.

Veremos que a Psicologia tem uma noção muito útil que dá à teoria um fundamento cognitivo sólido, a saber, a noção de *modelo mental*. Ou seja, enquanto interpretações subjetivas das situações comunicativas, os contextos serão definidos como *modelos de contextos*. Vejamos o que esses modelos de contextos fazem (ou precisam fazer):

- controlam o modo como os participantes produzem e interpretam o discurso;

- habilitam os participantes a adaptar o discurso ou suas interpretações à situação comunicativa de acordo com a relevância para eles a cada momento da interação ou comunicação;
- proporcionam o elo cognitivo crucial que falta, na teoria cognitiva do processamento textual, entre os modelos mentais dos eventos de que se fala (referência), e o modo como o discurso é efetivamente formulado;
- definem as condições de adequação do discurso e, portanto, a base de uma teoria da pragmática;
- são a base de uma teoria do estilo, do gênero textual, do registro e, em geral, de qualquer variação discursiva; são o elo faltante entre o discurso e a sociedade, entre o pessoal e o social e entre a organização em níveis e a estrutura, e portanto confirmam que o conhecido problema do micro e do macro pode (também) ser formulado nesses termos, pelo menos para o domínio fundamental da língua e da comunicação. Para a Linguística e as gramáticas (formais), os modelos de contexto podem ser (e parcialmente têm sido) formalizados de maneiras que vão além da semântica referencial dos dêiticos;
- permitirão que a investigação sociolinguística continue a desenvolver-se mais explicitamente, alcançando áreas que ficam além do estudo das correlações com variáveis sociais, dando, ao mesmo tempo, mais atenção à influência social sobre as estruturas discursivas;
- tornam explícitas algumas noções sociológicas antigas, mas ainda relevantes, tais como a noção de definição da situação, que também promete ser aplicável nas análises da conversação e interação;
- eles mostram como o contexto também pode controlar aspectos do texto e da conversação que são relevantes para os participantes, mas não são observáveis;
- eles reformulam quadros mais antigos em Antropologia para o estudo dos eventos comunicativos;
- finalmente, como também se mostrará pela análise contextual e crítica do discurso de Tony Blair e das outras intervenções no debate sobre o Iraque, um tratamento mais sistemático do contexto inclui-se entre os fundamentos dos Estudos do Discurso Críticos, o mesmo ocorrendo para todas as abordagens do discurso de tipo mais sociopolítico.

Como a teoria é apenas fragmentária, este livro também pretende ser um estímulo para mais pesquisa. Trata de numerosos problemas que necessitam de mais elaboração teórica, mais experimentos psicológicos, mais descrição etnográfica e mais análise de discurso feita em detalhe. A influência do contexto é muitas vezes sutil, indireta, complexa, confusa e contraditória, com resultados bem distantes dos efeitos óbvios das variáveis sociais independentes.

Os contextos são como as outras experiências humanas – a todo momento e em toda situação, tais experiências definem como vemos a situação presente e como agimos nela. É uma tarefa fundamental para os estudos humanísticos e para as Ciências Sociais em geral, e para os estudos discursivos em particular, mostrar de maneira exata como nosso texto e nossa fala dependem dos contextos – e como os influenciam.

Mais do que qualquer outro livro de minha autoria, escrever meus dois livros sobre contexto foi um esforço terrível de vários anos. Embora produzir teoria (e analisar exemplos interessantes) possa ser divertido, quem o faz pode às vezes cair em desespero, por causa da complexidade das questões envolvidas. Se idealizamos uma teoria geral do contexto e de sua relação com o discurso, não podemos limitar-nos a um estudo focal, digamos, dos pronomes, da troca de turno ou da metáfora (cada um desses tópicos já é em si mesmo uma área de estudos enorme). É preciso considerar, por um lado, quase todos os aspectos das situações sociais e, por outro, todas as estruturas variáveis do uso da língua e do discurso. E não admira que tenha levado anos até que consegui ter controle sobre os principais problemas envolvidos! Não admira que este estudo, apesar das drásticas limitações que me impus, foi crescendo até alcançar seu tamanho atual, de duas monografias independentes mas relacionadas! E ainda tenho a desagradável sensação de ter apenas arranhado a superfície – a mesma sensação que eu tinha sobre minha compreensão do discurso quando escrevi *Text and Context*, três décadas atrás.

Espero, portanto, que apesar das óbvias imperfeições e lacunas de meus livros, outros aceitarão o desafio e desenvolverão mais e mais o campo dos *estudos do contexto*, como uma das principais áreas dos estudos discursivos em todas as disciplinas de estudos humanísticos e Ciências Sociais.

Comentários críticos e sugestões são, como sempre, bem-vindos.

Novembro de 2007

Teun A. van Dijk
Universidade Pompeu Fabra, Barcelona

* * * * * * * * * * *

Gostaria de agradecer os comentários críticos e as sugestões de alguns dos meus colegas mais eminentes.

Fico grato, antes de mais nada, a Ronald Macaulay por ter lido e comentado de maneira generosa e minuciosa o capítulo sobre contexto e discurso. Ele está entre os sociolinguistas que ressaltaram que a Sociolinguística não precisa restringir-se ao estudo da variação do *-r* pós-vocálico, mas deve, ao contrário, comprometer-se a estudar, de maneira muito mais ampla, como o discurso pode variar em situações sociais. Walter Kintsch, Art Graesser, Rolf Zwaan e Celso Alvárez-Cáccamo leram criticamente o capítulo sobre cognição, e eu devo a eles muitas correções, sugestões e referências. Sou grato a Michelle Lazar por sua leitura crítica do capítulo "Contexto e discurso". Concordo por completo com sua ideia de que também as pesquisas mais antigas deveriam sempre ser contextualizadas, especificando-se onde, quando e a que assuntos se aplicam. Julgo-me feliz por ter contado com a opinião especializada de Theo van Leeuwen a propósito do capítulo sobre linguagem e contexto. Tenho uma grande dívida com Anita Fetzer, organizadora e autora de livros sobre contexto, que leu criticamente o manuscrito inteiro: muitas coisas de que eu não trato aqui (adequação, Grice etc.) são tratadas em seu próprio livro. Barbara Tversky e Bridgette Martin mandaram-me estudos cognitivos pertinentes sobre a estrutura da experiência e sobre a compreensão dos eventos. Finalmente, agradeço as pessoas que resenharam anonimamente este livro.

RUMO A UMA TEORIA DO CONTEXTO

Na terça-feira 18 de março de 2003, o primeiro-ministro britânico Tony Blair pronunciou um discurso na Câmara dos Comuns, propondo uma moção que autorizaria a ação militar contra o Iraque, "por causa de sua reiterada inobservância das resoluções do Conselho de Segurança". Depois de ler a moção, ele começou sua fala como segue:

> At the outset, I say that it is right that the House debate this issue and pass judgment. That is the democracy that is our right, but that others struggle for in vain. Again, I say that I do not disrespect the views in opposition to mine. This is a tough choice indeed, but it is also a stark one: to stand British troops down now and turn back, or to hold firm to the course that we have set. I believe passionately that we must hold firm to that course. The question most often posed is not "Why does it matter?" but "Why does it matter so much?" Here we are, the Government, with their most serious test, their majority at risk, the first Cabinet resignation over an issue of policy, the main parties internally divided, people who agree on everything else –
> [Hon. Members: "The main parties?"]
> Ah, yes, of course. The Liberal Democrats – unified, as ever, in opportunism and error.*

* N.T.: Para começar, digo que é correto que a Casa debata esta questão e se pronuncie a respeito. Que é na democracia que consiste nosso direito, mas que outros lutam por ela em vão. Mais uma vez, digo que não desrespeito as opiniões que se opõem à minha. A verdade é que esta é uma escolha difícil, mas é também uma decisão sem meio-termo: retirar as tropas britânicas e voltar, ou manter o rumo que estabelecemos. Acredito fervorosamente que precisamos manter esse rumo. A pergunta que se faz com mais frequência não é "Por que isso é importante?", mas "Por que isso é tão importante?". Aqui estamos nós, o governo, diante de nosso teste mais sério, com a maioria em risco, a primeira demissão de um Gabinete por causa de uma questão de política, os principais partidos divididos internamente, pessoas que concordam em tudo mais – [Honoráveis membros: "Os principais partidos?"] Ah, sim, é claro. Os democratas liberais – unidos, como sempre, no oportunismo e no equívoco.

Para que os Membros do Parlamento (MPs) presentes, e nós, leitores e analistas, possamos entender esse fragmento – tal como aparece transcrito no registro das atas oficiais Hansard –, é crucial conhecer a gramática inglesa e as regras do discurso, obviamente. Ao mesmo tempo, essa compreensão requer amplas doses de 'conhecimentos sobre o mundo', por exemplo, sobre democracia e sobre as tropas inglesas e, implicitamente nesse fragmento, sobre o Iraque. Compreendemos, pois, entre muitas outras coisas, que o Iraque não é uma democracia e que as tropas (a guerra etc.) podem trazer a democracia.

Mas esse entendimento, baseado na gramática, nas regras do discurso e no conhecimento do mundo, é apenas parte de nossa compreensão. Em particular, o que os Membros do Parlamento também compreendem é que uma intervenção desse tipo é apropriada nesse debate e no Parlamento, e compreendem as razões para isso e para aquilo que o falante Tony Blair está *fazendo* nesse momento (em oposição àquilo de que está falando, àquilo que está querendo dizer e àquilo a que está fazendo referência, por exemplo, as tropas britânicas). Ou seja, eles não só compreendem o texto do discurso de Blair, mas também seu *contexto*. Eles sabem que a pessoa que fala é Tony Blair; também sabem que ele está falando *como* primeiro-ministro e *como* líder do governo britânico naquele momento; que Blair se dirige a eles como MPs e membros de um partido; que ele pretende defender a política adotada por seu governo para o Iraque; que quando usa a palavra '*the*' como parte da expressão '*The House*', ele se refere a 'esta' Casa legislativa, a Câmara dos Comuns de que eles são membros; que ele está zombando dos democratas liberais por seu alegado oportunismo, e muito mais.

Compreendendo a combinação texto-em-contexto desse discurso, os MPs – e nós mesmos enquanto leitores das atas Hansard – compreendemos qual é seu verdadeiro assunto, a saber, uma maneira específica de 'fazer política' mediante a participação nos debates parlamentares. Graças ao nosso conhecimento do contexto político desse discurso, sabemos que ele não é apenas gramaticalmente bem formado e significativo enquanto língua inglesa, mas também apropriado para a situação do momento no debate parlamentar, além de ser compreensível como parte do processo político da tomada de decisão e legislação que vigoram no Parlamento. Em suma, compreendemos *o que está em jogo, politicamente, nesse discurso.*

Como analistas, sabemos que os MPs compreendem o discurso de Blair desse modo (uns mais, outros menos) não só porque nós também entendemos, dados nossos conhecimentos de política, dos debates parlamentares e da história presente do Reino Unido e do mundo, mas também porque Blair e os MPs, de vários modos, expressam, pressupõem e sinalizam esses mesmos entendimentos contextuais, tanto nesse momento do debate como em momentos posteriores (ver a análise em *Society in Discourse*). Por exemplo, nesse fragmento, Blair usa várias expressões dêiticas que fazem referência explícita ao modo como ele compreende o contexto presente do discurso, pela inclusão dos referentes de 'I', 'the House', 'this issue', 'our right', 'I say', 'the course we have set', 'here we are, the Government', 'the main parties', isto é, fazendo referência à situação presente e a si mesmo enquanto falante, à sua função de primeiro-ministro, ao Parlamento, aos partidos políticos britânicos, à orientação política vigente etc.

Nas intervenções que fazem em seguida, os MPs também mostram ter esse entendimento contextual, por exemplo, para ficar no mesmo fragmento, questionando criticamente a referência que Blair fez aos principais partidos, na qual "esqueceu" os democratas liberais. Ou seja, esses MPs mostram que têm uma definição diferente da situação comunicativa corrente; a reação irônica de Tony Blair, por sua vez, mostra que ele compreende essa construção alternativa do contexto pelos MPs, tornando explícita a presença dos democratas liberais como um partido na Câmara e no debate, mediante uma reflexão posterior. Em outras palavras, o entendimento pragmático do discurso de Blair depende de sua contextualização, ou seja, requer que se façam inferências sobre sua definição da situação comunicativa – uma definição com a qual os MPs podem não concordar.

Vê-se que produzir e compreender o texto e a conversação envolve aquilo que, tradicional e informalmente, se costuma chamar de 'contexto' dessas falas, abrangendo categorias tais como as identidades e os papéis dos participantes, o lugar, o tempo, a instituição, as ações políticas e o conhecimento político, entre outros componentes.

Uma análise mais detalhada exigirá quase certamente uma explicação mais articulada desse fragmento e de seu contexto, mostrando, por exemplo, que a observação irônica de Blair sobre os democratas liberais pressupõe que eles fazem parte da oposição e não do partido ou partidos da situação. Mas isso não é uma pressuposição ou implicação *semântica*, como quando a expressão 'tropas de apoio' pressupõe que o Reino Unido tem tropas e se envolve numa ação militar, mas antes algum tipo de pressuposição pragmática ou contextual, baseada no conhecimento político sobre a interação política que se desenvolve no debate.

Percebemos também que esse fragmento não contém somente uma pergunta e uma resposta, mas que a pergunta pode ser entendida como um desafio feito a Blair, e que a resposta de Blair a esse desafio pode ser compreendida como um modo de 'fazer ironia'. Além disso, mesmo que essa análise interacional do fragmento possa e precise ser refinada, não permite ter uma compreensão [*insight*] suficiente do que está acontecendo, sem que se vá adiante na análise de propriedades relevantes do contexto, tais como a relação entre Tony Blair, enquanto primeiro-ministro, e os membros do Partido Trabalhista, sua opinião e sua oposição aos democratas liberais. Sem esse *entendimento contextualizado*, não saberíamos que a interrupção do MP não é meramente uma pergunta, ou mesmo uma crítica, mas também uma forma de oposição política, se os falantes forem membros da oposição. É somente por causa desse *entendimento político* do contexto relevante que a resposta de Blair pode soar irônica e, portanto, como um ataque político relevante contra os democratas liberais. Em outras palavras, para entender esse fragmento como uma interação, isto é, para entender o que Blair está de fato fazendo, tanto o MP autor do aparte quanto nós em nosso papel de analistas precisamos construir um contexto (político) apropriado para tudo isso.

A partir desse exemplo e de meus breves comentários analíticos, podemos também concluir que a análise 'contextual' do discurso ultrapassa as análises e entendimentos gramaticais, 'textuais' ou interacionais. Analogamente, essa análise ultrapassa as análises 'cognitivas' comuns. Não basta que tornemos explícito o conhecimento do mundo que sustenta a compreensão semântica desse fragmento. Também precisamos do conhecimento político mais específico exigido para construir um contexto relevante para esse fragmento e, portanto, para compreender seu significado *político* como uma contribuição adequada a um debate parlamentar e ao processo político no Reino Unido.

Em outras palavras, compreender o discurso significa compreender texto/conversação-em-contexto. Por conseguinte, a análise do discurso e a análise da conversação precisam explicitar o que são os contextos e como exatamente precisam ser analisados, de modo a explicar como os usuários da língua chegam a esse tipo de compreensão.

O que é o 'contexto'?

Tanto nas conversas do dia a dia, como no discurso acadêmico, usamos frequentemente noções gerais como 'língua', 'discurso', 'ação', 'mente', 'conhecimento', 'sociedade' ou 'poder', mas é difícil definir essas noções de maneira mais ou menos satisfatória. Muitas vezes essa dificuldade significa que estamos lidando com noções fundamentais, que obrigam a recorrer a teorias complexas, ou mesmo disciplinas completas, para dar conta de suas propriedades. Ao mesmo tempo, de um modo geral, temos campos especializados da Filosofia que tratam desses conceitos.

O mesmo se aplica à noção de 'contexto'. É possível que, encarando-a como levemente mais formal do que certos conceitos correlatos como 'situação', 'circunstâncias' ou 'entorno', usemos a noção de 'contexto' sempre que queremos indicar que algum fenômeno, evento, ação ou discurso tem que ser estudado em relação com seu ambiente, isto é, com as condições e consequências que constituem seu entorno. Portanto, não só *descrevemos*, mas também, e especialmente, *explicamos* a ocorrência de propriedades de algum fenômeno focal em termos de alguns aspectos de seu contexto.

Referindo-nos informalmente ao 'contexto' do discurso de Tony Blair, podemos resumir esse contexto mediante a descrição 'do debate parlamentar na Câmara dos Comuns Britânica do dia 18 de março 2003'. Seria também possível, mais tarde, definir o contexto do discurso de Blair, em termos mais amplos, falando em 'debates sobre a Guerra no Iraque' ou mesmo em 'política externa britânica'. Ou seja, os contextos surgem em diferentes *tamanhos* ou *escopos* e podem ser mais ou menos *micro* ou *macro*; falando metaforicamente, parecem ser *círculos concêntricos* de *influência* ou *efeito* de certos estados de coisas, eventos ou discursos.

Além disso, parece haver uma relação mútua de influência condicional entre os eventos e seus contextos. O contexto mais amplo da política externa de Blair (ou mais geralmente da política externa britânica) – de que podemos citar como aspectos o relacionamento com os Estados Unidos ou a situação no Oriente Médio – explica, sem dúvida, muitos aspectos do debate parlamentar atual, bem como do discurso de Blair. E, reciprocamente, o debate atual e o discurso por sua vez contribuem para essa mesma política do Reino Unido. Texto e fala não são apenas *constituintes* (ou mesmo produtos) de seus contextos, mas também resultam ser *constitutivos* de seus contextos; dirigindo-se ao Parlamento acerca de uma ação militar no Iraque, Tony Blair está também estabelecendo ou definindo a política externa do Reino Unido.

Vemos que a noção de 'contexto' é frequentemente usada para localizar ou explicar coisas. Colocamos ou procuramos ver as coisas em seu 'contexto próprio', e somos frequentemente cobrados no sentido de não interpretar ou descrever as coisas 'fora de contexto'. É por isso que nos esquemas das reportagens do noticiário há tipicamente uma categoria especial de Contexto, que situa os acontecimentos presentes em seu contexto político, social ou histórico (Van Dijk, 1988b).

Dessa caracterização informal da noção de 'contexto', podemos concluir que não compreendemos corretamente os fenômenos complexos sem compreender seu contexto. Isso vale também para os discursos parlamentares. Dificilmente compreenderíamos largos trechos e, em especial, o interesse político do discurso de Blair se não soubéssemos que ele estava defendendo sua política para o Iraque na Câmara dos Comuns. Muito do 'conteúdo' desse discurso sobre o Iraque poderia ser debatido (e de fato foi) por outros falantes em outras ocasiões, também fora do Parlamento, mas obviamente com funções muito diferentes ao ser pronunciado em situações diferentes. Nessa situação do debate parlamentar, somente Blair como primeiro-ministro – bem como algumas outras pessoas autorizadas pelas regras, mais o porta-voz da Casa – pode abrir o debate, apresentar moções e fazer outras coisas de cunho político. E inversamente: as coisas que Blair diz, e como as diz, podem não ser sempre apropriadas em outras situações. Na verdade, é improvável que, durante uma discussão familiar em sua casa Tony Blair dissesse algo como 'Eu não desrespeito as opiniões que estão em oposição à minha'. Aparentemente, os contextos também controlam o *estilo* de seu discurso, como esse uso retórico em que se nega o antônimo (litotes) e a escolha que ele faz dos itens lexicais (e.g., 'que estão em oposição' em vez de 'contrárias' ou 'que discordam'). Em outras palavras, Blair conhece as restrições contextuais específicas dos debates parlamentares no Reino Unido e sabe formular o conteúdo e o estilo de seu discurso de acordo com tais restrições.

'Contexto' nos estudos humanísticos e nas Ciências Sociais

LITERATURA, SEMIÓTICA E ARTES

No estudo da literatura e das artes, em vários momentos da história, os estudiosos foram pressionados para estudar as obras artísticas e suas estruturas 'em si mesmas', ignorando o contexto social e as condições psicológicas do autor. Com o passar do tempo, essas posições 'isolacionistas' ou 'autônomas' (*l'art pour l'art*, o formalismo, o *New Criticism*, o *close reading* etc., Bell-Villada, 1996; Gibbons, 1979; Erlich, 1965) acabaram sendo rejeitadas em favor de um tratamento mais 'contextual', que dá conta de muitas propriedades das obras de arte em termos de 'circunstâncias' psicológicas, sociais, culturais ou históricas. Isso não significa que devamos ser menos exatos e sistemáticos ao descrever as estruturas de um poema ou de um romance, mas nosso entendimento é por certo mais completo quando conseguimos descrever e também explicar muito mais propriedades de tais textos literários em termos de seus vários contextos. A contextualização é um componente fundamental de nosso entendimento da conduta humana, em geral, e da literatura e outros textos e discursos, em particular. Na verdade, os *con-textos* são assim chamados porque, etimologicamente, eles vêm *junto* com os 'textos'.

Observações semelhantes podem ser feitas quanto ao aparecimento nos anos 1960 da nova interdisciplina da Semiótica, um dos paradigmas do movimento estruturalista nas ciências humanas (ver, entre inúmeras outras introduções, Eco, 1978). Amplamente baseados em conceitos abstratos de 'signos' conforme se aplicavam em outras formas de discurso e comunicação, como a literatura, o cinema, a dança e o design, e inspirados nas ideias linguísticas de Saussure, Jakobson, Hjelmslev, Martinet, Barthes, Greimas e outros, os estudos semióticos raramente deram atenção aos contextos sociais e culturais. Todavia, por volta de 1990, com o aparecimento de semióticas sociais mais explícitas e da análise crítica de mensagens multimediais, a Semiótica adotou em suas pesquisas uma direção mais social (ver, por exemplo, Hodge e Kress, 1988; Van Leeuwen, 2005).

LINGUÍSTICA

O mesmo aconteceu, como veremos melhor mais adiante (ver capítulos "Contexto e linguagem" e "Contexto e discurso"), nos estudos da linguagem. Não é necessário muito conhecimento histórico da Linguística para saber que essas disciplinas, durante décadas, se limitaram a fazer estudos 'formalistas', 'estruturalistas' ou 'transformacionais' dos signos, sons, palavras, sentenças, sentidos ou atos de fala (ver, por exemplo, os capítulos em Aronoff, 2003). Nesses estudos, tende-se a mencionar o fato de que a língua e o uso da língua são evidentemente fenômenos sociais e precisam ser estudados em seus contextos sociais, mas apenas da boca para fora. Entre as escolas linguísticas originalmente interessadas apenas em gramática foram exceção aquelas que exploraram o papel do contexto, caso da Linguística Sistêmica e de algumas outras abordagens funcionais, às quais voltaremos no capítulo "Contexto e linguagem" – um exemplo são os trabalhos de Givón (ver, por exemplo, Givón, 2005).

Precisamos esperar até o final dos anos 1960 para testemunhar a emergência de novas interdisciplinas, como a Pragmática, a Psicolinguística, a Sociolinguística e a Etnografia da Fala, que começaram a lançar luzes sobre os 'contextos' cognitivos e especialmente sobre os 'contextos' sociais e culturais da língua e do uso da língua (ver referências nos últimos capítulos e também, especialmente, em *Society in Discourse*).

Assim, na fronteira entre Linguística e Filosofia, o estudo dos atos de fala, das implicaturas e dos postulados conversacionais (Austin, 1962; Grice, 1975: 68-134; Searle, 1969), pela primeira vez, não só deu realce ao papel da ação social no uso da língua, mas também explicou as condições contextuais (formais) da *adequação* dos enunciados, reconhecendo nessa forma de adequação uma das características da nova interdisciplina da *Pragmática*. Foi nesse mesmo âmbito que a noção de 'contexto' passou a ser objeto de uma análise específica (ver, por exemplo, Stalnaker, 1999).

Susan Ervin-Tripp, uma das pioneiras da *Sociolinguística*, esteve entre os linguistas que mais enfaticamente argumentaram a favor do estudo explícito do contexto, ao mesmo tempo que criticava a falta de análise contextual nos estudo anteriores:

> A omissão do contexto nos tratamentos linguísticos aconteceu porque alguns linguistas acharam que a estrutura contextual é demasiado caótica, demasiado idiossincrática, para ser passível de uma caracterização sistemática. Quando os linguistas começaram a identificar regras variáveis (Labov, 1969: 1-44), a separação do que é variável e do que é obrigatório ou categórico tornou-se óbvia e inevitável. Pouco a pouco, os variacionistas introduziram o contexto em suas análises. O que estamos fazendo agora é começar a usar o contraste entre os traços linguísticos, incluindo os que são variáveis, como nossas placas de sinalização para identificar tanto a estrutura da conversação como a estrutura do contexto, que é de fato a estrutura social imediata para os falantes. Os traços linguísticos podem nos dizer quais são as categorias naturais para o contexto. Uma abordagem desse tipo pode, finalmente, sistematizar o domínio do contexto (Ervin-Tripp, 1996: 35).

OS ESTUDOS DO DISCURSO

Os estudos do discurso dos anos 1960 trouxeram novas ideias importantes para o campo da língua e da comunicação (Van Dijk, 1985, 1997). Contudo, muitas das suas primeiras contribuições foram bastante estruturalistas e formais. As primeiras *gramáticas do texto* decalcaram com frequência as gramáticas gerativas da sentença (Van Dijk, 1972), em que pesem algumas tentativas para incorporar um tratamento formal do contexto como parte de um componente pragmático (Van Dijk, 1977). Os mais antigos *estudos sobre os gêneros* (tratando, por exemplo, da narrativa e da argumentação) seguiram geralmente um paradigma formal, e apenas raramente adotaram abordagens mais contextuais. Mais tarde a Psicologia *Cognitiva* do processamento textual proporcionou alguns *insights* sobre o que poderíamos chamar de 'contexto cognitivo' do discurso, mas – com poucas exceções – fez isso em termos de uma mente socialmente isolada (Van Dijk e Kintsch, 1983).

Essas primeiras análises do discurso deram um passo adiante na direção de um tratamento do contexto, mas em geral limitaram esse contexto ao *contexto verbal*, ou *cotexto* (Petöfi, 1971) para unidades linguísticas ou para o uso da língua. Muitos estudos do 'contexto', tanto em linguística como em outras abordagens mais formais, ainda limitam essa noção ao 'contexto verbal' das palavras, sentenças, proposições, enunciados ou turnos conversacionais que precedem (e, algumas vezes, que seguem).

Foi preciso esperar até o final dos anos 1970 e começo dos anos 1980 para que as estruturas do discurso fossem estudadas mais sistematicamente em seu contexto social, histórico e cultural – algo que já vinha sendo feito em parte na Sociolinguística (Labov, 1972, 1972b) e na Etnologia da Fala (Bauman e Sherzer, 1974; ver mais adiante e, para mais detalhes, ver também *Society in Discourse*).

ANÁLISE DE DISCURSO CRÍTICA

Uma abordagem mais crítica e sociopolítica do uso da língua, do discurso e do poder foi lançada no final dos anos 1970 por uma equipe de pesquisadores encabeçada por Roger Fowler, a qual defendia o estudo da 'Linguística Crítica' (Fowler, Hodge, Kress e Trew, 1979). Durante os anos 1980 e 1990, essa abordagem 'crítica' cresceu rapidamente, a ponto de tornar-se um movimento internacional de Análise de Discurso Crítica (ADC) [Critical Discourse Analysis (CDA)], influenciado inicialmente por estudiosos europeus (Fairclough, 1995; Fairclough e Wodak, 1997: 258-284; Jäger, 1993b; Van Dijk, 1993b, 2001; Wodak e Meyer, 2001).

Mais do que a Sociolinguística, a Etnografia da Comunicação ou outras abordagens dos aspectos sociais e culturais do uso da língua, esse movimento interessou-se especificamente pela reprodução discursiva do poder (Fairclough, 1989; Wodak, 1989), pelo estudo crítico do discurso político (Chilton, 1985), pela ideologia (Van Dijk, 1998) e pelo estudo de problemas sociais fundamentais, por exemplo, o racismo (Jäger, 1993a, 1998; Reisigl e Wodak, 2000; Van Dijk, 1984, 1987, 1993a; Wodak e Van Dijk, 2000). Esse movimento crítico se desenvolveu paralelamente ao movimento feminista e ao estudo crítico do gênero social, da língua e do discurso, sofrendo as influências desses outros movimentos (entre os numerosos estudos sobre esses assuntos, ver Eckert e McConnell-Ginet, 2003; Holmes e Meyerhoff, 2003; Lazar, 2005b; Wodak, 1997; ver mais referências no capítulo "Contexto e discurso").

Apesar de seu amplo estudo das dimensões sociais e políticas do discurso, porém, a ADC não produziu uma teoria própria do contexto e das relações entre contexto e discurso (veja-se também a crítica de Blommaert, 2001: 13-32, sobre o contextualismo limitado da ADC). Na realidade, muitos daqueles estudos pressupõem formas variadas de determinismo social, de acordo com as quais o discurso é controlado diretamente (ou 'em última análise') pelas forças sociais.

SOCIOLOGIA

O final dos anos 1960 foi um momento de renovação também em Sociologia, acrescentando ao estudo da sociedade uma importante dimensão qualitativa e microssociológica, ao enfocar os pormenores da interação situada em geral, e da conversação em particular (ver, por exemplo, Button, 1991; Ten Have, 1999). Contudo, esses estudos 'etnometodológicos' incipientes seguiram em muitos sentidos o mesmo padrão da Linguística, privilegiando inicialmente as estruturas formais da interação e da conversação, quando tratavam, por exemplo, de regras formais para a tomada de turno, em vez de interessar-se por seu caráter 'situado' (Sacks, Schegloff e Jefferson, 1974: 696-735). Mais tarde, as severas exigências metodológicas da análise da conversação foram de algum modo abrandadas (ou simplesmente ignoradas) a fim de colocar a estruturas e as estratégias da conversação e da interação (para uma coleção inicial de textos nessa nova direção da análise da conversação, veja-se, por exemplo, Boden e Zimmerman, 1991; e muitas outras referências em *Society in Discourse*). A partir do final dos anos 1990, encontramos, portanto, uma atenção crescente ao contexto também na análise da conversação e abordagens próximas do estudo da língua em uso e da interação (ver também a edição especial organizada por Karen Tracy, 1998).

ETNOGRAFIA E ANTROPOLOGIA

Se há uma disciplina que, por definição, deveria ser exceção à tendência geral das ciências humanas e sociais de concentrar-se em primeiro lugar nas propriedades formais e depois nos fatores do entorno, essa disciplina teria que ser a Antropologia. De algum modo, isso foi verdade para a maioria dos estudos etnográficos sobre o discurso, que, por definição, não ficam limitados apenas ao discurso.

Contudo, acompanhando de maneira surpreendente as demais disciplinas anteriormente mencionadas e, de fato, muitas vezes, antecipando-se a elas e influenciando-as, a Antropologia moderna também passou por importantes fases estruturalistas e formalistas. Por exemplo, nos anos 1960, o estudo sistemático dos contos populares e dos mitos em Antropologia (como em Lévi-Strauss; ver Lévi-Strauss, 1963) tornou-se em muitos sentidos o paradigma do estruturalismo na nova disciplina da Semiótica e nos estudos a ela relacionados, inicialmente na Europa e depois nos Estados Unidos e em toda parte.

Ao mesmo tempo, nos Estados Unidos, a Etnografia fez uma contribuição original nos anos 1960 concentrando-se no estudo detalhado dos 'eventos comunicativos' e da 'competência comunicativa' dos membros de uma comunidade (Bauman e Sherzer, 1974; Saville-Troike, 2002). Nesse paradigma, Dell Hymes, seu fundador, formulou sua famosa grade SPEAKING como uma súmula dos fatores contextuais dos eventos comunicativos (Hymes, 1972: 35-71), um dos primeiros tratamentos mais explícitos das estruturas do contexto. Embora fosse sobretudo um programa para a Etnografia da Fala, essa formulação não conduziu a uma exploração sistemática dos fatores contextuais do uso da língua e do discurso.

Esses desenvolvimentos na Antropologia tiveram inicialmente uma relação íntima com desenvolvimentos da Linguística e das outras Ciências Sociais.

Como nas disciplinas mencionadas, foi preciso esperar uma década para que esses estudos etnográficos tomassem um rumo mais 'contextual', introduzindo noções como a de 'recontextualização' (Bernstein, 1971), por um lado, por exemplo, nos trabalhos de Gumperz e outros (Gumperz, 1982a, 1982b), e dimensões como as de identidade, poder, estrutura social ou relações étnicas, por outro (vejam-se, por exemplo, as contribuições feitas em Duranti, 2001). Como mostramos em maior detalhe em *Society in Discourse*, a Antropologia Linguística se tornou assim (mais uma vez) uma das disciplinas-piloto, agora por causa de vários estudiosos - como Hymes, Gumperz, Duranti e Hanks entre outros - e de estudos que tratavam explicitamente de contexto.

PSICOLOGIA

Tradicionalmente, a Psicologia concentrou-se no 'comportamento' individual das pessoas, e mais tarde em suas 'mentes', e muito menos no 'contexto' que fica além das condições experimentais do laboratório - onde os fatores do 'contexto' aparecem no mais da vezes como variáveis independentes, tais como o gênero, a idade ou o conhecimento dos sujeitos do experimento. Mais uma vez, esse foi o caso do grosso da Psicologia Behaviorista, seguida da Cognitiva até os anos 1980, e continua sendo o caso de boa parte da linha majoritária da Psicologia atual, mesmo quando se trata de Psicologia 'Social'. Como sempre, há exceções notáveis, como as pesquisas de F. C. Bartlett e Herbert Clark, que serão objeto de nossa atenção no capítulo "Contexto e cognição".

Nas últimas décadas, o interesse no papel exercido pelo contexto no processamento do discurso foi crescendo rapidamente em Psicologia Cognitiva, mas, assim como as abordagens sociais do discurso têm ignorado amplamente a natureza cognitiva do entendimento contextualizado, a maioria dos psicólogos cognitivistas têm dado pouca atenção às abordagens sociolinguísticas da contextualização. Mesmo aqueles que se interessaram pelo discurso concentraram-se, em geral, nas estruturas, no significado e na natureza da interpretação do discurso em 'modelos de situação' na memória, e não no papel do contexto (e de sua representação na memória) na produção e compreensão.

O estudo da 'cognição social' na Psicologia Social moderna pareceu proporcionar o pano de fundo social necessário para o estudo da cognição, mas limitou-se em geral ao estudo de esquemas mentais e a experimentos de laboratório formalísticos que não se afastavam muito dos da Psicologia Individual (Augoustinos e Walker, 1995). Na verdade, até muito recentemente, foi difícil encontrar qualquer referência a um livro sobre a sociedade ou a cultura na Psicologia Social das correntes majoritárias. É somente depois dos anos 1980 que constatamos um desenvolvimento em direção a uma orientação mais ampla, 'societal' e 'crítica' para o estudo das mentes, do conhecimento, das pessoas, dos grupos ou das atitudes, por um lado, e em direção a uma abordagem mais discursiva e interacionista para a Psicologia Social, de outro (entre tantos estudos, ver, por exemplo, Resnick, Levine e Teasley, 1991; ver mais referências em *Society in Discourse*).

CIÊNCIAS DA COMPUTAÇÃO E INTELIGÊNCIA ARTIFICIAL

Por incrível que pareça, há mais pesquisa sobre o contexto nas abordagens formais da Ciências da Computação e da Inteligência Artificial (IA), e na área do Processamento da Língua Natural do que em Psicologia. Essas abordagens visam dar conta em termos formais da interpretação do discurso, por exemplo, dos pronomes, das expressões dêiticas, dos tempos verbais, das pressuposições, da acumulação de conhecimento, e de muitas outras propriedades do discurso que exigem a elaboração de modelos para o contexto (ver, por exemplo, Akman, Bouqet, Thomason, Young, 2001; Iwańska e Zadrozny, 1997). Essas pesquisas relacionam-se a outras, realizadas em Gramática Formal, Lógica e Filosofia, inspiradas inicialmente em Montague (1974) e Hans Kamp (ver Kamp e Reyle, 1993). Embora tenha sido com frequência chamada de pragmática formal, boa parte dessa pesquisa trata especificamente de semântica, isto é, de como se devem *interpretar* as expressões do discurso em termos de contextos formalmente representados, e não da adequação dessas mesmas expressões. Essa abordagem formal do contexto é também a única linha de pesquisa que representa os contextos como modelos, como eu mesmo farei, mas não pretendo lançar mão de modelos formais, e sim de modelos mentais. Além disso, esses estudiosos são os únicos que organizam um congresso a cada dois anos sobre o contexto.

Nesses paradigmas formais, os contextos são frequentemente reduzidos a conjuntos de proposições (ver também Sperber e Wilson, 1995) e não é comum que sejam tratados por si mesmos, recebendo uma análise que vá além de parâmetros óbvios como o tempo, o lugar e o conhecimento compartilhado (base comum) dos participantes, como também sabemos pela Psicologia (ver também Clark, 1996).

O 'CONTEXTO' EM OUTRAS DISCIPLINAS

A análise do contexto não diz respeito apenas às disciplinas das ciências humanas e sociais. Dos milhares de livros que têm a palavra 'contexto' em seus títulos ou em seus descritores bibliográficos, muitos tratam de outros fenômenos ou disciplinas.

Na verdade, poder-se-ia dizer que contexto não é apenas um conceito ou categoria estudado em muitas disciplinas, em cada uma das quais tem um sentido e implicações levemente diferentes. Podemos, antes, falar de *contextualismo*, um movimento, uma perspectiva ou um tipo de teoria que, em cada disciplina, é contrastado com todas as maneiras de estudar os fenômenos que sejam descontextualizadas, abstratas, estruturalistas, formalistas, autônomas, isoladas ou de outro modo 'introvertidas'. Ou seja, em muitas disciplinas o contextualismo implica que os fenômenos sempre precisam ser estudados em relação a uma situação ou entorno, como é o caso da língua e dos estudos sobre discurso.

Assim, em Filosofia, e especialmente em Epistemologia, o contextualismo rompe com uma teoria do conhecimento em termos de verdade absoluta e descontextualizada, na qual o conhecimento é tradicionalmente definido como *crenças justificadas como verdadeiras*. A Epistemologia Contextualista conceitua uma noção de conhecimento mais realista e mais terra a terra (Blaauw, 2005; Brendel e Jäger, 2005; Preyer e Peter, 2005). Realça que a verdade dos conhecimentos pode variar em função das situações sociais: o que é verdade em um certo contexto, para certas pessoas, pode não ser verdade em outro contexto, de modo que o conhecimento pode diferir contextualmente (ver o capítulo "Contexto e cognição" a propósito dos conceitos filosóficos de contexto e conhecimento).

Por definição, o estudo da *história* enfoca o contexto histórico do discurso. Como em várias outras disciplinas das Ciências Sociais, por exemplo, a Ciência Política e a Educação, a maioria dos dados da pesquisa histórica são tipos variados de textos e falas (Struever, 1985: 249-271; Blommaert, 2005, capítulo 6). Na verdade, a história já foi definida também em termos de 'comunidades' de discurso (Wuthnow, 1989). O estudo da 'historia oral' tornou-se um dos principais métodos e uma das principais abordagens nos campos da História, da Narratologia e dos estudos dos discursos, e é também especificamente relevante quando se trata de dar conta das relações entre os eventos sociais e suas interpretações pessoais na perspectiva dos membros de uma sociedade (ver, por exemplo, Charlton, Myers e Sharpless, 2006; Douglas, Roberts e Thompson, 1988; Tonkin, 1992). Internamente ao campo mais amplo da Análise de Discurso Crítica, Wodak defende especificamente uma abordagem histórica mais sistemática (Martin e Wodak, 2003: 671-698), por exemplo, em suas pesquisas pioneiras sobre o antissemitismo (ver Wodak et al., 1990, entre muitos outros estudos). Vejam-se também os estudos históricos do discurso do período nazista (Maas, 1984). Infelizmente, não poderei tratar do amplo campo da análise do discurso histórico em sua totalidade.

Intimamente relacionado com outros estudos das Ciências Sociais que tratam do discurso é o interesse pelo contexto no campo dos *estudos da comunicação*. Com um perfil muito próximo do da pesquisa psicológica tradicional, esse interesse pelo contexto geralmente se concentra quer nas dimensões contextuais enquanto variáveis independentes que influenciam as mensagens da comunicação, quer nos efeitos que as mensagens (dos meios de comunicação de massa ou persuasão) têm sobre as pessoas. Há, porém, algumas publicações que mostram um interesse mais explícito no estudo do contexto na comunicação, como o livro organizado por Owen (1977), publicado por uma editora que aparentemente fez do contexto o seu foco de interesses, a Context Press de Reno, Nevada.

Em sua introdução, James Owen dá um destaque especial ao estudo escrito por Stephen Pepper em 1942 sobre as Hipóteses de Mundos: uma dessas maneiras de ver o mundo (ao lado do 'mecanicismo', do 'formismo' e do 'organismo') é o 'contextualismo'. A metáfora que está na raiz desse contextualismo é o 'evento histórico' ou 'ato' que está vivo no ambiente do momento; esses eventos que acontecem no mundo real estão sendo experienciados de modo novo pelos vários indivíduos; e o objetivo do contextualista é compreender um processo que é pessoal e situacional. Como acontece em outros estudos sobre contexto em que vários trabalhos são coligidos por um único organizador, boa parte dos artigos deste livro têm relações apenas tangenciais com uma teoria do contexto, seguindo antes as respectivas orientações de pesquisa dos autores. Um desses estudos, da autoria de Gary Cronkhite (sobre a representação cognitiva das situações retóricas), por ser relevante para minha própria abordagem, será objeto de nova referência no capítulo "Contexto e cognição". Vários autores nesse livro – um deles é Shailor (1997: 97-98) – realçam a relação desse tipo de contextualismo com a filosofia do pragmatismo e com a linha dos estudos da comunicação conhecida como *Coordinated Management of Meaning* (CMM) e defendida por Pearce, Cronen e colaboradores, para os quais os contextos não são "coisas que vão sendo encontradas, mas... realizações interpretativas".

No campo dos *estudos das organizações* debate-se se os discursos devem ser estudados autonomamente ou inseridos em seus contextos (organizacionais, sociais, políticos) (Grant, Hardy, Oswick e Putnam, 2004; Barry, Carroll e Hansen, 2006: 1091-1110).

Em Biologia (Smocovitis, 1996), Física (Kitchener, 1988) e nas outras ciências, há desenvolvimentos ressaltando que as formas da vida ou os eventos físicos precisam ser estudados em seus respectivos contextos. Um estudo mais pormenorizado dessas abordagens fica fora do alcance deste livro, mas elas precisam ser encaradas como uma manifestação intelectual do mesmo tipo de interesse metateórico, a saber que compreendemos melhor os fenômenos quando os ligamos explicitamente aos seus respectivos entornos.

DESENVOLVIMENTOS SEMELHANTES EM MUITAS DISCIPLINAS

Vemos que a maioria das ciências humanas e sociais apresentaram um desenvolvimento muito semelhante entre as décadas de 1960 e 1980, a saber, uma expansão desde um estudo formal das sentenças, discursos, atos de fala, interação, eventos comunicativos ou processamento mental, para abordagens mais sensíveis num sentido social ou contextual. Durante a década de 1990, na maioria dos estudos contemporâneos sobre Discurso, Sociolinguística, Psicologia Social, Etnografia, Linguística Formal e Inteligência Artificial, 'contexto' e 'contextualização' tornaram-se conceitos-chave, e algumas outras disciplinas, como a Filosofia, a História e as ciências naturais, foram influenciadas por diferentes formas de 'contextualismo'.

Dados esses desenvolvimentos, esperar-se-ia a essa altura que a noção de contexto tivesse ganhado uso amplo em muitas disciplinas, e que a ela tivessem sido dedicados muitos artigos e muitas monografias. Nada mais falso. A noção de contexto aparece nos títulos e nas súmulas de muitos artigos e livros, mas em geral essas publicações não trazem estudos específicos do contexto, simplesmente dão de barato que ele existe.

Há artigos, livros escritos coletivamente e edições especiais de revistas que estudam a noção de contexto de maneira mais explícita (ver, por exemplo,

Auer e Luzio, 1992: 1-38; Duranti e Goodwin, 1992; Fetzer, 2004; Leckie-Tarry, 1995; Owen, 1997; Tracy, 1998, e mais referências nos próximos capítulos), mas até o momento não há uma única obra monográfica sequer que ofereça uma teoria integrada da noção de contexto nas ciências humanas e sociais. É propósito deste livro – juntamente a *Society in Discourse* (Van Dijk, 2008) – propor exatamente essa teoria integrada e multidisciplinar.

Os usos de 'contexto' no dia a dia

Antes de tratar da noção de 'contexto' sistemática e explicitamente nos capítulos a seguir, preciso delimitá-la e descrevê-la de maneira mais informal. Para fazê-lo, comecemos dando uma rápida olhada em alguns usos da palavra 'contexto' que se fazem no dia a dia, e depois nos usos mais sistemáticos de 'contexto' que encontramos em vários *corpora*.

1. Uma busca na internet através do Google, feita em 30 de julho de 2007, resultou em cerca de 243 milhões de ocorrências.
2. No *corpus* dos 56 milhões de palavras inglesas que constitui o "Banco de Palavras" usado como referência para a língua inglesa no cd-rom *Collins/Cobuild* (2002), a palavra *'context'* [contexto] aparece 1.642 vezes, ou seja, uma vez a cada 34.104 palavras. Apenas para efeito de comparação, embora seja aparentemente mais comum, a palavra *'situation'* [situação] aparece 7.655 vezes, e *'environment'* [entorno] 4.369 vezes. Colocações significativas para '*context*' (ou seja, palavras que ocorrem próximas a '*context*') são: *'social'* [social], *'historical'* [histórico], *'wider'* [mais amplo], *'cultural'* [cultural], *'broader'* [mais amplo], *'European'* [europeu], *'family'* [familiar], *'modern'* [moderno], *'contemporary'* [contemporâneo], *'international'* [internacional] e *'global'* [global] (além de colocações mais óbvias, como os artigos definidos e indefinidos, os demonstrativos e preposições como *'in'* ou *'within'* [no interior de], e verbos como *'put'* [colocar], *'taken'* [tomado] ou *'seen'* [visto]).
3. Os dicionários listam dois sentidos básicos da palavra *'context'*, a saber, contexto verbal e condições ou circunstâncias, como no seguinte verbete do *Webster's Encyclopedic Unabridged Dictionary of the English Language* (edição de 1996):

a. the parts of a written or spoken statement that precede or follow a specific word or passage, usually influencing its meaning or effect: *You have misinterpreted my sentence because you took it out of context.* [as partes de um enunciado que precedem ou seguem uma palavra ou trecho específicos, geralmente com alguma influência sobre seu significado ou seu efeito. *Você interpretou mal minha frase porque a entendeu fora do contexto.*]
b. the set of circumstances or facts that surround a particular event, situation etc. [o conjunto de circunstâncias ou acontecimentos que envolvem uma situação ou acontecimento específico.]

4. O *Merriam-Webster's Collegiate Dictionary* usa os termos '*interrelated conditions*' [condições interrelacionadas] para o segundo daqueles sentidos, e menciona '*environment*' [entorno] ou '*setting*' [ambiente] como sinônimos. O dicionário espanhol da Academia Real (DRAE) também dá esses dois sentidos básicos.
5. Um exame informal do uso da noção de 'contexto' nos meios de comunicação de massa, usando a base de dados Nexis-Lexis, mostra usos de 'contexto' somente em termos de circunstâncias ou *backgrounds* sociais, políticos ou históricos de acontecimentos.

Essas primeiras observações sobre os usos do termo 'contexto' no dia a dia são instrutivas. Em primeiro lugar, embora 'context(o)' seja usado em milhões de páginas da web, é menos usado do que outras palavras com sentidos próximos, como '*situation*' ou '*environment*'. Isso também sugere que 'context(o)' tende a ser usado em eventos comunicativos mais formais ou escritos.

Em segundo lugar, os dicionários listam basicamente dois sentidos, distinguindo o de contexto verbal do das circunstâncias ou da situação social, política, econômica ou histórica, ou considerada em relação à extensão geográfica, como em 'contexto internacional'. Em ambos os casos, a ideia é que o contexto *influencia* de algum modo uma palavra, um trecho, um sentido, um acontecimento, ou torna possível para eles certa interpretação (ou uma interpretação melhor). Daí o princípio amplamente difundido de que as falas das pessoas não deveriam ser citadas 'fora de contexto' (McGlone, 2005: 511-512).

Em terceiro lugar, nos usos efetivos encontrados na imprensa, tanto nos Estados Unidos como na Espanha, prevalecem o segundo dos sentidos dados pelo dicionário (o de 'situação', 'ocasião') e outros sentidos intimamente relacionados, como 'perspectiva' e análogos. Devido às opiniões e notícias na imprensa, o sentido de 'contexto' acaba sendo relacionado especialmente a panos de fundo sociais, políticos, financeiros e culturais. Em geral, portanto, os usos de 'context(o)' que se fazem no dia a dia implicam que algo (um evento ou ação) está relacionado a uma dada situação, condições, circunstâncias ou pano de fundo. Nos termos das conhecidas metáforas usadas na Psicologia da Gestalt, diríamos que o contexto é o 'fundo' para uma 'figura' que está em foco (Köhler, 1929).

Um estudo de *corpus* de '*context*' nos títulos de trabalhos acadêmicos

A fim de explorar mais a fundo o uso da noção científica de contexto, um estudo preliminar de *corpus* foi feito com 3.428 títulos de livros em inglês que havia (em 2002) na Biblioteca do Congresso, e com 5.104 títulos de artigos incluídos no Social Science Citation Index (entre 1993 e 2001) que continham a palavra '*context*'.

Exatamente como acontece para o termo *context* nos títulos dos artigos, nossa análise de *corpus* (não relatada aqui) do termo *context* nos títulos de livros mostra que o termo se refere habitualmente a situações, variáveis ou fatores temporais, geográficos e socioculturais que influem nos fenômenos estudados focalmente nesses livros. A noção de 'contexto verbal' (cotexto) quase não ocorre fora da Linguística. Com frequência, a noção de contexto quase não tem sentido nenhum e apenas indica de maneira vaga alguma relação entre um fenômeno que está sendo estudado ou é objeto de atenção e algo mais, como em 'contexto da mudança' ou 'contexto da crise', ou ainda menciona-se a influência do contexto, mas não se diz de que tipo de contexto se trata.

Esse breve resumo de um estudo de *corpus* preliminar a respeito do uso 'científico' do contexto, tal como ele se deixa derivar dos títulos dos artigos e livros em inglês (sendo, portanto, em princípio, um conceito proeminente em sua macroestrutura semântica), sugere que muitos fenômenos sociais não são estudados isoladamente, mas em relação a algum tipo de ambiente ou entorno geográfico, histórico, sociocultural ou organizacional, o que também limita o âmbito do estudo. Estudar a pobreza, a aids ou o gerenciamento, por exemplo, da mesma forma que um grande número de fenômenos na sociedade, são coisas geralmente impossíveis de fazer em termos gerais, e os livros, e em especial os artigos, só podem estudar esses assuntos limitando o alcance do estudo a um determinado período, país, cultura, bairro ou organização.

Para uma teoria do contexto nova e multidisciplinar

Neste livro, não pretendo explorar esses usos da palavra 'contexto' que se fazem no dia a dia, mas sim traçar os elementos de um quadro para um *conceito* teórico de 'contexto' que possa ser usado nas teorias da língua, do discurso, da cognição, da interação, da sociedade, da política e da cultura. Antes de tratar dos detalhes de uma tal teoria nos próximos capítulos, e antes de definir contexto na língua, cognição, sociedade e cultura, respectivamente, permito-me resumir alguns dos principais pressupostos dessa definição. Faço isso, num primeiro momento, sem fornecer as referências a outros trabalhos que seriam relevantes; essas referências serão dadas nos próximos capítulos.

Os contextos são construtos subjetivos dos participantes. Contrariamente à maioria das abordagens, que conceituam os contextos como propriedades objetivas das situações sociais, políticas e culturais, entendo que os contextos são construtos dos participantes, ou definições subjetivas das situações interacionais ou comunicativas. Isso não significa que as estruturas sociais e políticas não possam ter dimensões objetivas (por exemplo, de tempo e espaço), ou que elas não sejam vividas como 'reais' pelos membros da sociedade. O que conta fundamentalmente para mim é realçar que essas situações sociais só conseguem influenciar o discurso através das interpretações (inter)subjetivas que delas fazem os participantes. Essa perspectiva é um caso especial do ponto de vista de que as situações sociais em geral são construtos sociais e de que elas só conseguem influenciar a conduta humana enquanto tais.

Os contextos são experiências únicas. Como definições subjetivas de situações comunicativas, os contextos são construtos únicos, nos quais aparecem enquanto ocorrem as experiências, *ad hoc* e vividas pelo corpo, de percepções, conhecimentos, perspectivas, opiniões e emoções, referentes à situação comunicativa em curso. Como tais, contextos únicos também condicionam maneiras únicas de usar a linguagem, ou seja, discursos únicos. Uma das razões por que as definições subjetivas da mesma situação comunicativa são únicas e diferentes para cada um dos participantes é que, por definição, os conhecimentos (e as opiniões e emoções) dos participantes, a cada momento, precisam ter diferenças, por menores que sejam, para que a própria interação faça sentido, para começo de conversa.

Os contextos são modelos mentais. Teoricamente, os construtos subjetivos dos participantes serão explicados em termos de modelos mentais de um tipo especial, a saber, os *modelos de contextos*. Esses modelos representam as propriedades relevantes do entorno comunicativo na memória episódica (autobiográfica) e vão controlando passo a passo os processos da produção e compreensão do discurso (sobre meus tratamentos prévios do contexto em termos de modelos, vejam-se Van Dijk, 1977, 1981, 1987; Van Dijk e Kintsch, 1983; para a primeira formulação pormenorizada da presente teoria, ver Van Dijk, 1998).

Os contextos são um tipo específico de modelo da experiência. Se os contextos são modelos mentais que representam situações comunicativas, eles são também um tipo especial dos modelos mentais que as pessoas constroem passo a passo das situações e entornos de suas vidas diárias, modelos esses que podemos chamar 'modelos da experiência'. A solução do complexo problema da consciência humana pode exigir uma teoria, precisamente, desses modelos da experiência. Esses modelos dinâmicos controlam toda a percepção e interação em progresso e consistem em categorias básicas como o Ambiente espaçotemporal, os Participantes e suas variadas identidades, os Eventos ou Ações em curso, bem como o(s) Objetivo(s) válido(s) no momento.

É esse modelo da experiência que não só representa a própria pessoa e o entorno dos seres humanos conscientes, mas também controla as ações que vão realizando, de modo que elas sejam relevantes na situação corrente.

Os modelos de contextos são esquemáticos. Enquanto modelos mentais, os contextos consistem em esquemas de categorias compartilhadas, convencionais e dotadas de uma base cultural, que facultam uma interpretação rápida de eventos comunicativos únicos em curso (Van Dijk, 1981; Van Dijk e Kintsch, 1983). Sem esses esquemas e categorias culturais, os participantes não conseguiriam entender, representar e atualizar situações sociais às vezes altamente complexas em tempo real, isto é, em (frações de) segundos. Essas categorias são, por exemplo, o Tempo, Lugar, os Participantes (e suas diferentes Identidades ou Papéis), a Ação, os Propósitos e o Conhecimento. Esses contextos esquemáticos precisarão, contudo, ser desenvolvidos e refinados por teorias empíricas. Cada (fragmento de uma) situação comunicativa pode dar origem a uma combinação, configuração ou hierarquia diferente dessas categorias. Por exemplo, as categorias do Gênero ou da Ocupação enquanto Participante (Identidade) podem ser (construídas como) mais ou menos relevantes ou proeminentes em diferentes situações, ou em diferentes momentos da 'mesma' situação.

Os contextos controlam a produção e compreensão do discurso. É acima de tudo crucial admitir que os contextos, definidos como modelos mentais, controlam o processo de produção e compreensão do discurso e, portanto, as estruturas discursivas e as interpretações do discurso resultantes. Essa é a base cognitiva e a explicação daquilo que é tradicionalmente chamado de influência da sociedade sobre o texto ou a fala, e o processo que garante que os usuários da língua consigam moldar seu discurso *apropriadamente* em relação às propriedades da situação comunicativa (que para eles são) relevantes. Naturalmente, precisamos de uma teoria cognitiva articulada dos processos e representações envolvidos. Embora esse processamento cognitivo seja crucial, esses processos dos usuários da língua estão inseridos em condições sociais e culturais mais amplas, compartilhadas pelos usuários da língua enquanto membros de grupos e comunidades.

Os contextos têm bases sociais. Embora os contextos sejam definições únicas e subjetivas das situações comunicativas, sua estrutura e sua construção têm obviamente uma base social, por exemplo, em termos das *cognições sociais* compartilhadas (conhecimentos, atitudes, ideologias, gramática, regras, normas e valores) de uma comunidade discursiva, o mesmo acontecendo com as categorias esquemáticas que definem as estruturas possíveis dos contextos. Isso significa que os contextos também têm uma importante dimensão intersubjetiva, que é condição primeira para a comunicação e a interação. Por exemplo, embora os MPs possam ter, durante o discurso de Blair, modelos de contexto subjetivos e únicos, eles compartilham inquestionavelmente os 'fatos' intersubjetivos de serem MPs e de estarem ouvindo o primeiro-ministro, no Parlamento e no dia 18 de março de 2003, entre outras propriedades da situação comunicativa do debate parlamentar. Ainda assim, cada MP pode representar esses 'fatos' compartilhados de uma maneira subjetiva que lhe é peculiar, com respeito a relevância naquele momento, perspectiva, opiniões, emoções etc. associadas com essa 'base comum' compartilhada. Em outras palavras, os contextos são ao mesmo tempo pessoais e sociais – como é também o caso dos discursos que eles controlam. Veremos que as cognições sociais (conhecimento etc.) em geral, e especificamente os recursos linguísticos e comunicativos, podem também ser definidos como parte ou base do contexto dos participantes: se esses recursos são fragmentários, os contextos também podem sê-lo (ver, por exemplo, Blommaert, 2001).

Os contextos são dinâmicos. Modelos mentais, os contextos não são estáticos, e sim dinâmicos (para uma enunciação antiga desse princípio, veja-se Van Dijk, 1977: 191ss.). Eles são construídos para cada situação comunicativa nova e, em seguida, *atualizados* e *adaptados* tendo em vista (a interpretação subjetiva das) restrições presentes da situação, incluindo o discurso e a interação imediatamente precedente. Em outras palavras, os contextos se desenvolvem 'à medida' e 'on-line', isto é, em paralelo com a interação e (outros) pensamentos.

Com frequência, os contextos são amplamente planejados. Por muitas razões sociais e cognitivas, os contextos, mesmo sendo únicos, não são evidentemente construídos a partir do zero no momento da interação. À semelhança do que acontece em todas as experiências de interação, os participantes conhecem previamente e planejam prospectivamente muitas das propriedades prováveis da situação comunicativa. Assim, além de sua própria identidade, eles saberão ou planejarão com quem irão comunicar-se, quando, onde e com que objetivos. Isso vale especialmente para os modos de comunicação escritos e formais, mas também vale em boa parte para a interação espontânea. Ademais, os eventos comunicativos encontram-se frequentemente encaixados em eventos sociais mais amplos, que os participantes representam (ou experienciam) como algo em andamento (como no caso de uma conversa numa reunião festiva ou profissional). Planejar e antecipar o conhecimento de contextos são duas coisas possíveis, porque a partir de esquemas e categorias gerais de contextos (compartilhados culturalmente) constroem-se contextos específicos e porque as pessoas têm lembranças acumuladas de eventos comunicativos semelhantes ocorridos no passado. Portanto, da mesma forma que é possível 'aprender' os gêneros discursivos, também é possível 'aprender' tipos de contextos. Na verdade, muitos aspectos do evento comunicativo do discurso de Tony Blair devem ter sido planejados ou conhecidos com antecedência por seus ouvintes e por ele mesmo – porque todos eles conhecem o gênero e o tipo de contexto de um debate parlamentar. As interpretações dos eventos e da interação no momento mesmo em que acontecem acabarão, por fim, preenchendo esse modelo de contexto com os detalhes específicos.

As funções pragmáticas dos modelos de contextos. A função fundamental dos modelos de contexto é garantir que os participantes possam produzir textos ou falas *adequados* na situação comunicativa presente e que possam compreender a adequação dos textos ou falas dos outros (Fetzer, 2004; Van Dijk, 1977, 1981). Nesse sentido, uma *teoria do contexto* vem a ser um dos objetivos de uma abordagem *pragmática* do discurso. Ela explica como os usuários da língua adaptam sua interação discursiva aos 'entornos' socioculturais e cognitivos do momento. Uma teoria com essas características também torna explícitas as condições de felicidade usuais dos atos ilocucionários e as condições de adequação, a polidez e outras dimensões da interação (Austin, 1962; Searle, 1969). Portanto, uma teoria explícita do contexto também proporciona uma sólida base para várias abordagens em Pragmática.

Contextos *versus* textos. Os contextos, enquanto modelos mentais, não podem ser reduzidos ao texto ou à fala (como seria implicado por algumas abordagens psicológicas construtivistas e discursivas; ver, por exemplo, Edwards e Potter, 1992). Os contextos são chamados de 'contextos' precisamente porque eles são *não textos* – embora algumas propriedades dos 'textos' anteriores, por exemplo, o conhecimento implicado, possam ser ou tornar-se parte dos contextos. Os modelos de contexto e suas propriedades permanecem em grande medida implícitos e pressupostos. Eles influenciam a fala e o texto de maneiras indiretas que só são explicitadas na própria fala ou texto em circunstâncias específicas (problemas, erros, equívocos). É fato, por exemplo, que Tony Blair não precisa dizer quem ele é, que ele é primeiro-ministro, e assim por diante, porque ele sabe que todos os MPs já sabem essas coisas – como partes de seus modelos de contexto, na área em que se superpõem ao modelo de contexto de Tony Blair.

Sempre que necessário, os contextos são sinalizados ou indiciados, em vez de serem expressos de maneira completa. Muitas vezes, suas propriedades precisam ser inferidas das estruturas e variações do discurso, conforme estas são usadas em diferentes situações sociais, e é isso que fazem tanto os destinatários quanto os analistas. Um exemplo consiste em dar indicações a respeito da própria orientação sexual, ao fazer referência à esposa ou ao marido de alguém. (Rendle-Short, 2005: 561-578).

Embora a natureza dos contextos seja geralmente implícita, os contextos podem também ser discursivos. Nas conversas do dia a dia, assim como em muitos tipos de fala institucional, pode acontecer que se faça referência a outros textos e conversas mais antigos. O discurso burocrático pode consistir em amplas 'trajetórias de textos' (Blommaert, 2001). Os discursos da mídia relacionam-se de maneira múltipla a vários 'discursos-fontes' (Meinhof e Smith, 2000; Van Dijk, 1988b). Em outras palavras, a *intertextualidade* (ver, por exemplo, Plett, 1991) pode ser uma condição importante para que o discurso seja significativo e apropriado.

Um problema teórico específico com que teremos que lidar (ver capítulo "Contexto e discurso") é se, na mesma situação comunicativa, as partes prévias do discurso em andamento também devem ser consideradas partes do contexto. Por exemplo: aquilo que acaba de ser assertado se torna parte da base comum de conhecimento compartilhada pelos participantes?

Contextos e relevância. Os contextos não representam situações sociais ou comunicativas completas, mas somente aquelas propriedades que são *relevantes* de passagem – e ainda assim de maneira esquemática. Em outras palavras, uma teoria dos modelos de contexto é ao mesmo tempo uma teoria da relevância pessoal e interacional das interpretações da situação pelos participantes (no capítulo "Contexto e cognição", veremos como uma teoria desse tipo se relaciona com a teoria da relevância de Sperber e Wilson, 1995, e como se distingue dessa teoria).

Macrocontextos e microcontextos. Os modelos de contextos podem representar situações sociais ou comunicativas em vários níveis de *generalidade* ou granularidade (Van Dijk, 1980). Ou seja, por um lado, os modelos podem representar, num nível micro, interações situadas, momentâneas, em andamento, face a face (por exemplo, o discurso de Blair neste momento, ou um fragmento dele) e, por outro lado, podem representar situações históricas ou sociais totalizadoras, isto é, a estrutura social num nível macro (a tomada de decisão pelo Parlamento sobre a guerra do Iraque, a política externa britânica etc.). Esses níveis podem variar no interior do mesmo evento comunicativo e podem ser indiciados como tais durante o texto ou a fala. Por exemplo, em sua crítica irônica dos democratas liberais, Blair ativa como momentaneamente relevante sua própria filiação partidária e a de seus ouvintes – uma propriedade típica de uma situação global, mais permanente. Analogamente, a ação de nível local de Blair é um discurso parlamentar com seus atos constitutivos, mas num nível mais global ele está implementando a política externa britânica. Em *Society in Discourse* (Van Dijk, 2008) mostramos que uma abordagem das definições de situação inspirada na teoria dos modelos também resolve o velho problema de estabelecer uma ligação entre os níveis macro e micro em Sociologia.

Os contextos como o 'centro do meu/nosso mundo'. Os contextos são crucialmente *egocêntricos*. São definidos por um conjunto de parâmetros que incluem um ambiente que é o *hic et nunc* espaçotemporal do ato de fala ou escrita em curso, do *Ego* enquanto falante ou ouvinte, de *outros* participantes a que eu me dirijo neste momento, ou a quem ouço, bem como das ações sociais em curso em que estou me engajando com propósitos específicos, e com base naquilo que agora conheço e acredito. As propriedades desta natureza 'egocêntrica' dos contextos definem as condições das numerosas *expressões dêiticas* diferentes existentes em muitas línguas, tais como os pronomes pessoais, os demonstrativos, os tempos verbais, as preposições, as expressões de polidez e deferência e assim por diante. Algumas línguas e culturas, porém, definem as coordenadas espaciais em termos absolutos, dizendo, por exemplo, não 'atrás daquela árvore' (relativamente à posição de Ego/o Falante), mas 'ao norte da árvore' (Levinson, 2003). Note-se que esses parâmetros de orientação contextual também têm extensões metafóricas: podemos estar 'à esquerda de alguém' espacial ou ideologicamente, e considerar que outros são temporal ou ideologicamente modernos ou ultrapassados (Fabian, 1983) – dependendo da *postura* ou *posição* que tomamos. O mesmo vale para a inclusão dos participantes em grupos contextuais e para a distinção de pertencer ou não pertencer a um grupo, expressa tipicamente pelos pronomes ideológicos nós *versus* eles.

Semântica *versus* pragmática do contexto. O discurso e suas propriedades podem sinalizar, indiciar ou expressar propriedades dos contextos de muitas maneiras, por exemplo, por meio de *expressões indiciais* ou *dêiticas*. Precisamos, porém, distinguir cuidadosamente a semântica e a pragmática dessas expressões. Ou seja, a descrição da *referência* a elementos da situação comunicativa em processo, tais como o tempo presente, o falante ou o destinatário da mensagem, feita por exemplo pelas expressões *agora*, *eu* e *você*, respectivamente, faz parte de um tratamento *semântico* do discurso. Uma descrição desse tipo pode fazer parte de uma semântica da situação (Barwise e Perry, 1983). Por outro lado, o tratamento *pragmático* não diz respeito à referência (extensão, verdade etc.), mas à adequação dessas e outras expressões na situação comunicativa em curso. Por exemplo, os pronomes *tu* e *vous* em francês se equivalem semanticamente (ambos fazem referência ao destinatário da fala a quem alguém se dirige), mas diferem pragmaticamente com base em diferenças sociais que o falante e o destinatário da mensagem se atribuem reciprocamente, dado o modo como são representados no modelo de contexto do falante. A análise dos contextos é frequentemente associada com um tratamento pragmático, mas vemos que alguns aspectos de uma teoria das relações entre texto e contexto são semânticos. Este livro enfoca a abordagem pragmática do contexto e não a abordagem semântica, em parte porque a primeira tem sido explorada amplamente em outros estudos sobre a dêixis e na semântica relacional ou situacional, em várias disciplinas (Akman et al., 2001; Barwise e Perry, 1983; Hanks, 1992: 43-76; Jarvella e Klein, 1982; Levinson, 1993, 2003).

Adequação. Ressaltei que uma abordagem pragmática do contexto precisaria dar conta da relativa adequação do discurso (ver Fetzer, 2004; Van Dijk, 1981). Esse critério é paralelo ao da boa formação para a sintaxe, ao da significatividade para a semântica intensional e ao da verdade (satisfação etc.) para a semântica extensional/referencial. Mas a noção de adequação não é definida de maneira muito exata, e apenas conceitualiza que o discurso enquanto ação social é, de um ponto de vista normativo, mais ou menos aceitável, correto, feliz etc. Assim, Blair pode pronunciar adequadamente um discurso político no parlamento, mas não pode, na mesma situação, manter uma conversação informal com os MPs sobre a cor de suas gravatas. Ele precisa usar meios de interlocução específicos e formais, em vez de meios informais, e assim por diante, ou seja, o discurso e suas propriedades variáveis precisam coincidir com a definição normativa corrente da situação, por exemplo, enquanto debate parlamentar. Essa adequação pode ser definida para todos os níveis e dimensões de um texto ou fala, tais como a entonação, a seleção do léxico, a sintaxe, as expressões indiciais, os tópicos, os atos de fala, a distribuição dos turnos etc. Esses níveis do discurso serão examinados no capítulo "Contexto e discurso". Analogamente, podem-se distinguir vários *tipos de adequação* pelos tipos de parâmetros contextuais envolvidos. Por exemplo, o tipo de quebra de adequação envolvido no uso de um pronome informal para dirigir-se a alguém de status mais elevado é diferente do tipo de quebra de adequação que consistiria em afirmar uma proposição que já é do conhecimento dos destinatários da fala.

Note-se também que a adequação pragmática não deve ser confundida com o fato de obedecer/desobedecer a vários tipos de *regras* discursivas ou interacionais, relativas por exemplo à argumentação, à maneira de narrar ou à conversação. Por exemplo, as interrupções podem às vezes ser 'inadequadas', não por razões pragmáticas ou contextuais, mas devido às regras da conversação ou dos debates (como no parlamento), como seria o caso de contar uma história sem a etapa da complicação ou raciocinar sem argumentos. É verdade que, tão logo analisamos o discurso como ação e não meramente como estrutura verbal, é difícil separar regras formais e normas de adequação. Assim, agir de maneira grosseira pode ser o resultado de violar regras que dizem respeito ao modo de dirigir-se aos outros – uma forma de ser socialmente inadequado – e, ao mesmo tempo, pode ser uma forma de ameaçar a face dos destinatários. Obviamente, uma teoria explícita do contexto precisará tratar de várias noções de adequação tornando-as mais explícitas.

Tipos de contextos e gêneros. Assim como fazemos para o discurso, também podemos classificar os contextos em tipos diferentes, e esses tipos costumam estar relacionados a diferentes *gêneros* discursivos. Logo, os gêneros, os contextos, os eventos comunicativos ou as práticas sociais podem ser classificados de muitas maneiras, por exemplo, por esferas (público ou privado), modos (falado, escrito, multimedial etc.), principais domínios sociais (política, mídia, educação etc.), instituições ou organizações (Parlamento, universidade, loja), papéis e relações dos participantes (médico-paciente, primeiro-ministro-membros do parlamento), objetivos (transferir ou buscar conhecimento, aconselhamento, atendimento etc.) ou (inter)ações (tomada de decisão, governo etc.), para mencionar apenas algumas das dimensões que são potenciais candidatas a categorias de esquemas de contextos formais. Em níveis mais elevados ou mais baixos, mais noções teóricas podem ser elaboradas para tornar mais explícita a tipologia e, portanto, a teoria do contexto e de sua inserção social. Nesse sentido, os domínios podem ser, por sua vez, agrupados em campos: um campo em que se organizam a tomada de decisão, a ação e o controle coletivos (política, direito, administração etc.), um campo simbólico referente à circulação de conhecimentos e crenças (mídia, educação, ciência, religião etc.), um campo da produção (fabricação de bens) e um campo dos serviços (instituições da saúde etc.). Num nível mais baixo, os gêneros discursivos, eventos comunicativos ou situações sociais podem, por sua vez, ser classificados por subtipos de ações, tais como buscar conhecimentos a respeito de pessoas (entrevistas, interrogatórios), comunicar conhecimentos científicos (congressos, publicações em revistas especializadas etc.), controlar as ações das pessoas (ordens, mandados de prisão, instruções normativas, manuais etc.) e assim por diante.

Os contextos são culturalmente variáveis. Os esquemas de contextos e suas categorias podem variar culturalmente e, assim, definir condições de adequação diferentes para o discurso em sociedades diferentes. Embora algumas categorias contextuais possam (ou precisem) ser universais, como é o caso do Falante e de vários tipos de Destinatários, bem como do Conhecimento, outras podem variar culturalmente, por exemplo, as propriedades sociais específicas dos participantes. Nível social, poder e parentesco são propriedades relevantes dos Participantes nos esquemas de contextos de muitas culturas – controlando, por exemplo, muitas expressões de polidez e deferência –, ao passo que outras categorias contextuais (por exemplo, falar com a sogra) podem ser mais circunscritas, e outras ainda são provavelmente irrelevantes em qualquer lugar (por exemplo, o comprimento do cabelo da pessoa). Uma teoria geral do contexto precisa dar conta desses universais culturais e dessas diferenças contextuais.

Abordagens cognitivas e sociais do contexto. Defini o contexto como um tipo específico de modelo mental, isto é, como representações das próprias situações comunicativas feitas subjetivamente pelos participantes, e não como as situações comunicativas enquanto tais – que é o tratamento habitual. Ainda veremos em detalhe, explicando os motivos, que as situações sociais não influenciam diretamente a língua e o discurso, e que essa influência é possível somente passando pelos modelos mentais. Essa interface mental representa subjetivamente os aspectos relevantes da situação comunicativa; ao mesmo tempo, é o tipo de estrutura cognitiva que consegue monitorar a produção e a compreensão do discurso. De acordo com algumas explicações [*insights*] amplamente aceitas em ciência cognitiva, é desse modo que as situações sociais e a estrutura social influenciam o texto e a fala. Portanto, as abordagens tradicionais que procuram dar conta da influência social no uso da língua e do discurso (por exemplo, em Sociolinguística ou nos Estudos do Discurso Críticos) ficam incompletas sem essa interface cognitiva crucial. Essa é também uma das razões pelas quais o estudo das variáveis sociolinguísticas tende a ser correlacional apenas superficialmente, pois sem uma interface desse tipo é impossível explicar os nexos de produção e interpretação sutis que se estabelecem entre a sociedade e o discurso.

Uma definição dos contextos em termos de modelos mentais não implica que precisemos reduzir as influências sociais a influências mentais, muito pelo contrário. Por meio dessa definição, *descrevemos* e *explicamos*, antes de mais nada, como certas estruturas sociais locais e globais conseguem influenciar o texto e a fala. Ou seja, mesmo uma teoria do contexto de bases cognitivas é parte de uma teoria *social* mais ampla das relações entre sociedade e discurso. Até o momento, temos teorias sociológicas das situações e da estrutura social, e teorias analíticas do discurso referentes ao texto e à fala, mas as relações entre esses diferentes tipos de estruturas não foram explicitadas em momento algum, nem quando o discurso foi definido como prática social, porque mesmo nesse caso seria preciso mostrar exatamente de que maneira as estruturas sociais influenciam as propriedades dessa prática social. Em outras palavras, até o momento temos somente especulações filosóficas, correlações estatísticas superficiais ou várias formas de determinismo – nenhuma das quais realmente explica a natureza das relações entre sociedade e discurso, por exemplo, por que pessoas diferentes, na mesma situação social ainda podem falar diferentemente. O ponto de vista que defendo é que, numa teoria social do discurso que relacione as estruturas do discurso às situações sociais e à estrutura da sociedade, precisariam também estar presentes vários componentes cognitivos, formulados em termos de condições sociais compartilhadas (conhecimentos, ideologias, normas, valores) em geral, e dos modelos mentais únicos dos membros sociais, em particular. Somente assim é possível ter uma teoria integrada do discurso, do uso linguístico em geral, e do contexto em particular. Essa é também a razão pela qual minha abordagem geral do discurso é chamada de sociocognitiva. Meu propósito é integrar as abordagens cognitivas e sociais do texto e da fala num único quadro teórico coerente, sem reduções e sem nexos faltantes. Na realidade, a fala não é apenas uma prática social, mas também uma prática mental – a fala é, ao mesmo tempo, pensamento e ação.

Rumo a uma teoria das situações sociais. Se os modelos de contextos representam subjetivamente situações comunicativas, uma abordagem desse tipo pressupõe uma teoria mais geral das situações e da interpretação das situações. E se esses modelos tornam explícitas as experiências dos participantes durante a interação e a comunicação, os modelos de contextos são também um caso especial de experiências mais gerais do dia a dia. Nos capítulos que seguem, da mesma forma que o fizemos em *Society in Discourse*, veremos que é bem isso que acontece e que uma teoria do contexto precisa estar inserida em teorias mais gerais da representação ou da compreensão das situações sociais e da interação com essas situações. Ou seja, muitas das categorias convencionais das situações comunicativas serão semelhantes às que as pessoas usam para compreender qualquer tipo de situação ou episódio social e para agir de maneira apropriada em tal situação. É nesse sentido que uma teoria do contexto se relaciona sistematicamente com outras teorias cognitivas, sociais e culturais da experiência e interação humana do dia a dia.

Questões terminológicas

'CONTEXTO' E 'SITUAÇÃO'

Para evitar confusões terminológicas, uso os termos teóricos *contexto* e *modelo de contexto* de acordo com a definição dada, isto é, como um modelo mental específico, ou como uma interpretação subjetiva feita pelos participantes das propriedades relevantes da *situação* (social, interacional ou comunicativa) da qual participam. Em outras palavras, onde os estudos mais antigos usam frequentemente 'contexto', eu uso 'situação' (comunicativa).

Um dos problemas terminológicos é então o de definir a noção de 'situação' em meu próprio quadro teórico – nem que seja como mais um construto dos participantes e, portanto, como um modelo de situação comunicativa. Evidentemente, os modelos de situações comunicativas diferem dos modelos de contextos, porque contêm muitas propriedades que são normalmente irrelevantes nos modelos de contextos, tais como a cor das roupas das pessoas, sua altura, e um grande número de outras propriedades das situações sociais que são relevantes de um ponto de vista social, mas não de um ponto de vista comunicativo. Nesse sentido, um modelo de contexto é uma seleção específica ou uma reconstrução de um modelo de situação (ver *Society in Discourse* para análises detalhadas da noção de 'situação').

À parte essa definição construcionista ou cognitiva da situação, é preciso não perder de vista que os próprios participantes *experienciam* as situações comunicativas ou sociais como episódios reais de sua vida diária, e não como meras crenças, exceto nos casos de problemas ou conflitos, quando podem dar-se conta de que eles e seus Interlocutores talvez 'vejam' a 'mesma' situação de maneiras diferentes.

Num tratamento mais formal, podemos definir as situações como fragmentos demarcados espaçotemporalmente de mundos (sociais) possíveis.

TEXTO *VERSUS* CONTEXTO

Um outro problema teórico e terminológico é a distinção entre 'contexto' e 'texto' (fala, discurso, interação verbal etc.), que será discutida em detalhe no capítulo "Contexto e discurso". O fato crucial é que esse par terminológico pressupõe que o discurso é ele próprio um objeto, uma ação ou um evento, e o contexto algum tipo de 'entorno', como vimos ser o caso nos usos informais da noção de contexto.

Se assim fosse, ainda precisaríamos de um termo para descrever a combinação do discurso com seu entorno social relevante, e eu usarei esporadicamente o termo *episódio comunicativo ou interacional* para esses eventos comunicativos situados (ver *Society in Discourse*; ver também Forgas, 1979). Nesse sentido, os episódios são fragmentos complexos da vida diária dos membros da sociedade, que consistem em fala, texto ou outra interação social, mais as propriedades relevantes da situação social, tais como o tempo, o lugar, os papéis e relações sociais, os objetivos e o conhecimento. Note-se que a noção de 'situação' é frequentemente usada num sentido parecido com o de 'episódio'.

Outro modo de teorizar e definir a relação entre 'texto' e 'contexto' consiste em tomar o discurso (fala etc.) *como parte do contexto*. Nesse caso, os contextos, tais como foram definidos aqui (isto é, como modelos mentais) são modelos dos episódios comunicativos, e não apenas do entorno situacional do discurso. Veremos mais adiante que há boas razões para assumir que o discurso, enquanto ação, faz parte dos contextos, na medida em que a indicialidade e reflexividade dos participantes também representam sua própria ação em progresso. Contudo, nesse caso, novamente precisamos de um termo especial que denote o 'entorno' situacional do discurso, excetuando o próprio discurso, e então podemos usar o termo 'situação' para denotar esse entorno, como também o fazemos na expressão amplamente usada 'interação situada'. Em outras palavras, nessa perspectiva 'inclusiva' dos contextos, o discurso e a interação ocorrem *em* uma situação comunicativa, na qual o discurso e a situação são distintos.

O drama é que uma terminologia teoricamente sólida não bate de maneira exata com a terminologia informal usada mais amplamente e com as intuições que lhe correspondem. Decidi, portanto, usar termos teóricos que permanecessem próximos de seus usos informais. Posso, então, resumir provisoriamente minha terminologia como segue (um detalhamento teórico maior é necessário para a maioria desses termos, e pode ser encontrado nos capítulos relevantes deste livro, bem como em *Society in Discourse*). Podemos distinguir uma noção *inclusiva* de contexto (contexto-I), isto é, uma noção que inclui a representação mental da interação em curso, e uma noção *exclusiva* (contexto-E), isto é, um modelo do entorno situacional dessa interação. Temos, então, as seguintes definições operacionais abreviadas, sujeitas a serem explicitadas na teoria:

episódio social = interação social + situação social;
situação social = entorno social relevante da interação social;
episódio comunicativo = discurso + situação comunicativa;
situação comunicativa = entorno relevante do discurso;
contexto-I = modelo mental subjetivo do episódio comunicativo;
contexto-E = modelo mental subjetivo da situação comunicativa.

Pretendo discutir sobretudo o contexto-E, isto é, o modelo dos entornos situacionais do discurso, excluído o próprio discurso, para poder mostrar como esses entornos situacionais podem influenciar o discurso via modelos mentais. Contudo, veremos que, por várias razões quer teóricas, quer empíricas, esses modelos de contexto precisam ser ampliados de modo a incluir o discurso, o que os transforma em modelos reflexivos de episódios comunicativos complexos: nos episódios comunicativos, os usuários da língua não só estão cientes de seu entorno social, isto é, da situação comunicativa *na qual* estão interagindo, mas também estão cientes de seu próprio discurso. Um problema que resta é então como separar o discurso enquanto interação da sua situação comunicativa, por exemplo, quando se descreve uma conduta comunicativa não verbal: gestos, expressões faciais, controle da distância etc. Volto a essa questão no capítulo "Contexto e discurso".

O Iraque ou os discursos da guerra e da paz

O principal objetivo deste livro é teórico e consiste em proporcionar um tratamento multidisciplinar da noção de contexto no âmbito de uma teoria mais ampla do discurso. Contudo, como deve ter ficado claro desde o início deste capítulo, é muito útil discutir usando exemplos. Não podemos 'citar' contextos como modelos mentais, e, como os contextos, por definição, são sempre encontrados em conjunto com textos, analisá-los só faz sentido quando damos exemplos de textos e falas (o que permite ilustrar a teoria dando ao mesmo tempo uma comprovação empírica), e quando os reconstruímos em relação a esse discurso. Veremos que em muitas orientações da análise do discurso e da análise da conversação os contextos só ficam explicados quando, de algum modo, 'pintam' no texto ou na fala – no mínimo para que tenhamos a certeza de que os contextos não crescerão desproporcionalmente, criando para nós a necessidade de uma Teoria de Todas as Coisas para descrevê-los.

Ao longo do livro, uso portanto o exemplo dado no início deste capítulo, e, separadamente (em *Society in Discourse*), analiso outros fragmentos do mesmo debate a respeito do Iraque.

Adotando o esquema mais amplo dos Estudos do Discurso Críticos, esta análise obviamente tem como uma de suas características uma abordagem crítica do tipo de abuso e manipulação do poder em que se envolvem líderes como Bush, Blair e Aznar.

'Iraque' é referido aqui como um complexo de temas que organizam discursos sobre a Guerra do Iraque, em seguida à invasão do Iraque pelos exércitos dos Estados Unidos e seus aliados em março de 2003, com o objetivo de escorraçar o regime de Saddam Hussein e conseguir o controle daquele país, estratégico produtor de petróleo no Oriente Médio, entre outros objetivos mais ou menos secretos. Esses discursos aconteceram depois do ataque arrasador de 11 de setembro de 2001 contra as Torres Gêmeas e o Pentágono por parte de membros da Al-Qaeda, geralmente descrita como uma organização 'terrorista', embora tenha havido discursos mais ou menos públicos falando em invadir o Iraque desde a Guerra do Golfo de 1991 (ver em *Society in Discourse* referências a esses discursos sobre 'o Iraque' e a 'Guerra ao Terror').

À parte os discursos sobre o Iraque feitos por Bush, Blair e Aznar, caiu no domínio público um grande número de outros discursos, incluindo alguns que expressavam opiniões alternativas e discordantes, veiculados muitas vezes pelos meios de comunicação de massa e pela internet, ou em ajuntamentos de pessoas e demonstrações pelo mundo afora. Esses discursos foram analisados em muitos outros trabalhos e precisarão de mais análise no futuro. Neste livro, eu posso oferecer somente alguns exemplos de uma análise 'contextual' de um gênero textual e um exemplo desse vasto *corpus*, a saber, um debate parlamentar. O que está em jogo, do ponto de vista teórico, político e crítico em minha análise 'contextual' é mostrar como, exatamente, esses discursos se tornaram discursos *políticos*, isto é, como as propriedades linguísticas do texto e da fala se encaixam nas situações políticas. Nesse sentido, este livro pretende ser também uma contribuição para os fundamentos dos Estudos do Discurso Críticos.

A organização deste livro

Este estudo teórico do contexto foi planejado originalmente como uma única monografia. Contudo, a resenha de uma ampla bibliografia relevante, em várias disciplinas das ciências humanas e sociais, acabou levando a um trabalho de grandes proporções que, por razões práticas, precisou ser dividido em dois livros independentes. O presente livro trata principalmente das dimensões linguísticas, sociolinguísticas e cognitivas do contexto, ao passo que *Society in Discourse* apresenta um tratamento detalhado de contextos, situações e suas propriedades nas Ciências Sociais.

O próximo capítulo examinará criticamente uma das mais importantes abordagens do contexto em Linguística, a saber, a abordagem da Linguística Funcional Sistêmica. O capítulo "Contexto e discurso" faz, então, um balanço detalhado das abordagens mais antigas – principalmente sociolinguísticas – de língua, discurso e contexto, durante o qual eu tratarei também de noções correlatas, como registro, estilo e gênero textual.

O capítulo "Contexto e cognição" é o capítulo teórico nuclear deste estudo. Define a noção mesma de contexto como modelo de contexto, contrapondo-se ao pano de fundo da ciência cognitiva contemporânea. É esse capítulo que explica o subtítulo desta monografia, a saber, que minha perspectiva sobre o contexto é cognitiva (ou, melhor dizendo, sociocognitiva).

Todavia, para ressaltar o fato de que não reduzo a teoria do contexto a uma mera explicação cognitiva, meu outro livro sobre contexto, *Society in Discourse* (Van Dijk, 2008), trata muito pormenorizadamente da noção de 'contexto' e de outras noções correlatas ('situação' social etc.) em Psicologia Social, Sociologia e Antropologia. Nos capítulos daquele livro, analisa-se o contexto em relação à cognição social, à interação social, à estrutura social e à cultura social, respectivamente.

O último capítulo de *Society in Discourse* aplica a teoria numa análise detalhada das características contextuais de fragmentos do debate do Iraque na Câmara dos Comuns Britânica – o que acrescenta uma importante dimensão ao mesmo tempo política e crítica a este estudo.

CONTEXTO E LINGUAGEM

Uma crítica da abordagem sistêmico-funcional do contexto

Neste capítulo, eu faço uma primeira avaliação de um uso da noção de 'contexto' em Linguística. Para tanto, darei atenção em primeiro lugar à orientação linguística que mais insistentemente fez de sua própria teoria do contexto um motivo de orgulho, a Linguística Sistêmico-Funcional (LSF) fundada por M. A. K. Halliday. Pretendo mostrar que o tratamento dado ao contexto pela LSF é equivocado e precisa ser abandonado, mas, embora eu também faça algumas observações críticas mais gerais a respeito da LSF, explicando algumas das deficiências de seu tratamento do contexto, a crítica feita neste capítulo não implica de maneira alguma que a LSF não tem méritos enquanto teoria linguística. Ao contrário, muita pesquisa sobre o discurso foi levada a termo nesse paradigma, incluindo muitos estudos extremamente originais que vão além do núcleo da teoria, assim como pesquisas mais recentes em Semiótica, Avaliação, e assim por diante.

A razão pela qual, neste capítulo, eu me limito a uma crítica da análise do contexto feita na LSF é, antes de mais nada, que essa análise teve por várias décadas uma ampla influência em nível mundial, em muitos ramos da Análise do Discurso linguística, bem como nos Estudos do Discurso Críticos. Portanto, uma crítica mais pontual é pertinente para mostrar que os tratamentos da LSF precisam ser revistos, e uma crítica dessa ordem não deixa sobrar espaço, no interior de um capítulo, para uma revisão detalhada da análise do contexto feita por linguistas de outras orientações. Na realidade, a maioria dos estudos linguísticos do contexto foram feitos no âmbito da Sociolinguística, e eu os resenharei no capítulo "Contexto e discurso", enfocando especialmente as relações entre contexto e estruturas discursivas. Naquele capítulo, também tratarei da discussão sobre linguagem e contexto que se fez nos estudos sobre estilo, registro e gênero textual.

Se me concentro na LSF neste capítulo, não é só por conta de sua extensa discussão da noção de 'contexto', mas também porque constitui um estudo de caso detalhado de uma abordagem linguística do contexto (ver também o capítulo "Contexto e discurso" para um bom número de outras referências a estudos sobre a condição social do uso da língua).

No capítulo anterior, eu defendi o ponto de vista de que a maior parte da pesquisa feita nos paradigmas estruturalista e gerativista tem uma orientação 'autônoma', ou seja, tende a desqualificar o estudo sistemático das relações entre gramática e contexto (social). À semelhança do que acontece na LSF, a maioria dos estudos linguísticos que se interessaram pelo contexto foram realizados no interior de paradigmas funcionalistas, como os trabalhos postos em circulação por Dik (1981), e principalmente por Givón, o autor que trata mais explicitamente de contexto, e também no interior de uma perspectiva marcada pela análise do discurso e pelo cognitivismo (Givón, 1989, 1995, 2005; ver o capítulo "Contexto e cognição"). Para uma resenha sistemática dos estudos das relações entre gramática e contexto, e para uma discussão detalhada da noção de adequação, veja-se Fetzer (2004).

Outros aspectos das relações entre linguagem e contexto foram estudados em *Pragmática*, um campo de que já se tratou extensamente em muitos outros estudos e que, portanto, não precisa ser novamente explorado aqui (Levinson, 1983; Mey, 1993; Verschueren, Östman e Blommaert, 1995). Em vários capítulos deste livro, à semelhança do que fiz em *Society in Discourse*, limito-me a reexaminar brevemente as condições de adequação dos atos de fala (Searle, 1969).

Dada a existência desses estudos linguísticos mais antigos sobre contexto, este capítulo não resenhará a mesma bibliografia, mesmo porque a maioria desses estudos se concentram na análise das estruturas linguísticas, e não dizem quase nada sobre as propriedades dos próprios contextos. Quanto à dependência contextual das estruturas pragmáticas e discursivas, ver também o capítulo "Contexto e discurso".

A Linguística Sistêmico-Funcional

Um balanço crítico completo da noção de 'contexto' que aparece na LSF exigiria uma avaliação geral e exaustiva da LSF enquanto corpo de doutrina linguística, e talvez como movimento. Esse empreendimento gigantesco foge, evidentemente, ao escopo do presente capítulo e deste livro, motivo pelo qual limitarei minha análise aos vários usos da palavra 'contexto' feitos por diferentes teóricos da LSF. Contudo, como a noção de 'contexto', na LSF, se interliga com muitos outros de seus construtos teóricos, não posso deixar de desenvolver uma perspectiva de certo modo mais ampla para minhas observações críticas. Além disso, a LSF não é apenas uma teoria linguística: muitos linguistas sistêmico-funcionais também fizeram contribuições ao estudo do discurso. Isso faz com que minha avaliação das análises do 'contexto' feitas no interior da LSF se relacionem também à perspectiva crítica que tenho a respeito da LSF como esquema teórico para o estudo do discurso. Na realidade, muitas das limitações que percebo nas teorias do 'contexto' inspiradas na LSF são, em minha opinião, um correlato dos defeitos de sua abordagem mais geral da língua e do discurso, enquanto paradigma de pesquisa.

Esses defeitos (que pretendo descrever mais detalhadamente a seguir) podem ser resumidos como segue:

- excesso de gramática da sentença (ou de gramática 'léxico-sintática');
- noções autônomas de teoria do discurso – insuficientes;
- antimentalismo; falta de interesse na cognição;
- teoria social da linguagem – limitada;
- excesso de vocabulário esotérico;
- insuficiência de dinamismo teórico, elaboração e autocrítica.

E podem ser explicados, de modo geral, pelo fato de que a LSF se originou a partir de uma teoria da estrutura da oração, isto é, a partir de uma gramática da sentença. A consequência mais séria desses defeitos é o problema de que, embora afirme, em geral, que proporciona uma teoria *funcional* da linguagem, a LSF, por sua teoria social limitada e por lhe faltar uma teoria cognitiva, não consegue oferecer uma teoria funcional do uso da linguagem e uma teoria funcional do discurso dotadas de poder *explicativo*.

Desde logo, deve-se ressaltar, contudo, que as falhas do paradigma da LSF que acabo de mencionar são tendências gerais. Não afetam todos os pesquisadores da LSF, mas tão somente muitos dos estudos realizados nas orientações majoritárias da LSF. Além disso, na comunidade mais ampla da LSF, apesar da admiração pelas obras de seu fundador e líder, há dissidentes. Também cabe repetir que minha crítica *não* significa que a LSF não tenha feito significativas contribuições para o estudo da linguagem e do discurso. Tudo isso ela fez, mas nenhuma teoria, nenhuma abordagem é perfeita.

A HISTÓRIA DA ABORDAGEM DO 'CONTEXTO' NA LSF.

A história da abordagem do contexto na LSF já foi contada e recontada, de modo que poderá ser objeto, aqui, de um tratamento rápido. A LSF e muitas de suas noções têm raízes na tradição de Firth em Linguística e de Malinowski em Antropologia, ambos em Londres. Se examinarmos mais de perto o que disseram, exatamente, esses precursores da LSF, ficaremos logo decepcionados pela natureza limitada de suas contribuições. Mas o fato de que, ainda assim, eles foram saudados, especialmente mas não só pela Linguística Sistêmico-Funcional, como importantes pioneiros da investigação universitária explica-se provavelmente pelo fato de que os outros linguistas da época não tiveram interesse nenhum pelo contexto.

Em contraste com as teorias linguísticas mais formais, a Linguística Firthiana e a LSF dão um destaque explícito à natureza social da língua e à língua em uso. A língua é então encarada como parte inerente da experiência vivida dos membros de uma sociedade ou cultura; e por isso entende-se que as estruturas linguísticas também têm que ser tratadas, e possivelmente explicadas, em termos de seu entorno 'natural' e das atividades sociais que elas permitem realizar. Foi como um elemento desse propósito genérico que a noção de contexto começou a fazer parte da Linguística Firthiana, a saber, como o 'contexto de situação'. Para aqueles que porventura acharem essa noção um tanto estranha, já que parece dizer a mesma coisa duas vezes, convém explicar que ela era para ser entendida como contexto 'situacional', em oposição a contexto 'textual' ou 'linguístico', de que é exemplo o contexto constituído por palavras ou sentenças. Vista desse ângulo, ela se aproxima então da noção de 'contexto social', na medida em que é usada em tratamentos da linguagem parecidos com aquele, por exemplo, na Sociolinguística de Bernstein (também de Londres), com a qual tem semelhanças de família. Para evitar equívocos, eu só usarei aqui a noção geral de 'contexto', e farei o mesmo ao descrever a noção firthiana de 'contexto de situação', tal como é usada na LSF; evitarei usar meus próprios termos, relativos a modelos de contexto mentais.

MALINOWSKI

A história do tratamento que Firth e a LSF deram ao contexto é usualmente associada aos trabalhos sobre línguas 'primitivas' escritos por Malinowski. Sua onipresente terminologia racista (ele também fala rotineiramente de 'selvagens') costuma ser comodamente esquecida em muitas referências a seus trabalhos, pelo menos em Linguística – uma disciplina que até recentemente pouco se preocupou com a desigualdade social e o racismo. A razão por que Malinowski insistiu para que as línguas 'primitivas' fossem estudadas em seu contexto de uso foi que elas eram línguas somente faladas, e que, para compreendê-las e estudá-las, à diferença do que acontece com as línguas 'mortas' habitualmente estudadas pelos linguistas, também precisamos estudar as situações em que são usadas (Malinowski, 1956/1923: 296-336).

Embora um argumento como esse possa soar trivial hoje em dia, quando é universalmente reconhecida a importância de estudar as línguas em suas situações sociais, até mesmo no caso das línguas 'civilizadas', é preciso lembrar que no início do século XX essa proposta era relativamente nova em Linguística.

Infelizmente, a ideia defendida por Malinowski de que as línguas ou a linguagem deveriam ser estudadas em contexto é mais uma contribuição programática do que uma contribuição concreta à teoria do contexto. À parte as alusões que se fazem aos falantes e aos ouvintes, não se dá praticamente nenhuma explicação sobre a natureza desses contextos, e a descrição se limita a um pequeno número de exemplos.

Um fato a notar é que, como veremos também mais tarde, o contexto, aqui, é radicalmente reduzido àquilo que poderíamos chamar o contexto 'referencial (ou semântico)', que consiste em *coisas ou pessoas presentes* na situação de fala. Ou seja, a percepção ou consciência dos objetos presentes faz com que os enunciados sejam incompletos, e que os sentidos das expressões dêiticas sejam derivados do conhecimento desse 'contexto'. Nessa ideia simplista de contexto 'semântico' não fica explicado como, exatamente, a presença de pessoas ou coisas explica (leva a? causa?) sentenças incompletas, quem sabe, em termos de conhecimentos compartilhados e inferências. Na verdade, é preciso lembrar, antes de mais nada, que as inclinações mais behavioristas do paradigma de Malinowski não deixam espaço para muita atividade cognitiva. A natureza pragmática do contexto social, e as outras propriedades dos eventos comunicativos (tais como os papéis dos participantes e inúmeras outras), não são consideradas nessas primeiras ideias sobre contexto. Ou seja, apesar da insistência com que Malinowski reafirma que a língua é um 'modo de ação' (p. 312) e que as 'funções primitivas' da língua são essencialmente 'pragmáticas' (p. 316), sua ideia de contexto fica muito aquém de uma contribuição ao estudo da natureza *funcional* da língua: seus exemplos parecem limitar-se à semântica contextual e não sugerem um conceito de contexto pragmaticamente orientado. Contudo, sua opinião de que o uso da língua não é meramente pensamento ou 'contemplação', mas é também ação e experiência (p. 327), e de que os usos da língua "deixaram vestígios na estrutura da própria língua" (p. 327) é importante.

FIRTH

Embora Malinowski pouco tivesse a dizer, de um ponto de vista teórico, sobre a estrutura e as funções dos contextos, seu tratamento globalmente cultural dado à língua, que põe em realce o estudo do uso da língua enquanto ação e experiência social, fornece o *background* da contribuição de Firth ao estudo do contexto. À semelhança do que acontecerá mais tarde em Etnografia, Firth encara o estudo dos 'eventos de fala' como o principal objeto de estudo da Linguística e acentua, como Malinowski, que o uso da língua deve ser estudado como parte da vida quotidiana e das trocas sociais (Firth, 1968: 13). A Linguística, como as outras Ciências Sociais, deve começar, diz ele, "pela participação ativa do homem no mundo" (p. 169). Para Firth, os participantes do evento de fala, descritos simultaneamente como membros de uma comunidade de fala e em termos de sua própria 'personalidade' (p.13), fazem parte desse 'contexto de situação'. Ele insiste no fato de que uma 'ciência' da linguagem trata necessariamente de abstrações e, portanto, não lida com as características únicas de situações específicas, mas antes com propriedades gerais e abstratas. Como no paradigma estruturalista em geral, declara-se que "os traços idiossincráticos, individuais e ocasionais" estão excluídos do que interessa à Linguística (p. 176).

Embora o 'contexto de situação' seja, também para Firth, um elemento crucial de sua maneira de abordar o estudo da língua, sua definição de 'contexto' é bastante sucinta, citando-se nela outro livro (Firth, 1930):

1. os traços relevantes dos participantes: suas pessoas e personalidades
   (**a**) a ação verbal dos participantes;
   (**b**) a ação não verbal dos participantes;
2. os objetos relevantes;
3. os efeitos da ação verbal (p. 155).

Note-se que, além das características óbvias do evento de fala, como os participantes e as ações, ele também inclui os "objetos relevantes", combinando assim aspectos pragmáticos da língua com aspectos semântico-referenciais, como já havia feito Malinowski. Em paralelo ao realce dado à natureza abstrata dos contextos, ele também define um evento de fala como um 'construto esquemático' aplicável especialmente a eventos típicos e repetitivos (p. 176). É essa natureza 'esquemática' dos contextos que eu considerarei mais adiante em maior detalhe, quando for examinar a noção de contexto em outras disciplinas: esse é um elemento do tratamento clássico do contexto que eu pretendo conservar em minha própria teoria do contexto.

Firth não detalha sua referência ao 'efeito' da ação verbal como um componente dos contextos, mas em seu esquema esses efeitos são provavelmente sociais, não mentais. Com efeito, como é típico do empirismo britânico e das tendências behavioristas da época, ele rejeita explicitamente o mentalismo, numa passagem que merece ser citada por inteiro porque sua ideologia antimentalista continua a ter uma influência fundamental e duradoura na Linguística Sistêmico-Funcional – e em outras orientações contemporâneas dos estudos da língua e do discurso:

> Se considerarmos a língua como 'expressiva' ou 'comunicativa' estaremos dizendo implicitamente que é um instrumento de estados mentais internos. E por ser tão pouco o que sabemos sobre estados mentais internos, mesmo pela introspecção mais cuidadosa, o problema da língua se torna tanto mais misterioso quanto mais tentamos explicá-lo referindo-o aos acontecimentos mentais internos que não são observáveis. Olhando para palavras, atos, eventos, hábitos, limitamos nossa investigação àquilo que é objetivo e observável na vida em grupo de nossos semelhantes. Como sabemos tão pouco sobre a mente, e como nosso estudo é essencialmente social, daqui em diante vou desconsiderar a dualidade da mente e do corpo, do pensamento e da palavra, e contentar-me com o

> homem como um todo, pensando e agindo como um todo, no convívio com seus semelhantes. Não acompanho, pois, Ogden e Richards quando eles encaram o significado como relações em um processo mental oculto; ao contrário, encaro o significado principalmente como relações situacionais num contexto de situação e naquele tipo de linguagem que causa perturbação no ar e nos ouvidos das outras pessoas, como modos de comportamento em relação aos outros elementos no contexto de situação. Uma técnica que seja contextual do começo ao fim não dá realce à relação entre os termos de um processo histórico ou de um processo mental, mas sim às inter-relações entre os termos – arranjados como constituintes da própria situação (p. 170).

Portanto, embora aceite que o pensar e o agir formam uma unidade em princípio, na prática, ele reduz o sentido a propriedades 'objetivas' e 'observáveis' das situações, e assim relaciona a Linguística Funcional com os propósitos positivistas do empreendimento científico de seu tempo.

Um fato digno de interesse é que a atenção dada a atos e eventos 'observáveis' não considera o fato de que esses atos e eventos também são abstrações, interpretações ou construções da realidade, e não são passíveis de observação imediata, ou casos como os das ondas físicas "que causam perturbação no ar". Embora inicialmente ele fale de abstrações, e aqui de interações entre os constituintes de uma situação, cabe perguntar como os usuários da língua, e com eles os analistas, conseguem lidar com tais abstrações de outro modo que não seja através de processos mentais.

Essa redução do estudo da língua a atos e eventos 'observáveis' inserida numa ontologia realista elimina uma das principais propriedades das vidas diárias dos participantes que a Linguística Funcional diz estudar, a saber, seus pensamentos. Firth diz com todas as palavras: "O homem [*sic*] não está aqui fundamentalmente para pensar sobre ele [o mundo], mas para agir de maneira conveniente" (p. 171). Neste aspecto, Firth é precursor não só da LSF, mas virtualmente de todas as orientações interacionistas da Linguística e da Análise do Discurso durante as últimas décadas. Como já foi sugerido, seu anticognitivismo é, naturalmente, coerente com o paradigma behaviorista, predominante naqueles tempos.

Firth admite que, até então, nenhum sistema exaustivo dos contextos tinha sido construído. Mas, embora, por exemplo, na descrição das expressões dêiticas precisemos envolver a presença ou ausência de pessoas mencionadas,

> isso não envolve a descrição dos processos ou significados mentais no pensamento dos participantes, e certamente não precisa ter como consequência qualquer consideração de intenção, sentido ou propósito (p. 178).

Dessa forma, ele exclui do (estudo do) contexto muitos traços relevantes, como as crenças e o conhecimento dos participantes, para não falar do critério contextual crucial do propósito. Na sequência deste livro, voltarei repetidas vezes a noções como o propósito, os alvos e os objetivos como elementos 'cognitivos' do contexto explicitamente rejeitados por Firth, mas que deram origem a muito debate em seguida, tanto em Linguística Antropológica (ver, por exemplo, Duranti, 2006: 31-40) como em Linguística.

Além de terem uma natureza abstrata, os contextos são definidos para Firth em termos da relevância das relações entre o texto e os outros constituintes da situação, mas é o linguista (e não o usuário da língua) quem define essa relevância "à luz de sua teoria e prática" (p. 173). Veremos a seguir que a 'relevância' é de fato uma característica decisiva, que converte propriedades situacionais em contexto. Também fica claro, a partir da descrição dos contextos feita por Firth, que os textos são uma parte integrante deles. Isso é importante para dar conta das funções que relacionam o texto e (o resto do) contexto.

Em acréscimo à definição esquemática dos contextos dada anteriormente, há passagens posteriores de Firth que são muito mais condescendentes em aceitar a inclusão de traços contextuais tais como:

- as estruturas econômicas, religiosas ou sociais das sociedades de que os participantes são membros;
- tipos (gêneros textuais) de discurso;
- número, idade e sexo dos participantes;
- tipos de funções da fala (tais como os atos de fala e outros atos sociais realizados).

Embora esses traços incluam muitas das características das situações sociais e comunicativas – talvez todas –, não há ulteriores argumentos ou exemplos mostrando por que esses aspectos fazem parte do contexto, e não outros. Essas razões e muitas outras sugerem que as observações de Firth sobre contexto não chegam a constituir uma teoria, nem mesmo pelos padrões do tempo em que escreveu – por exemplo, em termos da sofisticação da teoria e descrição linguística (para uma crítica, ver Hasan, 1995: 194).

Resumindo a contribuição de Firth à teoria do contexto, podemos concluir o seguinte a respeito das propriedades que ele chama 'contexto de situação':

(**a**) os contextos estão inseridos nas experiências da vida diária das pessoas;
(**b**) os contextos precisam ser descritos em termos gerais, abstratos;
(**c**) os contextos consistem apenas nos aspectos relevantes de uma situação social;
(**d**) os contextos consistem principalmente nos participantes, ações e suas consequências;
(**e**) num sentido mais amplo, os contextos têm entre seus traços outros aspectos sociais dos participantes e das sociedades de que eles são membros, bem como os gêneros discursivos e as 'funções' da fala;
(**f**) a descrição dos contextos precisa ser dada somente nos termos sociais de atos ou eventos 'observáveis' e 'objetivos', e não em termos de processos mentais ocultos.

Podemos concluir que Firth tem ideias teóricas interessantes sobre contexto e sobre a necessidade de que as teorias linguísticas sejam contextuais, mas suas observações não chegam a derivar da/ou a relacionar-se à pesquisa empírica sistemática da natureza contextual do uso da língua.

CONTEXTO DE CULTURA

A noção de 'contexto de situação' é frequentemente relacionada, por Malinowski, por Firth e por linguistas mais recentes de orientação funcional sistêmica com a de 'contexto de cultura', de que é um caso específico, e é geralmente descrita como o contexto geral para a língua como um sistema (Halliday, 1999: 1-24). Embora a noção de 'contexto de cultura' possa ser integrada numa teoria mais geral do 'contexto', eu não a discutirei aqui, entre outras razões porque os autores da LSF não a usam nem a elaboram muito. Ao invés disso, como Halliday também assinala, os contextos culturais são mais típicos dos trabalhos dos antropólogos americanos do tempo, aparecendo, por exemplo, nos trabalhos de Sapir e Whorf (Halliday, 1999: 5-6). Ou seja, podemos assumir que, à diferença dos 'contextos e situações', sua influência sobre o uso da língua é mais difusa e indireta, e ocorre num nível mais abstrato.

Portanto, pode-se concordar em princípio com o ponto de vista de Halliday de que o contexto de cultura se traduz em casos mais específicos de contextos de situação. Afinal, as situações sociais podem ser descritas como partes integrantes de uma cultura mais ampla. Contudo, ele não explica como essa instanciação é possível *para os usuários da língua*, ou seja, como, no uso efetivo da língua, o nível macroscópico ou global se relaciona ao nível microscópico. Se, para ele e para Firth, o uso da língua está inserido em nossas experiências diárias, e se essas experiências são tipicamente situacionais, como a cultura mais ampla afeta essas experiências locais de outro modo que não seja pela via das interpretações ou construções e, portanto, das representações cognitivas, dos usuários da língua acerca de sua cultura?

O mesmo vale para as relações entre o sistema linguístico (que nos termos de Halliday é um sistema de 'potencialidades'), de um lado, e o uso efetivo (textos), de outro. Essa relação também pressupõe que os usuários da língua conhecem e aplicam essas potencialidades, isto é, que sua gramática e as regras do discurso e a interação também têm uma dimensão cognitiva. É possível que esses problemas também expliquem por que, para Halliday, o 'contexto de cultura' precisa ser relacionado com o sistema da língua num nível global, e somente no âmbito de uma teoria linguística.

Em outras palavras, como já vimos em Malinowski e Firth, as noções de 'contexto de situação' e 'contexto de cultura' são noções linguísticas e analíticas, não categorias dos participantes. Sobre esse ponto, os linguistas da linha sistêmico-funcional parecem divergir dos tratamentos dados mais recentemente ao estudo da conversação e interação. Esses e outros aspectos dos contextos são discutidos em *Society in Discourse*.

HALLIDAY

Michael Halliday foi aluno de Firth, e seus trabalhos mostram uma clara continuidade do paradigma firthiano (para uma discussão da história da teoria sistêmico-funcional, ver também Hasan, 1985: 16-49). O esquema mais geral é também social, e é frequentemente definido como uma 'semiótica social', mas as contribuições de Halliday, em sua maioria, se restringem ou se relacionam diretamente aos desenvolvimentos da gramática funcional. Enquanto Malinowski e a Etnografia em geral tiveram uma influência marcante sobre Firth, os escritos de Halliday só são informados marginalmente pelas Ciências Sociais. As referências em sua célebre coleção de artigos *Language as a Social Semiotic* (Halliday, 1978) praticamente não incluem nenhum estudo de Sociologia ou Antropologia. Isso é espantoso em vista de seu próprio reconhecimento, durante uma entrevista dada a Herman Parret, de que a Linguística é um ramo da Sociologia. Em outras palavras, como eu sugeri em minha lista inicial dos defeitos da LSF, especialmente em suas primeiras fases e tal como foi praticada por suas lideranças, a Linguística Sistêmica foi essencialmente um empreendimento monodisciplinar, que não recebeu muita coisa das outras Ciências Sociais.

A fortiori, isso teria que acontecer com a Psicologia. Exatamente como Firth, Halliday é um antimentalista intransigente: "A língua é parte do sistema social, e não há necessidade de interpor um nível de interpretação psicológico" (Halliday, 1978: 39).

Assim, ele rejeita a noção de 'competência comunicativa' de Dell Hymes nestes termos:

> Não há realmente necessidade de introduzir aqui o conceito artificial de 'competência' ou 'aquilo que o falante sabe', que apenas acrescenta um nível extra de interpretação psicológica àquilo que pode ser explicado de maneira mais simples em termos sociolinguísticos ou funcionais (Halliday, 1978: 32).

Seu argumento parece ter duas dimensões, a saber, a simplicidade (a navalha de Ockham) e a naturalidade. Ambas as dimensões, porém, parecem inconsistentes com a proliferação de termos teóricos idiossincráticos de que a própria LSF faz uso. A maioria desses termos são mais marcadamente termos de jargão do que noções do dia a dia e da experiência, tais como pensamento, crença, conhecimentos ou propósitos enquanto descrições daquilo que os participantes (sabem que) fazem ao usarem a língua.

Também é surpreendente que o requinte gramatical de Halliday aceite um empirismo social e um reducionismo que impede uma explicação séria de como os elementos das situações sociais afetam possivelmente a produção ou compreensão do discurso. Em outras palavras, o funcionalismo de Halliday ignora por completo o problema da mediação entre sociedade e uso da língua, e desconsidera até mesmo o papel fundamental que o conhecimento tem no texto e na fala. Aqui está uma das passagens em que ele toma essa posição:

> não há lugar para a dicotomia da competência e do desempenho, que opõe aquilo que o falante sabe àquilo que ele faz. Não há necessidade de levantar a questão daquilo que o falante sabe; o *background* para aquilo que ele faz é aquilo que ele poderia fazer – um potencial, que é objetivo, e não a competência, que é subjetiva (p. 38).

Não é necessário muito requinte epistemológico para perguntar por que os potenciais e as competências são objetivos e subjetivos, respectivamente, e por que a competência, sendo compartilhada pelos membros de uma comunidade linguística, seria menos objetiva do que o *potencial* (individual?, abstrato?) para um usuário da língua específico – se, para começo de conversa, conseguirmos descrever esses 'potenciais' em termos não cognitivos.

Na realidade, a noção de 'potencial' parece muito mais vaga do que a de 'conhecimento'. Se a palavra 'potencial', tal como acontece em seu uso diário, significa algo como 'as coisas que as pessoas são capazes de fazer', então estamos diante de um círculo vicioso, porque, no caso, precisamos explicar essa capacidade, ou então estamos falando sobre a própria 'capacidade', e nesse caso, para começo de conversa, não há nenhuma diferença fundamental com a noção de 'competência'.

Qualquer que seja a maneira como formulamos essas noções fundamentais, sempre voltamos, quer seja pela porta da frente ou pela dos fundos, àquilo que os usuários da língua são capazes de fazer e àquilo que eles têm em comum com outros usuários da língua, a saber, algum tipo de conhecimento, tanto no sentido de 'saber que' [*knowing that*] quanto no sentido 'performativo' de 'saber como' [*knowing how*]. E nenhum estudo sério desse conhecimento é completo sem uma doutrina cognitiva de algum tipo. Bem entendido, isso *não* significa que essas habilidades ou esse conhecimento só possam ser estudados apenas num quadro cognitivo ou de Psicologia Social: a 'competência', enquanto conhecimento compartilhado, tem também dimensões sociais e culturais.

Por excluir os conceitos mentais, o empreendimento sistêmico é incompleto desde sua concepção. E mesmo seu funcionalismo social fica limitado a uma perspectiva linguística, ignorando em grande medida as contribuições das Ciências Sociais. Foi somente mais tarde que outros estudiosos ligados ao paradigma sistêmico-funcional acrescentaram alguns desses elos ausentes, desafiando a ortodoxia.

O CONTEXTO DE SITUAÇÃO NA LSF

No tratamento que dá ao 'contexto de situação', Halliday adota explicitamente a mesma orientação de Malinowski e Firth (Halliday, 1978: 28 ff, 109 ff). Halliday lista as seguintes propriedades do contexto, creditando a seus mestres o reconhecimento das mesmas:

- a língua é usada, e precisa ser estudada, em seu entorno social;
- nos contextos só estão representados aspectos *relevantes* das situações;
- os contextos são aprendidos como *tipos de situações* gerais e abstratos.

Note-se que, apesar do antimentalismo que predomina na teoria, muitas noções mentais estão implicadas nestas e em outras definições nos trabalhos de Halliday e de outros linguistas da LSF. Por exemplo, é possível concordar com a definição dos contextos como abstrações a partir de situações e, portanto, como *tipos*. Também vemos que para Halliday os usuários da língua precisam *aprender* esses tipos, o que, evidentemente, implica que eles os *conhecem* quando usam a língua. Em outras palavras, até mesmo esta primeira definição já contém implicações cognitivas.

Embora a teoria do contexto seja frequentemente atribuída à LSF, o fato é que Halliday não desenvolveu uma teoria própria do contexto, mas tomou emprestadas de outros linguistas, como Spencer, Gregory, Ellis e Pearce, as principais características que entram em sua definição. Portanto, a famosa tríade da LSF, amplamente usada para definir o contexto, a saber, *campo*, *encaminhamento* e *modo* [*field*, *tenor* e *mode*], precisa ser atribuída a outros autores.

Infelizmente, esses três termos idiossincráticos foram muito mal definidos desde o começo. Ao invés de uma boa definição, foram dadas apenas algumas amostras de seu uso, como, por exemplo, nesta definição (atribuída a John Pearce) encontrada em Halliday (1977; 1978: 33; mas vejam-se também as p. 110, 122 e seguintes, 142 e seguintes):

- Campo [*field*]: ambiente institucional, atividades, assunto [*subject matter*];
- Encaminhamento [*tenor*]: relações entre participantes;
- Modo [*mode*]: o meio (por exemplo, escrito ou falado), e o papel (simbólico) da língua na situação.

Ora, essa é uma lista muito estranha, na qual não só há uma óbvia duplicação de categorias, mas em que também falta um grande número de situações sociais. Não se faz nela nenhuma distinção entre 'ambientes' institucionais e espaçotemporais, ou entre o assunto (semântico?), de um lado, e as atividades e ambientes, de outro; as relações entre participantes são mencionadas, mas não os participantes nem quaisquer outras propriedades destes; e o conceito de meio escrito ou oral é combinado com a noção extremamente vaga e totalmente disparatada de 'papel da língua na situação' – o que fica muito estranho quando se lembra que o que está realmente em jogo no contexto como um todo é definir as funções da língua. Dados esses exemplos, as três categorias resultam bastante arbitrárias.

Embora tenha sido criada por especialistas em estilo (ver, por exemplo, Gregory, 1985: 119-134; Gregory e Carroll, 1978; Spencer e Gregory, 1964: 57-105), é estranho que Halliday, e depois dele um número incontável de seguidores, tenha aceitado uma definição de 'contextos situacionais' como essa, pobre, heterogênea e tão pouco coerente do ponto de vista teórico. Ainda mais estranho é que essa definição e sua terminologia bastante idiossincrática não tenham mudado substancialmente por tantos anos, e que muitas análises do uso da língua a tenham aparentemente adotado como fundamento (ver também os comentários e as comparações com outras propostas, em Leckie-Tarry, 1995). Na realidade, até no artigo (Halliday, 1999; mas escrito em 1991) que Halliday escreveu para o livro *Text and Context in Functional Linguistics* (Ghadessy, 1999), encontramos a mesma análise triádica, mais ou menos as mesmas divisões, e a mesma visão de conjunto a respeito do que é contexto. Ou seja, a julgar pelas concepções de seu líder paradigmático, e apesar de sua definição vaga e heterogênea, a noção de contexto simplíssima e heterogênea da LSF parece não ter mudado muito ao longo de mais de trinta anos. Foi por isso que concluí que, pelo menos acerca desse ponto, e dentro das correntes majoritárias, a Linguística Sistêmico-Funcional, enquanto linha de pesquisa, não teve muita autocrítica nem foi muito dinâmica no desenvolvimento de suas noções teóricas.

O próprio Halliday não acrescenta grande coisa a elas, e muito menos corrige essas noções iniciais tomadas dos estilistas. Assim, para ele, 'campo' é "todo o ambiente das ações e eventos relevantes". O 'assunto', para ele, faz parte disso, porque, conforme afirma, antes de começar a falar, já sabemos do que queremos falar. "O conteúdo faz parte do planejamento que acontece."

Note-se em primeiro lugar a terminologia surpreendentemente mental ('planejamento') usada em seu argumento, que é bastante incoerente com sua rejeição prévia dessas noções 'arbitrárias' – a menos que o planejamento fosse definido como um ato observável. Faz sentido defender que os planos ou intenções devam ser incluídos numa teoria do contexto, mas obviamente isso deve acontecer num nível de análise diferente do das atividades dos participantes ou dos ambientes institucionais, e naturalmente (também) num quadro cognitivo apropriado. Halliday, porém, descarta tudo isso. Note-se que, para o autor, o termo vago 'assunto' é obviamente algo em que os usuários pensam ao planejarem seu discurso, e não, por exemplo, o objeto semântico abstrato de um tópico ou tema do discurso. Em outras palavras, se os eventos e as ações são parte do 'campo' e se o 'assunto' é aquilo que as pessoas planejam ou pensam antes de começar a falar, então o campo também adquire uma dimensão cognitiva.

A falta de definições exatas das três categorias contextuais adotadas pelos linguistas sistêmico-funcionais evidentemente não ajuda em nada a formular mais críticas ou propostas a respeito do que faz falta nos exemplos dados. Pode-se perguntar, por exemplo, não só por que os participantes não são mencionados enquanto tais, como também por que seus planos ('assunto') e atividades são mencionados numa categoria (o 'campo') e suas relações em outra (o 'encaminhamento'). E o que dizer a respeito de suas funções linguisticamente relevantes, dos papéis e do fato de pertencerem a um grupo? Fazem parte do 'campo' ou do 'encaminhamento'? Dado que as categorias não são definidas, sendo objeto apenas de uma exemplificação intuitiva, não há como saber.

Fica claro a esta altura que as noções de contexto das quais partiu a LSF não chegam a organizar-se numa teoria explícita e sistemática. Veremos que o arcabouço de doutrina construído nesses alicerces sem firmeza, isto é, a própria teoria das funções da língua, não é menos insatisfatória.

O REGISTRO

A fim de relacionar o contexto, assim definido, com a língua, a LSF usa a noção de 'registro' e, como seria de esperar, o faz com critérios igualmente vagos: "o fato de que a língua que falamos ou escrevemos varia de acordo com o tipo de situação" (para formulações mais recentes de registro, ver Leckie-Tarry, 1995; ver também mais adiante. Para mais detalhes, ver o capítulo "Contexto e discurso"). É claro, precisamos saber que aspectos da 'língua', exatamente, variam em função dos tipos de situações.

Chamando em causa a navalha de Ockham's, poder-se-ia questionar qual é, afinal, a necessidade da noção de registro, ao menos de defini-la de maneira bem mais específica, por exemplo em termos do conjunto de propriedades gramaticais ou discursivas que são controladas por um ou mais traços contextuais. Em termos de nosso exemplo tirado de debates parlamentares, isso significaria que um 'registro do debate parlamentar' seria o conjunto de todos os traços gramaticais (ou, ainda, de todos os traços discursivos) do debate que são controlados por tais propriedades contextuais, tais como o ambiente parlamentar, os MPs, os objetivos políticos, e assim por diante. Mas isso significa que o número de registros é (teoricamente) infinito, e sempre se poderia perguntar em que tal teoria se distingue de uma teoria dos tipos ou gêneros do discurso (ver Leckie-Tarry, 1995). Volto a discutir registro mais detalhadamente no capítulo "Contexto e discurso".

Outro conceito de registro pode, portanto, ser o conjunto das propriedades *gramaticais* que variam tipicamente em cada situação específica, sendo um exemplo o uso de itens lexicais e construções sintáticas específicos em situações 'formais', tais como os debates parlamentares ou os artigos de jornal. Qualquer que seja a utilidade da noção de registro, não há dúvida de que precisamos de uma linguagem teórica que defina as relações entre estruturas do discurso e estruturas do contexto (ver o capítulo "Contexto e discurso" para esta discussão).

Comparando os registros com os dialetos, Halliday fala de uma 'variação diatípica' da língua e enumera algumas das seguintes características:

- determinadas pela atividade social em curso e pela diversidade dos processos sociais;
- maneiras de dizer coisas diferentes, especialmente no que diz respeito ao conteúdo;
- usadas tipicamente em variedades relacionadas à profissão;
- controladas pelo contexto (campo, modo, encaminhamento);
- principais distinções entre falado e escrito (língua em ação).

Vê-se que essa lista diz mais a respeito das situações sociais ou dos contextos do que sobre a 'variação linguística' enquanto tal, embora se admita que essa variação se manifesta especialmente no nível do significado ou conteúdo (e, portanto, também do léxico).

Também nesse tipo de lista falta uma teoria que especifique em detalhe a natureza desses registros (se eles são uma propriedade dos contextos, ou dos textos, ou das relações entre as duas coisas etc.) e, especialmente, que estabeleça como os registros diferem dos tipos de discursos, gêneros ou classes de gêneros (como o discurso médico ou o discurso legal).

Um complicador extra é que, pelo menos inicialmente, a LSF era em geral formulada como uma teoria linguística e não como uma teoria do discurso, de modo que o uso vago de 'variedades de língua' não ajudava a resolver o problema teórico da definição. Ou seja, muitas das propriedades manifestas do registro foram descritas tradicionalmente em termos de gramática (por exemplo, como lexicalização e variação lexical) e não em termos de (outras) estruturas discursivas, como assuntos globais [*global topics*], organização esquemática (como a estrutura convencional de um artigo científico) estratégias e lances retóricos. Outro traço surpreendente da lista de propriedades do registro, segundo Halliday, é que a atividade social, o processo social e a profissão são mencionados como coisas distintas do contexto. E, por fim, "dizer coisas diferentes" significa, por exemplo, que se usam palavras diferentes para dizer mais ou menos a mesma coisa, ou que diferentes registros estão associados, por sua vez, com assuntos diferentes? Mais uma vez, achamos que, até onde estão em jogo noções teóricas cruciais, as definições ficam limitadas a listas bastante vagas e assistemáticas de exemplos. Por isso, continuamos sem saber o que é exatamente um 'registro', e sem saber como um registro se correlaciona com a língua ou com o uso da língua. Mas continuemos, passando ao cerne da doutrina sistêmico-funcional, as funções da língua.

AS FUNÇÕES DA LÍNGUA

Se os registros se correlacionam com a língua, é de esperar que a tríade constituída por 'campo', 'encaminhamento' e 'modo' se relacione a uma tríade na estrutura da língua. Essa correspondência existe, e Halliday a realiza distinguindo na língua as (meta)funções (e os sistemas) ideacional, interpessoal e textual. Não cabe nos objetivos deste livro entrar numa discussão geral dessas noções fundamentais da LSF (ou mesmo da terminologia que usa no caso), mas já não é surpresa que a arbitrariedade das categorias contextuais passe para seus correlatos 'linguísticos'. Na realidade, parece haver poucas razões teóricas que expliquem por que o tratamento dos temas, da referência e da coerência precisaria ser 'textual' e não 'ideacional', já que ambos são definidos em termos de conceitos ou significado, ou para que as funções 'textuais' da língua devam ser limitadas à semântica e à léxico-sintaxe (por exemplo, na forma de coesão), excluindo-se assim muitos outros níveis das estruturas discursivas e de suas funções.

O que significa, exatamente 'ideacional' enquanto função da linguagem, no interior de um paradigma não mentalista? Obviamente, não são estruturas cognitivas ou representações mentais. Os exemplos sugerem algum tipo de conceitualização, expressa tipicamente no léxico, mas a dúvida é se isso não valeria também para a semântica.

E, deixando para o final a questão mais crucial, por que as (meta)funções da língua teriam que ser somente três? Isso parece fazer mais sentido quando a definição é dada em termos de algumas distinções célebres, como a delimitação entre sintaxe, semântica e pragmática, que mantém mais do que uma semelhança de família com as funções textual, ideacional e interpessoal, respectivamente, desde que entendamos que a 'sintaxe' abrange também a organização formal-esquemática do discurso, num sentido mais amplo. Ou seja, objetivamente, o que tem a tipologia funcional da LSF para oferecer a uma teoria do discurso que não seja a distinção tradicional entre sintaxe, semântica e pragmática, com a qual coincide parcialmente? E se essas tipologias forem definidas no interior de um sistema funcional mais independente, ainda cabe perguntar se as principais (meta)funções da língua podem ser capturadas por essas noções apenas, e se não seria preciso também introduzir as funções fundamentais seguintes, indo das mais gerais às mais específicas:

- funções culturais (definição da identidade cultural e da reprodução cultural);
- funções sociais/societais (visando, por exemplo, a identidade do grupo, a atividade institucional, a hegemonia);
- funções avaliativas ou normativas (visando, por exemplo, a reprodução de normas e valores);
- funções ideológicas (por exemplo, para pôr em prática os interesses do grupo etc.);
- funções emocionais (para pôr em ato ou expressar emoções);
- funções interpessoais (estabelecimento e preservação da autoidentidade etc.).

É estranho que uma teoria definida socialmente ignore essas funções fundamentais da língua (e provavelmente outras, como as funções poética, artística etc.), cada uma das quais também podendo ser associada sistematicamente a vários níveis ou dimensões do uso linguístico ou da estrutura discursiva.

Basta dizer que a teoria do contexto original, por estar limitada a uma coleção heterogênea de três categorias vagas, na realidade, também se liga a uma tipologia funcional que é igualmente equivocada, ou pelo menos bastante limitada. Isto é, uma teoria do contexto ruim também produz uma teoria ruim das funções da língua, do uso da língua ou do discurso. Melhor dizendo, a LSF não oferece realmente uma teoria do contexto, mas antes uma teoria da língua com foco na gramática, e depois também no texto ou no discurso. As noções usadas em outros pontos nessa gramática não serão mais discutidas aqui.

Vemos que a teoria do contexto e as teorias do registro e das funções da linguagem a ela associadas na LSF não são muito elaboradas. Mas o que se pode dizer de suas aplicações? Examinemos brevemente um exemplo. Com base num diálogo entre mãe e criança (seu próprio filho Nigel), Halliday (1978: 117) atribui ao 'campo' propriedades contextuais tão heterogêneas como: manuseio de objetos, obtenção de cuidados por parte dos adultos, objetos móveis e localização, lembrança de eventos semelhantes e avaliação. Note-se que a definição original de 'campo' era 'ambientes institucionais' e 'atividades'. O 'encaminhamento' [*tenor*], originalmente definido em termos de relações entre participantes, nesse exemplo tem como traços categorias como a interação com os pais, mas também: a determinação do curso da ação, a enunciação da intenção, o controle da ação, o compartilhamento da experiência, a busca de corroboração da experiência. Quer dizer, as 'atividades' pertencem ao 'campo', mas vários tipos de interação pertencem ao 'encaminhamento' – uma divisão bastante arbitrária dos domínios do contexto, ao que parece. Novamente, vemos também várias noções cognitivas entrar pela porta dos fundos quando os contextos descritos são reais. Viu-se anteriormente que "planejar o que dizer" ('assunto') era categorizado como 'campo', e agora vemos que noções cognitivas semelhantes, como "determinação do curso da ação", são categorizadas como 'encaminhamento'. E o 'modo' – definido originalmente como o papel que a língua desempenha na situação – aqui inclui uma lista totalmente heterogênea de noções, tais como o modo falado, o diálogo, a referência à situação, a coesão textual (objetos, processos), favorecimento das ações da criança, bem como orientação para a tarefa.

Não há necessidade de mais discussão: esse exemplo esclarece pouco o que exatamente deveríamos entender por 'campo', 'encaminhamento' e 'modo', noções que estão, de um ponto de vista teórico, entre as mais confusas da LSF e, portanto, são candidatas pouco sérias para figurar numa teoria do contexto. Infelizmente, os últimos textos de Halliday não fornecem novos detalhes sobre a estrutura do contexto – seu tratamento do contexto não avançou com os anos (como reconhece também Hasan, 1995: 217).

Numa das discussões recentes mais abrangentes sobre a noção de contexto da LSF, Hasan (1995: 183-283) dá mais elementos para essas distinções, mas, novamente, ela não propõe nenhuma correção, extensão ou definição nova das mesmas categorias de sempre, usando, ao contrário, uma extensa porção do artigo para polemizar com o teórico da LSF Jim Martin, por exemplo, quanto à alternativa de dar conta dos contextos e gêneros discursivos, na LSF, de maneira dinâmica (processo) ou estática (texto-estrutural).

OUTROS TRATAMENTOS

Naturalmente, há linguistas de orientação sistêmico-funcional que têm consciência da situação bastante precária da teoria do contexto da LSF, e que insistem que há muito a fazer nessa área (Ventola, 1995: 3-28; Butler, 1985: 1-30; Martin, 1985: 248-274, 1992, 1999: 25-61). Todavia, mesmo as monografias e coletâneas contemporâneas de estudos que seguem a LSF mantêm as distinções originais entre 'campo', 'encaminhamento' e 'modo', bem como suas aplicações ao registro, e isso não só em estudos dedicados à obra de Michael Halliday (como Fries e Gregory, 1995). Sendo as categorias contextuais tão vagas e gerais, muitas outras categorias se encaixam, e portanto há sempre uma 'base' contextual para dar conta das funções e estruturas linguísticas, de modo que as análises da LSF, que são muito mais requintadas, podem desenvolver-se com relativa liberdade, e assim contribuir para o que há de significativo em seu trabalho sobre o estudo da língua e do discurso. Isso pode incluir também combinações com teorização cognitiva, especialmente sobre conhecimento, conforme o esperado (ver, por exemplo, Asp, 1995: 141-157).

No último estudo coletivo do contexto que segue a LSF (Ghadessy, 1999), encontramos vários tratamentos do contexto que (pelo menos para quem está de fora) não alteram de maneira fundamental a abordagem do contexto da LSF, embora deem detalhes sobre pelo menos alguns aspectos do contexto (como a 'institucionalização' em Bowcher, 1999: 141-176, e as 'situações materiais' ou os 'ambientes' em Cloran, 1999: 177-218).

Embora a maior parte dos trabalhos produzidos no âmbito da LSF sejam antimentalistas, neles são formuladas às vezes sugestões que questionam esse princípio axiomático. Por exemplo, no mesmo volume, O'Donnell (1999: 63-100) sugere que os contextos precisam de mais elementos além do 'aqui e agora', em especial alguma *memória* daquilo que foi mencionado previamente ou aconteceu antes.

Note-se que um tratamento que inclua aspectos cognitivos do contexto (definidos ou não como modelos mentais) também evita o *determinismo* que encontraríamos em um conceito exclusivamente social do contexto. Sem crenças individuais, sem representações e processos mentais e, portanto, sem variações e decisões individuais, todas as teorias generalizantes, abstratas ou sociais do contexto são por definição determinísticas, no sentido de que a condição social *x* causa/ou leva necessariamente à estrutura *y*. Nenhum tratamento 'probabilístico' (é essa a maneira como a LSF lida com a variação individual) consegue corrigir esse determinismo, ou ser mais do que uma abordagem reducionista do uso efetivo da língua e das variações individuais. Somente quando conseguem representar as condições sociais da situação de um modo pessoal (por exemplo, em seus modelos mentais da situação comunicativa) é que os usuários da língua são capazes de adaptar-se à situação social da maneira como querem, seguindo ou não as normas, e de seu próprio jeito – e é por essa razão que nem todos os usuários da língua na mesma situação falam exatamente da mesma maneira, mesmo quando têm as mesmas características sociais.

Ainda assim, leal à doutrina antimentalista e positivista, Hasan (1999: 220), em sua participação no mesmo volume, também se recusa a reconhecer qualquer papel do conhecimento: "o impulso de falar não se origina no conhecimento da língua". Os psicolinguistas lhe pediriam provavelmente que explicasse como é possível que as pessoas falem sem conhecimento da língua, sem o conhecimento de como usar a língua em situações sociais, sem um conhecimento geral do mundo e, na verdade, sem algum conhecimento da situação ou do contexto social, dentre muitos outros tipos de conhecimento. Isto é, numa explicação antimentalista do uso da língua, esse mesmo uso parece brotar espontaneamente (magicamente, misteriosamente) nos falantes e nas situações sociais.

Na mesma coletânea, Martin (1999) dá sua opinião pessoal sobre (a história da noção de) contexto, uma história em que inclui seu próprio trabalho. Trata-se de uma opinião já criticada por Hasan em um artigo anterior (Hasan, 1995), e a crítica é ampliada nesse volume (Hasan, 1999: 219-321). Martin começa por defender que há na LSF modelos alternativos de contexto, mas esses modelos parecem ser variações menos importantes sobre o mesmo tema do 'campo', do 'encaminhamento' e do 'modo' (para todas as referências relevantes a outros trabalhos, veja Martin, 1999). Ele rejeita a ideia de uma dimensão cognitiva da língua: "estamos, tanto quanto possível, tentando modelar o contexto como um sistema semiótico e não como algo material ou mental" (Martin, 1999: 29). Esse sistema semiótico toma emprestada de Hjelmslev a noção de uma 'semiótica conotativa' que é também familiar nos estudos literários, por exemplo na tradição da Escola de Tartu. Assim, a Língua (Forma do Conteúdo + Forma da Expressão) passa a ser a Forma da Expressão para uma Forma de Conteúdo de nível mais elevado (conotativo), por exemplo, o Registro (ou a Literatura). O conceito de 'gênero' de Martin é, por sua vez, outro nível (mais elevado) de 'conotação', baseado no Registro, produzindo-se, assim, um conceito 'estratificado' da relação entre língua, registro e gênero discursivo, portanto também do contexto, uma concepção criticada por outros linguistas de orientação sistêmico-funcional (ver, por exemplo, Hasan, 1995). A ideia básica, até onde consigo entender as complexas noções metateóricas da LSF, é que o gênero discursivo é realizado pelo registro, que é por sua vez realizado pela 'língua' (que, por exemplo, por sua vez, inclui a semântica discursiva, a léxico-gramática e a fonologia/grafologia). O gênero faz parte do 'plano do contexto' (que é realizado, como de hábito, por 'campo', 'encaminhamento' e 'modo').

Embora possam ser úteis para pensar, internamente à LSF, essas análises teóricas das relações entre gênero, registro e língua/discurso não trazem uma imagem fundamentalmente diferente da noção de contexto – à parte o fato de que a relacionam com gênero. No final de seu artigo, porém, Martin propõe efetivamente várias ideias a respeito do modo como a LSF pode ser ligada à pesquisa em Linguística Crítica e Análise do Discurso, e assim fornece alguma abertura para abordagens da língua que sejam próximas.

Apesar dos esforços de Martin, resta-nos a importante questão de saber *como*, exatamente, o gênero (qualquer que seja sua definição) se relaciona a outras propriedades do contexto – em especial porque a tripla 'campo', 'encaminhamento' e 'modo' é visivelmente tão confusa e vaga. Lembre-se que o contexto, assim definido, compreende não só as propriedades sociais (os participantes e suas propriedades), mas também propriedades linguístico-cognitivas (assunto) e propriedades linguístico-comunicativas (canal, modalidades escritas/faladas, funções 'retóricas globais' da língua) e mesmo propriedades textuais-semânticas (temas, coerência etc.).

Embora o argumento teórico sobre semiótica conotativa da língua e do contexto pareça engenhoso, não podemos evitar a conclusão de que o arcabouço teórico como um todo assenta em uma noção de contexto fundamentalmente falha – que não reflete de maneira alguma uma análise sistemática das estruturas (linguisticamente) relevantes do contexto social, o que é o objetivo maior de uma teoria do contexto em todos os tempos, inclusive na LSF.

Em contraste com muitos trabalhos anteriores da LSF, Martin (1985) ressalta a natureza *dinâmica* dos contextos, a saber, o fato de que a situação está sempre em mudança, especialmente na comunicação oral (veja-se também o comentário crítico de Hasan, 1999). Essa ênfase na natureza dinâmica do contexto é importante, mas para Martin e outros linguistas de orientação sistêmico-funcional os contextos são abstrações e, portanto, cabe perguntar como esse dinamismo poderia ser explicado teoricamente: que coisas abstratas têm um caráter dinâmico?

Essa é uma das muitas razões pelas quais precisamos admitir que os contextos são construtos dinâmicos dos participantes (por exemplo, modelos mentais) que vão sendo sucessivamente formados, ativados, atualizados e desativados pelos usuários da língua, algo que eu assumi no capítulo anterior e que pretendo desenvolver mais amplamente no próximo. Em outras palavras, se os contextos são dinâmicos, eles precisam sê-lo porque os usuários da língua fazem alguma coisa, estrategicamente, quer com suas ações quer com seus 'pensamentos'. Uma teoria do contexto como abstração não pode dar conta dessa dinâmica – a menos que isso seja feito em algum tipo de pragmática formal, mas isso é uma coisa que a LSF não oferece.

Em seu livro monumental sobre o texto inglês, Martin (1992) sublinha que a LSF precisa de uma teoria do contexto propriamente dita, definida como uma semiótica conotativa. Depois de várias observações históricas sobre a origem das noções de 'campo', 'encaminhamento' e 'modo', ele finalmente resume suas próprias definições, que coincidem com as de Halliday:

> *Campo*: ação social – aquilo que está acontecendo, aquilo que se passa (incluída a língua).

Encaminhamento: estrutura de papéis – quem está tomando parte (natureza dos participantes, *status* e papéis).
Modo: organização simbólica, que papel a língua está desempenhando, o que faz a língua aqui, *status* da língua e do texto, canal e modo retórico.

À parte o estranho vocabulário que usa para as categorias contextuais, essa lista é um pouco mais clara do que a maior parte das demais caracterizações, o que nos permite concluir (e aceitar) que de algum modo os contextos comportam categorias para as atividades que estão ocorrendo e para os participantes (e seus papéis sociais) em uma situação social. O 'modo' continua a ser, contudo, uma coleção misteriosa – não sabemos o que é 'organização simbólica', e o 'papel' da língua no contexto não pode ser muito diferente das suas 'funções', mas isso seria incoerente, porque *tudo* do contexto dá origem a relações funcionais para a língua ou para o uso da língua. Note-se também que Martin descarta a noção de 'propósito', que ele acha difícil associar com uma das metafunções da língua – isso não surpreende, pois a análise da LSF não reconhece noções cognitivas, e é uma indicação extra de que a noção de 'metafunção' parece tão falha quanto às categorias contextuais em que se baseia. Para complicar um pouco mais as coisas, note-se também que, onde Halliday usa 'contexto', Martin prefere 'registro' (Martin, 1992: 502), e com isso embaralha a diferença entre contexto social e os modos como esse contexto influencia o uso da língua. Não surpreende que, depois de um exame detalhado da bibliografia da LSF sobre contexto, quem vê as coisas de fora se sinta bastante confuso e perdido.

HELEN LECKIE-TARRY

O estudo mais articulado do registro e do contexto na LSF, ao que tudo indica, foi feito por Helen Leckie-Tarry em sua tese de doutorado, completada imediatamente antes de sua morte prematura (Leckie-Tarry, 1995). Esse estudo é interessante porque, por um lado, tem fortes raízes na tradição sistêmico-funcional, mas, por outro lado, a autora adota uma posição muito mais independente, integrando ideias provenientes de muitos autores e de muitas orientações de pesquisa, inclusive da Psicologia (por exemplo, ela se reporta à teoria estratégica do processamento de texto proposta em Van Dijk e Kintsch, 1983). Depois de fazer um balanço histórico sistemático das noções de contexto, registro e gênero discursivo usadas por vários linguistas de orientação sistêmico-funcional e outros, ela propõe sua própria teoria do contexto, seguida por um estudo sistemático de várias estruturas textuais.

Acompanhando vários outros autores, ela distingue antes de mais nada três diferentes 'níveis' de contexto de situação e cotexto, que, juntos, definem o 'potencial significativo' completo de uma cultura.

Vem então um modelo do Contexto construído em três níveis de detalhamento [*delicacy*], que segue a costumeira distinção da LSF de três metafunções, Ideacional, Interpessoal e Textual, e se destina a correlacionar o contexto com o texto. Nesse ponto, ela usa as três conhecidas noções da LSF, o 'campo', o 'encaminhamento' e o 'modo', mas com as especificações que seguem (p. 32):

> *Campo*: Arena/Atividades, Participantes, Domínio Semântico.
> *Encaminhamento*: Formalidade, Papel, Foco.
> *Modo*: Planejamento, *Feedback*, Contextualização.

Pela intermediação do Meio, essas variáveis contextuais influenciam o registro, que pode variar desde formatos mais orais até formatos mais letrados. Ela também discute as propostas sobre categorias contextuais de outros autores, como Hymes (1974: 433-451) e Rubin (1984: 213-222), incluindo, por exemplo, domínio, tópico, ambiente, conteúdo etc., mas subsume essas propostas sob uma ou outra das três dimensões contextuais citadas anteriormente. Ela defende o ponto de vista de que os conjuntos de categorias contextuais dos outros autores não se encontram estruturados, diferindo, assim, do que ela propõe em sua tríade. Contudo, o problema fundamental é que ela não fornece critérios para decidir se certos tipos de categorias contextuais deveriam ser 'campo', 'encaminhamento' ou 'modo', já que essas categorias continuam não definidas e não teorizadas como tais: só exemplos são dados. Assim, as noções de 'ambiente', 'conteúdo' e 'participantes' de Hymes são todas subsumidas na categoria do 'campo', e a noção de 'chave' de Hymes é subsumida em 'encaminhamento' etc., mas a autora não explica por quê. Além disso, as normas e o propósito não são subsumidos em nenhuma categoria, mas tomadas como propriedades da interação de várias outras categorias.

Leckie-Tarry ressalta, além disso, que o contexto e suas categorias não são estáticos, e sim dinâmicos, havendo diferentes forças que produzem "um entorno em movimento do qual o texto é parte", sendo que o peso dessas forças muda à medida que se passa do 'campo' para o 'encaminhamento' e deste para o 'modo'. Ela não dá maiores explicações sobre o que são exatamente essas 'forças', mas os exemplos mostram que as variáveis do campo, tais como o 'ambiente', os 'participantes ' e o 'assunto', têm uma forte influência sobre as variáveis do 'encaminhamento', tais como a 'formalidade', o 'papel' e o 'foco', que, por sua vez, podem influenciar as variáveis do 'modo', tais como a língua escrita ou falada etc. Diferentes configurações contextuais dos valores dessas variáveis favorecem, então, tipos específicos de discursos, com formas e significados específicos.

Mais uma vez, os exemplos informais são convincentes, e há, portanto, uma forte sugestão de que uma teoria explícita do contexto poderia ser relacionada às estruturas do discurso; mas ficamos confusos sobre a natureza teórica das categorias, e portanto sobre os critérios para categorizar as variáveis contextuais. Por que, por exemplo, os participantes são categorizados como 'campo', quando seus papéis e relações são categorizados como 'encaminhamento'? E por que coisas tão disparatadas como o ambiente, o tópico e o assunto, e mesmo o conhecimento dos participantes, também pertencem ao 'campo'?

Analogamente, o 'campo' é categorizado como as propriedades 'fixas' da situação social, e o 'encaminhamento' como os traços não inerentes das situações sociais, mas sem que se dê qualquer outro critério – em vez disso encontramos mais uma vez uma citação de Halliday, que caracteriza 'campo' como "o acontecimento total em que o texto funciona". Mas Halliday classifica os participantes e suas propriedades permanentes e transitórias como parte do 'encaminhamento'. Essas diferenças de 'interpretação' sugerem que as principais categorias contextuais estão longe de serem bem definidas. As relações entre os participantes, tais como o poder, são caracterizadas como 'encaminhamento', e a distância entre os participantes, como 'modo', embora seja impossível entender o que impede de incluí-las entre as características fixas do 'campo'.

A categoria do 'modo' compreende uma coleção igualmente heterogênea de variáveis, tais como o grau de planejamento ou o *feedback* (ou a distância) entre os participantes, o meio [*medium*] (falado ou escrito) e a 'contextualização', isto é, o grau em que o texto está inserido nas atividades que ocorrem à sua volta. Assim, o 'modo' é entendido como o mais próximo possível do próprio texto, e é em certo sentido uma interface entre as variáveis do 'campo' e do 'encaminhamento' e as estruturas textuais.

Já vimos que é estranho que haja uma categoria específica do *contexto*, a saber, o 'modo', do qual se diz que define as *funções* do texto, quando, precisamente, toda a questão da análise contextual é que essa função é definida em termos de *todas* as relações entre texto e contexto. Na verdade, isso só se compreende quando o uso da língua ou do discurso, na LSF, é definido não em termos amplos de interação, mas somente como uma realização linguística (gramatical), porque, obviamente, questões como o planejamento e o *feedback* (da mesma forma que as funções persuasivas ou didáticas) ou o meio são elas mesmas propriedades de várias dimensões do discurso. É por isso também que (sempre de acordo com Leckie-Tarry) os traços do 'modo' dependem dos traços do 'campo' e do 'encaminhamento', como é o caso de todas as propriedades do discurso. Não é surpresa que a categoria do 'modo' seja relacionada às metafunções 'textuais' da língua. Na realidade, as categorias do 'modo' *são* propriedades da interação discursiva ou do texto. Finalmente, compreendemos por que, na teoria sistêmico-funcional, os traços retóricos são colocados no 'modo'. Em outras palavras, tudo aquilo que não cabe nos domínios tradicionais da gramática (da sentença) é colocado na categoria *contextual* do 'modo', juntando-se assim a teoria do texto numa parte da teoria do contexto.

Em suma, não há virtualmente nenhuma variável contextual que não pudesse ser colocada em qualquer outro lugar nessas categorias vagas. Infelizmente, apesar de ter uma perspectiva mais ampla e menos ortodoxa, a autora continua presa à bibliografia convencional da LSF e não esclarece a natureza da tríade misteriosa. Contudo, embora a maioria das categorias básicas usadas pela autora até esse ponto sejam próximas das da LSF e compartilhem, no que diz respeito ao contexto, muito da vagueza das categorias tradicionais da LSF, ela parece muito mais liberal em suas interpretações dessas mesmas categorias. Por exemplo, ela assinala que não são as próprias categorias contextuais que influenciam o sentido e a forma do texto, mas antes o conhecimento que os participantes têm das variáveis dessas categorias. *Dessarte, ela introduz explicitamente uma interface cognitiva entre contexto e texto, uma interface que inexiste na LSF antimentalista ortodoxa.* Eu afirmei, e mostrarei mais adiante, que essa é, teoricamente, a única maneira de passar do social para o textual. Os usuários da língua são capazes de representar a estrutura social e as situações sociais, assim como as estruturas do discurso, de modo que é necessariamente no nível dessas representações (mentais) que precisaremos procurar o elo ausente entre discurso e sociedade, e portanto entre discurso e 'contexto de situação'.

O 'CONTEXTO' NUMA INTRODUÇÃO À LSF

A maioria dos estudos mencionados até aqui podem ser considerados textos nucleares dos fundadores e dos estudiosos de ponta da LSF, mas importa também examinar brevemente uma introdução à LSF, ou seja, aquilo que é considerado atualmente a sua 'teoria padrão' no que diz respeito a noções como a de 'contexto'. Vamos tomar como exemplo Eggins (1994).

Reencontramos aqui as definições encontradas anteriormente, mas com as explicações seguintes. Em primeiro lugar, há uma relação muito estreita entre contexto e registro. Com efeito, as noções de 'campo', 'modo' e 'encaminhamento' são definidas por Eggins em termos de variáveis do *registro* (e não como variáveis ou categorias do contexto). Isso é estranho porque o registro é definido (com a habitual vagueza da LSF) como o *impacto* (do contexto) sobre o modo como a língua é usada (p. 9). Ou seja, para serem do registro, essas variáveis precisariam dizer algo sobre o 'impacto' linguístico. As definições dessas mesmas três noções ficam próximas das definições clássicas da LSF: o 'campo' como o "tópico ou foco da atividade", o 'encaminhamento' como o "papel das relações de poder e solidariedade" e o 'modo' como o "*feedback* e volume [*amount*] de língua", definições que não proporcionam de modo algum qualquer entendimento da estrutura detalhada dos contextos sociais dos eventos comunicativos.

Depois de um quadro histórico da noção de contexto, em que se mencionam Malinowski, Firth e Halliday, Eggins acrescenta uma explicação mais pormenorizada das três 'variáveis do registro'. Sua exposição sobre o 'modo' é particularmente interessante, porque, em vez da descrição vaga de sempre (como 'a maneira como a língua está sendo usada'), ele introduz o critério da "distância entre participantes", em termos espaciais, interpessoais ou experienciais, que estaria relacionada a usos da língua mais ou menos interativos, mais ou menos face a face, mais ou menos espontâneos ou ocasionais.

Embora possa ficar claro o que a autora está procurando, resta o problema de explicar por que a "distância entre os participantes" é uma propriedade de algo como o 'modo', que se associa mais intuitivamente, por exemplo, ao fato de a língua ser falada ou escrita. O problema é que, com isso, a caracterização dos participantes, de seus papéis e de suas relações aparece em três categorias diferentes, sem relação entre si.

Outro problema recorrente da LSF também sem solução aqui é que as propriedades do uso da língua (tais como falado/escrito, espontâneo/ocasional etc.) aparecem como propriedades precisamente do contexto que está sendo postulado para descrever ou explicar essas propriedades da língua, chegando-se, assim, a um círculo vicioso. Em outras palavras, a teoria do registro – pelo menos em termos da LSF – precisaria relacionar propriedades do contexto com propriedades da estrutura linguística, ou do uso linguístico, ou dos 'textos', e não confundir esses diferentes níveis ou dimensões da descrição. Ou seja, para evitar a circularidade, os contextos na teoria sistêmico-funcional precisariam ser definidos somente em termos sociológicos, e não conter termos 'linguísticos' que caracterizem o texto ou a fala.

GREGORY

A fim de 'contextualizar' o tratamento que a LSF dá ao contexto, consideremos ainda, de maneira sucinta, o que tem a dizer um dos autores que inspiraram alguns de seus conceitos da primeira hora, Michael Gregory, cujos trabalhos iniciais tratavam de variação linguística, por exemplo, como base para a teoria do estilo (Gregory, 1967: 177-198; ver também Spencer e Gregory, 1964). Note-se, de passagem, que em Spencer e Gregory (1964) os autores definem 'campo', 'encaminhamento' e 'modo' não como propriedades do contexto de situação, mas como propriedades do discurso; eles falam do "campo do discurso" etc. Ou seja, essas propriedades fariam parte, antes, daquilo que a LSF define como 'registro', uma noção que os autores rejeitam por considerá-la de pouca utilidade (Spencer e Gregory, 1964: 86). Em vez de 'estilo', tal como usado por Halliday, McIntosh e Strevens (1964), eles introduzem o termo 'encaminhamento' [*tenor*], definido como um reflexo do grau de formalidade das relações entre o falante/escritor e o ouvinte/leitor.

A orientação adotada mais recentemente por Gregory é chamada "Linguística da Comunicação" (Gregory, 1985); nela o autor não só faz referência aos trabalhos já resenhados aqui de Malinowski, Firth e Halliday, mas também aos de linguistas de orientação tagmêmica, como Pike, Longacre, Gleason e Lamb. Gregory usa a noção de 'planos' [*planes*] da experiência e os relaciona com as 'camadas' [*strata*] da gramática. Citando os trabalhos de Fleming (1978), ele define a situação comunicativa como "os traços extratextuais das experiências que são relevantes para o discurso" (p. 123). Veremos mais adiante que a noção de 'experiência' pode, sim, ser usada como fundamento para uma teoria (psicológica) do contexto, mas precisamos realçar aqui que isso seria incoerente com o tratamento da LSF, que aceita somente variáveis sociais do contexto, e não o modo como os usuários da língua *experienciam* esses traços relevantes das situações sociais. Gregory passa, então, a dar mais detalhes sobre esses traços das situações comunicativas, tais como:

- o contexto da comunidade de fala: as 'procedências' individuais, temporais, geográficas e sociais dos usuários da língua;
- a situação genérica: veículo da experiência dos usuários da língua, relações pessoais e funcionais;
- o domínio referencial: pessoas, coisas, incidentes interacionais reais ou imaginários, intenção e atitudes interacionais a partir das quais a mensagem/o enredo referencial faz suas seleções.

Esses aspectos situacionais têm conexão com a camada da gramática que trata da 'semologia' (virtualmente tudo que é semântica e pragmática). Como um segundo plano da experiência, Gregory lista então "outras formas de intencionalidade", e também vários aspectos do discurso, tais como o enredo [*plot*], a estrutura, a tipologia, as variáveis de registro ('campo', 'encaminhamento' e 'modo'), os dialetos, e também as cadeias, a coesão etc. De todas essas características da situação, diz-se que se relacionam à morfossintaxe. O terceiro plano é o da manifestação (atitude corporal, escrita etc.), relacionado à camada fonológica da gramática.

Embora com isso fiquem talvez claras mais algumas características do contexto, bem como suas ligações com a abordagem da LSF, continuo intrigado com a natureza heterogênea dessas categorias situacionais. Poder-se-ia imaginar que o conjunto das coisas a que se pode fazer referência num certo contexto fosse declarado parte do contexto; por exemplo, para explicar as expressões dêiticas, esse conjunto poderia incluir, digamos, pessoas, coisas e eventos, mas por que, na mesma categoria, encontramos o propósito da interação e as atitudes? Por que a 'procedência' do falante enquanto indivíduo faz parte do contexto da comunidade de fala, e por que as relações entre usuários da língua são denominadas partes de uma situação 'genérica'? Ainda mais intrigante é que as propriedades do discurso também são parte da situação (listar as propriedades do discurso é, por si só, uma coisa muito estranha).

Isso só pode ser explicado numa teoria da língua na qual a gramática é o núcleo e tudo mais é 'contexto'. Não é necessário argumentar mais que as estruturas do discurso, assim como as estruturas da sentença, precisam ser correlacionadas às estruturas contextuais por conta delas mesmas, e que o modo como constituem 'contexto' para outras partes do discurso (por exemplo, para as sentenças que seguem) implica um conceito de 'contexto' (o contexto verbal ou 'cotexto') diferente do contexto social. A terminologia dos investigadores pode ser às vezes um tanto idiossincrática, mas essa caracterização muito heterogênea da situação comunicativa não oferece uma teoria sistemática das estruturas contextuais, tampouco das situações comunicativas.

WEGENER

Malinowski, Firth e os linguistas de orientação sistêmico-funcional remetem repetidamente à teoria da situação de Philipp Wegener (1848-1916), linguista alemão do século XIX, tal como aparece formulada em seu livro *Untersuchungen über die Grundfragen des Sprachlebens (Investigações sobre as questões fundamentais da vida da língua)* (Wegener, 1885/1991). Vejamos rapidamente o que Wegener tem para dizer, e até que ponto suas observações batem (ou não batem) com o tratamento que a LSF dá ao contexto.

O livro de Wegener tem um estilo de pensamento e exposição surpreendentemente moderno. Por exemplo, muitas passagens sobre as relações entre língua e ação, e sobre o desenvolvimento e o uso da língua, são ainda relevantes na Psicolinguística e Pragmática contemporâneas.

O mesmo vale para seu (breve) estudo do papel da situação na compreensão do uso da língua. Sua avaliação do papel dos fatores situacionais é que os usuários da língua precisam dizer menos quando estão mais familiarizados com a situação, uma estratégia geral que hoje também poderia figurar em qualquer teoria sobre o papel do conhecimento (e do contexto) na compreensão do discurso. Ele também relaciona esse papel geral do conhecimento com a articulação Sujeito-Predicado, que hoje seria associada à articulação Tópico-Comentário: o sujeito é aquilo que já é conhecido (em uma determinada situação), sendo, portanto, menos interessante em um enunciado, e o predicado é aquilo que é novo e interessante, e forma a 'Aussage' (proposição, declaração [*statement*]). Mas como o sujeito gramatical não precisa ser a mesma coisa que o sujeito 'lógico' (como de fato acontece no caso das sentenças passivas), ele propõe o uso da palavra 'exposição' para referir-se àquilo que já é conhecido quando um enunciado é proferido. A noção de *situação* é então relacionada a esse conceito de exposição (que nós chamaríamos provavelmente de 'tópico'), nestes termos:

> A exposição serve para clarificar a situação, de modo que o predicado lógico se torne compreensível. A situação é a base, o entorno, a partir do qual um fato ou uma coisa etc. aparece, mas também o antecedente temporal a partir do qual emerge uma ação, isto é, a ação que nós declaramos como predicado; analogamente, pertencem à situação os particulares da pessoa à qual a comunicação é dirigida. No interior da comunicação, a situação não é apenas determinada por palavras, mas mais comumente e mais amplamente pelas condições do entorno, pelos fatos imediatamente anteriores e pela presença da pessoa a quem ou com quem estamos falando. Tomamos consciência da situação que é dada pelas condições do entorno e pela presença das pessoas a quem se destina nossa interlocução por causa de nossa percepção, e por isso nós a chamaremos *situação perceptual* (Wegener, 1885/1991: 21).

Note-se, de passagem, que o texto original provavelmente comete um erro quando usa a palavra *Gegenwort* no lugar de *Gegenwart* (presença), porque a palavra usada antes nesse trecho é esta última. Contudo, é claro que a palavra *Gegenwort*, que é pouco comum e pode ser traduzida, sem muita precisão, por 'falar para trás', se encaixaria perfeitamente na definição de situação dada por Wegener. Traduzimos *Anschauung* como *percepção*, a fim de manter o elemento visual do original alemão, mas essa palavra poderia também ser traduzida, com um sentido mais amplo, como 'visada' ou 'experiência'. Depois dessa passagem, Wegener dá exemplos que mostram que a presença de objetos numa situação dispensa de nomeá-los explicitamente.

Em outras palavras, a situação experiencial imediata, para Wegener, caracteriza-se como segue:

- serve de base, entorno ou pano de fundo para a fala;
- inclui eventos, ações ou outras condições que precedem (por exemplo, a presença de objetos);
- inclui propriedades dos receptores.

Contudo, uma situação não é definida apenas por aquilo que está presente, mas também por ações ou eventos anteriores, que ainda estão "no primeiro plano de nossa consciência" e que podem ser inferidos daquilo que já sabemos. Essa situação é chamada de *Situation der Erinnerung (situação de recordação).*

O terceiro tipo de situação distinguido por Wegener é chamado *Situation des Bewusstseins (situação de consciência)* (p. 25). Ele consiste nos 'elementos de consciência' ou 'grupos de representações' que estão presentemente em foco, como é o caso para a situação de recordação, mas neste caso o interesse é fixo, uma tendência humana mais geral, tal como o conhecimento compartilhado pelos membros do grupo. Essas tendências gerais podem ser tão fortes que sobrepujam a consciência de eventos localmente anteriores, tal como é definida pela situação de recordação – por exemplo, quando uma ideologia determina uma interpretação preconceituosa de um acontecimento. É por essa mesma razão que Wegener fala aqui dos 'preconceitos de um período' ou de uma 'visão de mundo'. Essa distinção entre dois tipos de consciência ou representação poderia ser formulada hoje em termos de memória episódica (e suas representações mentais) dos eventos que estão em andamento, por um lado, e memória semântica (ou social) ou crenças sociais compartilhadas, de outro.

Esse breve resumo dos três tipos de situação distinguidos por Wegener mostra uma discrepância interessante em relação à maneira como suas ideias foram recebidas na Etnografia empírica e na Linguística britânicas. Wegener fala sem traumas sobre percepção, experiência, consciência, memória, lembrança e representações. Na realidade, uma grande parte daquilo que ele chama de situação é, de fato, uma situação mental, e não apenas um entorno social. Ele mostra que, por causa de nossas opiniões ou preconceitos, as percepções ou memórias que temos da situação que se desenrola diante de nós podem sofrer distorções. Isto é, ele constrói uma interface cognitiva, que se situa entre as situações sociais e o uso linguístico efetivo.

Vimos que as tendências empiristas de Malinowski, Firth e Halliday não permitiram que esses autores tomassem uma posição mais cognitiva a respeito das situações; consequentemente, eles reduziram essas situações a suas características supostamente mais 'observáveis', tais como os participantes etc. Veremos mais adiante que meu próprio tratamento do contexto se aproxima mais do de Wegener do que dos empiristas britânicos ou de seus seguidores da LSF.

Resumo da crítica à abordagem do 'contexto' feita pela LSF

Podemos resumir como segue minha crítica da maneira de entender o contexto que predomina na LSF:

a. sua conceitualização é teoricamente fechada, sendo limitadas a elaboração teórica, a pesquisa sistemática ou a influência de outras abordagens ou disciplinas;
b. Halliday e, depois dele, outros linguistas de orientação sistêmico-funcional retomam de Gregory e outros uma noção de contexto que é vaga, heterogênea, terminologicamente idiossincrática e teoricamente confusa, a saber, a tríade 'campo', 'encaminhamento' e 'modo'. Com pequenas variações essa concepção praticamente não mudou em cerca de quarenta anos, embora esteja na origem de numerosos problemas para a teoria das relações entre texto e contexto;
c. um nome mais adequado para boa parte daquilo que a LSF defende como 'abordagem da língua' seria 'abordagem da gramática'. Isso também evitaria muitas incoerências e contradições em sua terminologia (como a de falar em 'funções textuais da língua');
d. devido ao tanto de arbitrariedade que há nessas três 'variáveis' usadas para a definição do contexto, o mapeamento desses contextos em (três) funções da língua (ideacional, interpessoal e textual) e nas estruturas linguísticas que elas controlam também permanece arbitrário, incompleto e confuso. Isso é visível não só na teoria, mas também nas análises do uso linguístico feitas pela LSF;
e. apesar da abordagem social (ou sociossemiótica) da língua, não há pesquisas sociais que explorem a natureza dos contextos, e os modos como as propriedades do contexto influenciam sistematicamente a língua ou o discurso. As referências às Ciências Sociais são escassas;
f. não se reconhece a natureza fundamentalmente construída ou interpretada (por exemplo, em termos de representações mentais), do contexto, tampouco o importante papel do conhecimento e de outras crenças, como propriedades cognitivas e sociais relevantes dos usuários da língua. Isso significa, entre outras coisas, que não há nenhuma explicação de como, exatamente, esses contextos, chegam a influenciar a produção e compreensão do discurso por parte de usuários reais da língua – e, inversamente, também de como o contexto pode ser afetado pelo discurso. Em particular, a natureza dinâmica do contexto não pode ser explicada num tratamento em que falte um componente mental em que os usuários concretos da língua (e não abstrações) (re)construam progressivamente um contexto, interpretando e representando dinamicamente o evento comunicativo e a situação.

Deve-se ressaltar, mais uma vez, que essa súmula de problemas críticos da abordagem que a LSF faz do contexto é necessariamente uma generalização. Examinei um certo número de textos nucleares da LSF, em especial aqueles que tratam explicitamente de contexto, mas não o vasto número de outras publicações inspirado pela LSF. Isso significa que é possível que muitos outros autores tenham proposto alternativas para a definição da tripla 'campo', 'encaminhamento', 'modo', e suas relações com o registro e as funções da língua. Seja como for, minha conclusão geral a respeito dos estudos inspirados pela LSF é que as noções básicas, principalmente a tripla 'campo', 'encaminhamento', 'modo', em geral, foram sendo repetidas passivamente, sem muita investigação crítica.

Mas essa crítica também não significa que todo o trabalho feito sobre contexto na LSF é sem serventia. Com certeza, é preciso rever os fundamentos do conceito, a saber, o que constitui a estrutura relevante das situações sociais de eventos comunicativos, e é preciso abandonar a tripla terminológica irremediavelmente confusa do 'campo', 'encaminhamento' e 'modo'. Mas a principal questão de um tratamento do contexto, a saber, como as propriedades de uma situação social de interação ou comunicação estão relacionadas sistematicamente à gramática ou a outras propriedades do discurso, é uma área fértil e produtiva da LSF.

Por exemplo, mais do que a maioria das demais abordagens da língua, a LSF pensou a respeito de gêneros discursivos, registro e outras maneiras pelas quais os contextos deixam suas marcas (ou são expressos) nas estruturas do uso da língua. Embora cognitivamente agnóstica, ou mesmo antimentalista, a abordagem sistêmica da LSF proporcionou análises válidas de algumas das sistemáticas relevantes que podem ser integradas numa teoria do contexto, sendo exemplos disso suas análises das ações sociais e das atividades dos agentes das situações sociais. Esses esquemas podem ser facilmente integrados num modelo mental de teoria do contexto, tal como os que se apresentam neste livro. Mesmo faltando um conceito de contexto mais atualizado, muito desse trabalho sistemático sobre a estrutura da língua e do discurso, e sobre as relações entre texto e contexto, continua relevante hoje.

CONTEXTO E COGNIÇÃO

Uma das principais teses deste livro é que os contextos não são um tipo de situação social objetiva, e sim construtos dos participantes, subjetivos embora socialmente fundamentados, a respeito das propriedades que para eles são relevantes em tal situação, isto é, modelos mentais. O presente capítulo detalha essa proposta, elaborando uma teoria dos *modelos de contexto* como um tipo especial de modelos da experiência do dia a dia, representados na memória episódica dos participantes do discurso. Supõe-se que esses modelos de contexto controlam muitos aspectos da produção e compreensão de textos e falas. Isso significa que os usuários da língua não estão apenas envolvidos em processar o discurso; ao mesmo tempo, eles também estão engajados em construir dinamicamente sua análise e interpretação subjetiva on-line.

Existe uma vasta quantidade de trabalhos psicológicos sobre as propriedades do contexto e sobre o estudo do processamento do discurso (Graesser, Gernsbacher e Goldman, 2003). Todavia, até o momento, ainda não temos uma teoria cognitiva de conjunto do contexto como um tipo de modelo mental. A verdade é que a maioria dos trabalhos psicológicos que usam o termo 'contexto' tratam, *de fato*, daquilo que é conhecido como contexto verbal ou 'cotexto', isto é, a parte de um discurso que constitui o entorno de outras partes (ver, por exemplo, Cook e Myers, 2004: 268-288). E nos textos em que é estudado o contexto *social* ou *comunicativo*, isso acontece costumeiramente em termos de uma ou mais variáveis independentes, às vezes também resumidas pelo rótulo de 'diferenças individuais', que podem incluir tarefas, relevância ou objetivos específicos (como, por exemplo, em Perfetti, 1983: 137-161; Lehman e Schraw, 2002: 738-750), idade (*e.g.*, Miller, 2003: 217-223), gênero social (*e.g.*, Rice, 2000: 211-236; Slotte, Lonka e Lindblom-Ylänne, 2001: 255-272), ou circunstâncias pessoais, por exemplo, na interpretação de perguntas com caráter de súmula (Schober e Conrad, 1997: 576-602). Um dos traços contextuais mais amplamente estudados na Psicologia da Linguagem é o conhecimento compartilhado, ou 'base comum' (Clark, 1996; ver a seguir).

Se usarmos o manual de Graesser, Gernsbacher e Goldman (2003) como exposição do estado da arte do processamento textual, precisaremos concluir que o contexto não é uma noção central no estudo do discurso, ou seja, que não é o tipo de modelo mental que controla a produção e compreensão. Na verdade, deixando de lado o longo capítulo de Grimshaw (Grimshaw, 2003: 25-82) sobre contexto, gêneros discursivos e registro (que tem pouco a ver com processamento de discurso, e trata de contexto apenas marginalmente), os outros capítulos não se referem ao contexto. Em outras palavras, embora o interesse pelo contexto possa ser muito difundido entre os psicólogos, e embora os projetos de experimentos comportem às vezes algumas variáveis contextuais independentes (como o gênero social ou a idade), a Psicologia do Discurso ainda está precisando desenvolver uma teoria cognitiva sistemática acerca do papel que o contexto exerce nesse processamento.

Ou seja, a pesquisa psicológica sobre o discurso não estuda o contexto como um fator de construção unificado ou em termos de representações dos participantes do contexto social, mas antes como características individuais inerentes (não controladas). E tampouco se tem explicado teoricamente por que e como tais traços contextuais são capazes de influenciar o processamento do discurso ou outras tarefas cognitivas, com a exceção talvez do papel do gênero social* no processamento do discurso (ver, por exemplo, Ferrell, 1999: 2960).

Configura-se, portanto, a situação paradoxal de que, ao mesmo tempo que existem, em Psicologia Cognitiva, muitos estudos dos 'efeitos-do-contexto', não existe nenhuma teoria abrangente do contexto como uma construção mental específica e de sua influência sobre a produção e compreensão do discurso. Como veremos mais detalhadamente a seguir, as teorias existentes relacionam as estruturas do discurso diretamente a representações subjacentes do texto

* N.T.: 'Gênero' é tradução normal das palavras inglesas 'gender' e 'genre', que remetem a dois conceitos totalmente diferentes embora igualmente importantes para este livro. Sempre que o contexto não pareceu capaz de desfazer a ambiguidade afastando o risco de uma leitura equivocada, traduzi 'gender' por 'gênero social' e 'genre' por 'gênero textual/discursivo'.

ou a modelos mentais ('modelos de situação' etc.) dos eventos ou situações às quais se faz referência, ou *acerca das quais* se fala, e não à situação *em que* os participantes estão falando. Ou seja, a teoria do modelo psicológico é semântica, não pragmática: não postula uma representação intermediária da situação comunicativa em termos de modelos mentais.

Note-se também que muitos estudos psicológicos que levam em conta traços isolados, como a idade, o gênero social, o conhecimento ou os objetivos, examinam aspectos mais gerais do *uso da língua* (por exemplo, a compreensão da sentença) e não as estruturas específicas do *discurso*, que é o foco especial deste capítulo e deste livro. Infelizmente não há espaço neste capítulo para resenhar a bibliografia psicológica sobre diferenças individuais da produção e compreensão da sentença.

Embora eu não pretenda apresentar uma teoria psicológica completa dos modelos de contexto e de seu papel no processamento do discurso, e embora eles precisem, sobretudo, ser testados empiricamente em detalhe, eles se propõem como representando uma interface mental plausível entre o discurso e as situações sociais. Além disso, a teoria que defendo é uma extensão necessária e coerente do atual estado da teoria do processamento textual: ela explica e unifica muitas suposições e muitos achados anteriores sobre processamento textual.

Modelos mentais

Se os contextos são algum tipo de modelo mental, precisamos, em primeiro lugar, resumir algumas das propriedades gerais dos modelos mentais. Depois das primeiras propostas de Kenneth Craik (1943) sobre os 'modelos em escala reduzida' do mundo, a teoria dos modelos mentais para o discurso e o uso da língua foi proposta de maneira independente no começo dos anos 1980 por Johnson-Laird (1983) e por Van Dijk e Kintsch (1983), embora em quadros teóricos bastante diferentes (ver também Gentner e Stevens, 1983; sobre os tratamentos atuais dos modelos mentais, ver Oakhill e Garnham, 1996; Van Oostendorp e Goldman, 1999; para uma resenha detalhada das pesquisas sobre modelos 'de situações', ver Zwaan e Radvansky, 1998).

Johnson-Laird (1983) postulou modelos mentais com o objetivo de resolver alguns problemas de inferência. Os usuários da língua, além de atuar com sequências lineares de proposições, precisam também ter alguma representação 'analógica' da realidade para derivar inferências aceitáveis de um texto. A noção de modelo mental de Johnson-Laird tem por isso mesmo uma estreita relação com a teoria dos modelos da Lógica, ou seja, com a Semântica Formal. Contudo, sua abordagem é uma correção psicológica importante dos tratamentos formais quando aplicados à compreensão do discurso.

Van Dijk e Kintsch (1983) também postularam uma teoria dos modelos mentais, chamada 'modelos de situação', com o objetivo de explicar como as pessoas compreendem o discurso, no âmbito de uma teoria mais geral do processamento do discurso mediante estratégias. As propostas sobre compreensão do discurso feitas até aquele momento limitavam-se a algum tipo de representação mental dos sentidos de textos locais e globais (sentidos referentes ao tema ou assunto).

MODELOS MENTAIS E COERÊNCIA DO DISCURSO

A teoria dos 'modelos de situações' conseguiu explicar um grande número de problemas que não tinha sido possível equacionar aplicando as abordagens cognitivas tradicionais à Semântica Cognitiva, tais como as condições de coerência e correferência local e global ou as lembranças erradas, as lembranças entre meios diferentes [*cross-media recalls*], as relações entre sentido e conhecimento, e assim por diante (para uma súmula das várias funções dos modelos mentais, ver Zwaan e Radvansky, 1998). A tese crucial de um modelo mental é que, além da representação do sentido de um texto, os usuários da língua *também* constroem modelos mentais dos eventos que são *assunto* desses textos, isto é, a situação que eles têm como denotação ou referência – daí o nome de 'modelos de situação' escolhido por Van Dijk e Kintsch (1983).

Desse modo, a Psicologia conseguiu pela primeira vez lidar com a noção fundamental de referência e correferência e explicar por que não é só o sentido, mas também a referência a 'fatos' relacionados, que constitui a base da noção crucial de coerência (Van Dijk, 1977). Nesse sentido, uma sequência de sentenças de um texto é coerente se os usuários da língua forem capazes de construir modelos mentais dos eventos ou fatos sobre os quais estão falando ou ouvindo, e se forem capazes de relacionar entre si os eventos ou fatos que estão nesses modelos, por exemplo por meio de relações de temporalidade ou causalidade.

De maneira mais geral e abstrata, essa definição de modelos mentais é coerente com as teorias formais do sentido e da interpretação. De acordo com essas duas perspectivas sobre a língua, podemos simplesmente dizer que um discurso é significativo (verdadeiro, falso) se ele tiver um modelo (para detalhes, vejam-se, por exemplo, Portner, 2005; Portner e Partee, 2002).

Nos tratamentos psicológicos, esses modelos são modelos mentais dos usuários da língua, e sua capacidade de serem significativos é definida relativamente aos modelos de falantes ou receptores. Aquilo que faz sentido para o falante, obviamente, pode não fazer sentido (ou pode não fazer sentido de todo) para o receptor: o falante e o receptor podem ter modelos que se superpõem, mas que são diferentes, ou seja, podem interpretar de maneiras diferentes o 'mesmo' discurso.

Em vez de tratamentos complexos e incompletos da coerência dos discursos em termos de relações de significado, como têm sido propostos nas abordagens do discurso inspiradas pela Semântica Estrutural, Funcional e Gerativa, os modelos mentais proporcionam um tratamento simples, elegante e poderoso da coerência local e global, bem como de muitos outros aspectos da compreensão e produção de discursos.

Incidentalmente, é importante distinguir essas formas de coerência semântica, baseadas em modelos mentais, dos modos como essa coerência pode (ou não pode) ser expressa ou sinalizada no texto ou na fala, por exemplo, por artigos definidos, pronomes e outras pró-formas, demonstrativos, advérbios, pela estruturação da sentença em tópico e comentário, e assim por diante. Essas manifestações na estrutura de superfície de uma coerência semântica subjacente são habitualmente chamadas de 'coesão' (Halliday e Hasan, 1976). É preciso ressaltar que os mecanismos coesivos não são manifestações nem necessárias nem suficientes da coerência semântica, motivo pelo qual a coesão gramatical não deve ser confundida com a coerência semântica – como acontece com bastante frequência.

À diferença das abordagens 'interpretativas' habituais da compreensão do discurso, os modelos mentais também proporcionam um 'ponto de partida' para a *produção* do discurso: se as pessoas representam as experiências e os eventos ou situações do dia a dia em modelos mentais subjetivos, esses modelos mentais formam ao mesmo tempo a base da construção das representações semânticas dos discursos sobre esses eventos, como é típico das histórias ou dos relatos de notícias do cotidiano.

Contudo, um elo crucial que falta nessa teoria dos modelos mentais do processamento do discurso é dar conta do papel do contexto, porque obviamente nós narramos os mesmos acontecimentos (ou seja, o mesmo modelo mental desses eventos) de modo diferente conforme as diferentes situações ou gêneros comunicativos. Em outras palavras, os usuários da língua, além de falar sobre eventos, também precisam modelar a si próprios e a outros aspectos da situação comunicativa em que estão envolvidos no momento. Desse modo, os modelos de contextos se tornam a interface crucial entre os modelos mentais e os discursos sobre esses eventos.

OS MODELOS MENTAIS SÃO ÚNICOS, PESSOAIS E SUBJETIVOS...

Uma das muitas propriedades fundamentais dos modelos mentais é serem pessoalmente únicos e subjetivos. Eles não representam objetivamente os eventos de que fala o discurso, mas antes a maneira como os usuários da língua interpretam ou constroem cada um a seu modo esses eventos, por exemplo, em função de objetivos pessoais, conhecimentos ou experiências prévias – ou em função de outros aspectos do 'contexto', conforme a definição de contexto que daremos adiante.

Embora na maioria das formas de discurso entre membros de uma mesma comunidade os modelos mentais sejam suficientemente semelhantes para garantir o sucesso da comunicação, convém ressaltar que os modelos mentais incorporam necessariamente elementos pessoais que tornam únicas todas as produções e interpretações – e portanto tornam possível o mal-entendido – mesmo quando eles têm muitos elementos socialmente compartilhados. Vemos, portanto, que a compreensão do discurso envolve a construção, controlada pelo contexto, de modelos mentais baseados em inferências fundamentadas no conhecimento. (Como exemplo, veja-se, sobre o condicionamento da compreensão da narrativa pelos objetivos [*goal-dependent narrative comprehension*], entre outros trabalhos, Graesser, Singer e Trabasso, 1994: 371-395).

...MAS COM RESTRIÇÕES OBJETIVAS

Além de sofrerem o efeito de condicionamentos intersubjetivos e sociais importantes, os modelos mentais subjetivos podem também ser influenciados por condicionamentos 'objetivos', como a percepção de propriedades físicas de coisas ou pessoas, ou de situações, como a organização espacial. Em suma, a subjetividade dos modelos mentais *não* implica que eles sejam totalmente subjetivos, da mesma forma que a unicidade de todo discurso individual não implica que esse discurso seja totalmente original. Na verdade, enquanto os trabalhos mais antigos sobre compreensão do discurso e formação de modelos mentais (subjetivos) tendiam a pressupor uma natureza preponderantemente subjetiva da compreensão e representação, há nos dias atuais desenvolvimentos que ressaltam a influência dos condicionamentos 'objetivos' sobre a estrutura dos objetos, pessoas, eventos e situações. No desenvolvimento de uma teoria dos contextos como modelos mentais, precisamos, portanto, investigar também como a percepção ou experiência das dimensões 'objetivas' das situações comunicativas (por exemplo, as dimensões espaciais) pode ter algum impacto sobre sua representação mental.

Portanto, uma das abordagens desse problema pode ser o paradigma de pesquisa da Análise Semântica Latente [*Latent Semantic Analysis*], desenvolvido especialmente para dar conta do sentido de palavras com base numa matriz de que faz parte o registro de suas frequências em conjuntos de discursos (Kintsch, 1998). Aplicada aos modelos mentais, essa abordagem envolveria estruturas situacionais derivadas de experiências acumuladas, um processo automático que parece mais relacionado a frequências 'objetivas' do que a uma abordagem ativa, construtiva e subjetiva dos modelos mentais.

Uma perspectiva semelhante está representada na 'memória relacional' de John Anderson, que define estratégias cognitivas em termos de 'seleção ótima de dados' [*optimal data selection*] e tem por base uma história do uso prévio de dados semelhantes (Anderson, 1990b).

Deve-se notar, porém, que esses tratamentos parecem mais relevantes para estruturas que recorrem com frequência, tais como as palavras ou os sentidos das palavras. Da Gramática Gerativa aprendemos que a maioria das sentenças (mais longas) são únicas, e isso é verdadeiro *a fortiori* para os discursos. Parece que não aprendemos a compreender e produzir estruturas discursivas complexas por meio de experiências acumuladas, mas antes pela derivação de regras e outros princípios. Por outro lado, os discursos e os modelos mentais são definidos por esquemas que se repetem frequentemente como tais, como parte de nossas experiências. As experiências acumuladas com as situações do dia a dia podem, portanto, levar a esquemas de modelos abstratos nos quais, por exemplo, os Ambientes (Tempo, Lugar), os Participantes (em vários papéis e relações), bem como as Ações são categorias mais ou menos estáveis. Portanto, embora cada modelo mental de um texto ou situação seja único, por causa de circunstâncias e contingências da situação presente, sua estrutura abstrata pode ser definida 'objetivamente' pelas percepções acumuladas das pessoas.

OPINIÕES E EMOÇÕES

A natureza pessoal e subjetiva dos modelos mentais também explica por que os modelos mentais não se limitam a representar os-fatos-tais-como-os-participantes-os-veem, mas também opiniões e emoções. Ao ler sobre os acontecimentos do ataque ao World Trade Center no dia 11 de setembro de 2001, ou sobre a guerra que começou em 2003 no Iraque, não nos limitamos a construir nossa 'versão pessoal' desses acontecimentos com base em muitos artigos do noticiário, editoriais e conversas, mas também formamos crenças que valem por avaliações, ou seja, opiniões a respeito, possivelmente associadas com emoções como tristeza ou raiva (ver também Blanc, 2006; Ferstl, Rinck e Von Cramon, 2005: 724-739; Oatley e Johnson Laird, 1996: 363-393). Isso explicaria a descoberta interessante de que conseguimos lembrar melhor as experiências passadas se estivermos com a mesma 'disposição' com que estávamos quando da experiência original (Bower, 1980: 129-148).

AS EXPERIÊNCIAS COMO MODELOS MENTAIS

Os modelos mentais são representações cognitivas de nossas *experiências*. Num certo sentido, eles *são* as nossas experiências se assumirmos que experiências são interpretações pessoais daquilo que acontece conosco. Acredita-se que as experiências pessoais, e portanto os modelos que as representam, são armazenadas na Memória Episódica, que faz parte da Memória de Longo Termo (Tulving, 1983).

Nossa 'autobiografia' mental, a acumulação das experiências pessoais de nossa vida, é então uma coleção de modelos mentais. A grande maioria desses modelos ou experiências mentais são tão comuns e banais que, depois de algum tempo, não temos mais acesso a eles: eles não estão conectados significativamente a (muitas) outras experiências, sendo, portanto, difíceis de recuperar no grande depósito que é nossa memória episódica. Poucas pessoas vão se lembrar depois de várias semanas (e menos ainda depois de um ano ou mais) o que compraram hoje no supermercado, o que leram no jornal de hoje, ou com quem se encontraram esta manhã. Em geral, depois de algum tempo, temos acesso somente a fatos marcantes e cruciais de nossa vida, a acontecimentos mais globais, tais como férias, uma viagem, nosso estudo nesta ou naquela universidade, morar numa determinada cidade ou experiências traumáticas como acidentes ou divórcios (King, 2000; Neisser e Fivush, 1994; Rubin, 1986, 1999; ver também Bruner, 2002; Schank, 1990, 1999). Isto é, sempre que for relevante, tendemos a construir unidades mais globais dessas memórias pessoais, como tendemos a derivar tópicos mais globais a partir dos detalhes de um texto: formamos modelos globais mais 'macro' a partir das sequências de modelos 'micro' das experiências do dia a dia (Van Dijk, 1980).

Lembrar nossas experiências pessoais, da mesma forma que lembrar o que lemos nos jornais ou aquilo que dissemos a alguém, consiste, portanto, na busca e ativação de modelos mentais 'antigos'. Com exceção de alguns casos especiais, essa recuperação costuma ser difícil. É muito mais fácil explicar o que são férias típicas, ou onde gostamos de passar nossas férias, do que lembrar e dizer o que fizemos quando saímos de férias dez anos atrás. Em outras palavras, o conhecimento geral compartilhado socialmente (e o conhecimento pessoal de uso frequente) é mais facilmente recuperado do que a maior parte do conhecimento 'pessoal' sobre nosso próprio passado, ou seja, nossos próprios modelos mentais. Ainda assim, enquanto os estamos vivendo, e enquanto estamos produzindo ou compreendendo um discurso, os modelos são cruciais, porque incorporam o que significa para nós antecipar, planejar e compreender tanto os acontecimentos como os discursos.

Embora nem sempre formulada em termos de modelos mentais, a pesquisa recente da memória episódica fornece detalhes sobre muitas das suposições teóricas feitas anteriormente (ver os artigos reunidos em Baddeley, Conway e Aggleton, 2002). Além de corroborar a conhecida distinção entre uma memória 'episódica' e uma memória 'semântica', ambas partes da Memória de Longo Termo (*Long Term Memory* ou LTM), esses estudos mostram que há diferenças de base neurológica entre tipos diferentes de memória episódica. Por um lado, temos representações episódicas de curto termo de experiências recentes, das quais lembramos muitos detalhes, mas somente por algumas horas ou por um dia. Essas 'memórias' no sentido estrito são obviamente úteis no monitoramento e na execução das tarefas que vão acontecendo no dia a dia. Por outro lado, temos uma memória autobiográfica ou 'conhecimento pessoal' de um tipo mais abstrato que pode continuar acessível por muito tempo ou mesmo por toda a vida. Por exemplo, a maioria das pessoas consegue confirmar imediatamente se já esteve em Paris, mesmo quando já não são acessíveis modelos detalhados de visitas concretas.

Veremos que essas pesquisas sobre memória episódica são diretamente relevantes para as experiências pessoais dos eventos comunicativos que chamamos contextos. Nesse sentido, posso ter uma lembrança viva dos detalhes (tempo, lugar, participantes, objetivos, assunto etc.) de uma conversa que tive esta manhã com um estudante, ou da leitura de um livro que fiz a noite passada, mas essas memórias concretas dificilmente são acessíveis muitas semanas, meses ou anos mais tarde, a não ser no caso de circunstâncias e acontecimentos dramáticos (sobre estes, eu tendo a contar histórias logo em seguida, reativando assim velhos modelos). Ao contrário, lembrarei mesmo depois de muitos anos que orientei estudantes de doutorado na universidade onde estou trabalhando ou que costumava ler o jornal *El País* todos os dias. Ou seja, informações generalizadas ou abstratas sobre modelos de contexto podem permanecer acessíveis por um tempo longo. Na verdade, muito desse conhecimento pessoal (episódico) está diretamente relacionado à informação presente na memória 'semântica', isto é, ao conhecimento compartilhado socioculturalmente, por exemplo, sobre as universidades e os estudantes de doutorado, por um lado, ou sobre jornais, por outro.

MODELOS MENTAIS E CONHECIMENTO SOCIAL, GERAL

Os modelos mentais pessoais presentes na Memória Episódica e o conhecimento geral ou abstrato presente na memória 'semântica' (prefiro o termo *memória 'social'* para distingui-la da memória pessoal, episódica, tal como foi definida) estão, evidentemente, relacionados. Se estamos lendo sobre o que acontece na Guerra do Iraque, por exemplo, vamos construindo ou atualizando um complexo modelo mental desse (complexo) acontecimento. Esse processo de construção, porém, faz um uso extenso do conhecimento geral, social, por exemplo, sobre soldados, armas e vítimas, e muitos outros aspectos da guerra.

Boa parte do trabalho da Ciência Cognitiva moderna, desde o estudo fundador de Bartlett (1932) sobre a organização esquemática da memória, tem centrado suas atenções na análise das estruturas do conhecimento geral, sociocultural. Por exemplo, em termos de *esquemas* ou *roteiros* [*scripts*] ou formas semelhantes de organização (Schank e Abelson, 1977). Embora esses formatos não sejam a mesma coisa que a organização típica de um evento, nos modelos mentais não é instanciada (especificada) apenas uma seleção de seus *contextos* relevantes (por exemplo, as características típicas de uma guerra), mas também algumas de suas *estruturas* (por exemplo, o conhecimento geral sobre as causas das guerras pode ser mapeado sobre uma história de como um ataque terrorista causou uma guerra). Por exemplo, os roteiros desempenham um papel fundamental na compreensão de histórias, porque essa compreensão de discursos, ações e eventos específicos pressupõe conhecimentos gerais a respeito de tais ações e eventos (da extensa bibliografia sobre a compreensão de histórias baseada em roteiros, veja-se, por exemplo, Mandler, 1984; veja-se também Bower, Black e Turner, 1979: 177-220).

A maior parte desse conhecimento compartilhado socioculturalmente não precisa ser explicitada – pela simples razão de que se supõe que já o conhecemos (veja-se adiante sobre as estratégias contextuais usadas no processamento do conhecimento durante a produção de discurso). Nesse sentido, os textos são muito incompletos ou implícitos. Seus autores pressupõem grandes quantidades de 'conhecimento do mundo', e os leitores constroem, assim, modelos mentais dos eventos sobre os quais estão lendo, ativando partes relevantes desse conhecimento, e então preenchem o modelo com a informação que está implicada ou pressuposta no texto. Boa parte da pesquisa atual sobre a compreensão do discurso em termos de modelos mentais trata do tipo de inferências baseadas em conhecimento feitas pelos usuários da língua, por exemplo, com o objetivo de tornar os discursos local e globalmente coerentes, e de construir modelos mentais viáveis para esses discursos.

O quanto de nosso conhecimento geral é assim ativado e incluído nos modelos mentais depende do contexto (ambiente, conhecimento do leitor, objetivos, interesses etc.), mas é possível supor sem risco de erro que as pessoas só são capazes de ativar e integrar pequenos fragmentos desse conhecimento nos poucos segundos que gastam para ler ou ouvir uma sentença ou um parágrafo. Na verdade, a maior parte do conhecimento detalhado que temos das coisas sobre as quais lemos ou ouvimos falar não é relevante para que compreendamos o texto, ou seja, para que possamos construir para o texto um modelo mental coerente (para detalhes sobre a relação entre modelos mentais e conhecimento geral compartilhado socioculturalmente, ver, entre outros, Graesser e Bower, 1990; Graesser, Gernsbacher e Goldman, 2003; Oakhill e Garnham, 1996; Van Dijk e Kintsch, 1983; Van Oostendorp e Goldman, 1999).

Os modelos mentais e o conhecimento estão relacionados também no outro sentido: boa parte do aprendizado que fazemos no dia a dia baseia-se em nossas experiências pessoais. Em outras palavras, o conhecimento geral pode ser derivado de modelos mentais, por exemplo por abstração, generalização e contextualização (Baudet e Denhière, 1991: 155-187). Se lemos regularmente nos jornais matérias sobre ataques terroristas ou guerras, pouco a pouco aprendemos sobre tais ataques ou sobre guerras em geral. Embora no ensino formal, e também através do discurso dos nossos pais, possamos também aprender muitas coisas abstratas ou gerais de maneira direta (tipicamente em textos e falas de caráter expositivo), em geral, o aprendizado a partir de experiências pessoais acontece por generalização e abstração a partir de modelos mentais.

Essas poucas observações sobre as relações entre modelos mentais pessoais e conhecimento social geral mostram que precisaríamos distinguir diferentes tipos de conhecimento. Na verdade, se assistimos a um acidente, ou lemos sobre um acontecimento político num jornal, adquirimos um 'conhecimento' específico e subjetivo sobre esses acontecimentos, e esse conhecimento específico está aparentemente relacionado ao conhecimento geral sobre acontecimentos semelhantes.

A noção de 'conhecimento do mundo', que tem sido usada com frequência e com sentido vago em Linguística, Psicologia e outras disciplinas, precisa ser tornada mais exata. Mais precisamente, no interior de uma teoria multidisciplinar do conhecimento, necessitamos de uma tipologia *explícita* do conhecimento (Van Dijk, 2003: 93-129, 2004: 339-372). As diferenças entre *conhecimento* 'específico', 'pessoal', 'geral', abstrato, 'imaginário', 'social' e 'cultural' são apenas algumas das diferentes alternativas dessa tipologia mais ampla. Veremos que o conhecimento também desempenha um importante papel nos modelos de contextos. Na realidade, assumiremos que uma tarefa fundamental dos modelos de contextos consiste em gerenciar o conhecimento na produção e compreensão do discurso, exigindo dos usuários da língua que 'calculem' estrategicamente o tanto de conhecimento que deve ser pressuposto (e, portanto, não assertado) num discurso.

ESQUEMAS DE MODELOS

Por ora, temos somente uma compreensão fragmentária [*fragmentary insight*] sobre o que é a estrutura interna dos modelos mentais enquanto representações na memória episódica. É possível que os modelos mentais para situações, acontecimentos, ações e processos sejam bem diferentes entre si; que haja diferenças culturais e mesmo pessoais na maneira como os indivíduos representam suas interpretações dos acontecimentos ou seus planos para ações futuras. Apesar dessas possíveis variações, pode-se, contudo, assumir que a estrutura dos modelos mentais não é arbitrária. Como no caso da memória em geral, os modelos mentais são provavelmente organizados por um número limitado de categorias fixas, que compõem uma forma abstrata ou 'esquema', um *esquema de modelo.*

Como estamos dia após dia envolvidos em muitas experiências ou acontecimentos (ou os vemos acontecer, ou ouvimos e lemos sobre eles), é muito improvável que precisemos conceber modelos mentais inteiramente novos em cada situação. Somos provavelmente capazes de compreender a maioria dos eventos em termos das categorias de um esquema de modelo previamente aprendidas, e assim processar a informação relevante tão rapidamente quanto é necessário, muitas vezes em segundos ou frações de segundos. Naturalmente, isso também significa que sabemos definir 'relevância', por exemplo, em termos de critérios de seleção específicos para a percepção/atenção ou para continuar o processamento.

Em sua retrospectiva da bibliografia sobre 'modelos de situação', Zvaan e Radvansky (1998) chamam a atenção para a multidimensionalidade dos modelos e enfocam especificamente as cinco 'dimensões' seguintes das situações: tempo, espaço, causação, intencionalidade e protagonista. Eu gostaria de sugerir, contudo, que, como há coisas que não se identificam com o Ambiente espaçotemporal e com os Protagonistas, precisamos de Eventos (e de suas relações, uma das quais é a causação) e/ou Ações, que por sua vez requerem uma análise em termos de intenções: Intenção e Causação não são, como tais, categorias independentes dos eventos ou situações; elas se tornam relevantes quando os leitores querem compreender e explicar as ações ou eventos. Obviamente, nos modelos mentais dos eventos naturais a categoria da Intenção não vai estar representada.

Dado que a grande maioria dos experimentos sobre a compreensão do discurso usa histórias como material, boa parte da bibliografia experimental sobre modelos de situações ou de eventos trata do papel que cabe à causação no modelamento de situações quando compreendemos o discurso. Isso mostra que, além de teoria, precisamos de evidências empíricas sobre a 'segmentação' [*parsing*] correta da maneira como as pessoas compreendem as situações e o discurso sobre essas situações, e então, mais especificamente, constroem ou compreendem as situações comunicativas. Mais adiante, e nos capítulos de *Society in Discourse*, eu me concentro nessas e em outras categorias ou dimensões dos modelos de contextos.

Chegados a este ponto, convém ressaltar que nossa análise da organização interna dos modelos mentais se enquadra em esquemas e suas categorias, e não em estruturas de redes, conexões e força dessas conexões – uma representação que poderia estar mais próxima da base neurológica dos modelos mentais, mas sobre a qual eu não tenho nada a dizer aqui (veja-se a bibliografia sobre processamento conexionista – paralelamente distribuído – por exemplo, em Golden e Rumelhart, 1993: 203-237; vejam-se também as contribuições reunidas em Van Oostendorp e Goldman, 1999).

Também é possível que essas categorias da situação acabem aparecendo no modo como escrevemos ou falamos a respeito de experiências pessoais e outros acontecimentos, por exemplo, na 'estrutura de casos' do significado das sentenças (Fillmore, 1968: 1-88) ou nos significados das histórias pessoais (Labov e Waletzky, 1967: 12-44). Assim encontramos com frequência categorias como o Tempo, o Lugar, e os Participantes em vários papéis na Ação ou no Estado de coisas, e assim por diante, como também acontece na estrutura semântica das proposições. Um esquema com essas categorias aplica-se a muitos eventos ou experiências, se formos capazes de adaptá-lo estrategicamente à multidão de variantes que os acontecimentos podem ter. No outro sentido, um esquema como esse também nos permite buscar, encontrar e ativar modelos antigos com mais eficiência e fazer abstrações a partir dos modelos numa ou mais categorias (como a dos eventos que acontecem num certo período, num certo lugar, ou com uma certa pessoa, ou que pertencem a uma ação ou evento mais geral, e assim por diante).

Essas abstrações são cruciais também para a organização da memória episódica, e portanto para todas as formas de recordação [*recall*]. Assim, dada uma estrutura com essas características para os modelos mentais, podemos vasculhar nossas experiências de ontem, nossas férias num país específico ou nossas interações recentes com um amigo chegado, e recordar seletivamente outras experiências ruins quando estamos deprimidos ou experiências boas quando estamos otimistas.

Essa organização de nossa memória episódica também desempenha um papel no processo de fazer lembrar – as recordações que são disparadas quando lemos acerca de um acontecimento (Schank, 1999). Ou seja, os esquemas de modelos são úteis não só para organizar nossas experiências do dia a dia, compreender o discurso ou contar histórias, mas também para os momentos em que precisamos buscar e recuperar nossas 'memórias pessoais', isto é, modelos mentais 'velhos'.

A MODELAGEM DA VIDA DE TODOS OS DIAS

Assumimos anteriormente que não é apenas o modo como interpretamos ou planejamos o discurso que está representado nos modelos mentais, mas também, e de maneira mais geral, todas as nossas experiências pessoais, na medida em que estão representadas na memória episódica. Podemos dar, agora, mais um passo fundamental nessa linha de reflexão, assumindo que nossa vida diária, como uma sequência de experiências vividas, é uma complexa estrutura de modelos mentais, que podemos chamar simplesmente de *modelos da experiência* (ou *modelos experienciais*). Essa estrutura complexa de nossa vida diária pode ser organizada de muitas maneiras, mas parece plausível que essas experiências pessoais sejam estruturadas por categorias experienciais como o tempo (períodos), os lugares (por exemplo, as cidades em que vivemos), os participantes (por exemplo, as pessoas com quem vivemos ou trabalhamos), a causalidade (causas, condições, consequências), o nível (micro e macro eventos), a saliência (o que é mais ou menos importante) e a relevância (o que é mais útil em nossas vidas diárias), entre outras dimensões.

Há, porém, outro aspecto fundamental do qual é preciso tratar. As experiências de nossas vidas são contínuas, sempre que estamos conscientes: desde o momento em que nos levantamos pela manhã até que adormecemos (ou ficamos inconscientes) estamos envolvidos numa sequência longa e contínua de acontecimentos em pleno andamento. Essa sequência *contínua* é, porém, interpretada como uma sequência de experiências *discretas*, que nós podemos lembrar e relacionar como unidades mais ou menos separadas (Newtson e Engquist, 1976: 436-450; Zacks, Tversky e Iyer, 2001).

Os modelos mentais são, mais uma vez, os candidatos teóricos ideais para essas representações discretas de experiências de outro modo contínuas. Assim, um retalho de atividade pode ser interpretado e representado como "Estou tomando meu café da manhã" e outro "Estou voltando para casa do trabalho" ou, num nível mais global, "Estou passando férias no México". Termos consciência de nós mesmos, do que estamos fazendo, observando ou vivenciando significa – entre outras coisas – que estamos construindo e atualizando modelos mentais que interpretam, representam e guardam tais experiências.

Note-se, porém, que embora grande parte da bibliografia psicológica clássica sobre esquemas sugira que interpretemos as sequências de eventos 'de cima para baixo' [*top-down*] em termos de esquemas preestabelecidos, há também muito processamento que se faz 'de baixo para cima' [*bottom-up*] (Kintsch, 1998), por exemplo, com base nas percepções das propriedades do movimento de 'nível baixo', como sendo essencialmente 'explosões' de mudança [*'bursts' of change*] (Martin, Tversky e Lang, 2006). A pesquisa recente que usa técnicas de neuroimagem para monitorar a atividade do cérebro durante a compreensão da narrativa mostra que há uma explosão de atividade cerebral quando novos acontecimentos (ou novos modelos) estão sendo formados durante a compreensão (Speer, Zacks e Reynolds, 2006).

Embora não nos permita identificar o 'conteúdo' cognitivo exato dessa atividade neural, essa técnica parece confirmar que a compreensão da narrativa se baseia em algum tipo de 'segmentação' ou na construção de algum tipo de unidades (novas), possivelmente do mesmo tipo que os acontecimentos. Falando em termos estritos, estes não são unidades narrativas, como as orações, as frases e as sentenças, nem categorias narrativas como a Complicação e a Resolução, mas unidades semânticas ou cognitivas subjacentes da representação do evento ou da estrutura de modelo. O mesmo método pode ser aplicado também no monitoramento de modelos de contextos dinâmicos e suas sucessivas mudanças, afetando, por exemplo, o ambiente, os participantes, os papéis, objetivos ou intenções, durante a participação numa situação comunicativa.

Ou seja, embora o conhecimento sobre as intenções (como modelos mentais esquemáticos da ação) tenha um papel na compreensão da ação, especialmente nas ações às quais estamos acostumados, os traços perceptuais do comportamento também podem ser usados para compreender a ação. Esse e outros aspectos do processamento, contudo, precisam ser examinados nas suposições de processamento mais específicas para a execução das estratégias de construção do contexto. Nesse estágio, é crucial que os modelos mentais da vida cotidiana contenham as categorias Intenção e Objetivo (ou Propósito), que definem e executam comportamentos planejados e observados como fazendo sentido, isto é, antes de mais nada como ação (ou ações). Devo voltar a essa noção de 'intenção' posteriormente, porque ela também é crucial para os modelos de contextos.

SITUAÇÕES COTIDIANAS, EXPERIÊNCIAS E ROTINAS

Embora, rigorosamente falando, todas as situações cotidianas, assim como suas interpretações nos modelos de experiência, sejam únicas (senão por outro motivo, pelo parâmetro temporal único de seus ambientes), muitas dessas situações são tão parecidas entre si que se tornam *rotinas*. Portanto, a despeito da unicidade e variação nos eventos e ações em nossa vida cotidiana, as rotinas proporcionam a ordem necessária nessas experiências, dispensando-nos de dar atenção àquilo que entendemos e fazemos a cada momento com todos os nossos recursos mentais e permitindo que coloquemos o foco de nossa atenção naquilo que é realmente novo, interessante ou relevante. Na verdade, a maioria das pessoas estão envolvidas grande parte do tempo em situações que já 'viveram' muitas vezes antes: conforme as diferentes culturas e condições sociais, isso pode envolver rotinas diárias como, por exemplo, levantar-se pela manhã, cuidar da higiene matinal (lavar-se etc.), vestir-se, comer algo (café da manhã), ir para o trabalho ou trabalhar em casa, empenhar-se numa sequência de rotinas laborais, voltar para casa, comer, ter algum lazer e voltar para a cama.

Uma rotina pode ser definida cognitivamente como um modelo de experiência em que a estrutura esquemática é mais ou menos fixa, o mesmo acontecendo com os 'conteúdos': mesma localização, mesmos participantes (ou papéis) mesma ação, mesmos objetivos. Uma rotina é experienciada como "fazer repetidamente a mesma coisa" em vários momentos do dia ou em intervalos regulares, todo dia, toda semana etc. As rotinas são generalizações ou abstrações a partir de modelos de experiência específicos e, como são pessoais, também podem ser armazenadas na memória episódica.

Contudo, como muitas rotinas são compartilhadas por muitas outras pessoas na mesma cultura, grandes segmentos desses 'modelos de experiência gerais' tornaram-se parte do conhecimento sociocultural, na forma de 'roteiros' (Schank e Abelson, 1977). Esse conhecimento pode ser pressuposto na interação e fala cotidianas e, de fato, por se tratar de experiências rotineiras, não se torna quase nunca o objeto de narrativas, mas somente o pano de fundo para complicações especiais e interessantes. E como conhecimento socioculturalmente compartilhado, ele também é uma condição normal para a interação: não só *nós mesmos* fazemos o que normalmente fazemos nessas situações, mas também temos a expectativa de que *os outros* façam o mesmo, o que facilita a interação.

Como é o caso de conhecimento sociocultural geral, as rotinas podem ser ativadas e aplicadas na produção ou interpretação de experiências novas ou para resolver complicações ou 'encrencas' à medida que aparecem. E como são em grande medida 'pré-fabricadas' e rapidamente ativadas, o processamento das experiências rotineiras pode ser altamente automatizado: precisamos somente de um controle e de um automonitoramento marginal para executá-las. O *problem solving* do dia a dia diz respeito, portanto, àquelas rotinas em que algum elemento não bate com os esquemas das rotinas pessoais ou sociais, como quando alguém dorme além da hora pela manhã, ou o chuveiro não funciona ou não há nada para comer, ou a pessoa perdeu o emprego, ou a estrada que leva ao trabalho está bloqueada, e assim por diante.

Muitas das experiências comunicativas pelas quais passamos no dia a dia são também rotinas: com frequência, e mesmo diariamente, falamos com as mesmas pessoas (o parceiro ou a parceira, crianças, amigos, colegas, balconistas etc.) e nos envolvemos nos mesmos gêneros textuais, que exigem condições comunicativas semelhantes, tais como conversas informais em casa ou no trabalho, contatos para atendimento em lojas, e vários tipos de encontros profissionais no trabalho (ver também Pickering e Garrod, 2005). Ao passo que cabe à Sociologia da Vida Cotidiana enumerar os pormenores dessas experiências diárias e desses eventos comunicativos, uma abordagem cognitiva precisará detalhar como os modelos de contexto podem ser generalizados ou abstraídos de modo a formar *contextos de rotinas*. Assim, dia após dia, encarando os mesmos objetivos comunicativos e as mesmas condições comunicativas, as pessoas ativam os mesmos contextos de rotina, que lhes permitem dar atenção àquilo que é único, importante e relevante no momento, como conteúdos únicos, uma história interessante, um pedido específico ou aquilo que é problemático ou perturbador no evento comunicativo: mal-entendidos, conflitos de interesses e objetivos, e assim por diante.

OS MODELOS DA EXPERIÊNCIA SÃO DINÂMICOS

Como os acontecimentos da vida de todos os dias são algo que acontece 'continuadamente', seus modelos mentais precisam ser representações dinâmicas, e não representações meramente estáticas: o tempo, o lugar, as pessoas, as relações entre pessoas, bem como suas propriedades e ações, estão constantemente mudando durante a experiência. Por exemplo, durante minhas férias mexicanas, eu atualizo constantemente meu modelo mental pessoal que representa globalmente minhas experiências das férias.

DE SI PARA SI

As experiências pessoais são tipicamente caracterizadas por algum tipo de representação que o indivíduo tem de si mesmo: são minhas experiências pessoais únicas, mesmo quando eu as compartilho parcialmente com outros. Por isso parece plausível que a categoria central do esquema que organiza esses modelos seja uma categoria relativa a si mesmo. Mas a noção de "si mesmo" é hoje uma das noções mais complexas da Ciência Cognitiva, relacionada à autoconsciência, ao reconhecimento de algo como parte do corpo [*embodiedness*], à autorrepresentação, à subjetividade e consciência, além de nossas experiências pessoais armazenadas na memória (Conway, Singer e Tagini, 2004: 491-529; Metzinger, 2003). Portanto, como participante central das experiências representadas na memória episódica, em cuja perspectiva esses eventos são experienciados para começo de conversa, posso derivar gradualmente uma representação mais geral e abstrata de mim mesmo, uma 'identidade', por exemplo, na forma de um autoesquema (Barclay e Subramaniam, 1987: 169-182; Markus, 1977: 63-78).

Essa identidade é também uma realização interativa, porque os coparticipantes proporcionam, de maneiras explícitas e implícitas, sucessivas definições e avaliações de 'si mesmos' durante a conversação e outros discursos. Como acontece com outros conhecimentos gerais, também este Eu-mesmo geral e abstrato pode ser instanciado ou 're-aplicado' em novas experiências. O mesmo vale para os diferentes papéis associados com o Eu-mesmo, como o fato de eu ser um homem, um professor, um holandês etc. Obviamente, o Eu-mesmo instanciado que vai representando os eventos em que participa nem sempre é o mesmo, e não é estático.

Todavia, ainda que o Eu-mesmo possa ser associado a muitas identidades-por-papéis, e mesmo que os Eu-mesmos instanciados possam ser tão dinâmicos quanto os modelos de que participam (os detalhes de minha autorrepresentação em uma interação podem mudar continuamente), existe também alguma forma de ser o mesmo, de manter-se estável ou de continuar que faculta às pessoas terem a experiência de que essas variadas identidades são constitutivas de (e corporificadas em) uma só pessoa, e são mais ou menos permanentes ao longo do tempo e dos acontecimentos, isto é, constituem uma 'constante' com um nome específico.

Quando essa integridade do Eu-mesmo falha, podem ocorrer desordens mentais, como nos casos da esquizofrenia, da patologia da personalidade múltipla e de outras patologias relacionadas. Note-se que foi descoberto que as pessoas podem perder a maior parte de suas memórias episódicas, e portanto seus modelos de experiência, mas continuar sabendo quem são em termos gerais, mesmo quando seu conhecimento geral na memória 'semântica' também foi afetado. Isso sugere que pelo menos uma forma de Eu-mesmo 'mínimo' está profundamente inserida em nossa cognição e em nosso cérebro, resistindo até mesmo a danos cerebrais de grandes proporções (para detalhes, ver, por exemplo, Damasio, 2000; Gallagher, 2000: 15-21; Gallagher e Shear, 1999; Metzinger, 2003; Tulving, 2002: 1-25).

Embora muito sucinto, este resumo das propriedades do Eu-mesmo permite concluir que esse Eu-mesmo deve ter um papel central na autorrepresentação das situações comunicativas pelos participantes, isto é, nos modelos de contexto. De fato, é de notar que muitas formas de Eu-mesmo têm sido definidas explicitamente em termos linguísticos, e mais exatamente ainda em termos do uso da expressão dêitica singular de primeira pessoa 'Eu' como autorreferencial ao falante e, portanto, ao Eu-mesmo do ato comunicativo que está sendo realizado. O mesmo vale para a relação entre o Eu-mesmo, as experiências pessoais e a narrativa (para detalhes, ver *Society in Discourse*). Finalmente, o Eu-mesmo também desempenha um papel fundamental em todas as formas de reflexividade discursiva e interacional, nas expressões dêiticas e assim por diante, como veremos no próximo capítulo.

Os contextos como modelos mentais

No quadro mais amplo desta teoria dos modelos mentais de eventos e experiências pessoais, a teoria cognitiva dos contextos aparece como um elegante subproduto: os contextos são um tipo especial de modelo mental da experiência cotidiana, tal como acaba de ser definida. Não há nada de estranho ou contraintuitivo em definir os contextos como modelos mentais, porque os eventos comunicativos e as interações discursivas são formas da experiência cotidiana como quaisquer outras. Ou seja, a maneira como experienciamos, construímos, definimos ou interpretamos o que está acontecendo enquanto estamos participando de um evento comunicativo não é fundamentalmente diferente do modo como fazemos tudo isso para outros eventos. A única característica diferente dos modelos de contextos é que eles representam a comunicação ou interação verbal. E que, da mesma forma que os modelos mais gerais de experiência ou interação organizam o modo como adaptamos nossas ações à situação social ou ao entorno, os modelos de contexto organizam os modos como nosso discurso é estruturado e adaptado estrategicamente à situação comunicativa global.

Os modelos de contexto têm as propriedades de outros modelos da experiência cotidiana, tais como os descrevemos anteriormente. A saber:

- ficam armazenados na memória episódica;
- são pessoais, únicos e subjetivos;
- baseiam-se em (ou instanciam) conhecimentos socioculturais e outras crenças compartilhadas socialmente;
- podem comportar opiniões e emoções sobre o evento que está ocorrendo ou sobre suas ações e participantes;
- representam eventos (comunicativos) específicos;
- se forem interessantes, podem servir de base a discursos futuros: podemos contar histórias a respeito de nossas experiências comunicativas passadas;
- são dinâmicos e vão sendo continuamente atualizados durante a interação, a fala/escrita, a audição/leitura ou a comunicação;
- controlam a (inter)ação verbal em andamento e a adaptam a seu entorno social;
- são formados ou atualizados por uma interpretação estratégica dos eventos, bem como pela instanciação de conhecimentos gerais, compartilhados socialmente, desses mesmos eventos;
- podem ser base para generalização, abstração e descontextualização na formação de conhecimentos mais gerais sobre discurso

e comunicação; ou seja, podemos aprender com nossas experiências comunicativas;
- são organizados por esquemas e categorias que definem os vários tipos de eventos comunicativos, por exemplo, os gêneros.

Tudo isso são propriedades bastante gerais, mas essas propriedades já explicam muitas coisas que esperamos que os modelos de contextos façam, enquanto avaliações dos modos como os usuários da língua conseguem adaptar seus textos e suas falas aos eventos ou situações comunicativas da vida cotidiana. Assim, nosso conceito de modelo explica, por exemplo, as seguintes propriedades do discurso e da comunicação para as quais não há explicação nas teorias que assumem que o discurso é controlado diretamente pelas situações sociais, como o faz a teoria (sociolinguística) padrão:

- os falantes/escritores e os receptores, por definição, têm modelos diferentes do mesmo evento comunicativo; tais diferenças podem levar a negociações sobre os aspectos compartilhados de seus modelos de contexto, mas também a mal-entendidos e conflitos;
- as informações presentes nos modelos de contexto podem facilmente ser combinadas com as de outros modelos de contextos. Isso permite que eles superem a bem conhecida lacuna que separa a estrutura social, por um lado, e o discurso-interação, por outro. Em outras palavras, os modelos de contextos são a interface entre sociedade, situação e discurso;
- como os modelos de contexto controlam (pelo menos em parte) a produção e compreensão do discurso, e como podem ser combinados com outros modelos mentais, eles também explicam por que o mesmo modelo pessoal de um evento (como uma experiência pessoal ou um evento público) costuma ser expresso por diferentes discursos, em situações sociais diferentes. Tipicamente, esses discursos explicam por que artigos sobre o mesmo evento em jornais diferentes serão sempre diferentes quando escritos por jornalistas diferentes, e que não existe a possibilidade de contar 'a mesma história' duas vezes em circunstâncias diferentes e, no que diz respeito aos jornais, sofrendo pressões diferentes sobre o trabalho de reportagem;
- os modelos de contexto explicam em detalhe os processos de recontextualização e o modo como os participantes conseguem lidar

ativamente com essas mudanças – por exemplo a maneira como eles contam mais tarde, em conversas posteriores, aquilo que leram nos jornais ou viram na TV;

- os modelos de contexto são a base de uma teoria adequada do gênero discursivo, porque muitas propriedades dos diferentes gêneros discursivos se definem não tanto em termos de propriedades verbais do discurso, mas sim em termos contextuais;
- os modelos de contexto nos permitem apresentar uma teoria unificada da experiência e da consciência quotidianas, colocando o Eu-mesmo em várias identidades-por-papel do falante e/ou receptor, nesses modelos;
- os modelos de contexto são a base das teorias do estilo e do registro, isto é, das propriedades situacionalmente variáveis do discurso;
- os modelos de contexto integram as propriedades sociais e cognitivas dos eventos comunicativos, como o papéis dos participantes, por um lado, e as intenções e conhecimentos dos participantes, por outro;
- os modelos de contexto proporcionam uma teoria da relevância que é coerente com o que se faz atualmente em teoria cognitiva;
- os modelos de contexto proporcionam as condições de adequação da ilocução, e portanto são a base de uma teoria dos atos de fala cognitivamente explícita.

A partir dessa lista (incompleta) dos tipos de coisas que os modelos de contexto conseguem explicar, podemos concluir que se trata de um conceito teórico muito rico e produtivo. Da mesma forma que o conceito de modelos mentais em geral, a noção periga ser *demasiado* poderosa, por isso é importante formular cuidadosamente seus detalhes, seus condicionamentos, suas estruturas e suas funções. Uma coisa é afirmar que os modelos de contexto controlam muitas propriedades dos discursos, uma das quais é o estilo; outra coisa bem diferente é formular os passos mentais exatos ou os processos pelos quais esse controle é efetivamente realizado.

Especificar os passos de controle exatos do modelo dinâmico e progressivamente atualizado de uma conversação simples pode envolver uma sequência muito longa e complexa de tomadas de decisão locais e estratégias globais, bem como as numerosas interações entre essa dimensão 'pragmática' do discurso e as dimensões semântica e formal.

Por exemplo, a observação da situação social pode levar (passando por diversos estágios de compreensão social dos eventos e situações) à construção das propriedades relevantes (ver a seguir a propósito desta noção de relevância) do ambiente, do nosso interlocutor, da ação em curso, e assim por diante. Essas e outras interpretações passarão a constituir parte do modelo de contexto da situação comunicativa corrente, e essas representações, por sua vez, controlarão o estilo mais ou menos 'formal', mais ou menos 'polido' e mais ou menos 'respeitoso' de nossas contribuições à conversação, tais como exigências feitas ao léxico, aos atos de fala, às estratégias de interação, aos pronomes, às formas de tratamento, aos títulos honoríficos, às metáforas ou outras propriedades semânticas relacionadas à polidez e à demonstração de respeito.

Tudo isso nós aprendemos da Sociolinguística e da Pragmática, mas ainda falta descrever, em muito mais detalhe, como passamos da participação em uma situação social para um modelo relevante de tal situação, como as propriedades relevantes dessa situação são selecionadas, como um modelo de contexto dessas propriedades relevantes é construído e como esse modelo de contexto e suas categorias esquemáticas, ao fim e ao cabo, operam em todos os níveis da produção do discurso.

E junto com essa teoria cognitiva do contexto, naturalmente, precisamos também encaixá-la numa teoria social e cultural mais ampla do discurso e dos modos como está sendo adaptado aos entornos sociais e culturais. Ou seja, os modelos de contexto são também as representações cognitivas que integram e combinam as exigências tanto pessoais como socioculturais que se fazem aos eventos comunicativos e, portanto, explicam tanto as propriedades socioculturalmente compartilhadas de todos os discursos, como suas propriedades individuais e únicas. Os tratamentos sociais e culturais do discurso e da língua são incapazes de descrever e explicar essa importante dimensão individual dos contextos e do discurso.

Para resumir, uma teoria explícita dos modelos de contexto consegue descrever e explicar como nossos discursos são (produzidos de modo a ser) situacionalmente adequados de forma que os tratamentos disponíveis não explicam. Isso vai além da maioria das teorias correntes, que são basicamente determinísticas ou correlacionais (haja vista que se expressam em termos estatísticos), e portanto incapazes de especificar como os aspectos 'objetivos' das situações sociais (por exemplo, o gênero social, a idade etc.) se relacionam a propriedades do texto ou da fala.

Propriedades dos modelos de contextos

Se os modelos de contextos são, como todas as nossas experiências pessoais, modelos mentais armazenados na memória episódica, então eles deveriam ter a mesma estrutura categorial que as demais experiências pessoais. Mas, no caso, a interação envolve comunicação e, portanto, participantes que falam, escrevem, ouvem e leem (em diferentes papéis comunicativos), e os atos sociais locais e globais consistem em textos e falas, atos de fala ou outros atos verbais. No entanto, isso é muito geral, portanto precisamos de um meio mais detalhado, teoricamente idôneo e empiricamente seguro para estabelecer os tipos de categorias ou estruturas que constituem os modelos de contextos. Somente então seremos capazes de dizer alguma coisa sobre os modos como essas propriedades mais específicas controlam as estruturas detalhadas do discurso.

CONTEXTOS GLOBAIS E LOCAIS

A teoria da macroestrutura, juntamente com muitas evidências linguísticas e psicológicas, sugere que podemos representar mentalmente e falar de eventos em vários níveis de generalidade ou especificidade (Van Dijk, 1980; Van Dijk e Kintsch, 1983). Também vimos que os modelos de experiências, presentes em nossa memória autobiográfica e episódica, podem representar ações individuais no nível progressivo e local do monitoramento da experiência, mas também podem representar acontecimentos, situações ou períodos inteiros de nossas vidas, tomando-os em bloco, no nível macro (Zacks, Tversky e Iyer, 2001: 29-58). Do ponto de vista do processamento, e devido às bem conhecidas limitações de recursos da memória de trabalho [*working memory*], nem todos os níveis das micro e macroestruturas são acompanhados de maneira permanente. Ao contrário, à medida que o texto e a fala avançam, o processamento costuma ocorrer no (micro) nível local, mas com macrocontrole no *background*, por exemplo, em algum tipo de 'memória de trabalho de longo termo' – a partir da qual é possível ativar macrorrepresentações imediatamente (Ericsson e Kintsch, 1995: 211-245).

A mesma distinção entre micro e macro pode ser aplicada aos modelos de contexto (Van Dijk, 2006: 159-177). Ou seja, os usuários da língua podem representar ao mesmo tempo a situação atual local e seus componentes (por exemplo, dar uma aula específica hoje, responder a uma pergunta) e também vários outros níveis dos quais a ação e situação atuais são constituintes (dar esta aula este semestre, ensinar nesta universidade).

A cada momento da fala, é possível fazer com que um desses níveis da estrutura social se torne relevante. E depois de ter sido assim ativado, esse nível pode influenciar a produção da estrutura do discurso. Por exemplo, durante sua fala no debate sobre o Iraque na Câmara dos Comuns, Tony Blair, em vários momentos precisa ativar, como parte de seu modelo de contexto, a informação institucional de que ele está então falando no Parlamento como primeiro-ministro (ou como líder do Partido Trabalhista), ou de que ele está entrando na questão da política externa. Esses condicionamentos estruturais – na forma como ele os representa subjetivamente – influenciam muitas das propriedades de sua fala, por exemplo o estilo gramatical formal, as formas mediante as quais ele se dirige aos MPs, ou a seleção dos assuntos que podem ou não ser discutidos num debate desses.

Apesar dessa variação contextual da *hierarquia de situações* envolvida, pode ser que haja alguma coisa como um nível 'padrão' de consciência do que se passa, de representação do contexto e de interação tal como sabemos existir em outros domínios cognitivos (Rosch, 1978). Esse pode ser o caso para práticas sociais e tipos de atividades ou gêneros discursivos definidos social e culturalmente, e portanto conhecidos, tais como uma conversa informal, uma reunião, uma entrevista, uma consulta médica ou uma aula (ver, por exemplo, Graesser, Millis e Zwaan, 1997: 163-189). Esses tipos de atividades nos permitem segmentar, planejar e recordar eventos comunicativos interacionais discretos do dia a dia. Assim, habitualmente, planejamos, controlamos enquanto acontecem e recordamos acontecimentos comunicativos discretos específicos tais como <dar uma aula> (que consiste em outras unidades) e não sequências como <dar uma aula, falar com estudantes e colegas e trabalhar em seguida no gabinete>, que não constituem unidades 'naturais' de nível mais alto.

Esses acontecimentos 'locais' de nível padrão são os tipos de situação de interação e tipos de contexto que serão enfocados neste livro. Contudo, é preciso ressaltar que os participantes são capazes de representar essas situações locais ou microssituações presentes na vida de todos os dias como partes de contextos institucionais ou organizacionais mais amplos, especialmente em situações de planejamento ou de evocação (depois de anos lembramos ter dado tal ou tal aula, e que isso aconteceu em tal ou tal universidade, mas não aulas específicas). Ou seja, além da consciência simultânea de estar dando uma aula 'agora', podemos, ocasionalmente, ativar a consciência de nosso papel mais geral como professor, do ambiente da universidade ou mesmo do domínio social da Educação. Analogamente, Tony Blair, ao falar no Parlamento, pode precisar de um modelo de contexto que comporte ações de nível superior (macro), tais como a legislação ou a política externa, dentro do domínio maior da política.

Da mesma forma que acontece com todas as nossas ações, portanto, os contextos estão continuamente sendo organizados em macrounidades maiores, e estas também tornam-se relevantes para o controle local, como veremos no próximo capítulo. Essa distinção entre estruturas micro (de organização) e macro (societais) é discutida como parte da Sociologia do Contexto em *Society in Discourse*. Contudo, neste ponto, preciso chamar a atenção para o fato de que a relação entre micro e macroestruturas – e seu controle do discurso – é necessariamente uma construção mental dos participantes. Isso quer dizer que, como já salientei várias vezes, as macroestruturas não conseguem influenciar diretamente o discurso e a interação.

ESQUEMAS DE CONTEXTOS E SUAS CATEGORIAS

Tem sido salientado que um dos problemas cruciais da teoria do contexto é decidir que categorias precisam ser postuladas nesses contextos, ou seja, a que parâmetros das situações comunicativas (locais) os usuários da língua estão rotineiramente atentos. Eu assumi que essas categorias podem ter dois níveis de representação, um global e outro local. Isso, porém, é um tanto genérico, de modo que vou precisar expor uma proposta detalhada das categorias possíveis ou necessárias dos esquemas para modelos de contexto.

Com base em estudos anteriores sobre categorias contextuais, psicologia da compreensão dos acontecimentos e situações, e ainda na bibliografia sobre modelos mentais, arrisco as categorias seguintes como possíveis candidatas para um esquema de modelo de contexto muito simples:

- Ambiente: Tempo/Período, Espaço/Lugar/Entorno
- Participantes

- O Eu-mesmo
  - papéis comunicativos (estrutura de participação)
  - tipos de papéis sociais, ser membro de um grupo ou identidades
  - relações entre os participantes (por exemplo, poder, amizade)
  - crenças e conhecimentos compartilhados e sociais
  - intenções e objetivos
- Ações/Eventos comunicativos ou de outra natureza

Em outras palavras, precisamos verificar como os participantes analisam e representam os entornos e as situações sociais em geral, porque é plausível que, na construção de seus modelos de contextos subjetivos, eles usem mais capacidades gerais de compreensão, cruciais em sua vida cotidiana.

Examinei a maioria dessas categorias de maneira bastante pormenorizada no tratamento social, psicológico, sociológico e antropológico que dou ao contexto em *Society in Discourse*. Portanto, aqui me limitarei às questões que interessam num estudo cognitivo, tratando de aspectos da representação e do processamento mental, como o papel do conhecimento, das intenções e dos objetivos dos participantes.

O EU-MESMO COMO CATEGORIA CENTRAL DOS MODELOS DE CONTEXTO

Sendo um tipo específico de modelos da experiência, os modelos de contexto são por definição subjetivos. Como é o caso para todas as experiências episódicas (ver os estudos reunidos em Baddeley, Conway e Aggleton, 2002), eles representam o modo como *Eu* represento o que é meu entorno no momento, a situação em que *Eu* estou pensando, agindo, falando, escrevendo, ouvindo ou lendo neste momento. Independentemente de quaisquer outras identidades sociais que os participantes possam ter, é crucial representar seu próprio *Eu*. Assumo que esse é também o caso para os modelos de contextos, como se vê em todos os modelos de experiência.

Em outras palavras, os modelos de contexto são crucialmente *egocêntricos*, motivo pelo qual podemos assumir que o Eu-mesmo é categoria central desses modelos, onde tem um papel de orientação. Essa categoria organiza as relações entre o Eu (no papel de Falante, Receptor ou outro) e outros participantes.

Também se aplica a outras categorias contextuais, como o 'aqui' (o lugar em que estou), a ação (aquilo que estou fazendo neste momento), o conhecimento (o que sei neste momento) e os objetivos (o que pretendo).

Na produção do discurso, uma estrutura dos modelos de contexto com essa natureza egocêntrica está na base da produção de *expressões dêiticas* (tais como *eu*, *nós*, *você*, *aqui*, *hoje* etc.) – expressões essas que os receptores compreendem porque eles sabem como é que os falantes, de modo geral, representam a situação comunicativa.

Não é preciso dizer que, se o Eu-mesmo (esses Eu-mesmos) deixar de funcionar corretamente, os modelos de contextos também serão afetados, e portanto também o serão os discursos (e as interpretações de discursos) controlados por esses modelos, como comprova, por exemplo, o discurso esquizofrênico (ver, por exemplo, Alverson e Rosenberg, 1990: 167-184; Rochester e Martin, 1979).

RESTRIÇÕES DE TAMANHO AOS MODELOS DE CONTEXTOS

Para que os modelos de contexto possam ser formados, alterados e atualizados on-line e em tempo real na interação e comunicação do dia a dia, eles precisam ser relativamente simples, conforme foi postulado anteriormente. Portanto, podemos assumir que os participantes serão representados, aproximadamente, do mesmo modo que conhecemos a partir dos esquemas de percepção de pessoas (ver, por exemplo, Bierhoff, 1989; ver também a discussão da Psicologia Social dos episódios, pessoas etc. em *Society in Discourse*), adaptados, no caso, aos vários papéis comunicativos dos participantes. Portanto, os participantes podem ser representados de modo relevante como membros de categorias ou grupos sociais, como estando relacionados de maneiras específicas (por exemplo, por relações de poder ou *status*) e como tendo conhecimentos e crenças específicos.

Isso quer dizer que as situações comunicativas podem ser muito complexas, mas os participantes precisam traduzir essa informação complexa nos termos de umas poucas categorias esquematicamente organizadas, para poder aplicar os condicionamentos contextuais no processamento do discurso na memória de trabalho. Isso significa que, para construir os modelos de contexto, somente serão usadas umas poucas categorias de participantes, discursivamente relevantes – mas culturalmente variáveis – tais como o gênero social, a idade, o *status* ou parentesco (mas não, é claro, a altura ou o peso).

O mesmo vale para a representação dos entornos (vários tipos de períodos de tempo – segundos, minutos etc.) e dos lugares, das atividades em andamento, e dos objetivos ou conhecimentos dos participantes. Sempre que é necessário para a representação da ação, por exemplo, os participantes são capazes de fazer abstrações de nível micro ou macro, a fim de organizar situações e discursos complexos, tais como um longo debate parlamentar. Uma discussão detalhada dos condicionamentos sociais e culturais que pesam sobre esses modelos de contextos é feita em *Society in Discourse*.

Relevância

Acompanhando outras pesquisas já feitas sobre contexto, assumo que os modelos de contexto representam aquilo que é *relevante* para os participantes numa dada situação comunicativa. Nesse sentido, uma teoria dos modelos de contexto implica uma teoria da relevância. Contudo, minha abordagem se afasta significativamente de outras abordagens da relevância, como a de Sperber e Wilson (1995), que, inicialmente, definem relevância dizendo que "uma suposição é relevante em um contexto se e somente se tem algum efeito contextual nesse contexto" (p. 122), e acrescentam em seguida outras definições. Esse era também o tipo de definição que eu propunha em *Text and Context* (Van Dijk, 1977: 209):[1] "um fato e, portanto, o conhecimento de um fato, é importante (ou relevante) relativamente a um contexto ou em geral para uma situação se for condição imediata (ou impedimento) para um provável evento ou ação, nesse contexto ou situação".

Embora se assuma em ambas as definições uma relação condicional entre 'fatos', Sperber e Wilson dão dessa relação condicional uma definição mais forte em termos de 'efeitos', enfocando assim as consequências efetivas dos fatos, enquanto minha definição é em termos de condições, e portanto se centra nos fatos relevantes enquanto tais. Isso abre espaço para condições de relevância mais fracas, tais como a de ensejo (uma consequência possível ou provável, em vez de uma consequência necessária, como seria o caso na causação). Por exemplo, estar com fome é sem dúvida uma condição relevante (embora não necessária) para comer, mas infelizmente, para muitos milhões de pessoas no mundo, essa condição não acarreta o 'efeito' (a consequência necessária) de comer. Em outras palavras, as propriedades da situação podem ser relevantes para situações posteriores, mesmo quando *não* têm as consequências normais ou desejadas.

Veremos mais adiante que o mesmo se aplica aos contextos: dada sua interpretação da situação comunicativa corrente, os usuários da língua podem perceber a ausência de propriedades discursivas específicas (um tópico, uma forma de polidez etc.) que eles esperariam normalmente encontrar em contextos semelhantes. Portanto, numa teoria da relevância e do contexto, precisamos atentar cuidadosamente para o sentido em que se dá a coincidência [*direction of fit*], e para a direção da condicionalidade entre 'condições relevantes' e 'consequências relevantes'.

Em meu livro de 1977, eu também distingui, de um lado, a relevância *semântica*, isto é, a relevância dos conhecimentos (crenças etc.) necessários para que os discursos façam sentido, e, de outro lado, a relevância *pragmática*, isto é, as condições que influenciam sua adequação, a exemplo das condições de felicidade dos atos de fala. Embora a abordagem de Sperber e Wilson seja habitualmente qualificada como 'cognitiva', inclusive pelos próprios autores, sua argumentação geral é mais formal e abstrata do que psicológica ou empírica. Eles não fazem referência à vasta bibliografia existente sobre a memória e não avançam nenhuma hipótese [*claim*] sobre o tipo de representações mentais dos contextos ou da relevância. Eles definem o contexto como um 'construto psicológico' (p. 15), como eu também faço, mas o fazem somente nos termos *formais* de um 'conjunto de premissas', como um "subconjunto das suposições do falante sobre o mundo, que afeta a interpretação de um enunciado". Mas isso sem explicar onde e como essas suposições são representadas mentalmente, ou por que processos essa representação influencia a interpretação ou produção do discurso – como convém lembrar. Além disso, eles não propõem quaisquer ideias teóricas a respeito das *estruturas* do contexto – que, com toda a certeza, não podem ser uma (vasta) lista não estruturada de proposições, conforme já foi mostrado aqui. No que é relevante (*sic*!) para uma teoria da língua, o que seu trabalho oferece de especial é antes uma contribuição formal, mais abstrata e que pouco tem a ver com uma teoria psicológica do contexto e das influências contextuais sobre a produção e o entendimento do discurso.

Em minha teoria do contexto, a noção de relevância é definida pela noção mesma de contexto, a saber, em termos do processo cognitivo de construir um modelo de contexto com base nos dados procedentes de uma interpretação da situação guiada por um esquema adquirido e compartilhado socioculturalmente dos tipos de categorias que definem esses contextos e pelas experiências comunicativas passadas (modelos de contextos antigos).

Portanto, analogamente ao modo pelo qual conseguem compreender um número infinito de sentenças ou discursos (possíveis), com base numa gramática e em regras de discurso, as pessoas conseguem compreender um número (teoricamente) infinito de situações sociais. O que é 'comunicativamente relevante' nessas situações são o tipo de informação que se ajusta ao modelo de contexto e suas categorias social e culturalmente compartilhadas.

Assim, descobrimos, mais uma vez, que é preciso atentar para o papel comunicativo e para categorias ou propriedades sociais como a 'idade' ou o 'poder' dos interlocutores, em muitas formas de conversação, mais do que, digamos, para o tamanho de seus narizes ou a cor de suas camisas. É claro que sabemos perceber e interpretar essas propriedades pessoais ou sociais da situação *social*, dependendo de uma variedade de outras condições. Mas essas propriedades dos interlocutores não se incluem no modelo de contexto da situação *comunicativa*, porque sabemos por experiência que não são o tipo de características da situação que controla as estruturas do discurso. Isso também mostra que os modelos de contexto não são a mesma coisa que modelos de experiência gerais, ou modelos de situações ou entornos.

O mesmo vale para a relevância de conhecimentos compartilhados ou novos e para os objetivos dos participantes – categorias que controlam muitos aspectos do texto e da fala. Em suma, a estrutura esquemática convencional dos contextos, suas categorias e os conteúdos do momento e em mudança dinâmica dessas categorias definem o que é relevante no momento para os participantes.

Objetivos e intenções

Se os contextos são modelos mentais de situações comunicativas sociais, então, à primeira vista, pode parecer estranho (circular, redundante) incluir também elementos 'cognitivos' nesses modelos mentais. Contudo, um momento de reflexão mostra que as situações comunicativas não se distinguem apenas por informações sobre os ambientes, ou os participantes e suas ações, mas precisam necessariamente representar coisas, como as intenções, os propósitos, os objetivos, os conhecimentos e, possivelmente, outras propriedades 'mentais' dos participantes.

De fato, muitas teorias sobre ação, interação, autorrepresentação e compreensão humanas do discurso são formuladas em termos de *objetivos* (Bower, Black e Turner, 1979; Conte e Castelfranchi, 1995; Graesser, Singer e Trabasso, 1994; Ford, 1992; Montefiore e Noble, 1989; Pervin, 1989; Schank e Abelson, 1977; Tracy, 1991; Zacks, Tversky e Iyer, 2001).

O mesmo vale para a noção de *intenção*, que tem sido definida em Filosofia da Ação como sendo crucial na constituição das ações, isto é, como o 'significado' social do comportamento ou conduta (Danto, 1973), mas que, ao mesmo tempo, se tornou uma das noções mais problemáticas em Filosofia, Psicologia e Ciências Sociais e deu origem a uma bibliografia considerável (Brand, 1984; Bullock, 1991; Cohen, Morgan e Pollack, 1990; Gillett e McMillan, 2001; Zelazo, Astington e Olson, 1999). Na bibliografia sobre a compreensão do discurso e sobre os modelos de situação, as intenções e os objetivos da ação sempre tiveram um papel importante (ver, por exemplo, Bower, Black e Turner, 1979; Zwaan e Radvansky, 1998: 162-185).

Nos trabalhos sobre conversação e interação, as intenções – e as representações mentais em geral – são frequentemente ignoradas, porque se entende que não são publicamente acessíveis (ver a discussão em Bruner, 1981: 41-56; Heritage, 1991: 311-32; Jayyusi, 1993: 435-55; Schegloff, 1996: 109-110; ver também a edição especial 8(1) de *Discourse Studies* (Van Dijk, 2006) sobre discurso, cognição e interação, especialmente o artigo de Duranti, 2006).

Simplificando um longo debate teórico, o conceito de intenção é usado aqui somente no sentido de intenções-de-ações (Searle, 1983). Em vários sentidos esse conceito é equivalente ao de *plano*, embora na prática a noção de 'plano' seja usada para ações mais complexas e distantes, ao passo que as intenções coincidem com o andamento de ações locais do micronível de análise, ou as precedem imediatamente. Em ambos os casos, porém, eu defino as intenções como (partes de) modelos mentais. Planejar uma ação é construir um modelo mental de um fragmento de conduta, em andamento ou futuro. E, inversamente, a conduta só tem significado, e só pode ser interpretada como tal, quando lhe é associado ou lhe está sendo atribuído um 'significado' desse tipo, no sentido de modelo mental. Por exemplo, as pessoas que estão adormecidas ou inconscientes podem 'fazer' algo, mas não se envolvem em condutas intencionais, ou seja, em (inter)ações. As pessoas sabem normalmente que ação pretendem realizar quando se engajam em alguma forma de conduta. Mas isso é diferente para coparticipantes, que precisam interpretar condutas observadas como ações específicas, sendo ou não essa interpretação a mesma que lhes deram seus agentes.

Como a conduta pode ser ambígua (levantar a mão pode ser um sinal de saudação ou ameaça), os observadores podem cometer enganos, ou perguntar o que os agentes 'quiseram dizer'. As coisas se passam mais ou menos da mesma maneira para o discurso e para a ação em geral.

Para que a interação no discurso e na fala seja minimamente possível, os participantes precisam poder representar as intenções do outro, além das suas próprias. Foi mostrado que as crianças adquirem essa habilidade para 'ler as mentes' dos outros participantes numa idade muito inicial (veja-se o debate gerado pelo artigo-alvo de Tomasello, Carpenter, Call, Behne e Moll, 2005: 675-735; veja-se também Tomasello, 1999b). Dadas essas evidências empíricas, podemos concluir que o mesmo acontece com os objetivos: a interação e o discurso pressupõem que os participantes conhecem seus próprios objetivos, e têm hipóteses plausíveis acerca dos objetivos dos outros. A conduta pode ser ambígua, e portanto os modelos que as pessoas fazem das intenções de outros participantes podem ser equivocados.

Note-se que as intenções são diferentes dos *objetivos*, que de acordo com minha definição são a mesma coisa que *propósitos*, a saber, modelos mentais de ações com suas consequências esperadas. Por exemplo, posso ter a intenção de ler o jornal enquanto meu objetivo é recolher informações ou opiniões sobre acontecimentos recentes. Em princípio, tenho controle sobre minhas próprias ações – tais como são representadas no modelo mental de uma intenção –, mas nem sempre eu tenho controle sobre as consequências, que podem depender de outros fatores. A realização de meus objetivos é contingente ao estado do mundo e às atividades de outras pessoas, ao passo que a realização de minhas ações depende somente da minha capacidade e da ausência de empecilhos.

Como também sabemos, a partir da teoria clássica dos atos de fala, uma das condições de adequação fundamentais de muitos atos de fala é que o falante tenha a intenção de fazer tal ou tal coisa, como é o caso das promessas e outros atos de fala (Burkhart, 1991; Searle, 1969). Isso significa que, a fim de compreender um enunciado como um ato de fala, os usuários da língua precisam reconstruir a intenção comunicativa do falante e, para isso, precisam empenhar-se em várias estratégias (Bosco, Bucciarelli e Bara, 2004: 467-488).

Em Psicolinguística, as 'intenções' são definidas como o ponto de partida da fala (Levelt, 1989; Nuyts, 1993); analogamente, as intenções são definidas como modelos mentais na Psicologia do Processamento do Texto em geral, e na Psicologia da Pragmática, em particular (Van Dijk e Kintsch, 1983).

Embora as intenções sejam frequentemente ignoradas nas teorias da conversação e da interação (que preferem enfocar a organização sequencial das próprias ações, em vez de estados ou processos mentais hipotéticos), não cabe a menor dúvida de que as noções mesmas de ação e interação e, portanto, de conversação não fazem sentido sem intenções definidas, como o fizemos aqui. É certamente verdade que as ações na conversação são ocasionadas por ações dos falantes anteriores (Schegloff, 1996: 109-110), mas isso só acontece quando limitamos nossa análise a um estudo mais superficial das próprias sequências de ações (ou da conduta): é óbvio que uma reação às ações que precederam só pode acontecer depois que elas foram entendidas pelo próximo falante, e é esse entendimento mental a condição para a formação da intenção da ação em curso.

Esse processo pode ser rápida e amplamente automatizado, mas isso não significa que não ocorra de modo cognitivo. Na verdade, as pausas, os fenômenos de hesitação, os falsos começos e outras quebras semelhantes do fluxo da fala também precisam ser interpretados como manifestações de um 'pensamento em processo', no interior dos turnos da fala e entre eles. Há mais evidências diretas quando os falantes se referem concretamente a esses pensamentos em progresso durante a conversação, por exemplo, quando dizem coisas como "Ah, achei que você queria dizer...".

A noção de intenção é relevante para uma teoria do contexto porque, enquanto falante ou destinatário de uma fala, eu preciso construir a mim mesmo como engajado intencionalmente num ato comunicativo, como direcionar a conversação, escrever uma notícia para um jornal ou ler um fragmento de uma antologia. O fato de que muitos aspectos dos atos comunicativos são 'automatizados' e nem um pouco conscientes significa apenas que os modelos mentais são parcialmente processados no *background*, como é também o caso dos modelos de contexto.

Tão logo usamos a noção de modelo da experiência ou de modelo de contexto, não precisamos mais tratar, à parte, de modelos para intenções ou planos: os modelos de contextos têm as intenções como seus constituintes, a saber, as propriedades 'mentais' dos participantes – da mesma maneira que ser um professor é uma propriedade social de um modelo de contexto quando falo ou ouço no exercício desse papel.

Administrando o conhecimento contextual

O conhecimento sociocultural compartilhado é uma condição crucial para a produção e a compreensão do discurso. Boa parte da Psicologia Cognitiva e da Inteligência Artificial contemporâneas orienta-se no sentido de tornar explícita essa relação entre o discurso e o conhecimento durante o processamento do discurso (ver as referências dadas anteriormente). O conhecimento exerce um papel crucial na comunicação e tem uma função central nos modelos de contexto, de modo que será examinado em maior detalhe do que os outros aspectos ('cognitivos') dos modelos de contexto, alguns dos quais, como é o caso das ideologias, são tratados na Psicologia Social do contexto, em *Society in Discourse*.

Na teoria do contexto, preciso considerar atentamente um aspecto mais específico do papel que o conhecimento tem no discurso: para poderem falar ou escrever de maneira apropriada, os usuários da língua precisam de crenças ou conhecimentos sobre os conhecimentos dos receptores. Portanto, ao representar as propriedades relevantes da situação comunicativa, eles precisam chegar não somente a um modelo das propriedades sociais presentes neles próprios e em outros participantes, mas também a um modelo daquilo que os outros já sabem. Se os falantes não tivessem hipóteses, nenhum 'modelo sequencial de conhecimento' a respeito daquilo que os receptores sabem a cada momento, eles poderiam repetir constantemente as mesmas coisas que querem comunicar, ou poderiam falar sobre coisas incompreensíveis aos receptores, porque pressupuseram conhecimentos que estes últimos não tinham. Na realidade, a comunicação – no sentido bem tradicional de transmitir conhecimento novo – ficaria impossível ou sem objetivo, se não tivéssemos nenhuma ideia a respeito daquilo que nossos receptores já sabem.

Assumo, portanto, que os modelos de contexto têm entre seus componentes um mecanismo central que regula a (não-)expressão do conhecimento no discurso. Já que esse mecanismo desempenha um papel tão fundamental nos modelos de contexto, introduzi uma sigla técnica especial para ele: o *mecanismo-K* (Van Dijk, 2003: 93-129). A qualquer momento de um discurso, o mecanismo-K toma como *input* o conhecimento de momento do falante – tal como está representado nos modelos mentais sobre eventos e como conhecimento do mundo socialmente compartilhado e mais geral – e calcula quanto desse conhecimento já é compartilhado pelos receptores.

A estratégia epistêmica mais usada na produção do discurso é que o conhecimento compartilhado não precisa ser expresso e, portanto, pode ficar implícito – quer porque se acredita que o receptor já dispõe desse conhecimento, quer porque se supõe que o receptor é capaz de inferir esse conhecimento do conhecimento previamente existente.

O conhecimento compartilhado é chamado às vezes de 'base comum' [*Common Ground*] dos falantes e receptores (Clark, 1996; Krauss e Fussell, 1991: 172-200; Pickering e Garrod, 2004: 169-225); naturalmente, os tipos de 'base comum' são tantos quantos são os tipos de conhecimento compartilhado, portanto precisaremos examinar esses tratamentos da 'base comum' mais detalhadamente a seguir.

O problema teórico e empírico é como o mecanismo-K atua de fato. Como é que os falantes sabem o que os receptores sabem? Obviamente, não podemos supor que o enorme conjunto de conhecimentos dos receptores faça parte do mecanismo-K dos modelos de contexto (relativamente simples) dos falantes (para começar, se assim fosse, não teríamos como explicar de que modo esse enorme conjunto de conhecimentos foi parar aí, sem comunicação prévia).

Portanto, seguindo uma orientação estratégica do processamento do discurso (Van Dijk e Kintsch, 1983), precisamos assumir que os falantes usam estratégias rápidas – embora imperfeitas – para chegar a suas hipóteses sobre aquilo que os receptores já sabem. Naturalmente, os falantes podem cometer erros ao fazerem suas hipóteses sobre aquilo que os receptores sabem, e assim assertar ou repetir algo que já é sabido. Como essas hipóteses (isto é, se é necessário ou não assertar ou perguntar algo) precisam ser formuladas a cada momento no discurso, pelo menos para cada proposição ou cada ato de fala, elas precisam ser feitas em frações de segundos. Isso significa por sua vez que elas não podem ser excessivamente complexas. Um problema central da teoria do mecanismo-K é, portanto, a natureza das estratégias operantes nesse mecanismo.

CONHECIMENTO PESSOAL

Com o objetivo de obter uma ideia informal e preliminar sobre a natureza dessas estratégias, imagine um evento comunicativo em que eu falo a uma amiga sobre um problema de saúde que tive. Numa próxima ocasião em que voltarmos a nos encontrar, eu continuo com o mesmo problema de saúde. Na próxima ocasião em que nos encontramos, eu ainda tenho o mesmo problema de saúde (e, portanto, continuo sabendo de meu próprio problema de saúde), mas nesse caso seria impróprio dizer 'as mesmas coisas' à minha amiga, e o motivo dessa impropriedade é que eu sei que ela sabe, porque eu contei a ela recentemente. Contudo, como ela poderia ter esquecido, especialmente se o nosso último encontro foi há algum tempo e meu problema de saúde era pouco grave, posso lembrar a ela, dizendo algo como "Você se lembra, eu contei a você que...". Como eu sei, neste segundo evento comunicativo, que minha amiga sabe do problema de saúde – um fato 'pessoal' que não pode ser inferido do conhecimento geral, socioculturalmente compartilhado? Obviamente porque lembro de ter contado para ela. Em termos cognitivos, isso significa que tenho acesso ao modelo de contexto 'antigo', que representa nosso encontro prévio, incluindo pelo menos o resultado (macroestrutura semântica) daquilo que eu disse a ela durante esse encontro.

É possível lidar com esse problema de comunicação de administração do conhecimento pessoal mediante a aplicação de uma estratégia geral simples, como:

K1: Assumir que os receptores sabem o que eu lhes disse antes.

Essa estratégia se aplica não somente aos conteúdos de modelos de contextos prévios (encontros comunicativos prévios), mas, evidentemente e *a fortiori*, também à parte que veio imediatamente antes no discurso em andamento: em modelos de contextos dinâmicos, o 'discurso prévio' (proposições, atos, estilo etc.) torna-se uma condição para o estado corrente do contexto. Na realidade, essa é uma estratégia muito geral, de acordo com a qual a Semântica Discursiva Sequencial usa interpretações relativas: a interpretação de cada expressão num discurso é sempre relativa ao mundo (situação, conhecimento) construído mediante a interpretação das expressões anteriores. E como os falantes/escritores conhecem essa estratégia geral, eles formulam cada expressão obedecendo a essa pressuposição.

O processamento mais detalhado correspondente a essa estratégia geral referente ao conhecimento envolveria a busca e ativação de um modelo de contexto prévio, incluindo o receptor, a análise das (macroestruturas e principais assuntos) do conteúdo do discurso comunicado, e uma operação que infere se a proposição que estou querendo comunicar agora é parte dessa representação. Claro que, falando em termos gerais, os modelos de contextos são às vezes inacessíveis, especialmente os muito antigos. Quando isso acontece, pode ser porque já não lembro o que eu disse ao receptor, e então tenho a opção de simplesmente supor sua ignorância e assertar a proposição ou de fazer-lhe antes uma pergunta que soa como "Eu contei a você que...?", se eu não quiser fazer uma asserção inadequada.

Naturalmente, se aquilo que eu sei agora é informação nova e eu sei que ainda não encontrei o receptor e ainda não me comuniquei com ele ou ela desde que consegui a informação nova (um critério que pressupõe uma linha do tempo na memória episódica), então nenhuma outra tentativa de recuperação será necessária, além da que estabelece que o momento em que o novo conhecimento foi conseguido ocorreu depois do momento em que me comuniquei com o receptor pela última vez.

Portanto, para todo conhecimento pessoal novo, a estratégia-K é mais ou menos isto:

> K2: Assuma que os receptores não sabem do conhecimento pessoal que eu adquiri desde minha última comunicação com eles.

Novamente, a descrição detalhada de como se processa essa estratégia envolve a ativação de modelos de experiência 'antigos', incluindo modelos de contexto, a comparação das categorias de tempo da experiência em que eu adquiri o novo conhecimento e os últimos modelos de contexto em que o receptor aparece como participante. No exato momento em que comunicamos conhecimentos a um receptor, esse conhecimento passa automaticamente a fazer parte da base comum compartilhada, portanto deixa de ser pessoal, tornando-se um conhecimento interpessoal, que pode ser pressuposto pelo resto da comunicação com aquele receptor.

Embora as estratégias tais como foram formuladas aqui pareçam muito simples – e elas *precisam* ser bastante simples, por razões teóricas –, isso não significa que conhecemos todos os detalhes dos processos efetivamente envolvidos, por exemplo, o modo como os modelos de contextos e outros modelos (de eventos) e suas propriedades (por exemplo, a categoria de Tempo) são buscados, comparados e parcialmente ativados. E também não sabemos 'quanto' dos discursos anteriores ainda é acessível como parte de modelos de texto/contexto antigos – certamente isso vai além dos tópicos principais, isto é, suas macroestruturas e alguns detalhes especialmente relevantes, como sabemos a partir da pesquisa tradicional sobre memória feita a partir de textos. No mesmo sentido, costuma ser bastante difícil depois de algum tempo, para as pessoas, atribuir novos conhecimentos a fontes específicas, lembrar os detalhes daquilo que elas disseram a outras pessoas numa conversação não tão recente, ou aquilo que escreveram em um e-mail.

CONHECIMENTO SOCIAL ESPECÍFICO

Enquanto o caso do conhecimento pessoal e interpessoal é relativamente descomplicado, e pode ser formulado numa estratégia relativamente simples, baseada nos processos de (re)ativação da experiência e dos modelos de contextos na memória episódica, o que acontece quando estão em jogo outros tipos de conhecimento e pessoas que não conhecemos?

Por exemplo, os jornalistas (e muitas outras pessoas que escrevem profissionalmente) defrontam-se diariamente com a tarefa de tentar imaginar o que seus leitores sabem, mesmo quando não os conhecem pessoalmente. Mais uma vez, por uma questão de simplicidade, pode-se assumir que a estratégia básica para a comunicação de informações públicas *específicas* (por exemplo, sobre acontecimentos do noticiário) é bastante parecida com a que se aplica na comunicação interpessoal:

> K3: Assuma que os receptores conhecem aquilo de que nós (isto é, o jornal) já os informamos antes.

Isso significa que o jornalista precisa procurar um modelo de contexto prévio em que ele (ou outro jornalista do mesmo jornal) informou os leitores a respeito de um fato concreto particular; se esse modelo de contexto puder ser encontrado, então, qualquer informação já comunicada não precisará mais ser dada.

Considerando que os leitores podem ter esquecido ou que podem não ter lido o jornal ontem ou recentemente, o jornalista pode passar-lhes lembretes, usando uma variedade de fórmulas, do tipo: "Como noticiamos ontem...". O mesmo acontece quando o jornalista assume que os falantes provavelmente adquiriram o novo conhecimento através de outros meios de comunicação, por exemplo, e muito importante, as notícias de última hora da televisão, do rádio ou da internet. Naturalmente, como no caso de nossas próprias mensagens de e-mail, os jornalistas podem reler suas reportagens anteriores de modo a reativar modelos de contextos antigos, ativando o que foi noticiado antes.

Como isso é muito improvável para notícias novas ou de última hora, os jornalistas – como quaisquer outras pessoas que se envolvem numa conversa – não precisam dar-se ao trabalho de vasculhar a memória episódica, simplesmente porque o novo conhecimento já vem com um carimbo de data mais recente do que o último evento comunicativo (do que a última edição do jornal), como também acontece quando se compartilham informações pessoais 'novas' numa conversa. A esse respeito, as estratégias-K para a conversação, as reportagens jornalísticas e muitos outros gêneros são bastante parecidas. A diferença é que, para os noticiários, a fonte de informação não precisa ser o repórter que está falando neste momento, pode ter sido inclusive outro repórter; além disso, será relevante no modelo de contexto, nesse caso, o fato de que a origem da escrita é o jornal enquanto instituição.

CONHECIMENTOS SOCIOCULTURAIS GERAIS

Os exemplos de comunicação pessoal e pública tratam, todos eles, de *acontecimentos específicos* e, portanto, dos modelos mentais pessoais ou públicos desses acontecimentos. Mas o que se passa com os inúmeros tipos de conhecimentos socioculturais *gerais* ou *abstratos* que assumimos que os receptores compartilham? Por exemplo, o jornalista pode noticiar fatos novos do Iraque, e não se supõe normalmente que essas notícias sejam conhecidas pelos leitores. Mas o jornalista pressupõe que os leitores, em sua maioria, sabem que o Iraque é um país, sabem o que vem a ser um presidente, o que são os soldados e o exército, além de uma grande soma de 'conhecimentos gerais sobre o mundo', à semelhança do que já vimos no primeiro capítulo a propósito do discurso de Tony Blair sobre o Iraque na Câmara dos Comuns Britânica.

Mais uma vez, a questão crucial é: como os jornalistas sabem que os leitores sabem essas coisas gerais? Obviamente, a última estratégia de que se tratou aqui ("Já contei a eles antes...") não tem aplicação normal nesse caso, porque muitos leitores já terão adquirido a maior parte de seu conhecimento geral quando nem sequer haviam começado a ler jornais, quem sabe de seus pais e professores, dos livros didáticos, da TV ou de livros infantis. Portanto, precisamos de outras estratégias aqui, estratégias de natureza sociocognitiva, como é óbvio para conhecimentos compartilhados social e culturalmente.

A estratégia que está em jogo aqui é relativamente simples e pode ser formulada como segue:

> K4: Assuma que os leitores têm o mesmo conhecimento sociocultural que você.

Essa estratégia envolve a noção de compartilhamento social – o fato de que o conhecimento adquirido pelos jornalistas e pelos leitores tende a ser mais ou menos o mesmo numa mesma cultura ou comunidade, que podemos chamar de Comunidade Epistêmica. Assim, na maioria das culturas letradas, a maior parte dos adultos educados – pessoas que leem jornais – sabem o que são países, culturas e exércitos, de modo que os jornalistas podem pressupor esses conhecimentos em suas reportagens.

Há, evidentemente, *diferenças pessoais* relacionadas, por exemplo, a diferenças nos níveis de educação e de especialização, mas pode-se assumir que, para a maioria das formas de discurso público, existe algum tipo de 'nível de base' compartilhado de conhecimento 'geral' – que é mais alto para a imprensa de boa qualidade [*quality press*] do que para a imprensa popular. Isso, porém, é uma questão que envolve sociologia do conhecimento e contextos, da qual precisaremos tratar adiante. Meu interesse aqui é tão somente como os falantes/escritores são (mentalmente) capazes de representar o conhecimento de seus receptores em seus modelos de contexto da produção do discurso.

Obviamente, a regra se aplica a comunidades epistêmicas diferentes e pode envolver conhecimentos que são mais ou menos universais, culturais, nacionais, mas também locais, ou compartilhados apenas pelos membros de grupos particulares, como os de profissionais ou especialistas. Assim, os jornalistas do *New York Times* vão supor não somente o conhecimento (do acontecimento) episódico que já noticiaram, mas também aquilo que sabem ser do conhecimento dos cidadãos escolarizados dos Estados Unidos, e esse conhecimento 'nacional' será diferente do conhecimento nacional comum aos leitores de *El País* na Espanha. Analogamente, aquilo que eu pressuponho que a maioria dos linguistas sabem sobre um tema linguístico, num artigo ou num livro é supostamente compartilhado pela comunidade epistêmica dos linguistas. E assim sucessivamente para todas as comunidades epistêmicas – isto é, as comunidades que têm suas formas próprias e independentes de aprendizado.

Essas hipóteses implicam que, exatamente como os modelos de contextos precisam representar as identidades sociais dos falantes e receptores momentaneamente relevantes, assim também adquirem relevância os conhecimentos associados com essas identidades. As identidades relevantes são as comunidades epistêmicas que produzem o conhecimento compartilhado que todos os membros podem pressupor em seu discurso, tal como formulado na estratégia K4.

Note-se também que, enquanto os conhecimentos de diferentes comunidades epistêmicas podem coincidir (várias pessoas na Espanha conhecem muitas coisas específicas também conhecidas pelas pessoas nos Estados Unidos da América – e isso que acontece em geral mais do que o inverso, por causa da hegemonia dos meios de comunicação e da cultura dos EUA), outras relações entre comunidades epistêmicas são inclusivas. Portanto, como uma (meta-) estratégia geral podemos formular esta regra (quase) redundante:

> K5: Assuma que os receptores compartilham o conhecimento de todas as comunidades epistêmicas mais abrangentes de que fazem parte.

Isso significa que entenderemos que os psicólogos dos Estados Unidos compartilham os conhecimentos de seu grupo profissional, mas ao mesmo tempo também os conhecimentos das pessoas que vivem nos Estados Unidos, bem como os conhecimentos mais gerais da cultura ocidental e o conhecimento universal. Em outras palavras, e um tanto trivialmente, por simples implicação ou inclusão, compartilhamos todos os conhecimentos de todas as comunidades às quais nosso próprio grupo pertence (ver a seguir a discussão sobre a base comum compartilhada das comunidades culturais 'inclusas em outras': Clark, 1996). E sobre essas regras gerais de administração do conhecimento opera o mecanismo-K dos modelos de contextos.

Vemos que, em vez de assumir a tarefa impossível de representar tudo aquilo que os receptores sabem, os falantes aplicam umas poucas estratégias simples baseadas em *seu próprio* conhecimento, baseadas no que disseram antes aos receptores no que diz respeito a conhecimentos específicos e no que eles compartilham como membros de comunidades epistêmicas, no que diz respeito ao conhecimento geral. Em outras palavras, o célebre problema filosófico das Outras Mentes, aplicado ao problema de saber o que os outros sabem, é resolvido de maneira simples por meio de algumas estratégias práticas que se baseiam em nosso próprio conhecimento, geral ou específico.

CASOS ESPECIAIS

Essas estratégias *gerais* funcionam para a maioria dos efeitos práticos. Estratégias específicas podem ser aplicadas em casos especiais, por exemplo quando o falante não se lembra se informou os receptores antes ou quando o conhecimento geral é bastante especializado ou novo, casos em que os receptores precisam que lhes seja explicada a nova informação, como acontece para a maioria dos conhecimentos científicos ou tecnológicos novos, ou sobre povos ou países relativamente desconhecidos. Nesses casos, esse conhecimento não seria normalmente pressuposto, mas é o assunto de lembretes ou explicações nos meios de comunicação de massa, nos livros didáticos ou em algum outro discurso público (sobre o papel do conhecimento pressuposto no discurso de divulgação, e para mais referências, ver, por exemplo, Calsamiglia e Van Dijk, 2004: 369-389).

Quando sabemos ou acreditamos que os receptores pertencem a uma comunidade epistêmica diferente, precisamos de estratégias especiais para a comunicação intercultural, por exemplo, evitar pressupor aquilo que acreditamos ser desconhecido para os membros da outra comunidade, o que pode levar a estratégias discursivas que visam dar lembretes ou explicações de 'nosso' conhecimento (para detalhes, ver a ampla bibliografia existente sobre comunicação intercultural, por exemplo, Di Luzio, Günthner e Orletti, 2001; Gudykunst, 2003, 2005; Kiesling e Paulston, 2005).

Aplica-se aqui a mesma estratégia geral, a saber, aquela em que o conhecimento do conjunto mais abrangente (por exemplo, o conhecimento cultural compartilhado por dois grupos sociais diferentes) pode, como sempre, ser pressuposto. Em outras palavras, precisamos explicar somente o conhecimento mais específico do grupo epistêmico ao qual pertencemos e ao qual os receptores não pertencem – como quando explicamos noções linguísticas a não linguistas.

Nossa discussão mostrou que as estratégias do dispositivo-K pressupõem que há diferentes tipos de conhecimentos, por exemplo, quanto ao fato de serem organizados pela abrangência das comunidades epistêmicas e pelos processos de aquisição e compartilhamento: pessoais, interpessoais, de um grupo, de uma nação, de uma cultura ou da humanidade, cada um dos quais implica o conhecimento do nível imediatamente mais alto. E cada tipo de conhecimento leva a diferentes tipos de pressuposição no discurso, variando possivelmente no interior de um mesmo discurso. Assim é que, na narrativa de histórias, encontraremos pressupostos todos os tipos de conhecimentos interpessoais, nacionais e culturais, ao passo que nas declarações internacionais podemos supor que somente são pressupostos os níveis de conhecimento mais altos (maior abrangência) – embora essas declarações, por sua vez, pressuponham um conhecimento de grupos de elite interculturais, como advogados e diplomatas. Em outras palavras, os diferentes gêneros de discurso também estão associados a diferentes tipos de administração do conhecimento, ou a diferentes contextos, como também sabemos pelo papel do aprendizado a partir do discurso, como acontece na educação ou na divulgação científica.

A RELEVÂNCIA DISCURSIVA DO CONHECIMENTO

A importância do papel do conhecimento como uma categoria dos modelos de contextos, bem como as estratégias do dispositivo-K, tem consequências fundamentais em todos os níveis da produção e compreensão do discurso. Já vimos que a administração do conhecimento controla a produção de atos de fala como as asserções, e o mesmo vale obviamente para as perguntas (caso em que o falante assume que o receptor tem algum conhecimento que ele próprio não tem). Analogamente, fragmentos 'conhecidos' de sentenças ou discursos podem ser pressupostos, e podem ser assinalados de maneiras especiais, por exemplo, pela ordem na sentença (tópicos nas estruturas tópico-comentário) ou por sentenças antepostas começando com *que* (por exemplo, numa sentença como "Que Blair entrou na guerra do Iraque enfureceu muitos membros de seu próprio partido", assume-se que a oração subordinada que começa com *que* é conhecida do receptor). Também vimos que é possível mostrar que não se sabe se o receptor compartilha ou não algum tipo de conhecimento por meio de lembretes ou por perguntas sobre esse conhecimento, ou sobre eventos de fala prévios. Por fim, estratégias de conhecimento são aplicadas na produção e compreensão dos pronomes, dos demonstrativos, das expressões definidas e indefinidas, e assim por diante. Enfim, muitos aspectos do texto e da fala recebem sua forma dos modos como os participantes representam e administram o conhecimento (mútuo), como veremos com mais detalhes no próximo capítulo.

CONHECIMENTO E CONTEXTUALISMO EM FILOSOFIA

Em Filosofia, a relevância de um enfoque contextual do conhecimento foi ressaltada, especialmente, por várias linhas de pesquisa teórica em epistemologia, chamadas de 'contextualismo' (para detalhes, ver Blaauw, 2005; Brendel e Jäger, 2005; Preyer e Peter, 2005). Embora os argumentos aduzidos em favor do contextualismo variem de acordo com os respectivos autores, sua principal tese é que as reivindicações de que algo tem *status* de conhecimento [*knowledge claims*] são dependentes de contexto. Assim, os esquemas em que essas reivindicações se baseiam são mais ou menos rigorosos, dependendo do conhecimento da comunidade, de modo que, por exemplo, aquilo que seria aceito como conhecimento (ou seja, definido como 'crença justificadamente verdadeira') nos contextos informais da vida cotidiana pode não ser aceito em um contexto científico. Esse argumento é especialmente relevante para rebater o célebre argumento cético de acordo com o qual, estritamente falando, nunca podemos ter certeza de que uma reivindicação de conhecimento é verdadeira: afinal, aquilo que experienciamos como real poderia não ser mais do que um sonho, uma ilusão ou uma requintadíssima construção de extraterrestres que não têm mais nada para fazer na vida.

Dado esse quadro, alguns contextualistas definem 'saber' como uma expressão inicial, cuja interpretação pode variar de acordo com a pessoa que a usa ao atribuir conhecimento a outros – uma concepção, seja como for, que tem pouco a ver com a semântica das expressões indiciais. Alternativamente, o conhecimento é aferido por meio de atributos escalares, como 'grande' ou 'pesado', cujas interpretações também variam conforme os contextos de uso, mesmo quando, naturalmente, 'saber' não é escalar e, por ser um verbo, tem um comportamento muito diferente do desses adjetivos. Em outras palavras, as interpretações contextuais das reivindicações de conhecimento não dependem, semanticamente, dos diferentes sentidos ou das várias referências indexadas de 'saber', mas precisam ser relacionadas, pragmaticamente, aos usuários da língua, às comunidades linguísticas, com seus conhecimentos e seus padrões epistêmicos.

Sem entrar nesse debate aqui, basta ressaltar que em minha esquematização não somente as reivindicações de conhecimento são dependentes do contexto, mas *todos* os discursos o são. Nesse sentido, o contextualismo – em Linguística, em estudos do discurso e em Psicologia – é tão crítico para com as abordagens formalistas da Linguística como o é do formalismo abstrato em epistemologia, e do uso que ele faz de exemplos descontextualizados e inventados que pouco têm a ver com o modo como palavras como 'saber', 'acreditar' e 'verdade' e suas justificações são usadas no discurso natural.

Uma das principais teses deste livro é que o discurso é produzido e interpretado sob o controle de modelos mentais de contextos. Um dos componentes desses modelos é um dispositivo de conhecimento que controla os modos como o conhecimento pessoal ou socialmente compartilhado dos falantes (aí incluído o conhecimento que eles têm a respeito do conhecimento dos receptores) é administrado para produzir discursos ou interpretações apropriados. Nessa administração são cruciais certas estratégias que, para a maioria dos discursos, se baseiam na natureza socialmente compartilhada do conhecimento dos interlocutores da mesma comunidade de conhecimento.

Todavia, os participantes da fala podem fazer parte de diferentes comunidades de conhecimento, cada uma com seus próprios critérios ou padrões para permitir que seus membros encarem certas crenças como conhecimento, de modo que aquilo que calha de ser conhecimento para os membros de uma comunidade pode ser uma crença falsa ou simplesmente ignorada para os membros de uma outra. Isso também significa que, falando em termos gerais, o conhecimento não precisa ser explicitamente autoatribuído (por exemplo, no formato 'Eu sei que p') porque esse conhecimento entre membros da mesma comunidade é pressuposto ao fazer uma asserção de *p*. Um uso explícito de 'saber' seria mais apropriado em contextos nos quais os falantes acreditam que (os receptores acreditam que) há dúvidas sobre o que eles sabem (para uma análise do conhecimento e dos usos especiais de 'saber' nos debates parlamentares, ver Van Dijk, 2003).

A situação é parecida no que diz respeito a 'entendimento'. Os receptores interpretam os discursos – inclusive aqueles que fazem referência a conhecimentos – em termos do modelo mental que vão construindo a respeito da situação comunicativa, incluindo o ambiente espaçotemporal, a identidade, os papéis ou relações entre os participantes, suas intenções e o conhecimento do momento.

Em suma, os argumentos contextualistas valem para qualquer uso da língua, e o uso de verbos como 'saber' é especial somente porque o conhecimento dos participantes é uma categoria crucial nos modelos de contextos. É com base nesses modelos de contexto que os receptores podem inferir de uma asserção *p* que o falante sabe que *p*, e, ao mesmo tempo, que o falante sabe que o receptor não sabia que *p* (ou tinha esquecido que *p*, e precisava ser lembrado de que *p* etc.). Uma abordagem como essa também dá conta de discursos em contextos não assertivos, como perguntas, promessas, ordens e assim por diante, nos quais a noção de 'verdade' não tem aplicação.

Analogamente, a teoria dos modelos de contexto permite esclarecer em maior detalhe possíveis conflitos de comunicação, inclusive aqueles que se baseiam no conhecimento. Assim, aquilo que um falante pressupõe no discurso, assumindo um conhecimento compartilhado, pode não ser conhecido do receptor, porque falante e receptor pertencem a comunidades de conhecimento diferentes, com conjuntos de conhecimentos diferentes, ou com diferentes critérios para avalizar as crenças como conhecimentos.

Uma discussão mais aprofundada do contextualismo em epistemologia e de suas relações com uma teoria contextual do discurso foge aos objetivos deste livro. Contudo, eu arrisco que muitas de suas teses e problemas podem ser mais bem tratados numa teoria que explique como as expressões ou implicações do conhecimento são controladas por modelos de contexto.

CONHECIMENTO E BASE COMUM

As estratégias para administrar o conhecimento controlado pelo contexto no processamento do discurso pressupõem investigações prévias sobre *base comum* [doravante BC; em inglês: *common ground* = CG], especialmente as realizadas por Herbert Clark e seus coautores (ver, por exemplo, Clark, 1996; Clark e Marshall, 1981: 10-63; ver também Pickering e Garrod, 2004). A teoria de Clark sobre base comum foi desenvolvida como parte de uma teoria do uso da língua definida como 'ação conjunta' em que a conversação face a face era tomada como o 'ambiente básico'. Clark remete a Stalnaker (1978: 315-332; mas ver também Stalnaker, 1999, 2002: 701-721) como o autor que introduziu a noção de BC, e a Schiffer (1972) para a noção de 'conhecimento mútuo', noção essa à qual também se faz referência em Van Dijk (1972: 320); ver também a breve discussão sobre o papel do conhecimento e da pressuposição na comunicação em Semântica e Pragmática do discurso em Van Dijk (1977: 218ss).

Clark ressalta que o estudo da língua como ação conjunta requer uma abordagem tanto cognitiva quanto social, acentuando que a BC é essencial para definir *contexto*, uma noção que, diz ele, tem sido deixada frequentemente sem definição em outros tratamentos do uso da língua (p. 92).

Clark define base comum como a "soma dos conhecimentos e crenças que os participantes compartilham" (p. 93) e como uma representação partilhada que se acumula ao longo das 'atividades conjuntas' dos participantes, e especifica suas partes constitutivas como a BC Inicial (os fatos que constituem o pano de fundo, as suposições e crenças pressupostas no início da atividade), o Estado Corrente da atividade conjunta (aquilo que os participantes supõem ser o estágio da atividade no momento), e os Eventos Públicos até o momento (eventos que os participantes pressupõem terem ocorrido publicamente, levando ao estado corrente) (p. 43). A base comum inclui a representação do discurso como textual, por um lado, e situacional, por outro. Todavia, a noção de 'representação situacional' de Clark é mais ampla do que a de Van Dijk e Kintsch (1983), que inclui somente uma representação das propriedades da situação *acerca* da qual se fala, isto é, o contexto 'semântico', mas não os participantes, o tempo, o lugar e os entornos do contexto comunicativo ou 'pragmático'. Um dos principais problemas da conversação, e das atividades linguísticas em geral, é a coordenação, isto é, que os destinatários compreendam o que os falantes querem dizer.

Note-se também que, para outros autores, as definições de base comum e contexto parecem superpor-se. Assim, tanto Stalnaker (1999) como Sperber e Wilson (1995) definem contexto em termos de conhecimento compartilhado dos participantes na comunicação, reduzindo, desse modo, o contexto a uma noção (formal), ou seja, a um conjunto de conhecimentos ou crenças indiferenciados e não analisados. Neste capítulo, eu argumentei extensamente a favor da tese de que os contextos precisam de modelos construídos de um modo muito mais articulado, e em termos de esquemas de estruturas de modelos específicos na memória episódica, em que o conhecimento (compartilhado) é apenas um aspecto entre muitos.

Uma das razões para esse tratamento reducionista do contexto, em termos de conjuntos de crenças, nas abordagens formalistas, é que o 'contexto' é frequentemente entendido como uma base somente para a interpretação 'indiciada', significatividade ou verdade, e não como um componente de uma teoria da adequação. Os limites entre a semântica e a pragmática são notoriamente vagos, mesmo nos estudos mais formais e filosóficos. Isso é especialmente verdade naquelas situações em que o sentido ou a referência dependem do 'contexto', isto é dos ambientes do momento (tempo, lugar), ou dos participantes da fala e suas crenças (recíprocas ou não).

Mais tecnicamente, vários tipos de base comum são definidos por Clark, como no livro de Lewis sobre convenção, em termos de estar ciente de uma 'base' compartilhada (por exemplo, algum evento ou situação); os participantes ou membros compartilham conhecimentos sobre algum fato, e isso de maneira reflexiva: eles têm bases para acreditar que os outros sabem dele também. Note-se que, para cada participante, essas representações são individuais: sobre aquilo que os outros sabem, ou sobre se compartilhamos a mesma informação, eu posso ter somente crenças, e essas crenças, evidentemente, podem ser equivocadas. A coordenação em vistas da ação conjunta requer uma base compartilhada para algum componente da base comum: por exemplo, dois participantes olham e veem ambos o mesmo objeto (e um vê o outro olhando para esse mesmo objeto).

Clark faz uma distinção entre base comum de uma comunidade e base comum pessoal. A primeira é o tipo de base comum de comunidades culturais cujos membros compartilham o mesmo 'conhecimento especializado' [*expertise*]. Tais comunidades podem ser definidas pela nacionalidade, pelo local de residência, pela escolaridade, pela capacitação profissional, pelo emprego, por um hobby, pela língua, pela religião, pela política, pelo grupo étnico, pela subcultura, pela turma [*cohort*] ou pelo sexo (p. 103), e seus membros podem ter em comum (uma quantidade maior ou menor de) conhecimentos de geografia, história, valores, gírias, ideologias, perícia técnica [*know-how*], e assim por diante. Essas comunidades podem ser parte de outras comunidades (os nova-iorquinos são também norte-americanos etc.). Em nossas crenças sobre os conhecimentos dos outros distinguimos, evidentemente, aqueles que pertencem à mesma comunidade que nós (os "nossos" [*insiders*]) e os "outros" [*outsiders*]. E tanto uns como outros podem ser reconhecidos por muitos tipos de evidências naturais e circunstanciais, ou por manifestações exteriores explícitas (aparência, roupas, fala, uniformes etc.), de modo que podemos inferir qual é nossa base comum mais provável.

A *base comum pessoal* tem por fundamento experiências pessoais conjuntas, como a percepção ou interação conjunta, e podemos definir relacionamentos diferentes (como relacionamentos de estranhos, parentes, amigos etc.) com base na amplitude da base comum pessoal. Naturalmente, a base comum pessoal pressupõe frequentemente uma base comum cultural: meu conhecimento pessoal acerca de um de meus estudantes pressupõe um conhecimento cultural mais geral sobre estudantes.

BASE COMUM E MODELOS DE CONTEXTO

Assumimos que os modelos de contexto comportam um dispositivo-K especial. Para cada momento num discurso, esse dispositivo estabelece a base comum do falante e do(s) destinatário(s), e assim, juntamente com o resto do modelo de contexto, o dispositivo-K é um dispositivo de coordenação para a ação (conjunta) e o discurso. Ele calcula seguidamente que conhecimentos socioculturais ou pessoais os destinatários compartilham com o falante naquele momento. Para ligar a teoria relativamente abstrata da base comum com os modelos de contextos, precisamos ligá-los mais explicitamente a estruturas ou representações cognitivas específicas. Assim, as percepções e experiências conjuntas dos participantes precisam ser explicitadas (por exemplo) nos modelos mentais que há na memória episódica, e no modo como tais modelos mentais são construídos, armazenados e recuperados. Analogamente, o conhecimento armazenado pessoalmente pressupõe velhos modelos de contextos em que estejam presentes informações sobre conversações ou mensagens durante as quais esse conhecimento foi comunicado. Os falantes podem referir-se a esses modelos de contextos por meio de ações [*moves*] conversacionais de lembrete tais como: "Você se lembra? Eu falei a você de um cara que...". E os vários tipos de base comum sociocultural (de comunidade) precisam ser explicitados em muitos tipos diferentes de representações de conhecimentos na memória 'semântica': ter a mesma língua, as mesmas habilidades, valores, ou conhecimentos geográficos são outros tantos tipos diferentes de base comum.

Também precisamos saber em que grau esses tipos diferentes de 'conhecimento especializado' socialmente compartilhado são ativados e aplicados na interação e no discurso em andamento e, em particular, nos modelos de contextos. Como acontece quando da construção de modelos de contextos simples, com base nas informações potencialmente infinitas sobre as propriedades de uma situação comunicativa, os usuários da língua também precisam ser capazes de limitar o grande acúmulo de conhecimento sociocultural que eles compartilham com outrem. Para a interpretação do significado (semântico) do discurso, esse conhecimento sociocultural compartilhado pode ser ativado parcialmente (e então podem ser feitas inferências) e em seguida desativado quando já não é relevante. A maioria dos trabalhos a respeito de base comum é, nesse sentido, voltada para a explicação do entendimento semântico.

Para a construção do contexto, e portanto para uma compreensão *pragmática*, as estratégias são diferentes. Estabelecer e atualizar dinamicamente a base comum na conversação, mesmo contando com as estratégias mencionadas anteriormente, é uma tarefa complexa. Esse é um dos motivos pelos quais Pickering e Garrod (2004) sustentam que o diálogo em geral e a atualização da base comum em particular precisam fundamentar-se em heurísticas menos complexas. Por exemplo, os falantes podem, rotineiramente, seguir os modelos mentais e as estruturas de discurso dos falantes anteriores. Além disso, não é necessário construir o tempo todo modelos mentais a partir do nada, pois é possível que as especificações dos modelos de experiências anteriores permaneçam presentes. Analogamente, para a construção de modelos mentais, durante a conversação, os usuários da língua podem usar grandes partes dos modelos mentais e das estruturas de conhecimento já ativados com o fim de compreender o falante anterior.

Quando Tony Blair fala sobre o Iraque, tudo aquilo de que ele precisa para poder referir-se com sentido ao Iraque e ser compreendido é ativar o conhecimento geográfico e político relevante que ele compartilha com os MPs. Idem para sua referência às tropas inglesas e assim por diante. É o dispositivo-K desse modelo de contexto que, a cada momento, calculará esse conhecimento pressuposto usando heurísticas rápidas e práticas. Contudo, sua fala precisa ser não só significativa, sendo assim compreendida (semanticamente) pelos MPs, mas também adequada. Para isso, e também para construir e atualizar uma base comum, Tony Blair precisa construir um modelo de contexto no qual ele próprio será construído como primeiro-ministro, líder do Partido Trabalhista etc. e no qual serão construídos para os demais MPs identidades, atitudes e ideologias políticas e objetivos do mesmo tipo. Esse modelo de contexto como um dispositivo que monitora permanentemente a produção e a compreensão do discurso precisa ser suficientemente rico para controlar todos os aspectos de sua fala, mas não pode comportar tanta informação (instanciada) a ponto de tornar-se pouco manuseável.

Portanto, os modelos de contextos precisam ainda mais de restrições, no que diz respeito à seleção das informações relevantes na base comum, do que a construção de modelos (semântica) dos eventos. Muito mais pesquisa teórica e empírica será necessária para identificar em detalhe os processos estratégicos de acordo com os quais o conhecimento compartilhado é aplicado na produção e compreensão de discursos significativos e adequados. Nos limites deste livro, precisamos, especificamente, saber mais sobre o modo como a BC é estabelecida estrategicamente como uma parte do dispositivo-K dos modelos de contextos atualizados de modo dinâmico.

OUTRAS MENTES

O contexto, a base comum e o conhecimento recíproco relacionam-se à célebre questão filosófica das *outras mentes*: como sabemos o que os outros sabem, pensam ou sentem, e, para começar, se eles têm mesmo uma mente? (Ver, por exemplo, Avramides, 2001; Malle e Hodges, 2005.)

Não nos aprofundaremos nessa questão filosófica; simplesmente, admitiremos que os agentes sociais têm a capacidade de representar através de modelos outros agentes sociais, bem como suas propriedades mentais, com base numa série de estratégias interacionais, socialmente compartilhadas, como fazer inferências a partir das ações que percebem, tirar conclusões sobre as autodescrições dos outros e fazer comparações com base na percepção de si mesmos (introspecção).

Como é óbvio para o discurso e os modelos de contextos, essas representações das outras mentes são condições cruciais de qualquer interação, cooperação ou discurso. Assim, as estratégias-K são uma parte de uma série de estratégias que inferem o que os outros sabem com base no que significa pertencer à mesma comunidade epistêmica. Embora essa estratégia se aplique somente ao conhecimento compartilhado, há outras que permitem aos agentes fazer inferências sobre as crenças e os sentimentos dos outros, partindo do conhecimento pessoal, e também representam essas inferências como partes de seus modelos de contextos.

Mais do que a maioria dos linguistas, T. Givón explorou as relações entre a língua, o discurso, a mente e o contexto. Em seu livro *Context as Other Minds* (Givón, 2005), ele trata de um grande número de questões cognitivas, filosóficas e linguísticas como parte de uma teoria pragmática muito abrangente: categorias como os protótipos, as redes semânticas, a coerência, e assim por diante. Como o título de seu livro sugere, a noção de 'contexto' é o eixo de sua investigação pragmática, e, citando Sperber e Wilson no início, ele também define os contextos como construtos mentais, como eu faço por este livro afora. Os seres humanos conseguem fazer-se entender porque assumem que seus destinatários compartilham sua gramática e seu léxico, além de conhecimentos socioculturais mais gerais, como parte do contexto de momento.

Como no caso de muitos outros tratamentos formais, Givón dá, desses contextos, uma definição excessivamente ampla, em termos de conhecimento compartilhado como base comum – e é discutível se devemos chamar uma tal investigação de semântica (porque a referência está envolvida) ou pragmática (porque se baseia em conhecimentos contextuais compartilhados). Como tipos de contextos, ele distingue assim uma "rede genérica compartilhada", uma "situação de fala compartilhada" e um "texto presente compartilhado", associados com a memória semântica, a memória de trabalho e a memória episódica, respectivamente (p. 101).

Ele aplica essas noções à descrição, por exemplo, dos sintagmas nominais definidos e das expressões indiciais. Note-se, porém, que em meu modelo essas interpretações não estão baseadas no modelo de contexto, mas no modelo mental (também compartilhado na memória episódica) dos eventos ou das situações *sobre* as quais versa o discurso (ver também Van Dijk e Kintsch, 1983). Givón ressalta que o modelo mental que temos das mentes dos destinatários muda constantemente – os falantes precisam atualizar constantemente aquilo que o ouvinte sabe. Esses *insights* são também relevantes como condições dos atos de fala (S sabe que H sabe que...) (p. 104-105). Finalmente, ele encaixa a teoria das outras mentes numa perspectiva evolucionária e neurológica mais ampla. Uma das contribuições valiosas desse livro é a investigação das relações entre as propriedades fundamentais da língua e do discurso, tais como a coerência, por um lado, e os aspectos filosóficos e psicológicos da mente, tais como o conhecimento compartilhado associado com a 'situação de fala', por outro lado.

Note-se, porém, que, excetuado o conhecimento, Givón praticamente não explora as outras dimensões do contexto como representações complexas das situações comunicativas.

Outras categorias cognitivas?

Se o conhecimento atribuído e compartilhado é fundamental na nossa interpretação das situações comunicativas, e também nos modelos de contextos, o mesmo poderia ser verdade de outros tipos de representações mentais. Por exemplo, tem a mesma importância conhecer as *atitudes* sociais e as *ideologias* das pessoas? Acaso adaptamos nossa fala e nosso texto às orientações e crenças políticas e sociais dos receptores?

Provavelmente, sim. As feministas provavelmente não falam do mesmo modo quando interagem entre si e quando interagem com não feministas ou antifeministas. Pressupor atitudes idênticas ou relacionadas a respeito de questões sociais ou ideologias mais gerais altera de maneira profunda as estruturas retóricas e argumentativas do discurso: os receptores não precisam ser persuadidos ou convencidos das normas gerais, valores ou princípios, e o mesmo vale para sua aplicação a acontecimentos ou atos específicos (para detalhes, ver Van Dijk, 1998).

Portanto, os usuários da língua precisam saber se os receptores pertencem ao mesmo grupo ideológico. Se for o caso, é possível pressupor argumentos gerais, e não haverá necessidade de uma persuasão mais explícita. Senão, os usuários da língua só podem pressupor e invocar ideologias, valores e normas de nível mais alto, que eles presumem compartilhados pelos receptores. Por exemplo, as feministas pacifistas podem apelar nesse caso a valores feministas de nível mais alto, para persuadir feministas não pacifistas.

É claro que, em muitas formas de discurso público, e com auditórios ideologicamente heterogêneos, não há nenhuma pressuposição ideológica desse tipo que se aplique. Nesse caso, somente valores compartilhados de nível mais alto podem ser pressupostos nas discussões. Por exemplo, os cidadãos dos Estados Unidos podem ter atitudes diferentes acerca da Guerra do Iraque, e ainda assim compartilhar uma ideologia nacionalista, o que permite aos que defendem a posição favorável à Guerra apelar para o 'patriotismo' de receptores contrários à Guerra. Isso será verdade também para a compreensão preconceituosa do discurso.

Como as ideologias influenciam profundamente muitos níveis, estruturas e estratégias da fala e do texto, parece plausível que essas ideologias sejam exigidas como parte das propriedades cognitivas dos participantes – isto é, tanto no que diz respeito ao Eu-mesmo/falante como nas propriedades que se atribuem, a título de tentativa, aos receptores.

Na realidade, para entender o debate feito na Câmara dos Comuns sobre o Iraque, eu preciso tornar explícitos alguns parâmetros contextuais fundamentais, tais como as ideologias dos participantes – que afetam não só (semanticamente) seus juízos sobre o Iraque, mas também (pragmaticamente) quem é (no momento) proponente, oponente ou dissidente, uma categorização política dos participantes que controla muitos aspectos do debate.

Por fim, ao lidar com o conhecimento, eu discuti tão somente o conhecimento 'do mundo' pessoal ou social, e não dei atenção especificamente ao conhecimento (das regras, normas etc.) da língua, do discurso e da comunicação. Obviamente, uma fala apropriada pressupõe falar de maneira (mais ou menos) 'correta', e não há dúvida de que os modelos de contextos das pessoas também se baseiam nesse conhecimento linguístico geral como um recurso fundamental (Blommaert, 2001). Isto é, se seu conhecimento linguístico é fragmentário, seus contextos podem ser deficientes, porque o conhecimento geral da língua inclui a capacidade de adaptar o uso da língua às situações sociais. É isso que acontece tipicamente com os imigrantes procedentes de outras comunidades, que por isso mesmo podem ser discriminados no mercado de trabalho e em outros domínios de suas vidas quotidianas (ver, por exemplo, Campbell e Roberts, 2007: 243-271).

A aquisição das categorias dos modelos de contextos

Pouco sabemos sobre a aquisição das categorias dos modelos de contextos. A Psicologia do Desenvolvimento e a Psicolinguística, como regra geral, têm centrado suas atenções na aquisição da gramática, e não na maneira como as crianças aprendem a compreender as situações comunicativas, ou, em geral, as regras pragmáticas do uso da língua. Ainda assim, desde uma idade muito tenra as crianças aprendem a adaptar suas falas à situação comunicativa, e assim precisam ser capazes de analisar pelo menos algumas das categorias relevantes usadas na compreensão dessas falas.

A pesquisa recente em Psicologia do Desenvolvimento fixou-se principalmente no modo como as crianças aprendem a entender as *intenções* dos outros com quem interagem (Tomasello, 1999a: 63-75; Tomasello, Carpenter, Call, Behne e Moll, 2005). Os autores ressaltam que o entendimento recíproco das intenções é um desenvolvimento da cognição humana, em oposição à cognição dos primatas não humanos, o qual ocorre na criança no período entre 9 meses e 1 ano. Como as intenções definem o significado da ação, isso significa que as crianças por volta dessa idade começam a entender que os outros se envolvem intencionalmente em condutas que visam tornar reais certos objetivos específicos, sobretudo na conversação. Assim, elas também aprendem que, falando, podem modificar o comportamento de outros, e assim alcançar seus próprios objetivos (por exemplo, conseguir comida, brinquedos etc.).

Aprender sobre a intencionalidade é parte de um processo mais longo e complexo em que o indivíduo aprende a entender seu entorno interacional e comunicativo. Isso significa que, expostas a um entorno social complexo, as crianças paulatinamente aprendem a entender e administrar 'cenas atencionais conjuntas' (Tomasello, 1999b), cujos ingredientes são elas próprias, outros participantes e alguns objetos em foco, por exemplo, objetos que estão sendo manipulados, mostrados ou procurados. Mais especificamente, elas aprendem que o mesmo acontece nas situações comunicativas, nas quais a cena de atenção visual ou interacional é mais limitada às coisas de que se fala ou às pessoas que participam da conversa. Nesse sentido, as situações comunicativas, assim construídas como modelos de contextos, atuam como interface entre o discurso e o mundo.

Obviamente, a aquisição de esquemas para modelos de contextos envolve mais do que o mero reconhecimento de intenções recíprocas. Já vimos que esse tem que ser o caso, também, e inclusive num estágio mais inicial, para a representação e o entendimento dos objetivos. A seguir, as crianças precisam aprender os processos para estabelecer uma base comum epistêmica: elas precisam saber pelo menos alguma coisa sobre o conhecimento compartilhado com outros participantes na fala e na interação. Elas precisam organizar a experiência corrente e os modelos de contexto em termos de Eu-mesmo e relacionar outras categorias situacionais (ambiente etc.) a essa organização egocêntrica dos modelos de contextos, e então aprender que os modelos dos outros participantes contêm seus próprios modelos de contextos (egocêntricos, incluindo suas próprias intenções, como foi discutido). Até esse ponto, temos somente um conhecimento fragmentário e mais geral dos processos, representações e desenvolvimentos envolvidos (por exemplo, o desenvolvimento do Eu-mesmo, a orientação espacial e temporal relativa ao Eu-mesmo, o aqui e agora, a percepção das pessoas, o aprendizado dos papéis sociais e comunicativos etc.) e precisamos de mais teoria e mais trabalho empírico para aplicar esses *insights* no estudo da aquisição e desenvolvimento dos modelos de contexto e de suas categorias esquemáticas.

Processamento de hipóteses para modelos de contextos

Agora que temos o primeiro esboço informal de um quadro teórico para as estruturas de contextos como modelos mentais na memória, precisamos finalmente dar atenção a algumas questões mais específicas do processamento cognitivo. As pessoas formam, ativam, atualizam ou executam modelos de contexto durante a produção e a compreensão do discurso, mas, como tudo isso é feito exatamente, e como esse processo está relacionado com outros processos de interação no discurso? Obviamente, sem estudos experimentais (e outros estudos empíricos) detalhados só posso especular sobre a maneira como os modelos de contextos são formados, ativados, atualizados e aplicados nos processos de discurso efetivos, e faço isso com base em *insights* mais gerais sobre a natureza do entendimento da situação e do discurso. Na realidade, seria muito improvável que os tipos de representações, estratégias e outros processos envolvidos fossem totalmente únicos. Seja como for, o que segue são meramente hipóteses gerais.

FORMAÇÃO DOS MODELOS DE CONTEXTOS

Presumimos que os modelos de contextos não são construídos a partir do zero ou de repente no início da fala, mas constituem um caso especial de modelos da experiência em andamento. Isso significa que, antes que comece um evento comunicativo, uma grande parte do modelo de contexto, mais exatamente um modelo da experiência, já está frequentemente pronto: em nível local, o ambiente (tempo e lugares presentes), participantes daquele momento com seus papéis sociais e seus conhecimentos, ações sociais em curso; em nível global, categorias análogas.

À medida que o modelo da experiência vai sendo executado, então, um participante pode formar o desejo de que outros participantes da situação saibam, acreditem ou façam algo, e que tal estado de coisas possa ou deva ser transformado em realidade pelo discurso e não por outras formas de interação. É nesse ponto que o modelo de contexto será construído (especificado, adaptado) como um caso especial do modelo da experiência, de modo tal que as categorias de participantes envolvam as dos falantes e receptores, entre outros, e que a ação em curso, a ser planejada e controlada, seja verbal em vez de não verbal.

A essa altura, o dispositivo-K terá fornecido as suposições relevantes sobre aquilo que os receptores já conhecidos sabem (ou acreditam, ou querem). O conhecimento relevante para este mecanismo está sendo derivado a partir da representação já estabelecida da identidade dos receptores enquanto participantes do modelo de experiência: mais ou menos, sabemos a quem estamos falando ou escrevendo mesmo quando se trata de um grupo, e portanto sabemos também em que consiste seu provável conhecimento social.

Uma outra parte do *input* para o dispositivo-K do modelo de contexto é suprida pelos modelos mentais de eventos (o que sabemos sobre eventos) ou pelo conhecimento mais geral que temos sobre um assunto ou uma questão. Obviamente, esse conhecimento já existirá em larga medida antes que o modelo de contexto comece a operar, já que este, de qualquer maneira, representa a intenção de que uma parte desse conhecimento precisa ser compartilhada com os receptores.

Durante a execução do modelo de contexto, a informação para o dispositivo-K será atualizada dinamicamente, antes de mais nada pelo *feedback* do próprio discurso: aquilo que acaba de ser dito torna-se parte do contexto, como conhecimento novo, e aquilo que foi 'feito' pelo discurso também se torna parte do contexto, nomeadamente, como ações que condicionam as próximas ações.

Por fim, os modelos de contexto (ou os estados ou categorias do modelo de contexto operantes no momento) são ativos e representados na memória de trabalho de curto termo [*short-term working memory*] (ou numa memória de controle estreitamente relacionada: a memória de trabalho de longo termo [*long-term working memory*]): enquanto falamos, estamos o tempo todo mais ou menos cientes de quem somos, do fato de que estamos falando, de onde estamos e de quem são as pessoas a quem falamos e por quê. Outras categorias do contexto, tais como as mais globais, podem ser mantidas em um estado mais ou menos ativo na memória de trabalho de longo termo, lugar de onde podem prontamente ser recuperadas – por exemplo, a informação de que o discurso de Tony Blair sobre o Iraque no Parlamento acontece de acordo com a legislação britânica, e como uma forma de 'fazer' política externa.

PROCESSAMENTO DO DISCURSO CONTROLADO PELO CONTEXTO

Tão logo o esquema mais geral e os conteúdos provisórios das categorias relativas do modelo de contexto estão formados, o falante tem condições de começar a construir as estruturas do próprio texto ou fala, mas sob o controle mais geral de um modelo (fragmentário) de contexto.

Assume-se que esse processo acontece em paralelo em muitos níveis simultaneamente, a saber, os níveis da expressão (produção de sons ou inscrição gráfica), da seleção léxica, das estruturas sintáticas, da semântica local e global, da retórica, dos atos de fala e da interação, entre outros (para detalhes, ver Van Dijk e Kintsch, 1983; Kintsch, 1998).

Conforme ficou sugerido nos exemplos já dados, detectamos aqui o controle da produção do discurso pelo contexto, que começa na categoria mais ampla (a interação) e desce em seguida até as mais específicas (a realização fonética ou gráfica), passando pelos assuntos gerais e esquemas generalizantes (por exemplo, os da narrativa), significados locais e sentenças.

O que é relevante aqui é que o modelo de contexto exerce um controle abrangente sobre o processo de produção e compreensão, em primeiro lugar controlando que conhecimento geral e que informação presentes nos modelos de eventos (experiências, notícias) devem ser expressos e pressupostos nas estruturas semânticas globais e locais do discurso.

Em segundo lugar, durante a produção efetiva, os modelos de contexto controlam todas as estruturas variáveis do texto e da fala: as estruturas fônicas (entonação, altura, velocidade etc.), a sintaxe, a seleção léxica e mais geralmente o estilo, o registro e a retórica, ou seja, *como* as coisas são ditas e não *o que* está sendo dito. Conforme sabemos apoiados numa extensa pesquisa pragmática e sociolinguística, se a relação de participantes que prevalece no momento é definida de modo tal que o Receptor tem *status* mais elevado, ou poder maior, ou é muito mais velho do que o Falante, esse traço do contexto vai controlar, por exemplo, as estratégias de polidez específicas, as expressões de deferência e um amplo conjunto de outras propriedades discursivas, mais apropriadas quando se fala a um interlocutor mais poderoso.

A direção geral do processo de produção do discurso vai de modelos de eventos (ou situações) dados, representados na memória episódica, até a produção estratégica do próprio discurso, passando pelos modelos de contextos. Os modelos de eventos, neste caso, suprem a informação para o 'conteúdo' do discurso, isto é, *aquilo* que é dito, e os modelos de contextos controlam como as coisas são ditas na situação em curso: contamos a 'mesma' experiência de modos diferentes aos nossos amigos em casa e ao policial na delegacia de polícia. Naturalmente, as experiências precedem a situação comunicativa em que falamos sobre essas mesmas experiências. Isso significa que, embora os controles exercidos pelos modelos de eventos (situações) e pelos modelos de contextos sejam muitas vezes bastante independentes, os modelos de eventos podem influenciar não só o conteúdo ou o significado do discurso, mas também os modelos de contexto simultâneos que controlam seu estilo ou sua estratégia interacional. Por exemplo, tendemos a contar de maneiras diferentes as boas e as más notícias, e isso pressupõe um tipo diferente de modelo de contexto, no qual as más notícias redefinem o papel dos destinatários, fazendo deles pacientes ou vítimas (ver também Maynard, 2003).

Que os conteúdos do discurso podem mudar os modelos de contexto *subsequentes* (por exemplo, dos destinatários) é um elemento normal e crucial da teoria do contexto. Por exemplo, Tony Blair pode influenciar os modelos de contexto de seus receptores com o conteúdo de sua fala e com seu estilo agressivo, e uma amostra disso é sua redefinição das relações políticas com seus 'nobres colegas' MPs do Partido Trabalhista, que se opõem à Guerra no Iraque. Em sua compreensão (a partir desse momento) os destinatários estão construindo (atualizando) seu modelo de contexto ao mesmo tempo como compreensão do discurso e como formação do modelo de evento de que o discurso trata. Em suma, o discurso e sua interpretação (subjetiva) podem influenciar diretamente o modelo de contexto dos receptores: as pessoas e as relações sociais são avaliadas com base naquilo que fazem e dizem.

Neste ponto, posso resumir todo o percurso de processamento do discurso dependente do contexto mediante o esquema da Figura 1. Faço-o colocando-me na perspectiva do falante/escritor, isto é, nos termos do modelo de contexto que estrutura o discurso – e não do modelo de contexto que controla a compreensão do discurso por parte dos destinatários. Nesse esquema simples, menciono somente os componentes e processos relevantes para nossa discussão, e não as muitas outras propriedades da representação na memória e da produção do discurso.

Figura 1. Um esquema simples da produção de discurso controlada pelo contexto

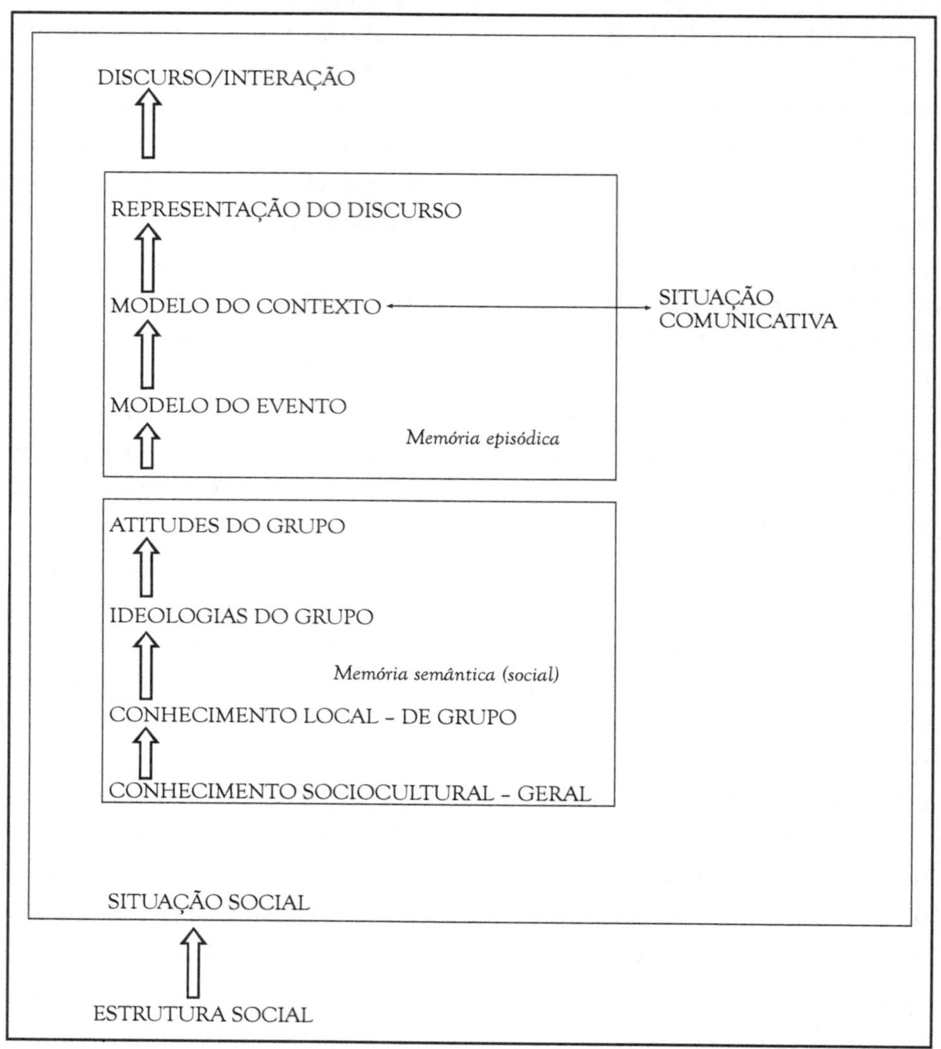

Embora os detalhes envolvidos no controle contextual da produção e compreensão do discurso estejam na agenda para a pesquisa futura na Psicologia do Processamento do Discurso, arrisco aqui mais algumas hipóteses sobre esses processos. Depois de ter feito isso parcialmente para o discurso de Tony Blair no Parlamento britânico, pude fazer esse trabalho de conjectura 'simulando' [*hand-simulating*] um informe sobre algum evento internacional para um jornal espanhol (esse foi o tipo de prática comunicativa que eu examinei em meu primeiro estudo mais longo sobre modelos de contextos, Van Dijk, 1998). Todavia, seria preciso ressaltar que esse 'rascunho' é naturalmente muito especulativo, pois ainda não temos outras evidências empíricas dos processos e representações envolvidas. Só reivindico plausibilidade para a coerência geral com os conhecimentos que temos até o momento em matéria de compreensão (dos discursos e dos eventos).

Para um jornalista, escrever uma reportagem de notícias é uma das experiências diárias rotineiras da vida profissional, junto com outras experiências como ler os jornais e os *press releases*, participar de entrevistas coletivas, fazer ligações telefônicas, entrevistar fontes ou testemunhas, participar de reuniões editoriais no jornal, falar com colegas, fazer buscas na internet, e assim por diante (Gans, 1979; Tuchman, 1978; Van Dijk, 1988b). Muitas dessas atividades são em si mesmas práticas discursivas: as reportagens de notícias são de muitas maneiras o resultado de processar informações extraídas de muitos textos-fonte (Van Dijk, 1988b). A experiência jornalística diária é, portanto, uma sequência contínua de práticas discursivas, contextualmente segmentadas em gêneros discretos ou tarefas profissionais, tais como fazer entrevistas ou participar em coletivas de imprensa.

Assim, ao iniciar a produção do discurso envolvida na redação de uma notícia, qualquer jornalista já tem à sua disposição, pronto, um modelo provisório de contexto do qual constam, por exemplo:

- o ambiente corrente (tempo/data – prazo – localização);
- possíveis materiais de apoio relevantes (por exemplo, um computador do tipo laptop para escrever ou para ser usado nas buscas da internet, ou para conectar-se com os editores e com as bases de dados do jornal);
- identidades relevantes no momento, comunicativas ou sociais (repórter, empregado do jornal X, cidadão espanhol, mulher etc.);
- relações com outros participantes (por exemplo, uma relação de subordinação com o editor-chefe de notícias internacionais);
- conhecimento recente a respeito de eventos internacionais dignos de serem noticiados;
- conhecimento contextual sobre aquilo que já foi noticiado sobre o evento (se ele não for novo) e, portanto, sobre aquilo que os leitores (possivelmente) já sabem;

- conhecimento contextual sobre o conhecimento sociocultural dos leitores;
- conhecimento sociocultural aplicado às propriedades gerais de eventos novos;
- conhecimento profissional aplicado a como se escrevem notícias;
- atitudes profissionais aplicadas e ideologias compartilhadas com outros repórteres;
- atitudes sociais aplicadas e ideologias acerca deste tipo de evento internacional;
- ideologias profissionais enquanto jornalista;
- intenção de escrever uma reportagem de notícias;
- propósito de informar os leitores do jornal X;
- emoções sobre o evento noticiado;
- emoções sobre aspectos dos componentes do contexto corrente (numa entrevista, a relação com o editor etc.).

Grande parte desse modelo de contexto (e sua organização interna) ganhou um tratamento rotineiro, como as próprias práticas de reunir e escrever notícias, e por isso pode ser ativado quando é instanciado um esquema pessoal mais geral para eventos comunicativos desse tipo. O 'conhecimento do evento' que será objeto da reportagem também é um modelo mental na memória episódica, construído com a informação de um ou mais textos-fonte, juntamente com conhecimentos socioculturais políticos mais gerais, a respeito desses eventos.

Portanto, quando começa a escrever, o jornalista tem um modelo (semântico) do evento, bem como um modelo de contexto parcial (um 'plano' para a redação de notícias) que controlarão a escrita efetiva e serão adaptados localmente e à medida; por exemplo, quando para cada aspecto do evento que está sendo descrito é preciso calcular o tanto que os leitores já conhecem – a saber, mediante as estratégias do dispositivo-K. Ao mesmo tempo, o jornalista precisa aplicar um certo número de normas e valores profissionais, avaliando, por exemplo, valores de notícia, que calcularão quais aspectos do evento são mais ou menos dignos de ser noticiados, uma condição que vai controlar muitos aspectos da redação da notícia, desde a seleção dos assuntos e a formulação das manchetes até as estruturas de colocação em primeiro e segundo plano, estilo, retórica e semântica local (por exemplo, dar muitos ou poucos detalhes sobre aspectos particulares do evento).

Lembre-se que, em geral, o modelo de evento existe antes do modelo de contexto: os jornalistas ficam sabendo a respeito de um acontecimento que vale notícia antes de começar a escrever a respeito dele. Contudo, como e em que medida a informação armazenada no modelo de evento é efetivamente noticiada depende do modelo de contexto. A esse respeito, o modelo de contexto é uma interface – um dispositivo de transformação (filtragem, seleção, recontextualização) – entre aquilo que sabemos e aquilo que contamos. A regra pragmática geral (das asserções e dos gêneros de discurso informativos) é que só precisamos contar aquilo que temos motivos para crer que os outros ainda não sabem. Além disso, a norma jornalística geral é contar apenas aquilo que é considerado digno de ser noticiado de acordo com as normas e os valores dos jornalistas, eles próprios controlados por ideologias sociais e profissionais.

Assim, dados esses modelos e essas regras, normas e valores gerais da redação jornalística de notícias, o repórter começa a escrever sua reportagem, obedecendo às exigências contextuais seguintes, em primeiro lugar:

Manchete

(**a**) ativar o conhecimento profissional sobre como se redigem reportagens de notícias (estratégias gerais);
(**b**) ativar os principais tópicos (macroproposições) do modelo de evento;
(**c**) ativar o conhecimento sobre a orientação ideológica do jornal;
(**d**) dispositivo-K: os leitores já sabem acerca deste acontecimento?;
(**e**) ativar o conhecimento profissional sobre os interesses dos leitores;
(**f**) ativar o modelo de contexto velho contendo informações sobre o que quer o editor;
(**g**) a partir dos itens (a)-(f), inferir a informação sobre que assunto será considerado mais interessante ou relevante pelos leitores e pelo editor, e selecionar esse assunto;
(**h**) aplicar as preferências ideológicas à representação semântica, por exemplo, dando ênfase às ações negativas de um grupo marginal [*out-group*] (por exemplo, de terroristas);
(**i**) formular o assunto em consonância com (j), (k) e (l) a seguir:
(**j**) as convenções de gênero do jornal (sintaxe da manchete);
(**k**) o viés ideológico – por exemplo, um grupo marginal é mencionado como agente e sujeito, antes de mais nada;
(**l**) o estilo formal do jornal: seleção lexical formal (jornal de alto nível) e léxico do jornal (por exemplo, '*bid*' em vez de '*attempt*').

Linha dedicada à autoria (se houver)

(**m**) formular a identidade pessoal (o Eu-mesmo) do repórter;

(**n**) formular o entorno: cidade a partir da qual o repórter está mandando notícias;

(**o**) formular o ambiente: data corrente.

Lide (se houver)

Em grande medida como a manchete:

(**p**) manter ativados: os tópicos (macroproposições) dos modelos de eventos, o conhecimento sobre a ideologia do jornal, o conhecimento profissional sobre lides, preferências do público e do editor, e assim por diante;

(**q**) dispositivo-K: conferir quais assuntos podem ser já conhecidos dos leitores;

(**r**) dispositivo-K: que inferências podem ser feitas pelos leitores a partir do que já foi escrito nas partes anteriores do lide?;

(**s**) formular em sequência as proposições mais importantes do modelo de evento, como um sumário dos eventos, mas com o viés ideológico geral (grupo majoritário – marginais) – por exemplo, dando ênfase ao que há de ruim no grupo marginal;

(**t**) seguir o estilo formal (sintaxe, léxico) da língua do jornal;

(**u**) marcar as sentenças que expressam proposições que possivelmente já são conhecidas pelos leitores (por exemplo, formulando-as como lembretes).

A partir desse exemplo inventado percebemos que os textos das reportagens noticiosas não expressam apenas o que os jornalistas sabem a respeito de algum acontecimento que rende notícia, mas envolvem um processo complexo de seleção (contextualizada a partir dos modelos de eventos) de proposições que são, por sua vez, formuladas de um modo (estilo etc.) que é também controlado pelo modelo de contexto. Ou seja, a escrita das manchetes e dos lides é controlada por categorias dos modelos de contexto e por informações como as seguintes: o conhecimento profissional dos repórteres sobre reportagens de notícias, manchetes e lides; seus conhecimentos sobre os interesses do público; seu conhecimento sobre aquilo que o editor deseja (a tarefa que foi marcada, os modelos de contextos prévios), a ideologia do jornal, a ideologia do repórter, a identidade de quem escreve como repórter – um empregado do jornal e um subordinado do editor; o estilo do jornal, e assim por diante.

O mesmo vai então ser verdade, localmente, para a ativação, expressão e formulação de outras proposições do modelo de evento durante a produção do resto da reportagem de notícias, em geral sob o controle do mesmo modelo de contexto, mas com mudanças no conhecimento do dispositivo-K sobre aquilo que os leitores já sabem (aquilo que acaba de ser escrito). Como no caso da formulação do lide, também no resto será preciso seguir as estratégias gerais de coerência local e global, modificando-as para que se adaptem ao discurso do jornal. Ou seja, ao contar uma história como notícia, os fatos não são relatados na ordem cronológica, mas são organizados por critérios de relevância ou interesse enquanto notícia: a informação mais relevante (importante, interessante, útil, chocante etc.) virá em primeiro lugar – o que será julgado mais relevante dependerá da informação do modelo de contexto sobre que tipo de jornal o editor quer publicar ou o público quer ler.

O mesmo vai valer para a redação do resto da reportagem, ou seja, para a ordem, a colocação em primeiro ou segundo plano, a escolha léxica, o nível de descrição (geral *versus* específico), o grau de detalhe, e em geral a explicitude ou implicitude da informação tal como derivada do modelo de evento. Deixando de lado os vieses ideológicos, será o 'viés' estilístico geral do jornal que influenciará a seleção final das palavras como apropriadas para as reportagens de notícias. Isso é verdade para todos os níveis: o formato geral da reportagem de notícias (que exige conhecimento profissional), a seleção geral de assuntos (a partir dos modelos de eventos sob o controle da informação ideológica presente no modelo de contexto); a formulação da manchete, do lide e da linha dedicada à autoria; e a organização semântica e a formulação gramatical no resto do texto. No capítulo seguinte, veremos em mais detalhe quais estruturas são tipicamente controladas pelas estruturas dos modelos de contexto. Neste ponto, podemos mencionar o papel ideológico da 'localização' nos modelos de contexto dos jornalistas conforme eles se baseiam em ideologias nacionalistas. Assim, Higgins (2004: 633-648) mostra a importância da 'terra pátria' como um traço que influencia a cobertura jornalística dada nos noticiários pelos jornais escoceses. Analogamente, referências dêiticas a "*this country*" ["este país"] em entrevistas com ingleses podem ser uma expressão do nacionalismo e da xenofobia subjacentes dos falantes (Condor, 2000: 175-205).

Não estamos preocupados aqui com os detalhes da seleção lexical e da gramática (ver Levelt, 1989); assinalamos apenas que, para a seleção de cada palavra, frase, estrutura, sequência etc., a informação contextual será relevante (por exemplo, quanto ao tipo de leitor, ao conhecimento e interesse do leitor, ao tipo de jornal, ao estilo formal ou aos propósitos do repórter ou editor).

MÉTODOS DE ESTUDO DOS MODELOS DE CONTEXTOS

Uma das dificuldades dos modelos de contextos definidos como modelos mentais dos participantes é que não podemos observá-los diretamente. Isso levou, sem dúvida, a um esquecimento geral desse estudo nas abordagens linguísticas e sociais, embora esse seja um problema comum a todos os estudos psicológicos da mente.

Um método para o estudo dos contextos consiste em estudar sistematicamente suas 'consequências', isto é, as variações do discurso, em situações diferentes, como fazemos mais geralmente no estudo dos fenômenos não observáveis em qualquer ciência. Assim, por exemplo, se pronomes diferentes são usados para contar a 'mesma' história a diferentes pessoas, em situações em que só muda a idade dos receptores, temos alguma evidência *prima facie* de que a idade do destinatário é uma categoria relevante dos modelos de contextos, nessa cultura.

Esse estudo pode ser feito mediante experimentação, por exemplo, pedindo-se aos sujeitos que falem ou escrevam a uma pessoa imaginada, em alguma situação comunicativa imaginada, por exemplo, redigindo um pedido de emprego, como se faz tipicamente nas tarefas escolares, e também nas entrevistas sociolinguísticas. De modo análogo, podemos usar protocolos verbais nos quais se pede aos usuários da língua que formulem como eles compreendem a situação, ou se pergunta por que eles usam tal ou tal expressão em tal ou tal lugar. Note-se, porém, que nessas situações experimentais as crenças formuladas pelas pessoas sobre o uso linguístico podem ser equivocadas, normativas ou ideológicas. Portanto, as entrevistas, tarefas ou protocolos podem não coincidir com o uso real da língua na conversa e no texto espontâneo; estes, porém, têm o problema de que, para o analista, são muito mais difíceis de controlar e investigar.

Em terceiro lugar, como qualquer outro tipo de modelo mental, os modelos de contexto podem ser a base de uma narrativa cotidiana: frequentemente, falamos sobre coisas que outros nos contaram, ou sobre aquilo que vimos na televisão. A descrição ingênua dos modelos de contexto nessas histórias comporta tipicamente certos traços de algumas das categorias relevantes que as pessoas usaram na representação desses modelos de contexto. Assim, por uma série de razões cognitivas, sociais e culturais, é muito mais provável que eu conte à minha parceira que esta *manhã*, na universidade, *um estudante me pediu* que lesse sua tese, e não que eu diga que *uma pessoa de olhos castanhos* falou comigo *por 90 segundos* a *10 metros* da porta de meu escritório. As diferenças culturais da interpretação dos eventos e ações (e também dos modelos de contextos) podem levar a diferentes tipos de narrativas de histórias. Mas é plausível que alguns níveis e categorias da descrição narrativa sejam mais 'naturais' e mais difundidos do que outros.

Se as situações comunicativas são realmente construídas e representadas como modelos mentais específicos na memória episódica, e então dinamicamente aplicadas e mudadas na memória de trabalho, deveríamos ser capazes de investigar suas estruturas esquemáticas, suas categorias e seus conteúdos com os modelos experimentais habituais da Psicologia Cognitiva. Portanto, normalmente, deveria haver uma rememoração melhor das categorias dos modelos de contexto relevantes de uma situação social, do que de outras informações sociais (em geral, lembramos melhor que falamos a uma velha senhora que é professora do que da cor de suas roupas).

De maneira análoga, podemos predizer que as categorias relevantes do contexto serão pistas melhores para a recuperação na memória do que outros aspectos dos eventos comunicativos. E assim também, se os modelos de contexto controlam a produção e compreensão local do discurso, podemos esperar por aquilo que já foi chamado de *marcação pragmática* [*pragmatic priming*] dos conceitos que fazem parte desses modelos. Por exemplo, se nós falamos com uma mulher, e se essa categoria está representada em nosso modelo de contexto da conversação, pode-se esperar que o conceito 'mulher' receberá uma marca, mesmo quando não ocorreu previamente na conversação. Note-se, por fim, que as representações episódicas, tais como os modelos de contextos e outras experiências diárias, em geral, têm uma recuperação precária, a menos que neles estejam representadas propriedades muito proeminentes ou relevantes (falar com uma pessoa muito famosa, uma conversa traumática com um parceiro etc.). A maioria dos acontecimentos comunicativos cotidianos, como as conversas com amigos ou colegas, ler o jornal, fazer compras etc., serão logo esquecidos, e as informações relevantes (novas) serão generalizadas, abstraídas e integradas no conhecimento mais geral. É por isso que temos uma grande quantidade de conhecimentos a respeito dos quais não temos a menor ideia de quando e onde foram adquiridos.

Alternativamente, esses modelos de contexto serão generalizados e abstraídos a partir de (minha memória de conversações com um amigo, ou da leitura deste ou daquele jornal em tal e tal período em tal e tal país etc.) como o fazemos com outras experiências pessoais na memória episódica (King, 2000; Neisser e Fivush, 1994; Rubin, 1986, 1999).

Modelagem formal do contexto

Embora fundamentado na formação atual da teoria psicológica a respeito do processamento do discurso, o quadro esboçado anteriormente é, por enquanto, muito informal, e será preciso completá-lo com detalhes em muitos níveis do processamento. Esse trabalho futuro precisará combinar refinamento teórico e sofisticação experimental e observacional sobre como a interpretação que as pessoas dão às situações comunicativas controla a produção (e as estruturas) ou a interpretação do texto e da fala.

Alguns desses processos podem ser modelados mais explicitamente como modelos formais do *contexto* que – como é bastante comum na teoria dos modelos – combinam Ciência Cognitiva, Inteligência Artificial e teorias formais da língua (ver, por exemplo, Jurafsky e Martin, 2000). Ou seja, do mesmo modo que formalizamos a semântica para a língua natural, podemos modelar formalmente algumas de suas propriedades contextuais, como tem sido feito para o tempo, o lugar e os participantes, com o objetivo de interpretar as expressões dêiticas, os tempos verbais e a correferência, entre outras propriedades do discurso (Groenendijk, De Jongh e Stokhof, 1987; Kamp e Partee, 2002; Kamp e Reyle, 1993).

Portanto, se os usuários da língua constroem modelos mentais dos eventos comunicativos, será possível dar conta de algumas das propriedades desses eventos em modelos formais que são quadros teóricos mais explícitos para a estrutura dos próprios modelos. Idealmente, esses modelos formais serão programados em conjunto com sistemas de produção e compreensão automática dos discursos, que permitam a produção de discursos que sejam não só bem formados sintaticamente, e semanticamente significativos e coerentes, mas também pragmaticamente adequados.

Na última década, os estudos sobre Inteligência Artificial produziram fragmentos de modelos de contexto (formais) com essas características (ver, por exemplo, Akman, Bouquet, Thomason e Young, 2001). Muitos desses tratamentos 'pragmáticos' em IA visam oferecer modelos do uso da língua que sejam mais realistas do que os modelos tradicionais, limitados à sintaxe e à semântica. Esses estudos podem mostrar que nos eventos comunicativos reais, os usuários da língua não sabem todas as implicações daquilo que dizem, nem como os contextos estão sendo construídos em tempo real e talvez apenas parcialmente, e também não sabem como a atividade de raciocinar pode estar condicionada a fatores pragmáticos tais como os objetivos ou o conhecimento disponível.

Assim, no limite entre a IA e a Retórica, encontramos o trabalho de Cronkhite (1997: 213-228) sobre a análise das situações – o modelo METAS/CAPTAÇÃO [GOALS/GRASP *model*] – que pretende descrever como as situações são percebidas e, especificamente, aplicadas em situações retóricas (comunicativas).

É verdade que muito desse trabalho precisa trocar a explicitude formal pelo detalhe e plausibilidade psicológicos, ao mesmo tempo que fica usualmente limitado ao estudo de apenas algumas propriedades do discurso. Uma discussão mais detalhada dessas abordagens foge ao escopo deste livro.

Observação final

Como ainda veremos em mais detalhes, não há virtualmente nenhum nível ou estrutura do texto ou da fala que não seja produzido (entre outros) sob o controle de propriedades dos modelos de contexto. O dispositivo-K é operante por toda parte. As categorias dos participantes frequentemente coincidem com o ambiente institucional. A consciência espaçotemporal é continuamente expressa em numerosas expressões dêiticas. No próximo capítulo e em *Society in Discourse* investigo mais detalhadamente quais são os condicionamentos sociais e culturais que operam na formação, aquisição e uso dos modelos de contexto.

O objetivo fundamental deste capítulo foi elaborar de maneira mais detalhada minha tese geral de que os contextos não são algum tipo de situação social ou comunicativa, mas sim construções subjetivas ou 'definições' das dimensões relevantes de tais situações por parte dos participantes. Esses construtos foram definidos como modelos mentais específicos, os modelos de contexto, localizados na memória episódica, e como casos especiais dos modelos da experiência mais gerais que controlam nossa conduta diária. Também foi assumido que esses modelos de contextos precisam ser relativamente simples e compõem-se apenas de algumas categorias gerais (e suas subcategorias) que, entretanto, podem ser culturalmente variáveis.

Neste capítulo, dei uma atenção especial às categorias mais marcadamente cognitivas dos contextos de modelos, tais como o Eu-mesmo, as intenções e as importantes estratégias do uso do conhecimento. Finalmente, emiti opiniões gerais sobre os processos envolvidos na formação e aplicação dos modelos de contexto. No próximo capítulo, tratarei mais detalhadamente dos modos como os modelos de contexto controlam várias estruturas do discurso.

Embora a hipótese geral deste capítulo e deste livro – que os contextos precisam ser definidos como um tipo específico de modelo mental – seja muito plausível e coerente com a maioria dos trabalhos mais atuais em Ciência Cognitiva, os detalhes de uma teoria psicológica do contexto precisam ser dados em estudos experimentais futuros. Mas esses estudos vão além do escopo deste livro – que é teórico.

NOTA

[1] Não tenho o hábito de criticar outros autores por desconhecerem meus trabalhos. Afinal, nenhum autor consegue conhecer toda a bibliografia, e eu tenho certeza de que também estou desconsiderando neste livro muitos outros autores que mereceriam ser citados. Mas neste caso, e apenas a título de registro, convém que eu faça uma modesta exceção, usando uma nota que, de todo modo, será lida por poucas pessoas, porque durante a apresentação em aula de meus trabalhos recentes sobre o contexto, bem como a propósito de uma versão mais antiga deste, foi sugerido que eu deveria ter feito referência ao estudo pioneiro de Sperber e Wilson. Eu tinha lido esse livro, é claro, mas seu estudo da relevância e do contexto é bastante diferente do tratamento que eu dou ao tema aqui. O fato irônico é que, ao reler, bem agora, partes de meu próprio livro de 1977 sobre texto e contexto, fiquei chocado com a semelhança de algumas das ideias que estão nesse velho livro com as de Sperber e Wilson, que, entretanto, não citam meu estudo de 1977. O mesmo vale, diga-se de passagem, para outros estudos formais sobre Semântica e Pragmática do discurso escritos na última década. Obviamente, o livro de 1977 mostra que eu não sou um lógico, e tem muitas outras imperfeições além dessa, mas muitas das ideias sobre o discurso formalizadas em termos de teoria dos modelos que foram formuladas em outros estudos já tinham sido expostas nele. A principal diferença em relação a minha abordagem atual dos contextos é que, agora, adoto um enfoque muito mais amplo, interdisciplinar, e defino os contextos em termos de modelos mentais com base nas pesquisas da Psicologia das últimas décadas, aí incluído meu trabalho anterior com Walter Kintsch (Van Dijk e Kintsch, 1983) – um livro que tem tido muita influência em Psicologia, mas que, como muitos outros estudos psicológicos relevantes, também é ignorado por Sperber e Wilson. Essa é uma das razões pelas quais o livro de Sperber e Wilson sobre relevância não chega a ser um estudo 'cognitivo', ainda que seja um (interessante) estudo filosófico e formal.

CONTEXTO E DISCURSO

> Defendo o seguinte ponto de vista: o contexto penetra a língua; as hipóteses que fazemos sobre o contexto afetam o modo como compreendemos a língua e os contextos de fala precisam ser mais bem compreendidos, se quisermos desenvolver teorias realistas da língua e do seu aprendizado.
> (Susan Ervin-Tripp, 1996: 21)

Este capítulo enfoca a principal função dos contextos, a saber, como eles permitem e condicionam a produção e compreensão dos textos e da fala. Começo com uma análise conceitual das relações possíveis entre contexto e discurso. Para descrever essas relações, muitos termos já foram usados, como 'influência', 'controle', 'mapeamento', 'manifestação', 'expressão' e 'indexação', entre outros. A seguir, farei um balanço de algumas dimensões maiores do discurso que são sistematicamente controladas pelas estruturas contextuais e, inversamente, de como essas dimensões do discurso podem, por sua vez, influenciar os modelos de contextos dos participantes, isto é, sua interpretação do evento comunicativo em curso.

Como muito desta discussão pressupõe vastos campos de pesquisa anterior, sobretudo em Sociolinguística, concentrar-me-ei especialmente no controle conceitual das *estruturas do discurso*, assumindo que a influência do contexto sobre a gramática, isto é, sobre a fonologia, a sintaxe e o léxico, é bem conhecida. Embora a Sociolinguística, a Estilística e a Etnografia contemporâneas trabalhem com dados do discurso natural, entre outros, a análise tem se concentrado muito em detalhes sutis da expressão, tais como a pronúncia, a entonação, a pronominalização, a lexicalização e a sintaxe, uma limitação que foi apontada muitas vezes por Macaulay (1999: 9-33, 2002: 283-305, 2005a, 2005b). São relativamente poucos os estudos voltados para os condicionamentos contextuais que pesam, por exemplo, sobre a coesão e a coerência, a escolha do assunto, os esquemas noticiosos ou argumentativos, o estilo das manchetes de jornais, os atos de fala, a tomada de turno ou as estratégias de persuasão e manipulação, dentre inúmeras outras propriedades do discurso.

Os falantes podem ser identificados e distinguidos não só pela maneira como pronunciam o *–r* pós-vocálico, ou como soam exatamente suas vogais, como sabemos pelas pesquisas sociolinguísticas clássicas. A variação e o estilo, definidos como uma função dos traços contextuais, compreendem obviamente muito mais do que essa variação da expressão. Por exemplo, se compararmos reportagens sobre o 'mesmo' acontecimento no *The Times*, o jornal londrino de página grande, e no tabloide *Sun*, tenderemos a descrever as diferenças entre os dois jornais em termos de 'estilo'. Essas diferenças não são tipicamente aquelas que encontramos nos estudos sobre variação regional ou por classes socioeconômicas da Sociolinguística tradicional, nem são 'modos de falar' diferentes (como o seriam o uso formal ou informal da língua). Em primeiro lugar, entre os jornais, há diferenças que não dizem respeito a jornais particulares (e sim a conjuntos de jornais) e, em segundo lugar, elas se referem a um conjunto complexo de propriedades discursivas, por exemplo, o layout impresso, as fotos, a estrutura das reportagens de notícias, as manchetes, a escolha lexical, a escolha dos assuntos e as estruturas retóricas, entre outras (Jucker, 1992). Este capítulo vai mostrar como essas estruturas de discurso típicas também variam em função da estrutura das situações comunicativas, tais como são definidas pelos modelos de contexto dos participantes.

São várias as razões pelas quais há muito menos pesquisa de base social sobre a variação do discurso. Para começar, especialmente no que diz respeito ao discurso falado, é muito difícil observar, gravar e transcrever grandes porções de discursos comparáveis em suas situações 'naturais'. Isso significa que não é comum termos dados quantitativos que nos permitam fazer comparações e generalizações confiáveis sobre como um parâmetro situacional (por exemplo, o gênero social ou a classe social) se associa sistematicamente com traços de discurso específicos (veja-se, porém, Macaulay, 2005a, 2005b).

Em segundo lugar, a tradição em Sociolinguística, até este momento, tem consistido em enfocar fenômenos de proporções menores, gramaticais, e não estruturas do discurso "que vão além da sentença", de modo que até o momento muito poucos projetos têm recolhido sistematicamente os dados necessários (Macaulay, 2002, 2005). Só recentemente é que os estudos sociolinguísticos sobre a variação da linguagem, o estilo e o registro têm dado atenção a estruturas específicas do discurso.

Em terceiro lugar, se os contextos são definidos em termos de modelos mentais, por definição únicos, é muito difícil observar e gravar dados que sejam comparáveis e, portanto, passíveis de ser analisados conforme o contexto muda, ou mantendo os contextos invariáveis, como se faria num laboratório. Essa é apenas uma maneira um pouco mais complicada de dizer que as situações comunicativas e suas influências sobre a fala e o texto são complexas e variáveis.

Por exemplo, se quiséssemos saber se as mulheres contam mais histórias sobre suas crianças do que os homens – um resultado típico de vários estudos sobre como o hábito de contar histórias depende do gênero –, tenderíamos a fazer abstração de muitas outras dimensões da situação social, situações essas que podem ser relevantes e que também podem produzir variação nos dados. Nessa mesma linha, poderíamos perguntar se isso é verdade para mulheres jovens tanto quanto para mulheres velhas, para mulheres que trabalham fora de casa e para mulheres de prendas domésticas, para mulheres de classe alta ou baixa, e se isso é verdade em qualquer situação social, por exemplo no trabalho ou durante uma consulta médica, ou quando se fala com vizinhos, e assim por diante. Ou seja: as situações sociais relevantes são tão complexas que a abstração e a generalização podem ignorar condições significativas da (co)variação do discurso. Não surpreende que sobre muitas variáveis do discurso – se não for sobre a maioria –, condicionamentos sociais como o gênero ou a classe não chegam a ter quaisquer efeitos claros mais importantes. É assim que um estudo pode achar que as mulheres interrompem mais do que os homens, e outro pode achar exatamente o oposto: o resultado vai depender quase sempre dos demais fatores que são relevantes na situação comunicativa.

E, por fim, os estudos sobre variação fracassam com frequência em proporcionar uma explicação teoricamente fundamentada das 'variáveis' sociais mesmas que elas estudam, um fato que se repete nos estudos do papel do 'gênero' no uso da língua e do discurso, que frequentemente usam uma variável não problematizada como 'sexo' (Wodak e Benke, 1997). Na verdade, a própria noção de *covariação* (estatística), enquanto conceito analítico introduzido pela Sociolinguística clássica, pode ser irrelevante ou prematura para a análise de como os contextos enquanto modelos mentais controlam a produção ou compreensão do discurso. Daí a necessidade de examinar outras maneiras de definir e analisar tais relações.

ALÉM DAS 'VARIÁVEIS' SOCIAIS ISOLADAS

Já foi proposto que os fatores sociais da variação da língua e do discurso fossem examinados em termos de *comunidades de práticas* (Lave e Wenger, 1991), isto é, comunidades de pessoas que se reúnem, interagem e falam a respeito de atividades, objetivos, interesses etc. que elas têm em comum. (Eckert e McConnell-Ginet, 2003: 57ff). Ou seja, propriedades e variações específicas do discurso, digamos, de adolescentes, mulheres e homens, ou de profissionais, precisariam ser examinadas em relação com as várias comunidades de práticas de que essas pessoas fazem parte. Aparentemente, as sessões do Parlamento constituem uma dessas práticas, o mesmo acontecendo com a interação na sala de aula, com as reuniões de qualquer conselho e com as conversas de botequim, entre muitas outras situações definidas por atividades, objetivos e participantes específicos. Muitas propriedades do discurso se adaptam a essas situações complexas em vez de ser controladas por categorias sociais gerais ou grupos como a classe, o gênero ou a idade.

Note-se que a noção de 'comunidades de práticas' é vaga. Como o próprio nome sugere, elas são definidas por *práticas* situadas (como a interação na sala de aula) e não por tipos de *participantes*. Mulheres, jovens, membros da família e profissionais, nesse sentido, não formam comunidades de práticas. E, inversamente, muitas práticas conjuntas (ou compartilhadas), como jantar em família, deslocar-se nos meios de transporte públicos, ir ao cinema, não parecem candidatas óbvias a serem definidas como 'comunidades' de participantes. Antes, o que temos aí são tipos de situações, cada uma das quais precisa, evidentemente, ser analisada em si e por si, e em termos de uma teoria do contexto. As atividades socioculturais, com seus objetivos, frequentemente definidas como gêneros discursivos, são apenas uma das categorias que definem esses tipos. Em outras palavras, parece que ressaltar que a variação e o uso linguísticos na vida cotidiana são (também) definidos pelas comunidades de práticas equivale a dizer que o uso linguístico depende do contexto, e que deveríamos considerar não somente os grupos ou categorias sociais de tais contextos, mas também os tipos de situações, atividades e objetivos dos mesmos. Na realidade, as categorias sociais e o fato de pertencer a grupos são abstrações, portanto não são meios muito bons para predizer o uso real da língua.

Contudo, dentre as variáveis sociais de sempre estudadas pela Sociolinguística clássica, a idade, a classe social e a profissão podem exercer influências contextuais mais ponderáveis do que outras, tais como o gênero social, porque tendem a implicar diferenças nas *experiências* (duradouras ou diárias), e exposição a tipos e contextos discursivos relativamente diferentes. Mas, mesmo então, subsiste uma variabilidade considerável de tipos: um professor escreve ou ensina de modo muito diferente de outro, dependendo da disciplina, da cultura, da audiência, e assim por diante. É claro que, como foi lembrado anteriormente, não temos (por enquanto) grandes quantidades de dados discursivos para todos esses tipos diferentes de situações e para o modo como eles são construídos pelos participantes em seus modelos de contexto. Em especial, por causa de seu caráter cotidiano, a classe social também pode influenciar indiretamente as conversas do dia a dia entre colegas ou no interior da família, por exemplo, quando está em discussão o trabalho, e também pode ser reproduzida nessas conversas (Paugh, 2005: 55-78).

Um dos poucos estudos que compararam sistemática e quantitativamente as influências separadas e combinadas do gênero, idade e classe é de Macaulay (2005b). Dentre os 42 traços de discurso das conversações em díades de mesmo sexo entre cidadãos escoceses (sem a presença do pesquisador), ele descobriu que a maior influência sobre a fala era a da idade (ver também Eckert, 1997: 150-167, 2000, 2003: 380-400), seguida pelo gênero e finalmente pela classe social.

Analogamente, Bettie (2003), em seu estudo sobre garotas de ensino médio californianas ressalta que seus discursos deveriam ser compreendidos e analisados em termos não só do gênero – como fazem muitos estudos baseados no gênero –, mas também da raça e da classe. Muitas das propriedades da fala das garotas, como as distinções categoriais entre '*cholas*', '*hicks*' e '*preps*',* vão

* N.T.: Os termos 1.*cholas*, 2.*hicks*, 3.*preps*, 4.*jocks* e 5.*burnouts* pertencem à gíria norte-americana, aplicados, na ordem, 1. às garotas californianas de origem latina, ligadas a gangues de jovens, 2. a pessoas originárias do campo, 3. a jovens convencionais, consumidores de roupas de grife e ouvintes de músicas *mainstream*, 4. a estudantes com desempenho diferenciado nos esportes, mas ruins em temas acadêmicos, 5. a jovens viciados em drogas, lentos e pouco inteligentes. Gírias britânicas, os termos 6.*mods* e 7.*rockers* aplicavam-se nos anos 1960 6. aos jovens que se vestiam de acordo com a moda, e 7. aos jovens interessados em rock-and-roll.

além das identidades de gênero e estilo, e revelam a consciência de pertencer a uma classe, ou situam as pessoas nessa classe. É esse pertencer a uma classe que constitui a base da formação das panelinhas e subculturas com as quais essas jovens se identificam. Esse é também o caso nos estudos de Eckert sobre os '*jocks*' e '*burnouts*' de ensino médio de Detroit (Eckert, 2000), dos estudos de Mendoza sobre as latinas na Califórnia (*e.g.*, Mendoza, 1996, 1999), do estudo de Bucholtz (1999: 203-223) sobre as garotas '*nerds*' no ensino médio da Califórnia, do estudo de Evaldsson (2005: 763-786) sobre os garotos imigrantes na Suécia, e do estudo, importante embora mais antigo, feito no Reino Unido sobre os '*mods*' e os '*rockers*' na década de 1960 (Cohen, 1980) – um estudo que, diga-se de passagem, é pouco citado nas pesquisas americanas. Em seu estudo sobre o inglês chicano, Fought (2002) ressalta que, em vez de usar categorias sociais preestabelecidas, como a idade, o gênero ou a classe, o estudo da variação linguística deveria ser feito em termos de categorias definidas pelos próprios participantes – coincidindo com a tese principal deste livro.

Portanto, embora a resenha que vai seguir – que depende necessariamente das orientações da pesquisa sociolinguística – ainda lide com a influência (indireta) exercida sobre o discurso por categorias sociais como a idade, o gênero e a classe social, é preciso ressaltar, para começo de conversa, que há uma espantosa variedade e complexidade de influências combinadas e que as generalizações para uma única 'variável' social, como o gênero, precisam frequentemente ser 'corrigidas' para a classe ou a idade (ver também Romaine, 2003: 98-118). O problema crucial é como estudar formas de influência contextual combinadas e complexas, e como fazê-lo de maneira qualitativa, isto é, mediante uma análise de discurso detalhada, e não da maneira estatística habitual – por exemplo, por meio de uma análise fatorial, para a qual não temos, para começar, dados quantitativos suficientes.

O tratamento que damos aqui à influência social complexa, mediante modelos de contexto, faz precisamente isso, porque os falantes se representam, a si mesmos e a seus coparticipantes, em termos de várias categorias sociais ao mesmo tempo – podendo as identificações mudar durante o texto e a fala. Cada situação comunicativa é, portanto, representada subjetivamente de uma forma complexa, na qual cada variedade das propriedades sociais pode ter saliência maior ou menor numa dada situação: ora a identidade de gênero é mais relevante do que as identidades de idade, classe social ou profissão, ora é menos relevante, dependendo da natureza da atividade em curso, dos propósitos dessa atividade ou de outros fatores da situação. O fato é que muitos teóricos hoje insistem que as identidades sociais envolvidas são de fato construídas ou 'desempenhadas'* precisamente através do discurso – uma posição que coincide com minha teoria somente mediante uma interpretação muito específica, como veremos a seguir (ver também Bucholtz e Hall, 2004: 369-394; De Fina, Schiffrin e Bamberg, 2006). Note-se que Halford e Leonard (2006: 657-676), em seu estudo da contextualização das subjetividades no local de trabalho, mostram que o perfil de empreendedor é construído não só em termos de gênero, idade e profissão, mas também de categorias como o espaço e o lugar – uma descoberta que interpretamos como argumento a favor de uma abordagem contextual e construcionista da influência social. Isso também se aplica ao papel contextual das ideologias dos participantes: o lugar de trabalho, mais do que a família ou o bairro, parece ser o ambiente típico para um discurso político cruzado (conflitivo) (Mutz e Mondak, 2006: 140-155).

Uma das condições dessa variabilidade é que muitas das características de alto nível do discurso (por exemplo, a escolha dos assuntos, as interrupções feitas a outrem etc.) são controladas ou potencialmente controláveis e, portanto, muito mais passíveis de serem influenciadas por vários fatores contextuais. Por exemplo, alguém poderia decidir não interromper alguém mais, ou não contar uma história, para não causar má impressão, ou porque pensa que o receptor não estaria interessado, e assim por diante.

Ao contrário, os aspectos da pronúncia e da sintaxe são controlados ou potencialmente controláveis de maneira muito menos consciente – e tendem a ser muito mais semelhantes de um contexto para outro (pelo menos na mesma comunidade de fala) –, portanto são mais fáceis de generalizar, e também mais fáceis de quantificar. Por exemplo, as pessoas que falam castelhano com um sotaque catalão, em geral, apresentarão esse sotaque em muitos ou na maioria dos eventos comunicativos em que participarem. Ou seja, mesmo quando podem sofrer alguma adaptação, os sotaques são mais independentes do contexto do que os assuntos ou o estilo.

Conforme sugeriu minha introdução, antes de examinar mais detalhadamente a variação de discurso dependente de contexto, preciso analisar algumas das noções fundamentais envolvidas na relação entre contexto, texto e fala.

* N.T.: Na tradução do inglês *perform*, usei às vezes 'desempenhar' e outras vezes 'representar'/'encenar'. O discurso permite encenar uma identidade.

Espero, assim, contribuir para os desenvolvimentos atuais que vão além da abordagem por correlações típica da Sociolinguística clássica (que mostra somente *que* há uma relação entre texto e contexto, mas não mostra exatamente *em que consiste* essa relação e como poderia ser descrita e explicada).

TERMINOLOGIA: 'DISCURSO' *VERSUS* 'CONTEXTO' *VERSUS* 'SITUAÇÃO SOCIAL'

Para evitar o excesso de jargão e a confusão terminológica, neste capítulo, usarei simplesmente o termo 'discurso' para qualquer forma de língua manifestada como texto (escrito) ou fala-em-interação (falado), num sentido semiótico amplo. Isso inclui as estruturas visuais, como o layout, os tipos de letras e imagens para textos escritos ou impressos, e os gestos, a expressão facial e outros signos semióticos para a interação falada. Esse conceito de discurso pode incluir combinações de material sonoro e visual em muitos discursos multimediais híbridos, caso dos filmes, da televisão, dos telefones celulares, da internet e de outros canais e veículos de comunicação.

Como vimos anteriormente, a distinção entre o 'discurso', assim definido, e o 'contexto' não deixa de ser problemática. Por exemplo, a distância a que ficam os participantes durante sua fala é um elemento do discurso ou do 'contexto'? Em *Society in Discourse* defino os aspectos do espaço e o lugar como parte da categoria contextual do ambiente, e não como um aspecto 'semiótico' do 'próprio discurso'. Ao contrário, os gestos, a ação de tocar e a expressão facial, exatamente como a entonação, o aplauso e assim por diante, são tratados como parte da dimensão interpretável do próprio discurso, porque são percebidos mais diretamente como propriedades daquilo que os participantes 'fazem'. E se admitimos vários gestos e a expressão facial, bem como o som e as estruturas visuais, como parte das estruturas 'semióticas' do discurso, por que não admitiríamos os 'signos' de outras dimensões semióticas, tais como a pintura corporal, os uniformes e adereços dos participantes – aspectos dos eventos comunicativos que eu preferiria analisar como parte do contexto? Note-se que essas propriedades contextuais dos participantes não precisam ser confundidas com as propriedades dos participantes tais como são *representadas* no discurso e imagens, que são objeto de uma análise semântica ou semiótica dos eventos comunicativos.

Essas perguntas mostram, mais uma vez, que não existe uma distinção estrita entre o discurso e seu entorno nas situações comunicativas. Mesmo quando decidimos limitar o discurso aos aspectos 'verbais', essa distinção continua arbitrária, porque, por exemplo, deixando de lado os fonemas, não saberíamos que estruturas sonoras devem ser incluídas na fonologia dessas estruturas 'verbais'– pausas, entonação, intensidade volume (gritar, sussurrar), assobios, e assim por diante. O mesmo vale para as estruturas visuais dos textos escritos quando não se trata apenas de letras – uso de fontes, tipos, layout, cor, imagens, arte final, tabelas, figuras, desenhos etc.

Em suma, qualquer discussão da relação discurso-contexto gira em torno de uma definição de 'discurso'. Admitindo que há nisso certa arbitrariedade, adoto, pois, uma definição bastante ampla que inclui estruturas verbais (faladas e escritas) e quaisquer aspectos semióticos (interpretáveis) do evento comunicativo que sirvam diretamente de apoio ao evento, tais como as estruturas sonoras e visuais (escrita, impresso) relevantes, a expressão facial e os gestos, mas não a localização ou outras propriedades dos participantes.

É obvio, porém, que tão logo optamos por uma abordagem 'corporificada' do uso da língua falada, é difícil, se não impossível, distinguir analiticamente, no interior das atividades físicas do falante, aqueles elementos que mais ou menos conscientemente 'expressam' ou 'põem para fora' informações significativas que precisarão ser tomadas como parte do discurso, como faríamos com a expressão facial e os gestos (ver, por exemplo, Hanks, 1996 – e a discussão de seu trabalho em *Society in Discourse*).

Analogamente, uso o termo 'contexto' neste capítulo mais ou menos como foi definido no capítulo anterior, isto é, como uma abreviação de 'modelo de contexto' ou como 'definição pelo participante dos aspectos relevantes da situação comunicativa'. Contudo, eu enfoco os aspectos não discursivos (ou não semióticos) do contexto, ou seja, o contexto-sem-discurso. Tal como se tornou tradição na análise do discurso e da conversação, prefiro estudar o 'cotexto' como 'partes prévias' do próprio texto definido dinamicamente, e não como contexto, como ocorre nas gramáticas tradicionais, baseadas na sentença (ver também capítulo "Contexto e linguagem").

Na discussão terminológica feita no primeiro capítulo, já vimos que se pode adotar um conceito inclusivo ou exclusivo de contexto. Isto é, o 'contexto' pode ser usado para representar o episódio comunicativo como um todo, incluindo o próprio evento comunicativo (texto, fala), ou meramente para representar o entorno social relevante de tal evento. Na primeira definição – a inclusiva –, os usuários da língua representam não só os ambientes, a si próprios e os outros participantes, assim como suas intenções, objetivos e conhecimentos, mas também, reflexivamente, seu próprio texto ou fala em curso. Embora seja, sem dúvida, isso o que ocorre na representação dos episódios comunicativos, esse conceito de 'contexto' afasta-se bastante do uso intuitivo do dia a dia. Por isso, optei pela solução prática de lidar exclusivamente com a noção de contexto como a definição subjetiva dos entornos sociais relevantes do texto e da fala. Qualquer que seja a alternativa pela qual se opta, é necessário dar conta da relação entre o discurso e seu entorno social, como parte do episódio comunicativo.

Neste capítulo, uso o conceito de contexto no sentido excludente de representação do entorno situacional desses episódios – isto é, como 'externo' em relação ao discurso efetivo – de um modo que se aproxima mais do que tem feito a pesquisa anterior, embora numa perspectiva diferente da nossa. Numa análise dinâmica da língua e da interação, isso significa que o 'discurso passado' ainda é um discurso que corre 'em paralelo', por assim dizer, com um modelo de contexto dinâmico, embora possa ter os mesmos efeitos que o contexto sobre a interpretação em curso (é nesse sentido que dizemos às vezes que o 'discurso prévio' passa a fazer parte do contexto). Note-se, porém, que na resenha dos trabalhos de outros, o uso que *eles* fazem de 'contexto' corresponde àquilo que chamei de situação comunicativa, um construto sociológico e não um construto sociocognitivo. Isso se aplica inclusive a muitos tratamentos construcionistas do uso da língua, que definem a realidade social em termos de construtos (inter)subjetivos dos membros sociais, mas sem as implicações cognitivas necessárias de tais 'construtos', que, então, são teoricamente abstratos ou não definidos.

Relacionando a situação social, o contexto e o uso

Há muitas maneiras, mais ou menos informais de falar sobre as *relações* entre situações sociais e discursos. Por exemplo, geralmente se assume que essas situações, ou alguns de seus traços – tais como a classe social, o *status*, o gênero, a etnia, a idade, o poder, as conexões e as comunidades de práticas –, *influenciam* o modo como falamos ou escrevemos (ver, por exemplo, Eckert e McConnell-Ginet, 1992: 89-99; Eckert e McConnell-Ginet, 2003; capítulo "Contexto e linguagem") e, inversamente, que é com base nessa influência que os receptores e analistas inferem as características sociais dos falantes a partir do modo como falam ou escrevem.

INFLUÊNCIA: A INTERFACE SOCIOCOGNITIVA

Em *Society in Discourse*, trato extensamente de um aspecto fundamental dessa 'influência', avançando a hipótese de que os traços da situação social não têm nenhuma influência direta sobre o discurso: não há nenhuma ligação causal ou condicional de qualquer outro tipo entre, digamos, a classe social e a maneira como pronunciamos as palavras ou escolhemos os assuntos de uma conversa. Antes, a tese principal deste livro, explicitada no capítulo anterior, é que a *definição, interpretação, representação ou construção pelos participantes* de sua situação social, em termos de modelos de contextos subjetivos, influencia o modo como eles falam, escrevem, leem e entendem. Em outras palavras, as estruturas societárias ou situacionais só podem afetar o discurso pela intermediação ou interface das representações mentais dos usuários da língua (ver as referências em *Society in Discourse*, e, para a Sociolinguística, também Macaulay, 1999, 2005). A concepção de contexto que adoto, como definição pelo participante da situação comunicativa, tem sido ressaltada também por outros, especialmente em Psicologia Social (Giles, 1991: 211; Giles e Hewstone, 1982: 187-219), embora não em termos de modelos mentais específicos.

Outro pesquisador que usa a noção de 'modelo' e também valoriza a relevância das definições subjetivas que os participantes constroem para as estruturas societais objetivas é Kiesling (2003: 510-527), mas seu conceito de 'modelo' difere do meu, e se aproxima do de antropólogos como Holland e Quinn (1987), que lidam com 'modelos culturais' que representam o conhecimento cultural em geral.

A interface sociocognitiva dá conta de muitos aspectos da relação entre situação social e discurso, por exemplo, do fato de que essa relação é, por definição, não determinística (ver Johnstone e Bean, 1997: 221-246), e também variável, pessoal e situacionalmente. Mais importante, os modelos de contextos explicam que o que controla o modo como falamos não é algum fato social objetivo, mas antes nosso modo subjetivo de compreender ou construir esse fato social.

Pela mesma razão, minha abordagem não é compatível com um tratamento da língua, do discurso e da sociedade, que assuma que o uso da língua tem 'condições materiais' (imediatas), como as que encontramos nas formulações marxistas tradicionais. Claro que existem condições 'materiais' (econômicas etc.) para a vida cotidiana, mas essas condições materiais só podem influenciar o discurso se forem interpretadas, representadas e 'vividas' como tais pelos usuários da língua. Tenho defendido repetidamente que, pelo fato de poderem interpretar a situação comunicativa de maneiras diferentes, os usuários da língua também falam de maneiras diferentes, mesmo estando na mesma situação objetiva e enquadrando-se nos mesmos parâmetros sociais. Ou seja, a maneira como concebo as relações entre situação e discurso não é determinista, mas (inter)subjetiva e interpretativa.

Em suma, neste paradigma sociocognitivo (e o mesmo vale para uma perspectiva construcionista), não existe algo como uma situação *objetiva*, a menos que essa objetividade seja definida como eu fiz para o conhecimento, como algum tipo de definição de senso comum da situação, um entendimento compartilhado pelos membros de um grupo ou comunidade. Isso explica, porém, a dimensão *social* e os fundamentos sociais dos modelos de contexto, mas não explica os aspectos *variáveis de pessoa para pessoa, subjetivos* dos modelos de contextos, que explicam os discursos únicos dos usuários individuais da língua.

A análise mais detalhada das relações entre sociedade e situações sociais, por um lado, e variação do discurso, por outro, precisaria, então, pressupor sempre que *a força 'influenciadora' crucial não está na sociedade ou na estrutura social propriamente dita, mas nas representações ou construções que os membros da sociedade fazem dessa estrutura social e dessas situações sociais.*

Já deixei claro antes que isso *não* significa que eu *reduzo* a contextualização a um mero fenômeno mental, mas somente que um *componente* crucial de uma teoria das relações entre situação e discurso precisa ser uma teoria cognitiva sobre como os membros representam as situações comunicativas como modelos de contextos. A fundamentação social sólida dessa teoria é dada pelo fato de que esses construtos estão eles próprios fundamentados em conhecimentos socialmente compartilhados e esquemas socialmente adquiridos, que são usados em situações e interações sociais e que incorporam representações (subjetivas) de situações sociais. Em outras palavras, as situações e as relações entre situação e discurso não devem ser reduzidas a uma explicação cognitiva excludente, nem a uma explicação social excludente. Daí a relevância de uma teoria sociocognitiva integrada.

Chamo a atenção para o fato de que aquilo que construímos *analiticamente* como um processo de mediação sociocognitiva – a formação e o uso de modelos mentais de situações sociais – não é o mesmo que a influência que os próprios usuários da língua vivem como experiência. Mesmo quando eles monitoram reflexivamente aquilo que dizem e como o dizem, e estão conscientes das influências distorcidas das situações *tais como as veem*, os usuários da língua normalmente acham que os aspectos sociais da situação são 'reais', e suas inferências a respeito dos participantes com base no discurso destes últimos pressupõem uma relação 'causal' mais direta.

EXEMPLO: O DISCURSO DE BLAIR NA CÂMARA DOS COMUNS

Nos capítulos anteriores (e em *Society in Discourse*) examinei os detalhes teóricos do controle contextual do discurso usando como principal exemplo um fragmento de um dos discursos do primeiro-ministro britânico Tony Blair sobre o Iraque na Câmara dos Comuns Britânica. Como preparação extra à análise que farei mais adiante de como o contexto controla as estruturas do discurso, vou resumir como minha teoria sociocognitiva, multidisciplinar, constrói essa influência.

A explicação sociolinguística tradicional do contexto é que algumas das características do discurso de Tony Blair no Parlamento, por exemplo, a gramática, *covariam* com sua classe social, gênero, etnia, idade, e talvez com o ambiente específico. Uma explicação como essa, geralmente, não nos diz muito sobre outros aspectos do discurso, como a escolha dos assuntos, a coerência local, as estratégias retóricas, a argumentação ou os vários (outros) aspectos da interação. Na Análise de Discurso Crítica (ADC), parte dessa explicação faltante seria formulada em termos, por exemplo, da posição de poder de Tony Blair como primeiro-ministro, ou de sua ideologia específica, o Novo Trabalhismo (*New Labour*) (ver também Fairclough, 2000).

Tenho afirmado que os tratamentos sociolinguísticos tradicionais são não só incompletos, mas também incorretos em sua explicação das relações entre estruturas sociais, situações sociais, falantes e discurso. Essas abordagens pressupõem uma influência direta, causal ou condicional, das características sociais do falante e da maneira como ele fala. Se houvesse uma relação causal, direta, entre as estruturas sociais e o discurso, todas as pessoas (primeiro-ministro, MPs etc.) com as mesmas características sociais falariam do mesmo modo. Isso só poderia ser verdade numa descrição de grupos de nível muito abstrato (produzindo generalizações sobre primeiros-ministros, membros do Parlamento, políticos, homens etc.), mas não explicaria muitos dos detalhes variáveis do discurso de Blair. Além da necessidade de integrar as propriedades individuais importantes dos falantes para poder dar conta da variabilidade, uma abordagem como essa ignora a interface sociocognitiva fundamental que torna explícito o modo como Tony Blair individualmente (ou os homens, os cidadãos britânicos, os primeiros-ministros) tende a interpretar e entender o entorno social. Nesse sentido, é mais ou menos evidente que, por razões socioculturais, os primeiros-ministros (os políticos, os homens etc.) em países e culturas diferentes, avaliam sua posição social e política de maneiras também diferentes e fazem com que ela repercuta de maneiras diferentes na situação.

Em outras palavras, depois que se constrói a variação e a diversidade como uma propriedade crucial do uso da língua e do discurso, é preciso continuar fazendo isso sistematicamente, chegando às propriedades de discurso específicas de um determinado usuário da língua numa situação específica. Será sempre possível fazer generalizações e abstrações mais tarde.

Para integrar essas condições no modelo teórico e ao mesmo tempo construir a interface mental necessária entre situação social e discurso, assumo, portanto,

- que Tony Blair, antes de proferir suas primeiras palavras na Câmara dos Comuns, tem pelo menos um modelo parcial da situação comunicativa, e que ele o adapta passo a passo no decorrer de seu discurso;
- que o mesmo vale para todos os MPs presentes, antes que eles ouçam e entendam as primeiras palavras de Blair;
- que a compreensão e interação mútuas pressupõem esses modelos mentais em todos os participantes;
- que cada palavra, entonação, sentença, parágrafo, significado e função desse discurso e dessa interação são controlados por esses modelos e
- que, *sem* postular esses modelos, não temos ideia de como o discurso pode ser contextualmente sensível e adequado ou, para começo de conversa, como funciona a variação do discurso.

Portanto, Blair será capaz de falar e dizer *aquilo que* diz e (especialmente) dizê-lo *como* o diz, porque em seu modelo de contexto ele representa mais ou menos conscientemente, e monitora à medida os elementos seguintes:

- ambiente: tempo – data, dia e hora;
- ambiente: lugar – Câmara dos Comuns;
- posição na Câmara (perto de onde fica a caixa de despachos do partido que está no poder [*at Government despatch box*] etc.);
- sua identidade pessoal (Eu-mesmo) como Tony Blair;
- seus atributos pessoais, tais como ser democrático, tolerante etc.;
- sua identidade comunicativa como (principal) Locutor e, em seguida,
- sua identidade comunicativa como Receptor;
- sua identidade política como primeiro-ministro, chefe do governo, etc.;
- sua identidade política como líder do Partido Trabalhista;
- sua identidade nacional como cidadão britânico;
- as identidades respectivas dos outros participantes – destinatários do discurso, MPs, políticos, membros dos vários partidos, homens e mulheres ingleses (alguns o tempo todo, outros por momentos apenas no primeiro plano ou no segundo plano), bem como o público mais amplo;
- as relações com os outros participantes: amigos, adversários etc.;
- a ação política em curso (ou ações políticas em curso): dirigir-se ao Parlamento, defender suas políticas, buscar a legitimação de enviar tropas para o Iraque etc.;
- as intenções, propósitos, objetivos ou alvos dessas ações em processo;
- o conhecimento social e político (compartilhado) relevante;
- as opiniões sociais e políticas relevantes ativadas (baseadas nas atitudes sociais, ideologias, normas e valores sociais).

Alguns desses conteúdos do modelo e algumas de suas categorias esquemáticas permanecem mais ou menos estáveis no decorrer do discurso (por exemplo, a identidade pessoal de Blair, a identidade comunicativa de Blair enquanto falante, sua identidade política enquanto primeiro-ministro etc.), outras passam de maneiras várias do primeiro para o segundo plano e vice-versa.

Note-se que algumas das propriedades da situação social ou política *não* estão (necessariamente) representadas aqui, por exemplo, sua identidade de gênero, sua identidade étnica, sua classe social e idade, e as dos MPs – nem o fato de ele ser pai, marido etc. Mas muito provavelmente ele se representa a si próprio – e pode mostrar isso concretamente em sua fala – como sendo democrático, tolerante, moderno etc. Obviamente, alguns MPs podem ter, em seus modelos de contexto da 'mesma' situação, representações de Blair que não são nem conhecidas nem relevantes para ele próprio enquanto Locutor; por exemplo, podem representá-lo como arrogante ou beligerante.

A prova de que as propriedades dessa lista são conteúdos plausíveis do modelo de contexto precisará ser dada pelas várias propriedades do discurso, começando pelas numerosas expressões dêiticas ('eu', 'nós', 'aqui', 'hoje', 'vocês'), pelos tipos de vocativos usados ('nobres colegas' etc.), pela própria ação de ser o primeiro orador que faz uso da palavra na Casa, pelos assuntos da fala, pela escolha lexical, pelas manobras de persuasão, e assim por diante – como se pode ver em maior detalhe em *Society in Discourse*, em que eu analiso o resto do debate.

CIÊNCIA, CONSCIÊNCIA E CONTROLE DA INFLUÊNCIA DO CONTEXTO

Embora essa seja uma proposta teórica possível para dar conta daquilo que Tony Blair está fazendo e dizendo, e como e por que, há algumas complicações teóricas. A Sociolinguística clássica, por exemplo, entenderia que o modo como Blair fala no Parlamento também é condicionado, por exemplo, por sua identidade regional, de classe e de gênero. É verdade que sua pronúncia e alguns outros traços de sua fala podem realmente indicar essas identidades, mas é o caso de duvidar que em seu próprio modelo de contexto ele se represente assim durante a fala. É possível que essas identidades, no momento, não sejam nem relevantes, nem objeto de interesse, nem sirvam de referência para a orientação.

Contudo, se elas são expressas em sua fala (sejam quais forem os meios de expressão), elas precisam exercer de algum modo sua influência, e eu tenho defendido o ponto de vista de que *qualquer* influência desse tipo precisa ser mediada cognitivamente. Isso não significa que o processamento cognitivo é (sempre) 'consciente', uma questão complexa da qual não é possível tratar aqui. Simplesmente, pode-se assumir que o controle contextual sobre a produção ou compreensão pode ser mais ou menos percebido, mais ou menos consciente, e portanto mais ou menos *controlado* e *controlável*.

Essa questão se relaciona (mas não se identifica) com a da distinção sociolinguística entre fala 'não monitorada' e fala 'formal', por exemplo, nas entrevistas sociolinguísticas, e com a questão da 'atenção para a fala' tal como tem sido estudada desde Labov (1966): para eliciar formas vernáculas de pronúncia (por exemplo, do *–r* pós-vocálico em Nova York), Labov observou como os informantes falavam entre si, ou quando estavam excitados emocionalmente, e comparou isso com a maneira como eles pronunciavam as palavras lendo-as a partir de uma lista; ao lerem numa lista, eles estavam mais atentos à sua própria pronúncia e tendiam, portanto, a pronunciar os sons mais cuidadosamente e de maneira mais próxima da pronúncia padrão (ver também a discussão em Labov, 2001: 85-108).

Portanto, assume-se que, ao falar no Parlamento, Tony Blair o faz sob o controle de um modelo de contexto em que não pode faltar uma informação sobre o caráter formal do evento. É essa informação que, indiretamente, dispara uma série de formas mais ou menos automatizadas de falar, incluindo a tendência a usar a fonologia padrão do inglês britânico, mesmo que isso seja parte de uma prática em que ele se envolve com muita frequência, e que pode ser bastante 'corriqueira' para ele, e que portanto não depende de muito autocontrole. Na realidade, em outras situações, por exemplo, ao falar com eleitores numa turnê eleitoral, seria bem possível que ele se esforçasse conscientemente por falar de um modo 'informal' e mais próximo da maneira como falam as 'pessoas comuns'.

Portanto, precisamos assumir que uma parte do modelo de contexto é construída automaticamente ou 'subconscientemente', mas precisamos deixar aberta a possibilidade de que alguns aspectos da fala, por exemplo o 'sotaque' involuntário, não sejam controlados por modelos mentais, mas 'plugados' mais diretamente na fonética individual da fala. Metodologicamente, a maneira como as partes 'ocultas' do modelo de contexto podem ser tornadas explícitas é mediante vários tipos de problemas ou desafios na interação. Isso aconteceu, por exemplo, com a interrupção crítica "Os principais partidos?" na fala de Blair, que obviamente tornou relevante o fato de pertencer ou não ao Partido Trabalhista, uma identidade que pode ter sido pouco saliente na primeira parte de sua fala. Analogamente, as feministas ou outros receptores críticos poderiam ter criticado sua beligerância como uma forma de chauvinismo masculino, e, numa interação desse tipo, sua identidade de gênero ter-se-ia tornado relevante, sendo assim ativada.

Em outras palavras, deixando de lado os vários graus de automatização e a expressão fonética direta, há propriedades dos modelos de contextos de que os falantes não são necessariamente cientes, mas que 'subconscientemente' influenciam o modo como eles falam. A menos que sejam tornados especificamente relevantes, a classe, o gênero, a etnia e a origem regional são tipicamente uma parte da identidade dos falantes que eles vão 'carregando' de um contexto para outro – o que não acontece, por exemplo, com o fato de ser primeiro-ministro. Portanto, conquanto numa perspectiva patriarcal, dominante, o discurso de Blair não passe de política, como seria esperado, sendo portanto não marcado, uma perspectiva de gênero crítica pode muito bem analisar seu discurso precisamente como controlado pelos valores patriarcais que têm sido alegados para defender ou legitimar a guerra. Se as mulheres se engajarem igualmente nesse tipo de discurso, como o fez a primeira-ministra anterior, Margaret Thatcher, durante a Guerra das Malvinas, então esses discursos serão frequentemente percebidos como (mais) autoritários, e portanto impróprios para uma 'senhora' [*lady*] – daí seu apelido de '*Iron Lady*' [Dama de Ferro] (para uma discussão deste aspecto do gênero e do discurso na política dos Estados Unidos e da Grã-Bretanha, ver, por exemplo, Robin Lakoff, 2003: 161-178; e para uma análise das identidades administradas por mulheres que tiveram cargos políticos nos Parlamentos dos Estados Unidos – em entrevistas ou relatos de suas atividades – ver Wodak, 2003: 671-698).

Como os modelos não são construídos a partir do zero cada vez que um falante começa a falar, podemos assumir que existe uma série de estratégias muito difundidas que automatizam parte das representações, como é o caso das identidades pessoais ou sociais, mais ou menos permanentes, dos falantes. Assim, Tony Blair, na prática, está falando inglês britânico 'naturalmente' o tempo todo, e mais particularmente está falando o tempo todo sua própria variante regional e de classe, mas ele não precisa construir-se passo a passo e conscientemente como um falante do inglês – enquanto essa identidade não for (tornada) relevante na interação, por exemplo, em reuniões internacionais com chefes de Estado que falam outras línguas. Pode haver outras identidades que também são experienciadas e desempenhadas com igual frequência, como ser um homem, um político, um adulto, e assim por diante. E, 'no trabalho', será provavelmente esse o caso para sua condição de primeiro-ministro – uma identidade que ele deixa obviamente de ativar nos modelos de contextos de suas conversas em casa ou com os amigos e a família.

Por essa discussão, podemos concluir que parece haver pelo menos dois tipos diferentes de condicionamentos contextuais sobre o uso da língua: de um lado, os mais ou menos estáveis, que são transcontextuais, e, de outro, aqueles que precisam ser reconstruídos ou reativados de vez em vez. Como as primeiras variáveis se referem tipicamente a grupos, elas são chamadas variáveis 'dialetais' (Ferguson, 1994: 15-30). Assume-se que elas agem (mais ou menos inconscientemente e de maneira moderadamente controlável) de modo muito semelhante para todos os membros de um grupo ou comunidade: falantes do inglês, falantes de uma região ou classe específica, homens ou mulheres, adultos ou crianças, e assim por diante (para detalhes, ver os artigos reunidos em Eckert e Rickford, 2001). Em outras palavras, os receptores podem frequentemente reconhecer um homem, uma criança, um falante de inglês ou de Cockney, sempre que ouvem uma dessas pessoas falando, não importando a situação em que a fala acontece.

Dito de outra maneira, essas condições não variam de uma situação para outra, e não fazem parte dos modelos de contextos tais como os definimos aqui. Note-se que os falantes de dialetos (exatamente como os falantes das variedades padrão) podem ainda falar seus dialetos de uma maneira que lhes é única enquanto indivíduos, dependendo mais uma vez de propriedades idiossincráticas da fala, por um lado, e – relevante para nós – de variações situacionais, por outro. Os modos de ativar e pôr em prática as identidades sociais dependem da pessoa e de suas experiências pessoais, assim como dos condicionamentos da interação em curso (Johnstone, 2003: 75-98). Em outras palavras, quando a variação 'dialetal' (regional, de classe, gênero, idade etc.) pode ser mais ou menos controlada conscientemente, e se torna funcional em situações comunicativas específicas, então as identidades correspondentes passam a fazer parte do modelo de contexto – por exemplo, quando os políticos adotam a variedade própria de uma classe ou de uma região específica ao falar com os eleitores, visando causar uma impressão positiva.

Outras identidades tendem a variar mais de uma situação para outra, tais como as identidades e características profissionais (ser o primeiro-ministro), relacionais (ser amigo ou adversário, ser marido) ou emocionais (ser irascível ou ciumento). Para Tony Blair, durante seu discurso, as identidades são aquelas que foram listadas anteriormente. De novo, é provável que algumas sejam bastante estáveis no *interior* do modelo de contexto (como o papel de primeiro-ministro nesse debate), ao passo que outras são mais ou menos ativadas e só chegam ao primeiro plano localmente – voltando depois ao segundo plano – quando necessário (como sua filiação partidária), e, evidentemente, os papéis comunicativos de ser o Locutor, o Destinatário etc.

Esse tratamento em forma de resumo de alguns dos pontos teóricos estabelecidos em outras passagens deste livro é relevante aqui quando teorizamos acerca do problema da relação entre situação social e uso da língua. Qualquer que seja a noção mais geral ou abstrata de que tratamos neste capítulo (influência, condicionamento, causação, controle, covariação etc.), o que interessa é que o que há de 'real' nessa relação é o tipo de modelo mental esquematicamente organizado já esboçado antes. Somente quando examinamos tal modelo é que conseguimos explicar por que algumas identidades sociais são (tornadas) mais ou menos relevantes, e outras não, como estas podem variar mesmo quando a situação social permanece inalterada, e como diferentes falantes ou membros de grupos, em momentos diferentes, fazem com que essas identidades sociais e outros aspectos da situação social se tornem rentáveis, de diferentes maneiras. Em outras palavras, a noção mesma de variação precisaria ser levada muito mais a sério. Apenas modelos variáveis situacional, pessoal e sequencialmente podem dar conta dessa variação. Se quisermos explicar (quase) todos os aspectos da estrutura do discurso de Tony Blair, precisaremos desse tipo de construto teórico e cognitivo.

VARIABILIDADE CONTEXTUAL *VERSUS* SIMILARIDADE SOCIAL

Deve-se ressaltar, entretanto, que os discursos e as interações não são *apenas* únicos e variáveis. Eles têm muitas propriedades em comum, mesmo quando mudam os eventos comunicativos ou os modelos mentais *ad hoc* que os participantes têm desses eventos. De fato, os próprios participantes pressupõem que têm muitas coisas em comum, como a língua, a cultura, o conhecimento sociocultural e o conhecimento local específico, as atitudes, ideologias, normas e valores, e assim por diante. Apesar da variação e diversidade de cada (momento da) fala ou texto, também há identidade ou similaridade. A maioria das propriedades da fala de Tony Blair (gramática, sotaque, regras de discurso, conhecimento pressuposto) estão presentes também nas falas dos outros membros dos mesmos grupos ou comunidades a que ele pertence. Ele só pode almejar persuadir os MPs quando assume que todos compartilham algumas normas, valores e ideologias básicos (por exemplo, o nacionalismo e a democracia). Ele também sabe que é britânico e que se encontra entre outras pessoas britânicas que compartilham o ambiente e estão envolvidas no macroato de governar o país. Tudo isso e muito mais, portanto, ele compartilha com outros, como vimos também na discussão sobre base comum, e como se pode ver na análise da cognição social em *Society in Discourse*. Isso permite que ele e os outros, assim como o analista, generalizem e abstraiam, e se representem a si próprios como membros de um grupo, ou pensem em termos de grupos ou comunidades, por exemplo, quando ele categoriza as vozes dissidentes como vindo da 'Oposição' e, mais geralmente, quando ele distingue entre Nós e Eles, seguindo várias dimensões sociais e políticas (ver, por exemplo, Leudar, Marsland e Nekvapil, 2004: 243-266).

Em suma, como veremos no restante deste capítulo, a variação no uso da língua tal como se mostra e se desempenha na fala e no texto pressupõe modelos de contexto bem como conhecimentos generalizados sobre grupos; o discurso sempre manifesta uma combinação dessas influências. Note-se, porém, que *ambas* são cognitivamente mediadas, seja como modelos de contexto pessoais e *ad hoc*, seja como base comum corrente, contextualmente compartilhada, ou como gramáticas, conhecimento e ideologias sobre situações e estruturas sociais compartilhados socioculturalmente.

ABSTRAÇÃO SOCIAL E COVARIAÇÃO

Num nível de descrição mais abrangente, podemos desconsiderar os processos cognitivos e as diferenças individuais entre falantes, e também entre modelos de contextos subjetivos, e simplesmente dar de barato que os modelos têm um papel mediador na produção e entendimento da língua. Essa é a prática da maioria das abordagens 'sociais' do texto e da fala e de boa parte da Análise de Discurso Crítica (Fairclough, 1995; Fairclough e Wodak, 1997; Van Dijk, 1993a). Ou seja, nesse caso, empreendemos uma análise 'não mediada' das relações entre a situação social e o discurso e, em última análise, entre a sociedade e a língua ou a comunicação. Nesse caso, a natureza da 'influência' situacional permanece não analisada, compreendida frequentemente como 'causação' ou operacionalizada meramente em termos de covariação: se alguma coisa muda/varia na situação social S e se essa mudança leva a uma mudança/variação específica no discurso D, então dizemos que S influencia D.

Contudo, essa 'influência' não é nem necessária nem suficiente, e muito menos determinística ou causal: o fato de serem membros da classe C, por si só, e diretamente, não 'garante' que esses membros falem com tal ou tal sotaque, muito menos que contem histórias deste ou daquele modo. Antes, no nível abstrato dos grupos ou comunidades, a correlação é probabilística, no sentido de que uma certa porcentagem dos membros tende a agir de determinado modo numa certa porcentagem das situações de interação. Em termos menos probabilísticos seria talvez preferível falar de 'condicionamento' [*conditionning*] – o que significa que uma condição específica, juntamente com outras condições, normalmente leva a este ou aquele traço do discurso. Se tivéssemos que exigir uma análise 'causal' explícita da ligação entre propriedades sociais dos falantes e seu uso da língua, precisaríamos de uma cadeia muito complexa de relações condicionais, começando pelas condições específicas de sua aquisição da língua, de sua percepção e interpretação das situações sociais, de sua formação de regras e restrições [*constraints*], de suas experiências de toda uma vida, e assim por diante. Da mesma forma que nenhuma dessas relações é estritamente causal, e também não o é a relação em geral, assim também as influências sociais sobre o uso da língua – não baseadas em regras – são somente probabilísticas.

CONTROLE

Uma noção passível de ser aplicada tanto na explicação cognitiva como na explicação social da 'influência' da situação sobre a fala e o texto, e que já usamos várias vezes, é a de *controle*. Essa noção é mais forte e mais específica do que a noção vaga de 'influência', mas evita as armadilhas inerentes ao uso de 'causação' ou 'determinação' na descrição da ação e do discurso humanos. Podemos dizer que A 'controla' B quando A é *uma condição necessária* de B. Por exemplo, nenhum discurso adequado é possível sem um conhecimento compartilhado dos participantes. Em outras palavras, diremos que o conhecimento 'controla' a produção e compreensão do discurso. Inversamente, como existe um grande número de outras condições (necessárias) para o discurso, não se pode dizer do conhecimento, tampouco da gramática, que 'causam' o discurso.

Cognitivamente, isso significa que, no *processo* da produção e compreensão do discurso, o conhecimento é um *componente* necessário.

Mais geralmente, então, podemos dizer que o contexto controla o discurso por força da definição do contexto como a definição dos aspectos *relevantes* da situação social. Note-se que a distinção entre o contexto (como modelo mental) e a situação social é crucial aqui: por exemplo, é raro que a identidade de gênero dos participantes seja uma condição necessária da variação do discurso (ou mesmo uma condição suficiente para essa variação), mas tão logo os participantes fazem com que essa identidade se torne relevante para a interação (incluindo-a em seus modelos de contexto) ela passa a controlar o modo como eles falam ou compreendem.

Dependendo do tipo de estruturas contextuais, o controle pode assumir uma forma mais fraca, envolvendo somente condições prováveis ou possíveis, mas não mais condições necessárias. Assim, ao passo que o conhecimento é uma condição necessária de qualquer discurso (adequado) e o ambiente é uma condição necessária ou altamente provável (significando que os participantes estão sempre em alguma medida cientes do tempo e do lugar), as categorias do Participante (e assim também os papéis e as identidades) podem ter um controle variável. Os papéis desempenhados na comunicação, como o de Locutor ou de Receptor, são, por definição, condições necessárias. O gênero, a etnia, a classe ou o *status* exercem um controle mais ou menos forte, dependendo da situação – não são condições necessárias, embora sejam muitas vezes condições suficientes da variação do discurso (os receptores conseguem frequentemente inferir essas propriedades sociais a partir do discurso do locutor). Eles podem ser parte da situação social, mas os participantes não precisam atentar passo a passo para essas identidades ao falar. Ou seja, elas não estão necessariamente incluídas em (todos os estágios dos) modelos de contexto. Eles podem colocar em segundo plano essas identidades. Na fala e no texto institucionais, algumas das categorias dos participantes podem ser condições necessárias dos modelos de contexto e, portanto, do controle do discurso, como vimos ser o caso nas sessões parlamentares e na produção de notícias.

Para esses e outros exemplos, vimos que o controle é definido tanto em termos cognitivos (parte dos modelos de contexto e dos processos mentais) como em termos sociais ou societais (a ação verbal requer locutores e receptores, as sessões parlamentares requerem que um Locutor as abra, as aulas têm que ser dadas por docentes etc.). Se as regras ou exigências desse controle cognitivo ou social forem desrespeitadas, ou não funcionarem corretamente por causa de algum distúrbio, a consequência mais ou menos provável será um discurso inadequado.

FUNCIONALIDADE

Na percepção predominante das relações contexto-discurso o que influencia (controla etc.) o discurso é o contexto. O inverso também se dá, a saber, reconhece-se às vezes que o discurso também influencia o contexto, mas normalmente acrescentado como um pensamento superveniente [*afterthought*] – um fato que só raramente foi estudado de maneira sistemática. Em setembro de 2006, o Google listava somente 600 sites em que aparecia 'funções do discurso' [*functions of discourse*], porém mais de 120 mil para a frase 'funções da língua' [*functions of language*]. Ou seja, a funcionalidade é estudada mais em termos gerais e abstratos, em relação à língua como sistema, do que em relação a aspectos específicos da fala e dos textos.

Uma das razões desse preconceito é o problema prático de que a influência sobre o texto e a fala pode ser estudada analisando aspectos do próprio discurso, ao passo que as influências do discurso sobre o contexto podem ser bastante difusas e indiretas, prolongando-se muito além da situação do momento. Segue-se que, onde essas influências foram estudadas, elas são sequenciais, e acabam fazendo parte da mesma situação: a influência ('cotextual') de turnos ou ações específicos sobre as ações que vêm depois em sequência. Ou ainda, como no caso do debate sobre o Iraque, algumas propriedades da fala de um MP podem ser ocasionadas pelas propriedades de uma fala prévia. Em outras situações, as consequências do discurso podem ser observadas, por exemplo, se forem estabelecidas formalmente. Assim, depois do debate sobre o Iraque na Câmara dos Comuns do Reino Unido, realizou-se uma votação – e o resultado da votação pode ser encarado como uma das consequências das falas do debate. Note-se também que, de acordo com minha teoria do contexto, a influência do discurso sempre passa por uma interface sociocognitiva. As falas num debate não influenciam as falas seguintes por si mesmas, de maneira direta, mas, obviamente, apenas *através da interpretação dos receptores*.

Dado que os discursos influenciam o contexto, isto é, a interpretação da situação comunicativa pelos receptores e – indiretamente – o discurso e as outras ações ocasionadas por tais (modelos de) interpretações, uma maneira clássica de descrever essa relação é em termos de *funções*.

Devemos, porém, distinguir dois tipos diferentes de funções, a saber: as *hierárquicas* e as *sequenciais*. Por exemplo, o discurso de Tony Blair também pode ser analisado em termos de várias funções sociais e políticas, como defender uma moção, manipular o Parlamento, legitimar sua política etc. Note-se que essas funções são abstratas de nível mais alto (descritas como 'fazer X dizendo Y') e não realmente consequências sequenciais, como mudar as opiniões dos MPs (que é uma consequência do ato de persuasão discursiva), votar ou, indiretamente, ir para a guerra contra o Iraque. A funcionalidade hierárquica é frequentemente descrita em termos de componentes de ações maiores: por exemplo, o discurso de Blair pode ser interpretado como parte do ato maior de procurar legitimação para sua política para o Iraque, como o seu modo de relacionar-se com o Parlamento, como um aspecto de fazer política externa e assim por diante. Mais geralmente o discurso institucional ou organizacional é funcional, sendo parte da realização de muitos tipos de 'negócios' que se fazem nas respectivas instituições ou organizações. Assim, um discurso no Parlamento é parte de um debate maior, e esse, por sua vez, é o modo como as decisões são tomadas no Parlamento, e portanto o modo como uma instituição política 'funciona'.

Embora essa análise 'funcional' possa parecer bastante tradicional nas Ciências Sociais, é preciso ter em mente que não se trata apenas de uma relação entre atos e seus componentes, ou entre causas e consequências. Ao contrário, com a interface cognitiva – o modo como os receptores interpretam ações anteriores –, introduz-se uma dimensão muito mais (inter)subjetiva, de modo que os acontecimentos ou ações podem depender da construção (via modelo) dos participantes e observadores. Na verdade, enquanto alguns observadores ou MPs podem interpretar o discurso de Blair como parte de um ato mais global de manipulação, outros podem interpretá-lo como a 'política normal' de persuasão e tomada de decisões. Em outras palavras, as funções não são 'objetivas' e determinísticas, mas flexivelmente adaptadas à situação pelas interpretações dos participantes. Nesse caso, então, a função 'fazer X fazendo Y' pode ser chamada de interpretativa e avaliativa. Todas essas diferentes partes da funcionalidade interacional podem variar em diferentes modelos de contextos, como será tipicamente o caso nos modelos de contexto de Blair e de seus opositores. Ou seja, as relações hierárquicas sequenciais e avaliativas entre atos verbais são também construtos dos participantes, mesmo quando pode haver uma intersubjetividade socialmente fundamentada e uma similaridade de modelos de contextos.

OUTRAS RELAÇÕES ENTRE CONTEXTO E DISCURSO

Um tratamento mais abstrato das relações contexto-discurso é o que se exprime em termos de *mapeamento*, de tal modo que as propriedades do discurso são descritas como 'funções das' propriedades das situações sociais. Assim, o complexo construto do 'gênero', que por sua vez precisa de muito mais análise, tem sido variavelmente mapeado em muitas estruturas do discurso, por exemplo, o volume e a altura da fala, os pronomes, a escolha lexical, as formas de polidez, a escolha do assunto e possivelmente alguns traços retórico-discursivos, entre outras coisas. Mapeamento é uma noção abstrata, que não nos diz nada sobre as estruturas sociais ou cognitivas, ou sobre os processos envolvidos, mas apenas dá conta das relações. O mapeamento simplesmente indica que conectamos dois níveis de análise, um deles social e o outro discursivo, e que a variação num desses níveis tem consequências para a variação do outro.

Uma noção correlata, originária da teoria da comunicação e da genética (por sua vez inspirada pela teoria da comunicação) é a noção de *codificação*, mas com o discurso no papel de origem. Podemos dizer que um certo pronome 'codifica' o gênero, o *status* ou o poder. Um aspecto atraente dessa noção (que tem uso bastante corrente) consiste em sugerir que essas expressões precisam ser *interpretadas* pelos participantes, e que as propriedades dos contextos podem assim ser *inferidas* deles. Ao mesmo tempo, essa noção ressalta a função geral da língua como um código para a produção de significado social. É claro, essa noção geral não nos diz exatamente como os receptores conseguem inferir as identidades sociais de quem fala ou escreve.

De modo análogo, também é possível dizer que o discurso *expressa* ou *manifesta* o contexto, se os contextos, tomados num sentido social ou cognitivo, são descritos como alguma coisa que 'subjaz' ao discurso e se os traços contextuais são vistos como parte do significado ou interpretação do discurso. Nessa linha, os papéis do falante podem ser descritos como sendo 'expressos' no texto e na fala se o discurso é encarado acima de tudo como forma e formulação, e menos como significado ou ação. Os contextos não são observáveis, portanto o discurso pode ser tomado como um dos modos de torná-los visíveis, via expressão ou manifestação. O papel de falante pode assim ser 'expresso' pelo pronome 'Eu', o ambiente-lugar pelo advérbio 'aqui', e assim por diante para as demais expressões dêiticas (para detalhes, ver, por exemplo, Hanks, 1992).

Uma noção menos formal, indiciamento [*indexing*], tende a ser usada nas abordagens sociolinguísticas e etnometodológicas da conversação (Ervin-Tripp, 1996: 22). Essa noção evoca, por sua vez, a noção de 'índice' da Semiótica clássica, tal como foi criada por Charles Sanders Peirce, a saber, como o tipo de signo em que há algum tipo de relação 'natural' com a coisa à qual se faz referência (assim como acontece com a fumaça enquanto índice do fogo) (ver, por exemplo, Eco, 1978). Dados os vários sentidos técnicos e não técnicos dos 'índices' (por exemplo, como gestos de apontar), que sugerem uma relação semântica (de referência) e não uma relação pragmática, seria melhor evitar o uso dessa noção. Os usuários da língua podem 'apontar para' muitas coisas enquanto estão falando, mas normalmente não *apontam* para traços contextuais – exceto quando usam expressões dêiticas; ao contrário, pressupõem esses traços, e assim os 'manifestam' de alguma outra maneira.

Além dos usos estritamente dêiticos (referenciais, semânticos) da *indicialidade*, a noção tem sido amplamente usada de um modo menos rigoroso para descrever como a língua e os usuários podem (mais ou menos intencionalmente) 'indiciar' traços contextuais como o pertencimento a uma categoria, no sentido de que, assim como a fumaça é um índice do fogo, ter um sotaque francês pode ser um índice de ser francês (ver, por exemplo, Bucholtz e Hall, 2004, 2005: 585-614, para uma discussão de como as identidades sociais são 'indiciadas' no discurso).

A Análise da Conversação clássica em geral limita o estudo do contexto àqueles aspectos da situação social que estão explicitamente *orientados* pelos participantes, e que são *processualmente capazes de ter consequências para a fala* (ver meu tratamento detalhado do estudo do contexto e da Análise da Conversação em *Society in Discourse*, e muitas referências dadas nessa mesma fonte). Esses modos de formular a relação entre contextos e fala funcionam em termos de alguma interface (orientação) cognitiva (não analisada), por um lado, e mera condicionalidade de traços contextuais relevantes, por outro – mais uma vez, sem uma análise dos processos ou relações envolvidos (consequência). Na verdade, como no caso de muitas passagens da Gramática Formal, a Análise da Conversação clássica está mais interessada nas maneiras autônomas como as pessoas se envolvem na fala do que nas explicações possíveis de tal fala em termos de condições ou processos sociais (ou cognitivos).

Além dessas descrições gerais e abstratas da relação, a ligação contexto-discurso também pode ser caracterizada em termos mais ativos, interacionais, como algo que os participantes 'fazem': *estabelecem, realizam* ou *representam* [*establish, enact or perform*]. Bastante típico, por exemplo, seria o tratamento dos papéis sociais como propriedades das situações sociais que os participantes realizam ou representam 'no' ou 'com o' discurso. Portanto, muitos aspectos do texto e da fala não apenas 'têm relação' com o papel relacionado ao gênero presumido [*assumed*] dos participantes, mas podem ser 'representados' [*performed*] de maneira mais ou menos consciente e intencional, por exemplo, em estilos de fala 'femininos' ou 'masculinos' (Butler, 1990).

O mesmo é verdade para a explicação das relações sociais entre participantes: os falantes podem, por exemplo, estar 'fazendo' tirania ou resistência com seus discursos e seus traços. Note-se que, neste último caso, situação social e discurso/interação se superpõem no sentido de que a atividade social em que há envolvimento pode coincidir precisamente com o próprio discurso, como no caso das reportagens de notícias ou nos debates parlamentares. Obviamente, essa observação nada mais é do que um outro modo de dizer que o discurso é uma forma de interação social e, como tal, reflexivamente, acaba sendo parte de seu 'próprio' contexto.

Esse modo mais 'ativo' de explicar as relações contexto-discurso afina-se com uma abordagem interacionista do discurso definido como algo que os usuários da língua estão fazendo, e não como um produto verbal abstrato, como costuma acontecer nas análises dos textos escritos. Em minha opinião, essa abordagem *passo a passo* e interacional é coerente com uma abordagem estratégico-cognitiva que descreve os processos *on-line* da produção e compreensão do discurso. Não se trata de tratamentos mutuamente excludentes daquilo que acontece na interação discursiva, mas somente de descrições em níveis ou dimensões diferentes de um fenômeno complexo. O mesmo é verdade para uma análise das expressões (fonologia, sintaxe, léxico) de um lado e significado de outro. Na realidade, o significado *é* um objeto cognitivo – além de ser um objeto social.

Embora uma abordagem mais 'ativa' das relações contexto-discurso, como esta de que estamos falando, seja mais satisfatória tanto de um ponto de vista teórico quanto de um ponto de vista empírico, é preciso ressaltar que essa abordagem não nos dispensa, pura e simplesmente, de oferecer uma análise 'estrutural', a saber, uma análise das estruturas dos modelos de contextos (e possivelmente das situações sociais), nem das estruturas do discurso. Ou seja, 'bancar o autoritário' ou 'encenar o gênero' também significa selecionar e implementar estruturas gramaticais, semânticas e retóricas do texto e da fala, entre outras coisas. Isso acontece de um modo controlado estrategicamente pelo contexto, mas nem por isso podemos ignorar o conhecimento que os usuários da língua têm a respeito dos recursos discursivos, isto é, as estruturas, regras ou categorias que eles já 'conhecem'.

Podemos falar de relações contexto-discurso de muitos modos, dependendo do arcabouço teórico que escolhemos. Se fizermos abstração dos processos cognitivos e da interação social dos usuários individuais da língua, poderemos simplesmente falar em termos de relações, ligações, mapeamentos ou mesmo correlações. Se preferirmos uma explicação mais orientada para o processo (psicológico) ou interacional (sociológico), a relação poderá ser caracterizada em termos mais ativos, tais como controle, expressão, realização ou representação. Excetuados os momentos em que eu estiver descrevendo processos ou interações, será usada neste livro a noção geral de 'controle' ou 'condicionamento', assumindo que isso implica que esse controle faz parte do processo da produção do discurso e também da interação discursiva. E deve-se compreender que a noção de 'controle' usada aqui cobre os complexos processos e interações sociocognitivos envolvidos na construção, nos usos e na adaptação estratégica, passo a passo dos contextos de modelos.

A COMPLEXIDADE DO CONTROLE CONTEXTUAL

Deveria ter ficado óbvio que o controle contextual do discurso não é uma forma de influência simples, monocausal. A partir das pesquisas resenhadas neste capítulo e das análises contextuais do debate parlamentar apresentadas em *Society in Discourse*, pode-se concluir que o texto e a fala não covariam diretamente com propriedades sociais dos falantes, tais como o gênero, a raça ou a classe, ou com relações dos participantes, tais como familiaridade ou poder, ou com características mais abrangentes, como a formalidade da situação, entre outros condicionamentos. Ou seja, sempre que há uma relação, ela é mediada pelos participantes.

Embora estejamos obviamente interessados em generalizações, como em qualquer investigação acadêmica, deve ficar claro que cada evento comunicativo é uma combinação única e complexa de condições situacionais e de suas consequências discursivas, também únicas. Portanto, não deveria surpreender que, mesmo nas condições do uso da língua mais investigadas, como as de gênero, só tenham sido encontrados poucos resultados inequívocos e generalizados (ver, por exemplo, o artigo crítico de Macaulay, 1978: 353-363, sobre a frequentemente presumida superioridade feminina na língua).

Uma das muitas razões para essas limitações da pesquisa passada, à parte os problemas habituais de arquitetura dos experimentos, é que as variáveis sociais independentes, tais como o gênero ou a classe, nunca estão sozinhas no uso real da língua e interagem com um grande número de outros condicionamentos contextuais. Mesmo quando as situações sociais (por exemplo, o gênero) dos falantes são 'objetivamente' as mesmas, ou as mesmas para os observadores, minha tese tem sido de que isso não significa que elas sejam as mesmas, 'subjetivamente', ou as mesmas para os participantes. Uma mulher, num debate, pode falar em primeiro lugar não só como mulher, mas também como mãe, como MP, como um dos pais, como psicóloga ou como socialista, entre muitas outras possibilidades de atividades relevantes que vão sendo ativadas ou construídas passo a passo.

Daí a importância teórica e metodológica da noção de modelo de contexto, que, de um lado, dá realce à construção subjetiva das identidades dos falantes na interação e, de outro, interpreta, combina e constrói de maneira única os parâmetros relevantes das situações comunicativas. Para falantes individuais, isso pode implicar não só uma *saliência* variável ou uma *hierarquia* de condicionamentos contextuais (subjetivos), mas também *forças* variáveis desses condicionamentos.

Metodologicamente isso implica que seriam necessárias não só grandes quantidades de eventos comunicativos muito semelhantes e observações, mas também *insights* detalhados sobre os modos como os participantes definem essas situações. Não admira então que as generalizações sejam difíceis de encontrar! É fato conhecido nos estudos sobre gênero e em Sociolinguística que muitas suposições mais antigas sobre as diferenças de gênero, por exemplo no que concerne a interrupções, polidez, uso das palavras-tabu ou dos diminutivos etc., estão bem longe de ser o resultado de extensas pesquisas, e apenas derivam de estereótipos.

Deve-se, portanto, ter em mente neste capítulo que as (poucas) conclusões gerais sobre a influência de parâmetros situacionais específicos se baseiam muitas vezes em pesquisas de correlações que fazem abstração das características situacionais e das construções subjetivas dos participantes. Como não temos acesso direto aos modelos de contexto, e como raramente se implementam protocolos de pensar em voz alta ou entrevistas subsequentes sobre como os participantes 'veem' ou 'compreendem' a situação comunicativa, o melhor que podemos fazer é adotar a hipótese de que, apesar das diferenças autobiográficas em algumas situações, algumas categorias de falantes constroem suas identidades sociais relevantes de uma maneira que é, em grande medida, a mesma. Qualquer generalização, portanto, pressupõe que se faça abstração, em um ou mais níveis, das construções pessoalmente únicas dos condicionamentos comunicativos relevantes da situação, isto é, dos modelos de contexto individuais.

Variação

Uma noção fundamental no estudo das relações entre situação social e uso da língua é o de 'variação', um dos termos padrão da Sociolinguística clássica (ver, entre muitos outros estudos, por exemplo, Chambers, Trudgill e Schilling-Estes, 2002; Eckert, 2000; Eckert e Rickford, 2001; Labov, 1972a, 1972b; Milroy e Gordon, 2003; Milroy e Milroy, 1997: 47-64).

Contudo, para que o contexto (qualquer que seja sua definição) influencie no uso da língua, a condição crucial é que as estruturas ou estratégias discursivas *variem* em pelo menos uma dimensão. Em outras palavras, é preciso que os usuários da língua tenham uma escolha (mais ou menos consciente) em adaptar seus enunciados à situação social do momento. Uma amostra disso é que podemos dirigir-nos a alguém como 'Maria' ou 'Sra. Silva', ou 'professora', e tal variação nos permite tornar nossa alocução mais adequada social ou interacionalmente, por exemplo, dependendo do *status* que se atribui ao receptor, ou da relação (digamos de maior ou menor intimidade) entre falante e receptor (Brown, 1996: 39-52; Ervin-Tripp, 1996: 23; Lakoff e Ide, 2005; McConnell-Ginet, 2003: 69-97).

Contudo, dado que na língua inglesa o artigo precede o substantivo, não há variedade em que seja permitido aos artigos seguirem os substantivos, e portanto não há nenhum condicionamento contextual que possa controlar uma tal opção, excetuado o caso dos usos intencionalmente 'desviantes', como os que ocorrem na poesia moderna, nos jogos de palavras e na propaganda, que são eficazes precisamente por desviar-se da norma gramatical.

O mesmo vale para a produção de artigos noticiosos: qualquer que seja o jornal ou o estilo de uma reportagem de notícias, sempre há uma manchete (Van Dijk, 1988b). Em outras palavras, dado que certas estruturas da sintaxe, as preposições, a coerência, a argumentação, a narração ou a tomada de turno são obrigatórios, e portanto *independentes de contexto* [*context-free*], eu me interessarei somente por estruturas do uso da língua ou do discurso que sejam *dependentes de contexto* ou *sensíveis ao contexto* [*context-bound or context-sensitive*].

QUE ESTRUTURAS DISCURSIVAS PODEM VARIAR EM CASO DE IDENTIDADE?

O problema é que a variação não é uma noção bem definida. Se é óbvio o que variação significa no caso de duas pronúncias diferentes de uma palavra ou da escolha dos pronomes ou outros mecanismos de alocução polida, pode ser menos óbvio para a seleção dos assuntos ou das estratégias retóricas de persuasão. Um jornalista sabe que em uma reportagem noticiosa não se pode, em geral, narrar passagens da vida particular, uma restrição que se aplica igualmente a muitas formas de discurso público ou institucional. Mas o que se pode dizer de um diálogo que acontece enquanto o freguês é atendido numa loja? Os vendedores e compradores precisam, em tal situação, restringir seus assuntos à transação em que estão envolvidos, ou é permitido que eles joguem conversa fora, tratando de assuntos pessoais, especialmente se têm amizade com o freguês? Obviamente a variação pessoal, da mesma forma que as restrições impostas pela cultura, é significativa aqui: as pessoas diferem muito no que põem à mostra de si mesmas nesses tipos de encontros (Adler e Rodman, 1991).

A pergunta é se os condicionamentos contextuais para os assuntos são semelhantes aos que afetam o –*r* pós-vocálico ou aos que se referem aos pronomes de polidez. Na verdade, no início de um diálogo para fins de atendimento numa loja, algumas pessoas, na Espanha, dirigem-se ao vendedor falando '*usted*', e outras falando '*tú*', dependendo de já conhecerem a pessoa, bem como da idade ou do *status* do falante e do destinatário, e de outras restrições contextuais (Brown, 1996). Podemos descrever a variação de assuntos (por exemplo) em diálogos durante o atendimento numa loja ou a variação nos jornais em termos contextuais semelhantes?

De modo mais geral, a pergunta a ser feita é se, de um ponto de vista contextual, a adequação é aproximadamente tão rigorosa quanto a 'gramaticalidade' e outras regras, condições e normas etc. (ver a discussão em Eckert e McConnell-Ginet, 2003: 104). Obviamente, em algumas situações e em algumas culturas, os condicionamentos contextuais são muito rigorosos, mas em muitas outras situações as regras podem ser muito mais flexíveis. Assim, é muito pouco provável que bem no meio de uma reportagem noticiosa do *New York Times* apareça uma história pessoal irrelevante do repórter. Para o NYT, esse tipo de exigência pode até mesmo ser mais rigoroso do que as regras de alocução polida que ligam os repórteres iniciantes aos editores mais velhos: quebrando a primeira regra (a que diz respeito ao conteúdo), o repórter pode passar por incompetente (e ser despedido); quebrando a regra de polidez, o repórter pode ser considerado mal-educado e caipira.

Mas em outros jornais nos Estados Unidos ou em outras culturas, as reportagens noticiosas poderiam muito bem ser associadas com experiências pessoais – muito embora os dados transculturais sobre a elaboração de notícias tendam a sugerir semelhança e não diversidade no estilo com que se dão as notícias (Van Dijk, 1988b).

Parece plausível, portanto, que para cada condição ou exigência contextual sobre alguma dimensão do discurso, eu precise indicar algum grau de normatividade ou obrigação, independentemente das avaliações empíricas da frequência relativa com que são respeitadas algumas exigências, como sabemos a partir da pesquisa sobre 'regras variáveis' em Sociolinguística. Algumas regras e normas são categóricas (por exemplo, não há notícia quando não se relatam acontecimentos recentes). E outras são antes de mais nada uma questão de qualidade: uma 'boa' reportagem ou um 'bom' artigo científico cita várias fontes.

Nesse caso, estou mais interessado numa análise detalhada do contexto, a fim de explicar aquilo que, de outro modo, poderia ser entendido como uma variação pessoal que fica por conta do acaso. Assim, no exemplo do diálogo durante o atendimento na loja que eu mencionei anteriormente, poder-se-ia formular como uma regra geral que a seleção do assunto deveria, em princípio, ter a ver com comércio. Na realidade, seria bastante estranho se saíssemos de uma loja sem ter falado pelo menos por um momento sobre a compra que fizemos nela – a menos que o vendedor nos conheça tão bem que sabe do que precisamos, o que também sugere que quanto maior o conhecimento que os participantes compartilham, tanto menor precisa ser o discurso. Essa regra geral para a seleção do assunto em diálogos de atendimento pode ser combinada com as exigências quanto à seleção do assunto nas conversas mais informais, sujeitas a mais exigências contextuais (como idade dos participantes, conhecer-se reciprocamente, tipo de encontro visando o atendimento etc.).

De modo geral, em condições especiais (por exemplo, de pausas, sequências laterais etc.), as conversas cotidianas informais podem ocorrer praticamente a qualquer momento e em qualquer lugar em ambientes institucionais ou organizacionais. Embora seja possível que nem todas as 'variações' (tanto em sentido estatístico como em sentido geral) possam ser explicadas desse modo, e embora sempre sobrem a variação pessoal ou elementos aleatórios e *ad hoc* na situação, a ideia é explicar o maior número possível de propriedades do discurso em cada situação em termos de condicionamentos contextuais.

TIPOS DE VARIAÇÃO

A noção mesma de *variação* precisa ser mais analisada. Não só o conceito implica que as expressões podem aparecer em formas diferentes conforme mudam as situações sociais ou comunicativas, mas também pressupõe que algo continua sendo o *mesmo* (para um debate sobre esse critério, veja-se, por exemplo, Lavandera, 1978: 171-182; Kerswill, 2004: 22-33; Milroy e Milroy, 1997).

Tal condição é facilmente satisfeita quando nos limitamos à variável sociolinguística costumeira do *som*: uma palavra pronunciada de um modo diferente é uma 'ocorrência' [*token*] do 'mesmo' item lexical, com o 'mesmo' significado (semântico), mesmo quando uma das variantes é usada em situações mais formais e a outra de modo mais coloquial (tendo, portanto, um significado 'pragmático' diferente).

Isso ainda pode ser mais ou menos verdadeiro conforme usamos diferentes itens *lexicais* par falar sobre alguma coisa ou alguma pessoa: '*man*' e '*guy*' têm mais ou menos o mesmo significado (para um dos significados de 'homem', a saber, 'ser humano do sexo masculino adulto'), mas a segunda variante é usada em situações mais informais, especialmente no inglês dos Estados Unidos. As diferenças de significado, nesse caso, são em larga medida situacionais ou pragmáticas, e não semânticas. Na verdade, "*I saw the guy*" ["Eu vi o cara"] na maioria das situações implica a proposição "*I saw the man*" ["Eu vi o homem"] e vice-versa, o que equivale a dizer que essas expressões são semanticamente (formalmente) equivalentes.

Analogamente, se nos dirigirmos a alguém dizendo 'João' ou 'senhor Lopes', ou com 'o senhor' ou 'tu', então as formas de alocução mudam, mas não muda o fato de que essas formas *se referem* deiticamente à (mesma) pessoa com quem estamos falando. A equivalência semântica, no caso, não é intensional (baseada no significado), mas extensional (baseada na referência). Expressões lexicalmente variáveis, que são referencialmente equivalentes, podem ter não só 'significados' *semânticos* (intensionais) diferentes (por exemplo: 'o homem' em oposição a 'o Sr. Smith'), mas também funções ou significados *pragmáticos* diferentes, dadas condições contextuais diferentes, por exemplo, quando o destinatário tem um *status* social mais alto (poder, idade, posição etc.) do que o falante, de modo que uma forma mais 'polida' ou mais 'respeitosa' é obrigatória ou mais adequada ('*tú*' em oposição a '*usted*').

Embora a noção de 'mesmo significado' (ou referência) nesses casos não seja isenta de problemas, normalmente proporciona uma condição bastante explícita para o uso das variantes: o uso do conceito de 'variação' pressupõe que pelo menos alguma coisa fica (mais ou menos) constante, e esse é o caso de algum tipo de 'significado' semântico, mesmo quando os 'significados' funcionais, situacionais ou pragmáticos podem diferir (Biber, 1995).

Mas o que acontece com significados locais ou globais sem identidade referencial? Se assumirmos que um episódio de atendimento em loja ou uma reportagem de notícias exige assuntos relevantes específicos, e se assumirmos, além disso, que a escolha e a variação do assunto são controladas por condicionamentos contextuais, então o que fica inalterado em tais situações ou discursos de modo que possamos mesmo falar de *variação*? Um forte argumento contra uma análise variacionista, nesse caso, é que, mudando o significado, estaremos mudando o próprio discurso, e então, ao que tudo indica, não estaremos mais falando sobre discursos livremente *intercambiáveis*, mas de discursos *diferentes*. A variação, nesse caso, não diz respeito à variação da expressão, ou à variação da escolha entre várias opções possíveis, mas à variação entre situações diferentes, tipos de interação diferentes ou gêneros sociais diferentes.

Assim, numa carta pessoal – mas não numa reportagem – podemos falar de assuntos particulares, e essa restrição quanto ao assunto só envolve variação no modo como representamos o mundo, mas não variação das formas às quais é dada uma referência idêntica ou um significado idêntico. Ainda assim, faz algum sentido dizer que duas reportagens diferentes sobre o mesmo acontecimento, publicadas em dois jornais diferentes, são variantes uma da outra. Sendo assim, e supondo que mantenhamos de alguma forma a condição de 'identidade', o que é que continua 'sendo o mesmo'?

Se assumirmos, seguindo a ontologia realista dos participantes do discurso, que os acontecimentos têm uma existência independente do modo como estão sendo descritos, então poderemos dizer, sem dúvida, que pelo menos em algum nível de análise duas reportagens diferentes podem ser variantes referenciais uma da outra se derem 'versões' diferentes do 'mesmo acontecimento' (ver também a discussão em Potter, 1996). As duas reportagens podem inclusive ter em comum uma macroproposição, expressa pelo uso da mesma manchete ou de manchetes sinônimas. Nesse caso, não temos apenas variantes referenciais que tratam do 'mesmo' acontecimento, mas também variantes macrossemânticas, que compartilham as mesmas macroproposições (assuntos) (Van Dijk, 1980).

Num paradigma mais construcionista, porém, os acontecimentos, e especialmente os acontecimentos sociais, não têm existência independente do modo como são descritos e constituídos discursivamente (Potter, 1996). Numa abordagem desse tipo, seria difícil falar de variantes referenciais – e já não faz sentido falar de duas 'versões' do 'mesmo fato', já que os 'fatos' simplesmente variam com as diferentes 'versões' usadas para descrevê-los. No mesmo sentido, não podemos nem mesmo contar duas vezes 'a mesma história', porque cada vez que a contamos fazemos isso num contexto diferente, o que lhe confere características formais diferentes, por menor que essa diferença seja (Polanyi, 1981: 315-336, 1985).

Contudo, as explicações filosóficas e teóricas, neste caso, não precisam acompanhar o realismo ditado pelo senso comum dos usuários da língua corrente, que acha que os acontecimentos são 'reais' e estão 'aí no mundo', independentemente do modo como falamos deles. Para eles, dois artigos do noticiário podem ser sobre o 'mesmo' acontecimento, e portanto ser variantes referenciais, ou 'versões' diferentes dos mesmos 'fatos'. É em contraste com esse pano de fundo que reconhecemos diferenças de estilo, por exemplo, entre o modo como o *Times* de Londres trata de um acontecimento e o modo como fazem os tabloides.

É relevante para a discussão das restrições contextuais sobre o uso da língua que essas diferenças de estilo e registro para o mesmo gênero de discurso são função do controle situacional, por exemplo, elas são definidas em termos do tipo de participantes (jornalistas, leitores etc.) e das instituições envolvidas. Sinonímia, paráfrase, versões alternativas e outras noções semelhantes precisam, portanto, ser definidas em termos graduais, porque obviamente o artigo do *Times* pode não ter muitas palavras em comum com o tratamento dado ao 'mesmo' acontecimento, por exemplo no *Sun*.

A partir dessa discussão, precisamos concluir que é importante teoricamente ter clareza sobre a natureza exata daquilo que continua sendo 'o mesmo', quando comparamos algum discurso com discursos alternativos possíveis, para ter uma base de comparação e poder falar de variação. Pelo menos em termos de senso comum, isto é, nos termos dos próprios usuários da língua, isso nos permite tratar como 'variantes' discursos que pertencem a gêneros diferentes, como um poema ou um romance sobre os mesmos acontecimentos, ou um boletim de ocorrência ou a história que contei do meu jeito durante uma conversa, a respeito do 'mesmo' assalto.

Note-se que 'equivalência', em todos esses casos, também implica *equivalência referencial parcial*, por exemplo, quando dois textos fornecem mais ou menos informações a respeito dos 'mesmos' acontecimentos, e portanto quando um deles tem por assunto propriedades do acontecimento que não são mencionadas no outro, e vice-versa. O mesmo vale para a equivalência com mudança de nível, por exemplo quando um texto descreve o 'mesmo' acontecimento num outro nível de descrição (mais geral ou mais específico). Uma diferença desse tipo daria conta, por exemplo, da variação entre estilos 'sucintos' e estilos 'elaborados' ou 'prolixos'. Dar-se-ia conta de todas as variantes retóricas de um mesmo modo, no nível da equivalência de sentido (mais ou menos exata) ou da equivalência referencial, sendo ou não as expressões ou significados objeto de realce ou de eliminação do realce (por hipérbole ou eufemismo etc.).

Resumindo, acabo de examinar tipos de variação baseados em identidade fonológica ou lexical, ou a 'propriedade de serem os mesmos' de significados (intensionais) locais e globais, níveis de descrição variáveis (mais ou menos detalhe, mais ou menos descrição específica) e vários tipos de referência. É óbvio que a variação é uma noção relativa, mais precisamente uma noção relativa a níveis: enquanto houver um nível 'subjacente' que não muda, podemos descrever os detalhes do nível mais alto como formas variáveis de expressar ou realizar os níveis subjacentes.

VARIAÇÃO SEMÂNTICA EM CONDIÇÕES DE IDENTIDADE NUMA TEORIA DE MODELOS

Para tornar mais explícito este resumo do tratamento que dei à variação, vou recorrer à solução que resolveu o famoso problema da correferência e coerência no discurso, a saber, a teoria dos modelos cognitiva: *dois discursos são variantes em algum nível se eles são interpretados como o mesmo modelo de evento nesse nível*. Em primeiro lugar, isso satisfaz a identidade referencial esperada das expressões variantes ('falar das mesmas coisas') e, em segundo lugar, traz um elemento subjetivo importante, já que os modelos incorporam representações subjetivas de um evento. Assim, se para algum usuário da língua (jornalista ou leitor) duas reportagens sobre 'o mesmo acontecimento' não são interpretadas como tendo a ver com o 'mesmo acontecimento', então, *para esses usuários da língua*, por definição, eles não são variantes.

Note-se que esse tratamento modelo-teorético da variação do discurso é *relativo* a *níveis* do discurso e a modelos mentais, como seria de esperar. Isto é, os discursos podem ser variantes macroestruturais se têm macroestruturas idênticas no modelo do evento, por exemplo, quando os usuários da língua os interpretam globalmente como tendo a ver com o mesmo 'evento' global – mesmo que os detalhes dos textos possam ser diferentes, no que concerne diferentes detalhes do modelo mental.

A solução também é perfeitamente coerente com a tese principal deste livro, a saber, que as diferenças situacionais devem ser tratadas em termos de modelos de contextos. Assim, completando a definição de variação, podemos dizer agora que *os discursos são variantes (em algum nível) se compartilham o mesmo modelo de evento (em algum nível) ao passo que seus modelos de contexto são diferentes.*

Tudo isso deixa subsistir uma grande margem de variação, não só nos níveis da forma fonológica (e, claro, gráfica, visual), léxica, sintática ou de (outros) formatos ou superestruturas (globais) de gênero (narrativas, argumentação, reportagens, artigos científicos etc.), mas, numa interpretação menos rigorosa, também para a paráfrase do significado, ou para 'versões' diferentes dos 'mesmos' eventos, isto é, variantes referenciais tais como são tratadas em termos de modelos mentais. E todas essas variantes podem, é claro, depender de exigências contextuais.

Até este momento, eu assumi que a variação do discurso é controlada contextualmente. Isso é plausível numa abordagem funcional da língua e do discurso, mas talvez não seja uma condição necessária. Teoricamente, podemos ter uma variação 'livre', por exemplo, da fonologia, da sintaxe, do léxico ou de outras estruturas do discurso que variam mais ou menos arbitrariamente conforme a situação e os falantes, mas que não tem qualquer importância social ou situacional (função, implicações, interpretações etc.). São apenas variações arbitrárias, *ad hoc*, que muitas vezes escapam do controle dos participantes – e que são assim descritas, enquanto não encontramos outros fatores (neurológicos?) que condicionem tal variação. Em outras palavras, a variação sem diferenças nos modelos de contexto por definição não tem nenhuma função pragmática (embora possa ter outras causas psicológicas ou patológicas, e nesse sentido possa ser relevante para fins de diagnóstico).

VARIAÇÃO PRAGMÁTICA?

A maior parte da variação baseia-se em equivalência local ou global de significado ou referência: dizer 'a mesma coisa' de maneiras diferentes. Uma pergunta é se isso exclui a variação 'pragmática'. Alguns contextos, mas não outros, permitem que os falantes emitam ordens ou outras orientações para os receptores, por exemplo, se o falante tem mais poder, tem mais autoridade, ou ocupa um papel institucional. Se a variação é uma noção útil para dar conta de estruturas do discurso dependentes do contexto, o que continua sendo 'o mesmo' nesse caso? Seria correto dizer, por exemplo, que os conteúdos proposicionais (por exemplo, sair da sala, parar o carro ou pagar os impostos) permanecem constantes, e a variação fica por conta de sua função ilocucionária, de modo que num contexto o falante pode *mandar* que o receptor faça algo, e noutro contexto precisa *pedir* a 'mesma' coisa? Ou podemos dizer que as duas coisas são 'diretivas' – no sentido de que o falante quer que o receptor faça algo –, mas que a variação consiste na escolha de diferentes atos de fala diretivos, como ordens em oposição a pedidos, enquanto alternativas pragmáticas?

De acordo com a análise (cognitiva) modelo-teorética proposta anteriormente, esse tipo de variação pragmática aplica-se quando dois enunciados têm o mesmo *modelo de contexto* em algum nível, por exemplo, os mesmos objetivos ou desejos por parte do falante com respeito à ação futura do receptor, os mesmos papéis dos participantes etc.

Mas esse tipo de análise resulta problemático quando pensamos em muitos outros atos de fala. Por exemplo, em alguns contextos podemos parabenizar apropriadamente alguém, mas não em outros. No entanto, não temos diferentes subtipos de parabéns, de modo que não é possível aqui nenhuma escolha, e tampouco pode haver variação. Em outras palavras, seria de novo exigido para as variantes pragmáticas que haja dois atos de fala que são variantes de um (tipo de) ato de fala mais geral ou básico, subjacente. Neste caso, um aspecto do contexto pode ser diferente (por exemplo, a relação de poder entre os participantes), enquanto, no modelo de contexto, tudo mais é igual. Mais uma vez, num caso como esse, precisaríamos falar de uma identidade de modelos, dependente de nível – identidade de modelos 'pragmáticos' (contextuais), mas não de modelos 'semânticos' (referenciais). A variação aqui é definida não em termos de *dizer* (mais ou menos) a mesma coisa, mas de *fazer* mais ou menos a mesma coisa (no sentido de realizar o mesmo ato de fala fundamental). Portanto, enquanto há uma base de comparação e identidade, definida aqui em termos de algum tipo de modelo mental, então podemos falar de variação num sentido amplo. A maioria dos tipos de variação de que tratamos, porém, são formais e baseados no sentido ou na referência: maneira diferentes de dizer/falar (sobre) a mesma coisa.

VARIAÇÃO INTERACIONAL?

Finalmente, estendendo essa análise dos atos de fala a uma teoria mais geral da *fala-em-interação*, podemos perguntar se é possível realizar o 'mesmo' ato dizendo ou fazendo coisas diferentes e, inversamente, se dizendo a mesma coisa em contextos diferentes estamos realizando ações diferentes.

No primeiro caso, temos exemplos óbvios de iniciar, interromper ou finalizar uma conversação, um debate parlamentar, uma reportagem jornalística ou um artigo de revista universitária, e modos diferentes de concordar ou discordar, além de uma infinidade de outras formas de interação.

No segundo caso, dada a enunciação de expressões como 'Eu estou com fome', é possível realizar não só atos de fala diferentes (asserções, pedidos indiretos etc.), mas também muitas outras formas de interação, como responder a uma pergunta, aceitar um convite para jantar, criticar as políticas do governo, e muitas mais, dependendo das implicaturas permitidas pelo contexto.

O problema, então, é se a 'recontextualização' do 'mesmo' enunciado envolve algum tipo de variação pragmática ou de interação – um significado ou função diferente do 'mesmo enunciado' em diferentes situações, ou se devemos antes falar de dois discursos diferentes, simplesmente porque eles têm funções ou significados pragmáticos diferentes. Isso é, por assim dizer, 'virar a noção de variação de cabeça para baixo'. Ao passo que habitualmente falamos de variação quando diferentes discursos têm os mesmos modelos semânticos ou pragmáticos, nesse caso temos modelos pragmáticos diferentes, mas o discurso é 'o mesmo'.

Analogamente, embora diferentes gêneros textuais tenham modos diferentes de Começar ou Terminar, ou outras categorias ou (inter)ações convencionais, seria estranho, para dizer pouco, chamar dois discursos de variantes porque em ambos está presente uma mesma forma de Começo, e portanto ambos são membros da classe *formal* dos discursos que têm algum tipo de categoria introdutória, tal como ter Cumprimentos, Anúncios, Títulos, Sumários ou Resumos no início. Mesmo havendo algum tipo de semelhança que permitisse a comparação, ela seria formal, e não pragmática ou interacional, porque não há restrições contextuais óbvias que condicionem tal variação. Por exemplo, não há nenhuma condição contextual que exija sumários iniciais, exceto uma condição cognitiva de facilitar o processamento, a compreensão e a recuperação pela memória e, naturalmente, as regras ou normas habituais de um gênero e sua convencionalização institucional (como as manchetes de uma reportagem de notícias na imprensa).

Embora essa questão não fique nem um pouco clara do ponto de vista teórico, pode-se assumir, provisoriamente, que diferentes contextos tendem em geral a condicionar a produção de diferentes instâncias de texto ou de fala. Essas diferenças discursivas manifestam-se tipicamente na variação de formas ou formatos, significados, funções ou ações que são, mais ou menos, os 'mesmos'. Quando o enunciado é mais ou menos o mesmo, contextos diferentes geralmente levarão a interpretações, funções, significados (pragmáticos) etc. diferentes.

Proponho que se dê uma solução à velha questão do que é 'o mesmo' em termos de modelos semânticos e pragmáticos e dos seus níveis ou dimensões que correspondem a esses modelos. Isso implica que a noção de 'variação' tem não só uma dimensão social, mas também uma dimensão subjetiva: o que são variantes para um usuário da língua podem não ser variantes para outros. Isso pode levar a conflitos de interação, mais precisamente quando uma das variantes para um participante é perfeitamente adequada na situação corrente (de acordo com o modelo que ele ou ela tem para essa situação), mas não para um outro participante. Na verdade, aquilo que para uma pessoa vale por um elogio pode valer por um insulto para outra. Vemos que o modelo sociocognitivo dá conta mais uma vez de um aspecto importante das relações entre texto e contexto, a saber, a relação de 'ser a mesma coisa' que subjaz à variação.

Estilo

Se há uma noção nas humanidades e nas Ciências Sociais que uma teoria do contexto precisa explicitar mais, essa noção é a de *estilo*. Dúzias de significados e definições de estilo têm sido usadas em campos tão diferentes como (o estudo) da arquitetura, da pintura, da literatura ou da moda, por um lado, e da sociolinguística, por outro (ver, por exemplo, Eckert e Rickford, 2001; Sandell, 1977; Sebeok, 1960; Selting e Sandig, 1997). Neste livro e neste capítulo defino e uso a noção de estilo somente no sentido de uma propriedade específica do uso da língua ou do discurso que é controlada pelo contexto. Como uma definição adequada de estilo com base no contexto exigiria pelo menos uma monografia específica, limito-me a resumir algumas das propriedades do conceito de estilo tal como o uso aqui.

ESTILO DO DISCURSO

O conceito de estilo usado aqui é uma *propriedade do discurso*, e não das palavras, por um lado, ou dos usuários da língua, por outro. Assim, a opção por uma entonação específica, ou por determinados itens lexicais, assuntos ou traços retóricos é descrita como uma propriedade do estilo somente quando estão em discussão textos inteiros, e não apenas palavras ou sentenças isoladas. Analogamente, quando falamos do 'estilo' de uma pessoa ou grupo, referimo-nos a seus discursos ou a seus atos verbais, e não, por exemplo, ao seu estilo de vida, sua indumentária ou outras formas específicas de conduta – que não as verbais.

O ESTILO COMO VARIAÇÃO

A maioria das propriedades do estilo coincidem com as propriedades da *variação* da língua tal como foi definida, isto é, com modos variáveis de uso da língua controlados pelo contexto, mantido algum tipo de identidade. Pela mesma razão, o estilo é habitualmente descrito somente para variações de forma, tendo por base o mesmo significado, referência ou assunto. Todavia, como o fiz para a variação, não há motivo para não estender a noção a outros níveis do discurso, enquanto houver algo que se mantém inalterado e que proporciona uma base para comparação; assim, assuntos ou atos de fala específicos podem fazer parte da definição do estilo de um discurso. Somente aquelas estruturas que são variáveis podem ser estilísticas: as regras obrigatórias da gramática ou do discurso não são estilísticas, embora suas violações possam sê-lo. Portanto, por si sós, falar uma língua ou um dialeto, usar um gênero etc. não são propriedades do estilo.

ESTILO COMO ESCOLHA

Mais especificamente, o estilo é resultado de *escolhas* mais ou menos conscientes entre estruturas alternativas variáveis. Por sua própria natureza, essa definição menos passiva de estilo introduz elementos contextuais, como as intenções e os propósitos. Em outras palavras, a escolha é o aspecto mais 'dinâmico' (em termos de atividade) da noção, mais estrutural de 'variação'.

O ESTILO COMO DISTINÇÃO

Uma das características típicas do estilo, em literatura, arte ou modo de vida, é sua característica *distintiva*: distingue indivíduos ou membros de grupos de outros membros ou outros grupos mediante seus discursos (Irvine, 2001: 21-43). Para os falantes, tanto quanto para os receptores, essa propriedade do estilo pressupõe, evidentemente, um conhecimento (implícito ou explícito) sobre o uso da língua que fazem outras pessoas ou grupos. Mais especificamente, um estilo de discurso distinto pode ser definido em termos de *originalidade* precisamente quando poucas outras pessoas, ou nenhuma, têm o mesmo estilo ou um estilo semelhante. Assim definida, a distintividade relaciona-se às propriedades contextuais da identidade pessoal ou do grupo.

Além do conhecimento sobre o próprio grupo e outros, a distintividade do estilo também tem uma base ideológica (Irvine, 2001: 22). De fato, postulei que a distinção e identidade de grupo é provavelmente uma categoria estrutural de esquemas ideológicos (Van Dijk, 1998). Numa perspectiva mais ampla e mais sociológica, Bourdieu (1984) ressalta a dimensão ideológica (por exemplo, de classe ou casta) presente em 'distinções' como ser diplomado por uma universidade famosa, cujas consequências são óbvias para os assuntos e o estilo das conversas (ver também Ervin-Tripp, 2001: 44-56). E Philips (2003: 252-276) nos alerta para o fato de que em sociedades e culturas diferentes, as mulheres (e os homens) não têm apenas uma ideologia de gênero, mas várias ideologias de gênero complexas, que se manifestam de modos diferentes em eventos comunicativos diferentes. Lembre-se que o contexto constrói a posição social não só do falante, mas também dos destinatários, como ensinam todos os estudos sobre polidez e deferência. Essas estratégias de 'distinção' também podem ser usadas para dirigir-se às elites com o objetivo de vender bens e serviços, como acontece no estilo usado pelos programas de fidelidade das companhias aéreas, que visam um público em ascensão social, como descobriram Thurlow e Jaworski (2006: 99-135).

ESTILO SOCIAL

No final de seu livro sobre diferenças no discurso como função da classe, gênero e idade, Macaulay (2005b) trata daquilo que poderíamos chamar estilos (de grupos) sociais. Como em todas as outras passagens, ele alerta contra generalizações apressadas feitas a partir apenas de dados sobre rapazes adolescentes da classe trabalhadora. Ele ressalta que seria preciso considerar combinações cuidadosamente definidas de dimensões sociais: mulheres originárias de classes sociais diferentes e com idades diferentes não podem falar do mesmo modo. Em geral, e conforme indiquei no início deste capítulo, ele descobre que poucos dos traços do discurso observado são estatisticamente significativos: o máximo que se pode dizer, e somente em termos muito gerais, é que a idade produz resultados mais significativos do que o gênero, que, por sua vez, é mais significativo do que a classe social.

Nas conversas de Glasgow estudadas por Macaulay, as principais (mais significativas) diferenças de classe aparecem no uso dos adjetivos e advérbios. Por exemplo, os falantes de classe média usam '*very*' ['muito'] e '*quite*' ['bastante'] mais frequentemente do que os falantes da classe operária, e o mesmo acontece com o circunscritor [*hedge*] '*sort of*' ['de certo modo', 'por assim dizer']. As diferenças de gênero evidenciam-se especialmente no uso de palavras específicas feito pelas mulheres, como os conectivos '*and*', '*but*', '*so*' e '*because*', ['e', 'mas', 'portanto' e 'porque'] e dos pronomes '*I*' e '*she*' ['eu' e 'ela'], evidentemente, porque elas em geral contam mais histórias, e essas histórias são a respeito de outras mulheres em particular. Por outro lado, os falantes homens referem-se mais frequentemente a lugares (como se pode ver nas histórias estudadas por Soler Castillo em Bogotá). As diferenças estatísticas relativas à idade são, antes de mais nada, que os adolescentes falam menos - eles usam menos palavras -, e em segundo lugar que os adultos usam mais marcadores discursivos como '*well*', '*you know*' e '*I mean*' ['bem', 'sabe?', 'quer dizer'], bem como os advérbios '*quite*', '*very*', '*even*' e '*maybe*' ['bastante', 'muito', 'mesmo' e 'talvez'] ao passo que os adolescentes usam mais frequentemente advérbios como '*just*' ['exatamente']. Em outras palavras, a partir dessas diferenças não parece possível discernir estilos de discurso bem definidos para a idade, a classe social ou o gênero. Além disso, as observações ficam em grande medida limitadas à gramática.

Portanto, seguindo a advertência de Macaulay, seria preciso estudar não como o discurso varia nas *mulheres*, mas, de preferência, digamos, nas *garotas da classe trabalhadora*, nas *mulheres adultas de classe média*, e assim por diante, qualificando, se possível, o grupo de sujeitos da análise de maneira ainda mais detalhada (por etnia, região etc.). Feito isso, estilos de discurso identificáveis, como os modos de contar histórias, poderiam ser relacionados de maneiras mais interessantes a formas de construção da identidade que explicariam a variação. Isso significa que a noção de estilo social ou de um grupo é provavelmente relevante para a descrição apenas de grupos homogêneos relativamente pequenos, como acontece para a possível influência do gênero social no discurso. Depois de décadas de estudos do gênero, pode ter-se tornado óbvio que as garotas chicanas de classe baixa em (um *barrio* específico de) Los Angeles falam de modo diferente das mulheres de classe média em Sydney.

Embora, como veremos mais detalhadamente em seguida, a ampla maioria de estudos do estilo e variação social tenham se concentrado nos usos da língua relacionados ao gênero, classe, etnia e profissão, deve-se lembrar que há tantos estilos de 'grupos' quantos são os grupos. Assim, Al-Ali (2006: 691-714) mostrou que os convites de casamento na Jordânia revelam não só o poder do marido, mas também a filiação religiosa dos autores.

O ESTILO COMO MARCADOR DO CONTEXTO

Nem *todas* as variações *possíveis* da língua são chamadas de estilísticas, mas somente aquelas que são *controladas pelo contexto*. Usar um sotaque (involuntário) não é algo que descreveríamos como parte do *estilo* da fala de alguém. Isto é, os critérios de escolha e distinção já introduzem alguns elementos contextuais, como a originalidade ou a identidade do uso de falantes ou grupos, por exemplo, diferentes grupos de jovens (Eckert, 2000, 2003; Macaulay, 2005b: 160). Esses usos do estilo são frequentemente descritos pelo termo bastante vago de 'significado social', que pode ser descrito num quadro teórico mais explícito, especificando-se as propriedades do tipo de modelo de situação inferidas ou atribuídas pelos participantes. Analogamente, o estilo liga-se com frequência a tipos de situações sociais como as situações formais/institucionais, a fala do dia a dia ou o e-mail. É preciso explicar as *funções* do estilo nesses termos contextuais.

AS FUNÇÕES DO ESTILO

Como qualquer fenômeno complexo, o estilo não pode ser aprisionado numa definição simples, e minha caracterização até aqui não poderia ser mais do que um primeiro passo em direção a uma teoria do estilo baseada no contexto, enquanto dimensão específica da estrutura do discurso sujeita a variação. A natureza contextual do estilo é definida não só em termos de escolha intencional entre opções variáveis, mas também em termos de várias funções que têm em comum um caráter de distinção: unicidade, originalidade, identificação, assim por diante. Isto é, os usuários da língua sabem interpretar um conjunto articulado de estruturas estilísticas variáveis tais como são especificamente controladas por um usuário da língua específico (estilo pessoal, idioleto), pela personalidade (por exemplo, estilo extrovertido *versus* introvertido), pelo grupo (socioleto), pelo tipo de situação (por exemplo, estilo professoral), pelo tipo de situação (estilo formal *versus* estilo informal/íntimo), pela relação dos participantes (estilo amistoso), pelo tipo de ação (estilo agressivo), pela instituição (estilo acadêmico), pelo conhecimento (estilo erudito), ou pela ideologia (estilo preconceituoso), e assim por diante.

Assim, o estilo permite que os falantes indiciem e os receptores infiram identidades pessoais e sociais, intenções e situações a partir do texto e da fala por meio de comparações implícitas com os usos variáveis da língua que seriam feitos por outras pessoas, grupos ou situações. Essa função do estilo é crucial, porque proporciona importantes informações para a interação, mais especificamente sobre propriedades da situação social às quais os receptores poderiam não ter acesso por outro caminho. Podemos, portanto, classificar todos esses tipos de estilo como *sociais* ou *contextuais* (para uma discussão, ver os escritos reunidos em Eckert e Rickford, 2001, por exemplo, Coupland, 2001). E, inversamente, quando conhecemos a situação social (isto é, se tivermos um modelo de contexto), poderemos avaliar o estilo (e as quebras do estilo) como sendo mais ou menos *apropriadas* para essa situação.

Apesar da natureza contextual do estilo e das diferenças estilísticas, temos muito poucos dados sistemáticos sobre os estilos 'de conjunto' dos textos e falas, para além dos estudos variacionistas de sempre a respeito do registro. Podemos ter intuições válidas sobre o estilo de conjunto do *Times* e do *Sun*, sobre os debates parlamentares na Grã-Bretanha, nos Países-Baixos e na França, ou entre os artigos das revistas especializadas em Ciências Sociais e em Ciências Naturais. Mas para além das variações da gramática de acordo com o registro, muito estudadas, restam outras diferenças estilísticas do discurso para serem explicadas, tais como os tipos e as dimensões das cartas, o uso de cores e fotografias, as expressões populares, as aliterações nas manchetes, e assim por diante, para as diferenças entre o *Times* e o *Sun* – para além de um estilo lexical mais 'popular' e outras variáveis de registro. A questão é que, depois que essa variação textual foi adequadamente descrita, precisamos associá-la a propriedades do contexto, tais como a orientação ideológica dos jornalistas (e especialmente dos editores) ou dos proprietários, e à classe social ou ocupação dos leitores, distinguindo dessa forma entre um jornal 'popular' e um jornal 'sério' (ou entre um jornal destinado à classe abastada, e um jornal 'de classe média').

ESTILO, ACOMODAÇÃO E ADMINISTRAÇÃO DA IMPRESSÃO

Como os estilos permitem aos receptores reconstruir as definições de contexto feitas pelos falantes, eles obviamente também podem ser controlados pelos falantes de modo a influenciar as definições de contexto dos receptores. Isto é, os estilos não só indiciam situações sociais, mas podem fazer parte das estratégias de *acomodação* e *administração da impressão* e de outras formas de interação sociocognitiva. Trivialmente, se quisermos passar por amigáveis (cultos etc.), recorremos a um estilo amigável (culto etc.); se queremos ameaçar alguém, usamos um estilo agressivo; e se queremos evitar que nos classifiquem como racistas, usamos desmentidos [*disclaimers*] ("Não sou racista, mas...") (Van Dijk, 1987).

Dessa forma, o estilo também pode funcionar como expressão do *poder*. Por exemplo, a burocracia ou os profissionais liberais podem usar seu estilo próprio como um meio para exercer um controle sobre seus clientes (ver, por exemplo, Prego-Vázquez, 2007: 295-335).

Tanto em Sociolinguística como na Psicologia Social da Língua, a 'acomodação aos receptores' ou o 'modo de conceber a audiência' [*audience design*] têm sido estudados extensamente (ver, por exemplo, Bell, 1984: 145-204; e a discussão em outros trabalhos reunidos em Eckert e Rickford, 2001; Giles, Coupland e Coupland, 1991; Giles, Mulac, Bradac e Johnson, 1987: 13-48; Giles e Powesland, 1975). Ficou claro, nos debates mais recentes, porém, que o estilo não é apenas idealizado em função da audiência, mas é também 'expressivo' ou 'indicial', por exemplo, indicial da identidade de grupo, dos engajamentos do falante ou do grupo de referência (Bell, 1991).

Os modelos de contexto dão conta elegantemente desses e outros condicionamentos, por exemplo, explicando que, para acomodar-se aos receptores, os falantes precisam ter um modelo desses receptores, mais precisamente como parte de seu modelo da situação comunicativa. A diferença crucial entre isso e a teoria clássica é que o que influencia os estilos da fala não é a identidade dos receptores enquanto tais (se assim fosse, a acomodação seria determinística), mas o modo como *os falantes definem e avaliam a relevância da identidade dos receptores*. Isso também explica por que em algumas situações os falantes tendem a acomodar-se aos receptores, ao passo que em outras eles preferem distanciar-se deles, acentuando as diferenças de fala.

ESTILO E POLIDEZ

Administrar a adequação e administrar a impressão muitas vezes são coisas que vão juntas, como nos ensina o uso das estratégias de *polidez* e o controle da *face* interacional (Brown e Levinson, 1987). Eles podem ser mais ou menos adequados a uma situação específica, mas ao mesmo tempo podem contribuir para uma impressão positiva acerca do falante como alguém que analisou corretamente a situação presente e as relações dos participantes, e como alguém que está sendo uma pessoa educada, refinada ou sofisticada (ver também as contribuições em Lakoff e Ide, 2005).

ESTILOS 'LIVRES DE CONTEXTO'?

Vemos que os estilos sociais e interacionais podem ser descritos adequadamente em termos de propriedades do contexto. Às vezes, essas descrições são bastante exatas (por exemplo, quando analisamos um estilo 'polido' com relação ao uso de termos honoríficos para uma categoria especial de receptores), e em outros casos as descrições do estilo são muito vagas e gerais, por exemplo, quando falamos em estilo 'formal' ou 'descontraído'.

Ressaltemos, mais uma vez, que embora o estilo tenha bases sociais ou contextuais, suas propriedades são 'textuais', isto é, descritas em termos de estruturas gramaticais ou discursivas. Isso nos permite falar do 'estilo' como uma forma de uso da língua independentemente do condicionamento textual, mas em relação a estruturas 'subjacentes'. Assim, um estilo 'elaborado' seria descrito como um modo de expressar significados, tópicos ou modelos mentais subjacentes, em muitas e diferentes palavras ou proposições, e tratamentos semelhantes valeriam para descrever um estilo 'preciso', 'vago' ou 'direto'. É uma questão de terminologia se descrevemos essas variações ou modos de falar como 'estilos', como o fazemos com frequência informalmente, ou como registros.

Gênero textual/discursivo

Outra noção que tem um papel crucial de mediação entre o discurso e o contexto é a de gênero textual/discursivo. Já houve muitos estudos sobre essa noção de gênero (ver, por exemplo, Bhatia, 1993), por isso serei breve sobre ela. Há tantas definições de gênero (textual/discursivo) quantas são as teorias, portanto, minha abordagem seguirá obviamente a orientação deste livro. A definição mais direta poderia ser que um gênero é um tipo de texto ou de fala ou, mais amplamente, de atividade verbal ou evento comunicativo. Para todos os efeitos práticos, isso vai quase sempre funcionar, com todas as limitações habituais dos estudos tipológicos: conjuntos difusos [*fuzzy sets*], categorias que se superpõem, assim por diante.

Minha preocupação aqui é com a natureza contextual dos gêneros (ver Bauman, 2001: 57-77; Macaulay, 2001). Quando tomamos os gêneros como tipos de discurso, o foco mais óbvio é nas propriedades da 'própria' fala ou texto: gramática, estilo, retórica, formatos etc. Embora haja combinações dessas características discursivas que caracterizam conjuntamente muitos discurso de um gênero, ou mesmo a maioria deles, habitualmente essas propriedades discursivas não são nem necessárias nem suficientes. Já sugeri, por exemplo, que há poucas propriedades discursivas dos debates parlamentares (ou das falas que os constituem) que os definam de maneira única como um gênero, muito embora esse seja um gênero muito convencional e altamente regrado, em que formas de falar mais ou menos convencionalizadas são proeminentes. À parte algumas expressões lexicais específicas (como 'meu nobre colega' etc.), há muito poucas coisas no discurso parlamentar que não possam ser encontradas também nos outros gêneros: tomada e troca de turno controladas, estilo formal, controle do tempo, tipos de atos de fala, assuntos, e assim por diante.

A conclusão mais ou menos óbvia é que os debates parlamentares são definidos como um gênero especialmente em termos de seus traços *contextuais*: o entorno, os participantes (e seus papéis, suas identidades e relações), o tipo de atividade (política) em que há envolvimento, e suas bases cognitivas (objetivos, conhecimento, crenças do grupo, ideologias etc.).

O mesmo vale para a maioria dos demais gêneros discursivos quando eles são usados informalmente: as conversas do dia a dia, as reuniões de diretoria, as entrevistas para fins de pesquisa, os interrogatórios policiais, as reportagens de notícias, os shows televisivos, os livros didáticos, os romances, os anúncios etc. Partes consideráveis de suas definições não são em termos de estruturas do texto ou da fala, mas antes em termos de aspectos do contexto, como sugerem muitos dos qualificativos que os identificam ('parlamentar', 'de trabalho', 'televisivo', 'quotidiano' etc.). Os gêneros definidos em termos de propriedades do contexto podem ser chamados simplesmente de 'gêneros contextuais'. Dada sua natureza contextual, social, esses gêneros também podem ser definidos como *tipos de atividades* ou *práticas sociais*.

Há, contudo, outros conceitos de gênero que parecem aproximar-se mais da noção de 'tipo de texto' ou 'tipo de atividade': a conversação, a história, a argumentação, a reunião, o manual, o relatório, assim por diante, e que não parecem definidos por ou limitados a contextos específicos, ou, pelo menos, que podem ocorrer em muitos tipos de situações diferentes. Nesse caso, as definições são dadas em grande medida em termos das estruturas do texto ou da fala: tipos de tomada de turno ou controle do turno, semântica (por exemplo, eventos e ações passados nas histórias), estruturas esquemáticas (como nas histórias, na argumentação ou nas reportagens do noticiário), atos de fala (como recomendações nos manuais, conselhos em todos os tipos de relatórios etc.), assim por diante. Podemos chamar todos esses gêneros de 'discursivos', muito embora fosse mais apropriado falar de *tipos de estruturas discursivas*, pois costumam ser definidos somente em termos de estruturas discursivas específicas (semânticas, pragmáticas, interacionais) e não em termos de todos os níveis.

Os gêneros contextuais e os gêneros discursivos habitualmente estão juntos. Ou seja, podemos ter argumentação em gêneros como os debates parlamentares, os trabalhos da universidade, os editoriais, as conversações do dia a dia, e assim por diante, e conversações em praticamente todas as formas da interação falada (que por isso mesmo é definida com frequência como o gênero mais fundamental de todos). Analogamente, as narrativas podem fazer parte das conversações cotidianas, dos *talk shows*, dos depoimentos de testemunhas oculares e das entrevistas sobre histórias de vida, entre muitos outros gêneros contextuais. Às vezes, podemos definir um gênero mais em termos de estruturas, e às vezes mais em termos de atividades, como é tipicamente o caso para a narração de histórias [*storytelling*] e para a argumentação. Essa é a razão pela qual a narrativa e a argumentação deveriam ser definidas não como gêneros, mas como tipos de estrutura discursiva, e como tais definiriam a *classe* de gêneros que têm estruturas argumentativas ou narrativas.

Não podemos ter um debate parlamentar como parte de uma conversação do dia a dia ou de uma reportagem de notícias (nem vice-versa), mas podemos ter conversações (falas-em-interação), histórias, narrativas, declarações, explicações etc. em muitos gêneros – portanto eles são tipos de objetos diferentes. Podemos (e é habitual que o façamos) argumentar e contar histórias em conversas do dia a dia (e em outros gêneros), mas não vice-versa, de modo que precisaríamos definir esses 'tipos' em termos de estruturas discursivas, e não como gêneros baseados no contexto.

Mas os gêneros contextuais não são caracterizados *somente* por propriedades contextuais. Já vimos a propósito do discurso parlamentar de Tony Blair que esse discurso, enquanto gênero, também tende a ser caracterizado por uma série de traços discursivos, como o estilo formal (uma noção a ser mais bem definida, por exemplo, em termos de pronúncia, lexicalização e estruturas sintáticas), assuntos, recursos retóricos e assim por diante. Mais uma vez, poucos desses elementos, considerados *isoladamente*, são exclusivos do discurso parlamentar. Na verdade, a língua não é especializada a esse ponto, e seus traços formais permitem (precisam permitir) usos em muitos contextos e, portanto, em muitos gêneros. Assim, o estilo formal desse discurso será o mesmo de muitas outras formas de fala em discursos institucionais, feitos em público. Seus recursos retóricos precisam ser compartilhados por qualquer outro discurso político ou ideológico, incluindo os editoriais e os artigos assinados que expressam opinião [*op-ed*]. O assunto (mandar soldados para o Iraque) foi compartilhado por muitos outros discursos, desde as conversas do dia a dia até os programas da TV, as reportagens e os editoriais.

O problema de como os gêneros se manifestam na estrutura discursiva, portanto, é que essas estruturas aparecem em combinações, contextos sintáticos [*collocations*], frequências e distribuições específicas. Poucas estruturas dos debates parlamentares são únicas, mas *conjuntamente* elas explicam a frequência com que reconhecemos esses debates quando os ouvimos, mesmo sem ter informações contextuais: atribuição controlada do turno, controle do tempo, interrupções de um certo tipo, assuntos politicamente relevantes, retórica persuasiva, polarização ideológica (retórica do Nós-Eles), estilo formal etc. No nível da gramática, poderíamos encontrar combinações específicas de substantivos longos (formais), palavras que exprimem opiniões, verbos no futuro e modais (sobre aquilo que será feito ou precisa ser feito), e assim sucessivamente. Todos esses atributos formais definem classes de gêneros (por exemplo, o discurso formal, institucional e político, o discurso da mídia) ou, antes, classes de tipos de texto/fala (por exemplo, fala formal, discurso opinativo, discurso argumentativo etc.) ou *registros*.

Vale lembrar que nem toda variação formal (por exemplo, gramatical) na fala exprime ou realiza traços contextuais. Como a alternância do tempo presente e do tempo passado do verbo (tal como acontece nos textos expositivos em oposição aos diferentes tipos de narrativa) não expressa necessariamente uma variação pragmática, mas antes uma variação semântica: se o discurso se refere sobretudo a eventos e ações presentes (ou genéricos) ou a eventos e ações passados. Assim, para cada um dos aspectos formais dos gêneros ou tipos de discurso, é necessário examinar que tipo de funções eles desempenham – comunicativas, pragmáticas, semânticas ou outras.

Registro

Outra noção-chave usada para dar conta da variação da língua que depende do contexto é a de 'registro'. Como já acontecia com a noção de 'estilo', 'registro' tem sido usado de muitas maneiras heterogêneas, que vão desde caracterizações gerais do uso da língua, tais como 'registro formal' até usos bastante específicos, como no uso em que se fala do registro das reportagens noticiosas ou dos debates parlamentares (Biber e Finegan, 1994; sobre o uso de 'registro' na Linguística Sistêmica, ver o capítulo "Contexto e linguagem"). 'Registro' parece superpor-se àquilo que descrevi anteriormente como estilo e gênero discursivo. Ainda assim, desde que seja definido adequadamente, o registro tem uma função específica na teoria das relações texto-contexto. Por exemplo, Finegan e Biber (1994: 315-347, 2001: 235-267) ressaltam as relações entre variação social e estilística, em situações nas quais o dialeto social pode depender de uma variação de registro, o que depende de "condicionamentos comunicativos de situações particulares" (p. 4).

Portanto, como uma primeira característica, o registro compartilha com o estilo a condição de ser um uso da língua dependente do contexto. Com o gênero, ele compartilha a dimensão tipológica, e de fato muitos exemplos de registros dados na bibliografia seriam mais bem definidos em termos de gêneros – isto é, sua definição deveria ser dada, em primeiro lugar, em termos de estruturas contextuais, como no caso dos debates parlamentares.

O registro poderia ser definido, então, como a dimensão linguística do gênero, ou talvez, mais especificamente, como a dimensão gramatical do gênero. Se tomarmos mais uma vez os debates parlamentares como exemplo, esse é um gênero definido antes de mais nada em termos contextuais: entorno, participantes, ações, objetivos políticos, e assim por diante. Se também quisermos caracterizar o debate parlamentar como um registro, teremos que olhar numa outra direção – as características gramaticais desses debates. Contudo, mesmo que os MPs no Parlamento britânico usassem uma variante específica da pronúncia do inglês (ou variantes de suas respectivas variedades regionais do inglês), da estrutura do período, da complexidade da sentença ou da escolha lexical, ainda assim seria estranho falar em um 'registro' parlamentar: seria estranho porque isso pressuporia diferenças gramaticais consideráveis em relação a outros gêneros, e pode haver outros gêneros, como as reuniões formais de diretoria das grandes corporações, que não sejam consideravelmente diferentes. Isto é, por serem definidos em termos estritamente formais (gramaticais), os registros caracterizam muitas vezes uma pluralidade de gêneros (definidos contextualmente).

Nesse sentido, a noção de 'registro' também se superpõe àquilo que chamei 'tipo de texto', mas 'tipo de texto' é uma noção muito mais ampla, e também pode incluir dimensões interacionais, pragmáticas. Por exemplo, uma reportagem de notícias é um tipo de texto – por seus significados, referências, organização e assim por diante – que podem ser usados para gêneros específicos, como uma reportagem noticiosa num jornal, ou na televisão, ou difundida oralmente (como era feito pelos mensageiros de outros tempos).

A descrição do registro, em suma, pode ser a parte 'gramatical' da descrição dos tipos de textos, que, por sua vez, pode ser parte da caracterização dos gêneros. Mas do mesmo modo que os tipos de textos podem ser realizados cruzando os limites do gênero (como vimos para as reportagens, as histórias e a argumentação), a descrição do registro pode ter um caráter geral que não se atém aos limites dos gêneros, como resultou ser o caso para as generalizações orientadas para registros 'formais' *versus* 'informais' ou 'falados' *versus* 'escritos'. Em outras palavras, o registro é a base gramatical-linguística do gênero.

Dada a base contextual dos gêneros, pode-se esperar que suas características de registro gramatical tenham funções específicas no contexto. Mas essas funções quase nunca são únicas: não há um mapeamento unívoco entre gêneros, funções ou língua e estruturas formais da língua. Na verdade, como assinalei várias vezes nas páginas que precedem, as línguas e suas gramáticas têm muitas funções interacionais, comunicativas, expressivas e, portanto, é raro que formas sintáticas específicas se liguem univocamente a um gênero, tipo de texto ou registro.

Ainda assim, as condições contextuais podem facilitar formas específicas da língua, e portanto torná-las mais ou menos *típicas* ou frequentes em gêneros específicos. Assim, um registro escrito tem condições de produção discursiva (mais lenta, mais cuidadosa, com *feedback* visual, com criação de um registro permanente etc.) que faltam nos registros falados, e podem ter sentenças mais longas e mais complexas. Ao mesmo tempo, um registro escrito é preferido em muitos gêneros institucionais, formais, e as formas sintáticas também tenderão a ser mais próximas das da língua padrão (ausência de contrações etc.).

O fato de que muitos gêneros de cartas, escritas em papel, enviadas por e-mail ou mandadas a chats on-line não satisfazem essa distinção geral entre registros escritos e falados e mostra que as generalizações a partir de gêneros, tipos de textos e registros devem ser usadas com cuidado. Os debates parlamentares falados podem ser muito mais formais do que as mensagens escritas dos chats, ou mesmo os editoriais impressos que aparecem em tabloides como o *Sun*. Isso significa que a caracterização de registros é no máximo probabilística: as propriedades gramaticais dos tipos de textos ou gêneros (pensemos no uso do tempo passado, ou da primeira pessoa do singular, numa história pessoal) ocorrem com uma probabilidade maior ou menor, e não em condições absolutas (alguém poderia contar também uma história sobre outra pessoa que não ele mesmo, ou aquilo que pretende fazer amanhã).

Também vimos que tipos de texto específicos, tais como as histórias e a argumentação, podem estar intimamente associados com traços formais e, portanto, com registros. Assim, se uma das principais condições semânticas para as histórias é que elas precisam dizer respeito a ações e eventos passados de protagonistas (geralmente humanos ou personificados), podemos esperar que mais tempos passados e outras expressões se refiram ao passado, a ações, a pensamentos privados das pessoas (intenções etc.), e assim por diante. E se os debates parlamentares têm como um de seus objetivos a tomada de decisões (políticas etc.) sobre o futuro, podemos esperar um número relativamente maior de tempos e advérbios futuros, de modais como "dever" e de contrafactuais ("o que aconteceria se..."), bem como verbos significando atos de fala que indicam ações futuras (promessas, ameaças etc.).

Em outras palavras, os gêneros podem ter propriedades contextuais, semânticas e pragmáticas que levam ao uso mais ou menos provável de conglomerados de traços gramaticais definíveis por vários registros. Deve-se ressaltar, porém, que a base contextual dos registros nunca é direta. Não existe nenhuma relação direta entre uma estrutura sintática, como o comprimento da sentença ou de uma palavra, tempos passados ou contrações desses tempos e aspectos do contexto, como o entorno, os participantes ou os objetivos. Nesse sentido, a gramática é pragmaticamente arbitrária, como deveria ser.

Mas o registro tem, *sim*, uma base contextual *indireta* através de vários tipos de textos e do gênero. Por exemplo, os condicionamentos contextuais (propósitos, conhecimento etc.) que incidem sobre a atividade limitam a semântica das narrativas a informações sobre ações passadas (por exemplo, do falante), e essa exigência semântica, por sua vez, cria a necessidade de recorrer a tempos passados do verbo (dependendo, por outra parte, da língua, do tipo de narrativa etc.). Que essa ligação é indireta e tem um caráter de correlação também pode ser mostrado pelo fato de que é possível contar histórias usando o tempo presente.

Embora a noção de registro não esteja ainda totalmente explícita – por exemplo, pode estender sua orientação 'gramatical' a outras dimensões 'formais' ou 'linguísticas', entre as quais o uso de estruturas sonoras específicas (como o volume), repetições, tipos de letras etc. –, temos uma ideia razoavelmente clara sobre seu papel com respeito aos tipos e gêneros.

Qual é sua relação com o termo igualmente vago de 'estilo'? O registro compartilha com o estilo o foco nas formas do uso da língua, e nesse sentido há uma superposição possível. Na descrição do 'estilo' dos debates parlamentares pode, portanto, aparecer uma caracterização de seu 'registro'. Contudo o estilo é muito mais geral, e pode incluir aspectos da apresentação fonética e visual, da variação semântica (por exemplo, estilo sucinto *versus* elaborado), atos de fala, jogadas interacionais, retórica e assim por diante. Além disso, o estilo é definido como indicando, indiciando ou expressando aspectos do contexto, como a identidade/identificação, originalidade e distintividade do falante e do grupo – e envolve uma comparação entre falantes, grupos ou gêneros, e assim por diante. O registro pode superpor-se ao estilo quando nos concentramos nos aspectos gramaticais do estilo, por exemplo, quando nos concentramos nas estruturas sintáticas mais ou menos típicas dos debates parlamentares na Grã-Bretanha de hoje. Mas quando outros aspectos do discurso são envolvidos, falamos provavelmente de 'estilo', e não de registro'. Assim, o uso de expressões honoríficas no debate parlamentar (seja ele sério ou irônico) pode ser um aspecto tanto do registro quanto do estilo, mas a retórica persuasiva, o uso de falácias argumentativas, os atos de fala específicos (por exemplo, promessas) e a natureza das interrupções descrevem antes o estilo específico desses debates (um estilo que pode ser diferente em países diferentes). Não descreveríamos normalmente essas características como parte do 'registro' do uso parlamentar da língua (para detalhes sobre o registro, ver, por exemplo, Biber e Finegan, 1994; para uma discussão das distinções conceituais entre registro, tipo de texto e gênero, ver também Biber, 1994: 31-56).

Controle do contexto no discurso

Depois dessa explicação geral das funções e condições contextuais do estilo, gênero e registro, estou agora apto para examinar mais detalhadamente essas formas variáveis do uso da língua em vários níveis e dimensões do discurso. Ou seja, ao passo que até aqui eu formulei a teoria das condições contextuais da variação da língua, preciso agora investigar suas propriedades discursivas e examinar mais geralmente como o contexto é expresso, posto em prática [*enacted*] ou representado nos textos e na fala.

Para tanto, seguirei o caminho habitual, tratando um depois do outro de níveis específicos e indo no sentido todo-partes. Começarei por examinar a variação do discurso na gramática (fonologia, sintaxe, léxico). Em seguida, analisarei os níveis 'subjacentes' (interpretados) do significado, da ação e da interação. E finalmente considerarei algumas dimensões formais 'interníveis' (tais como as estruturas retóricas) e algumas superestruturas (esquemas ou formatos de discursos globais), como as da argumentação e as da narrativa.

Note-se que de cada tipo de estrutura posso dar tão somente uma caracterização breve, descritiva e contextual: cada um dos níveis e dimensões do discurso que será tratado a seguir tem sido ou precisa ser analisado em uma ou mais monografias. O objetivo das seções que seguem, portanto, é somente ilustrar como os diferentes aspectos do contexto estão sendo indiciados ou 'codificados' na fala e no texto.

Para a variação gramatical de base contextual, remeto à ampla bibliografia de Sociolinguística, que, é claro, seria totalmente impossível resumir ou resenhar aqui. A pesquisa sobre as relações contexto-discurso na Etnografia da Fala e na Antropologia (Linguística) são objeto de uma resenha específica em *Society in Discourse*.

Além disso, seria preciso ressaltar que a maioria dos estudos a que se faz referência são em inglês, e que a variação social aí estudada foi observada nos Estados Unidos da América, na Grã-Bretanha, na Austrália e na Nova Zelândia – uma limitação bem conhecida de boa parte da pesquisa em Sociolinguística, na ADC e nas disciplinas correlatas. Portanto, embora eu não acrescente a nacionalidade das pessoas estudadas em cada um dos estudos resenhados, cabe ressaltar que os resultados desses estudos podem não ser válidos em outros países e culturas. Sobre essas diferenças na interpretação do contexto, veja-se, entre outros, o estudo de Tyler e Boxer (1996: 107-133) sobre diferentes modos de entender o assédio sexual.

Em vez de enfocar os vários níveis e propriedades dos 'resultados' discursivos da influência contextual, outra opção teria sido enfocar sistematicamente as propriedades do contexto e mostrar suas consequências discursivas. Ao passo que, neste livro, que trata de língua, discurso e cognição, resulta mais útil a primeira opção, em *Society in Discourse* são enfocadas sistematicamente as propriedades contextuais, como os ambientes (tempo e lugar) e os participantes (seu papel e suas relações, bem como suas ações sociais, na medida em que se inserem em situações sociais, estrutura social e cultura). No presente livro, esses condicionamentos contextuais do discurso não são investigados de maneira sistemática e com preocupações teóricas, mas são mencionados somente como condições possíveis da variação do discurso. Portanto, neste capítulo, daremos ao gênero uma atenção especial, maior do que a atenção que foi dada à classe social e à etnia.

GÊNERO SOCIAL E DISCURSO

A maioria dos estudos sobre a influência dos parâmetros situacionais no discurso têm enfocado o papel do gênero social, de preferência ao da classe, da etnia ou da idade. Como veremos para os estudos resenhados neste capítulo, até os anos 1990, muitos desses estudos pressupunham que as mulheres e os homens falam de modos diferentes. Essa suposição de uma diferença ligada ao gênero social na fala encontrou expressão, inicialmente, em três paradigmas principais (os três Ds), a saber: o do Déficit, o da Diferença e o da Dominação:

Déficit. A língua falada pelas mulheres reflete a posição subordinada que as mulheres têm, em muitos sentidos, na sociedade, por exemplo, através do uso de circunscritores [*hedges*], de fenômenos de hesitação, do uso de uma linguagem menos direta e do fato de assumir menos o controle da conversação – em outras palavras, através dos que foram chamados usos 'femininos' estereotípicos da língua.

Diferença. As mulheres e os homens têm sido educados de modos diferentes e vivem parcialmente em domínios sociais diferentes, onde têm experiências diferentes; portanto, pode-se considerar que falam a partir das perspectivas de 'culturas' diferentes.

Dominância. As diferenças entre homens e mulheres poderiam (também) ser interpretadas em termos da dominância dos homens, numa ordem patriarcal. Esse abuso do poder também se manifesta de muitas outras maneiras no discurso masculino, por exemplo, através de frequentes interrupções feitas às mulheres, ou de restrições discriminatórias nas várias formas de acesso das mulheres aos eventos comunicativos, na escolha dos assuntos, no uso de palavras específicas, na tomada de turnos e assim por diante.

Boa parte da pesquisa da última década, porém, foi mais ou menos crítica em relação a esses paradigmas, porque muitos estudos não encontraram diferenças de gênero claras na fala ou no texto – ou encontraram o contrário do que se predizia (para mais detalhes, veja-se a exposição feita a título de balanço e comentário em Alice Freed, 2003: 699-722, em *Handbook of Language and Gender* e em Holmes e Meyerhoff, 2003, bem como vários outros artigos no mesmo *Handbook*; ver também Lazar, 2005b).

Como resultado, em primeiro lugar, pôs-se em prova a bipolaridade das distinções tradicionais de gênero: há muito mais que duas identidades de gênero e, se há diferenças, elas são antes graduais; as mulheres podem, em certas ocasiões, falar 'como homens', ou vice-versa; os gays, as lésbicas, os bissexuais, os transexuais etc., enquanto falantes, reivindicam suas próprias identidades de gênero, que são mais complexas, e assim por diante.

Em segundo lugar, e talvez mais importante numa perspectiva teórica, encontramos uma rejeição crescente das categorizações e identidades essencialistas: atualmente, o gênero é definido, com frequência, não pelo que as pessoas *são*, mas pelo que elas *fazem* ou *representam* numa dada situação. E, por fim, na perspectiva deste livro, se os participantes constroem o gênero como uma categoria de participante pertinente, é raro que esta seja a única categoria relevante. Por exemplo, Ostermann (2003: 351-381), numa análise de gravações-áudio de interações em uma delegacia de polícia brasileira só feminina, descobriu que as mulheres-policiais davam muito menos atenção às histórias de mulheres que tinham sido vítimas de violência do que o grupo de mulheres feministas fora da própria delegacia. Em outras palavras, encontramos aqui diferenças intragênero consideráveis, definidas em termos da atividade das agentes policiais, de um lado, e das ideologias feministas, de outro. Mais adiante, veremos vários estudos que relatam influências de gênero complexas, no discurso.

Isso significa, em primeiro lugar, que é o contexto como um todo que afeta a fala, com influências complexas a partir das identidades dos outros participantes, tais como idade, etnia, ocupação, *status* e poder, às vezes reforçando e outras vezes contrabalançando a influência do gênero. Além disso, um fato talvez mais importante é que, em vez de uma combinação de fatores objetivos, tem-se uma definição complexa, flexível, estratégica e subjetiva do contexto comunicativo que influencia a fala. Um tratamento teórico desse tipo é compatível com uma explicação construtivista que define o gênero em termos daquilo que os participantes *fazem*, e não em termos daquilo que eles *são*. Em outras palavras, 'fazer o gênero' depende não somente do contexto como um todo, mas, antes, da maneira como um tal contexto é construído ativa e dinamicamente, e esse construto pode mudar continuamente durante a conversação ou durante a produção e compreensão do discurso.

Ainda assim, a maior parte da pesquisa empírica não segue esse paradigma, e por isso não surpreende que – indo além da suposição de que existem estereótipos baseados normativamente no gênero, sobre a sociedade e o uso linguístico – muitos estudos encontrem na variação de gênero coisas que não são casos claros de diferença entre gêneros. Ao ler o que segue, portanto, convém que o leitor tenha em mente que sempre que parece haver diferenças claras de gênero é preciso assumir que elas serão encontradas em outros contextos de modo muito semelhante, ou em algum caso que vale para vários contextos, e portanto precisam ser mais ou menos independentes do contexto. Uma pesquisa mais avançada sobre o papel do gênero no discurso precisaria adotar por base um arcabouço teórico mais sofisticado, como esse.

Mais uma palavra de advertência. Há vários motivos pelos quais os teóricos podem achar que a distinção bipolar entre mulheres e homens é problemática. Isso também vale de maneira especial para comunidades que tendem a sofrer discriminação precisamente por essa razão, como os homossexuais, as lésbicas, os transexuais, os hermafroditas, e assim por diante. Mas a distinção tradicional entre mulheres e homens, virtualmente, em todas as culturas, está tão arraigada na percepção, através da interação e da organização social, que continuará afetando as definições de contexto de muitos e talvez de todos os participantes da interação na maioria das situações e na maioria das sociedades. Assim como evitamos uma definição essencialista dando realce àquilo que as pessoas *fazem*, em oposição àquilo que as pessoas *são*, deveríamos também estar cientes de que o importante não é se o gênero *é* ou não (*essencialmente*) relevante, mas sim se as pessoas *pensam* que o gênero, *tal como elas o definem*, é relevante. Não há dúvida de que, apesar das muitas situações ou grupos em que o gênero é irrelevante ou construído de outro modo, na maioria das situações e para a maioria dos usuários da língua, as identidades, papéis e diferenças de gênero tradicionais ainda continuam a ser relevantes na vida cotidiana e, portanto, em seus modelos de contextos – mesmo quando são combinados com outras categorias contextuais e são aplicados flexível e estrategicamente. Os resultados resenhados a seguir devem ser interpretados nessa perspectiva, isto é, onde encontramos diferenças de gênero na fala e no texto, elas podem resultar da influência de definições de gênero tradicionais, compartilhadas culturalmente e presentes nas representações sociais, as quais, por sua vez, influenciam definições de contexto específicas.

Nesta questão, há também uma dimensão prática e política. Problematizar as diferenças de gênero e as polarizações simplistas de gênero entre mulheres e homens não deve ser uma desculpa para negar a relevância do estudo da dominação das mulheres pelos homens, e a relevância da resistir a ela. São precisamente as diferenças essencialistas entre mulheres e homens tais como as construíram as ideologias sexistas que são usadas como base para a discriminação contra as mulheres (e os gays etc.).

Por fim, ressalte-se que os estudos relevantes sobre gênero resenhados aqui limitam-se a tratar das mulheres e homens enquanto falantes, ou seja, não dizem respeito ao vasto número de estudos do gênero tal como é *representado* no discurso, que geralmente chegam à conclusão de que essas representações têm base ideológica e são habitualmente muito estereotipadas. E, mesmo quando os papéis tradicionais do gênero parecem ser colocados em questão, uma análise mais detalhada pode mostrar que o discurso patriarcal dominante ainda consegue prevalecer, como mostrou Lazar (2005a: 139-163) em seu estudo dos discursos de campanha política em Cingapura.

RAÇA E CLASSE

Analogamente, a análise teórica da 'raça' – e a recusa fundamentada da existência de 'raças' – não deve ser usada como um argumento para negar a existência do racismo (Van Dijk, 1992). O mesmo vale para a classe social e o classismo. Infelizmente, a etnia, a 'raça' e, especialmente, a classe têm sido muito menos investigadas do que o gênero como bases de variação contextual no discurso – não considerado o estudo das correlações entre diferenças de pronúncia e algumas propriedades gramaticais baseadas na classe. Tipicamente, a variação baseada em (ou atribuída a) propriedades étnicas tende a ser tratada em termos de 'estilos' diferentes, tais como estilos 'de brancos' ou 'de negros' (Kochman, 1981).

Numa perspectiva diferente, porém, eu precisaria mencionar aqui o trabalho que tem sido feito sobre discurso e racismo, que toma geralmente como premissa a condição contextual de que os autores de falas ou escritos racistas são brancos (Van Dijk, 1984, 1987, 1993; Wodak e Van Dijk, 2000). Como é o caso para outras 'variáveis' contextuais discutidas aqui, 'ser branco' ocorre raramente em isolação, e o discurso será influenciado ao mesmo tempo por outras condições sociais, como o poder, o *status* ou a ocupação. Assim, descobriu-se que os empregadores usam desmentidos, argumentos e estratégias retóricas específicas quando querem legitimar o fato de que não empregam minorias étnicas (Tilbury e Colic-Peisker, 2006: 651-676; Van Dijk, 1993). Analogamente, Mallinson e Brewster (2005: 787-807) descobriram que os fregueses nos restaurantes são categorizados e avaliados (como doadores de gorjetas) não somente com base na cor de sua pele ou outros estereótipos, mas também com base em sua classe. Na verdade, uma das implicações da influência de um contexto complexo é que o racismo e o classismo (e o sexismo) frequentemente andam juntos. Assim, Augoustinos, Tuffin e Every (2005: 315-340), em seu estudo sobre estudantes australianos falando sobre ação afirmativa, descobriram que o racismo é tipicamente disfarçado ou negado em termos de ideologias do mérito individual (ver Kleiner, 1998: 187-215). Tal combinação de gênero, raça e classe como base para modelos de contextos também pode ser observada na tomada de decisão institucional, como é o caso no estudo de West e Fenstermaker's (2002: 537-563), que analisou a reunião do Conselho Superior da Universidade da Califórnia durante a discussão da ação afirmativa.

Sem dúvida, os estudos sobre gênero têm tido sucesso por uma razão particular: o esforço conjunto de tantas mulheres ligadas à universidade em muitos países (Lazar, 2005b). É evidente que essa condição contextual do discurso acadêmico não tem paralelo no estudo da classe social. Até o momento, os (poucos) estudantes saídos da classe trabalhadora que se tornaram pesquisadores e professores perderam em geral sua identidade original, e com ela a motivação por lutar na academia em favor da classe operária. Neste exemplo vemos também que deveríamos não só examinar as relações entre contexto e discurso em geral, mas também refletir criticamente sobre essa relação a propósito do nosso próprio discurso acadêmico.

SONS

A Sociolinguística clássica deu muita atenção aos aspectos sociais das estruturas sonoras, tais como o papel da variação sonora ou do sotaque no uso da língua padrão em oposição aos dialetos, ou as diferenças de classe ou a escolaridade (Honey, 1989, 1997: 92-106). Esses realces eram associados de maneira variada e interpretados em termos de poder, ou encarados como capazes de veicular poder, *status*, liderança, solidariedade, e assim por diante, além de marcarem a identidade social ou regional dos falantes.

As estruturas sonoras podem também assinalar aspectos da *situação* de momento. Quando estamos com raiva, com medo ou apaixonados, tendemos a usar um 'tom' diferente (Gussenhoven, 2004). Por razões óbvias, uma conversação romântica será feita, tipicamente, em volume mais baixo do que o usado por um feirante que vende suas mercadorias (Bauman, 2001). Analogamente, quando baixamos a voz, pensa-se que sinalizamos que só queremos ser ouvidos pelas pessoas a quem nos dirigimos, e que o assunto de nossa conversa é confidencial ou tabu; uma voz mais baixa às vezes também é interpretada como transmitindo uma ameaça. Além disso, a pesquisa etnográfica mostrou que o volume pode mudar de um grupo cultural para outro (Saville-Troike, 2002: 71; Tannen, 1981: 221-238).

Em outras palavras, alguns aspectos relevantes do contexto, entre os quais o estado emocional do falante, a distância entre falante e ouvinte e a intimidade de suas relações, podem afetar aspectos da fonética ou fonologia dos enunciados como a altura, a velocidade, o volume e a entonação de diferentes fonemas (Bachorowski e Owren, 1995: 219-224; Greasly, Sherrard e Waterman, 2000; Ladd, 1990: 806-816; Markel, 1998; Palmer e Occhi, 1999; Whissell, 1999: 19-48). Como nós as usamos em situações diferentes, sabemos que essas variações de som são ao mesmo tempo controladas (ou controláveis) e potencialmente funcionais ou relevantes.

O mesmo se aplica aos aspectos sociais das situações (Bradac e Mulac, 1984: 307-319; Cashdan, 1998: 209-228). Os sargentos que 'latem' suas ordens aos recrutas tendem a fazê-lo em voz tão alta como o fazem muitos pais coléricos com seus filhos, e assim sinalizam e realizam ao mesmo tempo autoridade e poder. Analogamente, um tom irônico ou sarcástico, usado por um professor para fazer uma pergunta a um aluno, pode indicar diferenças de poder e marcar ao mesmo tempo uma diferença de conhecimento (Ladd, 1997: 37).

Às vezes, essas diferenças no som e na estrutura são também a manifestação de diferenças biológicas, por exemplo, de idade ou sexo, mas em certos tipos de situações essas expressões diferentes são controladas, por exemplo, quando as crianças imitam seus papais e mamães erguendo ou baixando as vozes em brincadeiras de faz de conta (Andersen, 1990, 1996: 128; Ervin-Tripp, 1973); quando uma mulher em posição elevada de voz aguda tenta falar num tom mais grave para representar melhor o tipo do "estadista", como acontecia com Margaret Thatcher (Atkinson, 1984: 295-297); quando homens homofóbicos debicam dos homossexuais usando uma altura "feminina"; quando eu imito o dialeto urbano de Amsterdã; ou quando meus amigos, na Espanha, imitam o sotaque com que falo espanhol. Nesses casos, diferentes estruturas de sons podem ser usadas para sinalizar diferentes contextos, ou para veicular significados 'contextuais' específicos, como as identidades sociais reais dos falantes, ou suas identidades sociais imitadas/encenadas.

Em outras palavras, mesmo influências biológicas como aquelas que o sexo ou a idade exercem sobre a altura e o volume podem ser combinadas com condicionamentos sociais, por exemplo dar realce/tirar o realce/imitar o gênero, a idade ou outras identidades (O'Hara, 1992: 135-160).

Estruturas sonoras variáveis, indiciando diferentes contextos e sugerindo diferentes interpretações, podem, elas próprias, variar culturalmente. As mulheres, na França, aprendem a falar num tom mais alto do que na Espanha, como é também o caso das mulheres japonesas quando comparadas às mulheres dos Países Baixos (Van Bezooijen, 1995: 253-265; para variações da altura ligadas ao gênero, ver Henton, 1995: 43-61; O'Hara, 1992). Em algumas culturas, além de mostrar diferenças de léxico ou outras variantes no conteúdo da fala, espera-se que as mulheres falem mais depressa que os homens.

Para a Análise do Discurso, esses estudos da variação de gênero na fala precisam ser encarados como uma extensão dos estudos clássicos da Sociolinguística sobre variação dos sons, que, geralmente, só descobrem (mas dificilmente explicam) que as mulheres (no Reino Unido e nos Estados Unidos) tendem a usar mais as formas polidas ou formas-padrão e de prestígio do que os homens, os quais tendem a usar formas mais vernáculas na conversação do dia a dia

(Labov, 1966, 1991; Trudgill, 1972: 179-195). Eckert (1989) e outros ressaltam, em todo caso, que variáveis como o gênero e a idade devem (também) ser reformuladas em termos, por exemplo, de comunidades de práticas ou estágios da vida. Nesse sentido, a variação sonora pode ser usada como um marcador de identidade para um grupo específico de jovens, em que se combinam a idade, a classe e outros condicionamentos sociais. O mesmo aplica-se à mudança de código, por exemplo, entre porto-riquenhos em Nova York (Zentella, 1997). Vemos, mais uma vez, que não são a estrutura social ou suas variáveis que condicionam (e muito menos causam) a variação linguística, mas autodefinições mais ou menos complexas dos falantes, isto é, modelos de contextos.

Com os bebês e com as crianças pequenas fala-se não só de modos gramaticalmente diferenciados, mas também usando uma altura diferente em diferentes culturas (Schieffelin e Ochs, 1986). Em algumas culturas (línguas), as perguntas são feitas num tom ascendente no final da frase interrogativa, o que não acontece em determinadas línguas. É um fato sabido que para muitas pessoas do norte da Europa uma conversa em outras línguas e culturas pode ser interpretada como uma briga, por causa do tom, volume e velocidade mais altos. Em algumas línguas, as perguntas não são formuladas com entonação ascendente, portanto podem soar como afirmações ou ordens para os falantes do inglês. Essas diferenças podem trazer, como consequências óbvias, conflitos na comunicação intercultural (Kochman, 1981), caso dos trabalhadores indianos do aeroporto de Heathrow, de quem se pensou que se dirigiam aos passageiros de um modo "hostil" (estudado por Gumperz, 1982b).

Vimos que, até aqui, as diferenças de som podem expressar, indiciar ou sinalizar diferentes emoções, poder, autoridade, gênero, identidade social, ou 'chaves para a interpretação' (sério *vs.* faz de conta), e frequentemente acompanham atos de fala diferentes (por exemplo, ordem *versus* pedido) ou gêneros diferentes. Deve-se ter claro, porém, que as diferentes estruturas sonoras, enquanto 'expressões' ou 'índices' de diferentes propriedades do contexto, podem ser mais ou menos funcionais, dependendo do grau em que estão sob controle consciente. A qualidade de voz diferente das mulheres pode (até certo ponto) ser manifestação do sexo biológico, mas também pode indicar um gênero social que é controlado para levar a uma aparência mais 'feminina'. Tipicamente, levantamos a voz quando estamos com raiva, mas essa manifestação de exaltação somente às vezes é indício de uma 'interpretação' mais ou menos controlada da raiva (e nesse caso merece uma interpretação especial).

Ou seja, as variações da estrutura sonora relevantes contextual e interacionalmente são aquelas que o falante consegue controlar o suficiente para poder influenciar a interpretação do receptor em traços contextuais específicos (poder, autoridade, gênero, emoções e assim por diante).

Para distinguir essas relações diferentes entre texto e contexto, falamos, no sentido semiótico do termo, de *índices*, por exemplo, diferenças biológicas de som (como quando dizemos que a fumaça é um índice do fogo), de *símbolos*, quando essas estruturas pretendem ser interpretadas convencional ou culturalmente como manifestando uma propriedade específica do contexto (por exemplo, que estou com raiva, que o chefe sou eu, que estou no controle da situação, que te amo, que tenho medo de você, que sou muito educado etc.) Esses símbolos são geralmente controlados ou controláveis. Note-se, porém, que a distinção entre variações 'naturais' e 'sociais' (interacionais) da voz não é de maneira nenhuma transparente, como sabemos pela expressão da emoção: uma fala acelerada, em voz alta ou atropelada, pode, por exemplo, ser um *índice* mais ou menos involuntário, descontrolado (incontrolável), de raiva ou nervosismo, mas pode também ser um *símbolo* dessas emoções, quando é encenada intencionalmente. De modo análogo, quando falo espanhol com um sotaque holandês, esse sotaque é habitualmente um índice natural mais do que um 'símbolo' convencional. Essas distinções também levam a outra questão: quais são as identidades sociais que são representadas explícita e conscientemente nos modelos de contextos?

PISTAS PARA A CONTEXTUALIZAÇÃO

Tomando a dianteira sobre a Sociolinguística tradicional, os sociolinguistas da interação, inspirados especialmente pelas pesquisas de John Gumperz, foram além dos estudos da variação sociolinguística. Eles mostraram que há diferenças sutis de entonação e outras 'pistas de contextualização' – os gestos, os olhares ou a posição do corpo – que também podem expressar ou construir vários traços do contexto e ressaltaram que os contextos não são fixos ou dados, mas construídos dinamicamente, e sucessivamente atualizados (Auer, 1992: 21ff; Auer e Di Luzio, 1992; Cook-Gumperz e Gumperz, 1976; Gumperz, 1982a). Obviamente, o discurso tem muitas outras maneiras para assinalar, indiciar ou fazer referência a seu contexto além dessas características 'superficiais' mais sutis. Mas a originalidade dessa pesquisa reside no fato de que aponta para propriedades da fala sensíveis ao contexto, menos estudadas até então.

As pistas para a contextualização não são apenas uma expressão de dimensões relevantes do contexto, mas também tornam relevantes aspectos específicos da situação social, um fato também ressaltado na teoria do *frame* de Goffman, e em suas ideias sobre '*footing*' (Goffman, 1974), das quais se trata em *Society in Discourse*. Isso é verdade, em especial, para aqueles eventos comunicativos nos quais as propriedades do contexto não são preestabelecidas pela situação mesma (por exemplo, o tempo e o lugar) ou por aplicações-padrão (*default*) de uma instituição (objetivos, papel, expectativas), mas emerge como um reflexo da própria atividade: eventos tais como contar uma piada, ser agressivo ou dar prova de solidariedade. As indicações de contextualização nessa linha de pesquisa são tipicamente aquelas propriedades da fala que, como tais, não têm sentido ou referência, mas cujo uso permite várias inferências sobre a situação, sobre os atos mesmos que estão sendo realizados, ou sobre as atividades em que está havendo envolvimento.

Sugere-se, assim, que traços prosódicos específicos (como a entonação, o volume ou a altura), um olhar, uma determinada posição do corpo ou uma mudança de turno podem ser usados não só para 'expressar', por exemplo, a cólera, enquanto estado emocional do falante, mas também para construir um contexto em que se tornam apropriados atos específicos, por exemplo, de acusação ou crítica, ou no qual se tornam relevantes as condições de um ato de fala específico (como a manifestação do descontentamento do falante sobre ações passadas do receptor). Essas indicações conseguem seu significado interacional especificamente porque se tornam salientes por *contraste* ou *diferença*: uma mudança de altura, de volume, de velocidade, de olhar, de posição do corpo, de registro ou de língua.

Note-se, porém, que, em linha com o que se disse anteriormente sobre a delimitação do estilo e do registro, cabe perguntar se as indicações de contextualização ficam limitadas a detalhes da estrutura de superfície (som, entonação). Não há razão para não interpretar também as palavras, as estruturas sintáticas, ou mesmo certos assuntos e certas manobras retóricas específicos como aspectos do contexto, por exemplo, quando os médicos ou advogados usam seu jargão técnico para passar uma imagem de poder profissional ou de exclusividade. Ou seja, todos os aspectos do discurso de que se tratou nesta seção podem ser classificados como 'pistas de contextualização', como expressões que permitem inferências a respeito de propriedades específicas da situação social, tal como é representada pelo falante.

VISUAIS

A maior parte das pesquisas em Linguística, Sociolinguística e Etnografia concentraram-se na língua falada, principalmente na conversa natural, de modo que tenderam a favorecer a análise das estruturas sonoras às estruturas visuais. Estas últimas têm sido estudadas com mais frequência na Literatura, nos meios de comunicação de massa e na comunicação mediada pelo computador, e mais geralmente em Semiótica e História da Arte, do que na Análise do Discurso e da Conversação (Van Leeuwen, 2005).

Ainda assim, numa teoria geral das relações texto-contexto, as estruturas visuais também precisariam ser estudadas: o layout de página, o tamanho, o tipo e a cor das letras, o uso de manchetes, títulos, subtítulos, legendas, tabelas, figuras, tiras, desenhos, fotos, sequências de imagens [*footage*], filmes [*movies*], e assim por diante, como parte da expressão de um discurso multimedial (Hanks, 1996). Podemos ter uma conversação muito formal ou um debate parlamentar, mas também podemos receber uma carta formal ou ler um editorial formal num jornal, e o caráter formal nesses casos também estará manifesto na maneira como eles estão impressos ou será sinalizado ou indiciado visualmente de outras maneiras.

Há uma diferença contextual óbvia entre uma carta formal cujo papel traz as marcas em relevo do presidente, ou de uma firma de advocacia importante, de um lado, sinalizando *status* e poder, e uma nota de amor escrita num papel ou num e-mail pela pessoa amada, de outro lado, sinalizando relações sociais íntimas e informais. Muitas dessas diferenças óbvias têm sido até o momento assunto para os livros do tipo 'Como escrever...' (por exemplo, Ryan, 2003) e não de investigações sistemáticas (sobre os gêneros da internet, vejam-se porém, entre outros, Crystal, 2001; Thurlow, Lengel, Tomic, 2004). Há também diferenças visuais de estilo entre o layout de um jornal de folhas grandes e um tabloide popular, por exemplo, no tamanho dos tipos das letras e das manchetes, no uso da cor, dos sublinhados e das imagens, e assim por diante (Kress e Van Leeuwen, 1998: 186-218).

Em outras palavras, os estilos de autoapresentação se exprimem também visualmente, e o mesmo acontece com as funções comunicativas e outros modos de expressar o contexto no texto, por exemplo, para sinalizar se um jornal é mais ou menos popular. Além de expressar sua própria 'classe', neste caso um jornal também se dirige a audiências diferentes (sobre a imprensa britânica, veja-se Jucker, 1992; para um balanço dos estilos dos jornais nos Estados Unidos da América, veja-se, por exemplo, Barnhurst e Nerone, 2002).

Os editoriais têm não só um lugar fixo no jornal, mas também um formato especial (aparecem, por exemplo, em itálico) ou uma largura de coluna especial (tipicamente maior do que a largura da coluna normal) (Fowler, 1991: 208; Van Dijk, 1988a, 1988b). Isso não é meramente um traço visual do gênero, mas também uma expressão da identidade dos autores, pois o autor é um dentre os editores do jornal, mesmo quando não se usam quaisquer expressões de identificação. Da mesma maneira, podemos observar as seguintes variações discursivas visuais, que podem ser controladas contextualmente (ver, por exemplo, Barnhurst e Nerone, 2002):

- as reportagens de notícias trazem linhas separadas dedicadas à autoria e à data, em que se identificam o autor, a data e o lugar da reportagem, ou as circunstâncias dos eventos relatados;
- as manchetes da maioria dos gêneros textuais encontram-se no alto, em tipo maior e, nos jornais, são impressas de modo a ocupar várias ou todas as colunas do artigo que traz as notícias;
- os resumos dos trabalhos acadêmicos aparecem em posição fixa, muitas vezes depois do título e com um tipo especial (geralmente uma fonte menor e/ou fontes itálicas).

Essas e muitas outras dimensões visuais do discurso não são apenas propriedades convencionais dos gêneros, podem também variar contextualmente. As manchetes tendem a ser maiores quando se considera que o evento é mais importante, e os artigos tendem a aparecer antes (no alto, na página da frente etc.) quando se pensa que têm um valor jornalístico maior. Essas condições podem ainda ser descritas em termos referenciais-semânticos (por exemplo, se 'importância' for definido como o número de implicações de um evento) ou em termos pragmáticos (se 'importância' for definido como aquilo que é importante para os participantes). Mas as mesmas diferenças de apresentação visual (manchetes maiores ou menores, uso da cor ou do sublinhado) podem também indiciar a classe ou o *status* do jornal (como na comparação entre o *Times* e o *Sun* na Grã-

Bretanha), e então essa variação exige uma explicação contextual apropriada. Excetuadas as reportagens sobre catástrofes, o uso de letras grandes nas manchetes, bem como o uso de tipos coloridos ou sublinhados, pode ser interpretado como indiciando falta de gosto e, portanto, ser associado com vulgaridade e estética da classe baixa, dependendo dos modelos de contextos dos leitores, que, naturalmente, podem incluir sua própria identidade de classe (Ames, 1989; Berry, 2003; Harrower, 1998; ver também Van Leeuwen, 2006: 139-155). As diferenças de layout podem também ser interpretadas como comunicando um 'tom' diferente nas reportagens noticiosas (Middlestadt e Barnhurst, 1999: 264-276) ou mesmo um preconceito político (Keshishian, 1997: 332-343).

Além de observar as variações da expressão visual, e de interpretá-las em termos contextuais, podemos também imaginar a relação inversa, considerando as categorias contextuais e vendo como são tipicamente expressas, em termos visuais. Objetivamente, o que acontece com a expressão visual das categorias contextuais habituais, como a idade, o gênero social, o poder, a autoridade, a intimidade, o papel institucional e assim por diante –, tais como são percebidos? Já mencionamos anteriormente alguns exemplos desse tipo de covariação texto-contexto: as crianças, os membros de corporações, as mulheres professoras, os jovens advogados de grandes firmas dos Estados Unidos, podem escolher estilos de escrita diferentes, por exemplo, para passar uma imagem de poder, formalidade, intimidade ou outros aspectos relevantes da situação social. Os grandes jornais sérios e os tabloides sensacionalistas, acima de tudo, diferem em muitos aspectos do layout visual: mais ou menos variedade na forma das fontes, mais ou menos textos em cores, mais ou menos material pictórico, e assim por diante. Os vários países, companhias, docentes, mulheres e artistas têm estilos específicos de *websites*, especificidades essas que também se exprimem visualmente (Mitra, 2004: 492-510; Mohammed, 2004: 469-486; Lin e Jeffres, 2001: 555-573; Vazire e Gosling, 2004, 123-132; ver também Lemke, 1999: 21-47). Mais análise semiótica será necessária para detalhar as diferenças de forma desses estilos visuais, que exprimem ou criam condicionamentos contextuais diferentes.

SINTAXE

Um dos traços característicos do estilo é a variação sintática. Essa variação é limitada pela gramática da língua, a não ser na poesia, na linguagem da propaganda e em outros usos criativos da língua que permitem vários tipos de sintaxe "desviante" (Austin, 1984, 1994). Comparada à variação fonológica e morfossintática (como *ain't* em vez de *isn't* ou *aren't*), a variação sintática tem sido muito menos estudada em Sociolinguística, porque, sendo muito menos frequente, é menos saliente, e portanto funciona menos como marca de um grupo. Na realidade, ao passo que um sotaque é imediatamente ouvido e interpretado como sinalizando que o falante é originário de uma certa região ou classe, isso dificilmente acontece com padrões sintáticos (gramaticais) mínimos que ocorrem apenas ocasionalmente. Por exemplo, à diferença da variação fonológica ou morfossintática, o uso de formas ativas e passivas não tem ligações óbvias com a classe ou com o gênero social (ver, por exemplo, Macaulay, 1991a, 1991b, 2005a, 2005b).

Estudando como varia sociolinguisticamente o modo de introduzir novos referentes discursivos (por exemplo, 'Havia um carro...' em contraste com 'Um carro...'), Cheshire (2005: 479-508) descobriu diferenças de gênero e classe entre os falantes, e concluiu que a explicação para essas diferenças deveria, preferivelmente, ser dada em termos pragmáticos. Assim, se os rapazes durante as conversas (em diferentes cidades inglesas) usavam menos sintagmas nominais sem determinante [*bare Noun Phrases*] do que as garotas, isso poderia ser porque queriam ser mais exatos em suas respostas nas entrevistas, portanto eram mais explícitos ao introduzir seus referentes discursivos. Por outro lado, é possível que as garotas interpretassem a situação de entrevista mais como uma conversa, pressupondo mais conhecimentos e usando uma introdução de referentes discursivos menos explícita. Ao mesmo tempo, os rapazes de classe média podem ter usado sintagmas nominais explícitos mais do que os rapazes da classe operária porque têm um estilo mais independente, orientado para o falante, do que os rapazes da classe operária, os quais, como as garotas, têm um estilo mais orientado para o destinatário.

Nos termos do meu quadro teórico, vemos assim que não há, nesse caso, sinalização da classe ou do gênero objetivos (enquanto variáveis sociolinguísticas), mas, antes, diferentes modos de construir modelos dos eventos comunicativos, envolvendo, por exemplo, diferentes modos de definir a situação de entrevista e seus objetivos. Mais uma vez, vemos que tratar os contextos como modelos mentais permite uma explicação mais sofisticada das relações entre situação social e discurso – à parte a necessidade de uma interface cognitiva que explique como o discurso pode ser influenciado pelas condições sociais, para começo de conversa.

Muitas variantes sintáticas têm uma pluralidade de significados ou funções diferentes e, portanto, precisam ser explicadas em termos semânticos, pragmáticos ou retóricos; por exemplo, as sentenças ativas e passivas ou as nominalizações colocam a descrição de um evento em perspectivas diferentes, dando ou tirando o realce à agentividade dos participantes a que se faz referência. A Análise de Discurso Crítica tem realçado com frequência que essas diferenças sintático-semânticas do discurso, combinadas, podem também ter implicações sociais ou políticas, por exemplo, quando os falantes querem criticar os autores da ação ou livrá-los de responsabilidade por ações positivas ou negativas. Assim, na cobertura da 'raça' na imprensa, um jornal pode querer criticar a polícia por sua excessiva violência contra jovens negros, e pode fazê-lo ressaltando de várias maneiras a responsabilidade da polícia. Nesse caso, é típico que se procure fazê-lo mencionando explicitamente a polícia na posição inicial (ou de tópico) de uma sentença, como agente de uma ação agressiva (Fowler, Hodge, Kress e Trew, 1979; Van Dijk, 1991).

Inversamente, a responsabilidade dos homens por sua violência contra as mulheres pode ser minimizada pelo uso da voz passiva tanto na mídia como nos autos dos tribunais ou em outros discursos jurídicos (Henley, Miller e Beazley, 1995: 60-84; Lamb, 1996; Penelope, 1990; Phillips e Henderson, 1999: 116-121). Isso não é relevante somente para a semântica preconceituosa do discurso ligado aos gêneros sociais, que encontramos, por exemplo, no noticiário dos jornais, mas também para uma análise crítica do contexto se, por exemplo, os homens usam orações passivas sem agente para negar ou minimizar seu próprio envolvimento ativo na violência ou na discriminação contra mulheres. Assim, Ehrlich (2001), num estudo detalhado de falas de estupradores (homens) nos processos dos tribunais do Canadá, mostrou como os criminosos usam sistematicamente a sintaxe e o léxico para tornar menos graves suas ações negativas (e como, do mesmo modo, os juízes tendem a tornar menos evidente a responsabilidade do autor de um crime violento, descaracterizando esse mesmo crime por meio de uma explicação em termos psicológicos; ver Coates e Wade, 2004: 499-526).

Num estudo sobre o tabloide britânico *Sun*, Clark (1992) mostrou como a representação da violência contra as mulheres pode ser minimizada por expressões passivas e nominalizações nas manchetes – das quais os criminosos masculinos estão notoriamente ausentes. Foi isso também que Henley, Miller e Beazley (1995) descobriram para a imprensa dos Estados Unidos. Ademais, num estudo experimental posterior (estudos experimentais são raros nesse campo) eles estabeleceram que esses relatos preconceituosos têm influência sobre os leitores – que atribuem menos agentividade aos homens quando leem relatos em que a violência dos homens é ofuscada pelo uso da voz passiva.

Quer esses relatos sejam escritos por homens, quer sejam escritos por mulheres, é óbvio que eles são escritos com base em modelos mentais que adotam uma perspectiva masculina. O mesmo acontece, e não somente nesse tabloide, para a representação da violência (policial) branca contra jovens negros (Van Dijk, 1991). Podemos, portanto, concluir que esse fenômeno é a manifestação geral de um preconceito no discurso intragrupo, de suas ideologias subjacentes e de seus modelos mentais de eventos, influenciados ideologicamente: entre si, os membros do grupo tendem a dar um peso menor às 'más' atitudes e ações de seu próprio grupo (Van Dijk, 1998).

Como acontece com muitas das outras relações contexto-discurso discutidas neste capítulo, o que controla essas escolhas sintáticas não é o gênero 'objetivo' dos homens enquanto tal, e sim sua autorrepresentação em que o gênero está presente, e portanto o fato de que eles não conseguem se identificar com os autores de práticas sexistas, ou seja, o modelo de contexto que eles constroem durante a interação discursiva.

Mais geralmente, aos modelos mentais 'semânticos' de eventos (que enquanto tais não precisam de expressão discursiva, e podem ser usados somente para outras ações ou reações não verbais) podem acrescentar-se ulteriores condições contextuais 'pragmáticas' quando esses modelos 'preconceituosos' são expressos na fala ou texto. Encontraremos muitas vezes uma diferença de base pragmática entre as acusações feitas à polícia pela mídia, pelos jovens negros que são as vítimas, e pelos advogados que denunciam esse comportamento da polícia nos tribunais.

Assim sendo, podemos encontrar diferenças entre o estilo da mídia, o estilo legal e o estilo conversacional da juventude negra também no nível sintático, por exemplo, em termos de ordem das palavras, comprimento ou complexidade da sentença, voz ativa *versus* passiva, nominalizações e assim por diante. A idade, a classe, a etnia e as relações sociais entre participantes do discurso (por exemplo, de poder ou solidariedade), bem como as situações pessoais ou institucionais, os objetivos e as ideologias dos falantes podem influenciar indiretamente a variação sintática da 'formulação' dos modelos mentais no texto e na fala. Jucker mostrou como certas diferenças sintáticas, como a complexidade ou o uso de pré-modificadores e pós-modificadores em jornais britânicos, indiciam diferenças entre jornais 'de boa qualidade' e 'populares', havendo diferenças também entre as seções (notícias internacionais ou esporte) de um mesmo jornal.

Os pais dirigem-se frequentemente às crianças pequenas usando não só um estilo lexical diferente, mas também estruturas sintáticas diferentes na conversação (Snow e Ferguson, 1977), como também acontece nos livros infantis e nos programas televisivos destinados às crianças.

Os noticiários, a poesia e a propaganda diferem consideravelmente em sua sintaxe da sentença dos outros tipos de textos escritos. Em termos muito gerais, isso significa que as estruturas sentenciais do discurso escrito e formal tendem a ser mais longas e complexas do que as da fala. Analogamente, as conversas do dia a dia, a poesia e a propaganda podem usar estruturas sentenciais mais 'criativas', por exemplo, sentenças incompletas ou agramaticais, com significados semânticos ou pragmáticos especiais e com implícitos especiais, conforme tem sido seguidamente mostrado nos estudos linguísticos da literatura (Austin, 1994; Cook, 1994; Ehrlich, 1990; Fowler, 1996: 3-14; Toolan, 1990; Ventola, 1991).

Muito do trabalho já feito sobre variação linguística deteve-se nessas e outras propriedades da sintaxe. Tipicamente, elas tendem a covariar. Assim, um trabalho influente de Biber (1988) mostrou que há variações dos traços linguísticos que tendem a coocorrer simultaneamente em determinados gêneros discursivos, valendo como exemplo os vários tipos de tempos, advérbios, pronomes, pró-verbos, substantivos, nominalizações, passivas sem expressão do agente, relativas introduzidas por *that*, preposições, adjetivos, quantidade relativa de palavras-tipo e palavras-ocorrência, expressões de atenuação [*downtoners*], circunscritores [*hedges*], modais, verbos, cancelamento de *that* e coordenação. A análise fatorial da variância permitiu a esse autor distinguir vários fatores que poderiam, por sua vez, ser interpretados em termos de gêneros diferentes, por exemplo, mediante as funções dos traços sintáticos.

Por exemplo, o Fator 1, em seu estudo, é caracterizado por altas incidências positivas (> .30) em traços como os verbos de opinião, a omissão de *that*, contrações (como *isn't*), o tempo presente, os pronomes de segunda pessoa, o uso de *do* como um pró-verbo, a negação analítica, os pronomes demonstrativos, as expressões enfáticas, os pronomes de primeira pessoa, os circunscritores, as partículas discursivas, os amplificadores etc. Incidências negativas altas nesse fator são traços como os substantivos, as palavras longas, os sintagmas preposicionais, a razão tipo/ocorrência e os adjetivos atributivos. Juntos, os traços sugerem, de um lado, um tipo 'engajado' de uso da língua, como o que encontramos nas conversas do dia a dia, que são menos informativas e (mais) interativas, afetivas e fragmentadas, e tratam de qualquer tipo de assunto. Por outro lado, os traços do mesmo fator podem definir uma língua 'informativa' como a que reconhecemos nos textos acadêmicos, que tendem a ser cuidadosamente revisados, mais formais, menos afetivos, assim por diante. Analogamente, um segundo fator é definido por aqueles traços que caracterizam tipicamente as histórias, nas quais tendemos a encontrar verbos no passado, verbos de aspecto perfectivo e pronomes de terceira pessoa, porque as histórias tratam tipicamente de ações que seus protagonistas realizaram no passado (evidentemente, isto não vale para as histórias pessoais nas conversas, que podem ser sobre o falante e tendem a ter pronomes de primeira pessoa, como no caso geral das conversas). Obviamente, não encontramos muitos verbos no tempo presente na narrativa (ao contrário do que acontece na conversação), de modo que esse traço pesa muito negativamente nesse fator.

Cabe ressaltar que, no quadro deste livro, os resultados dos trabalhos mais antigos sobre variação sintática precisam ser interpretados com cuidado. É claro, quando os traços sintáticos tendem a ocorrer simultaneamente, essa coocorrência pode ser interpretada em termos de várias dimensões que caracterizam diferentes tipos de textos ou gêneros como, digamos, a conversa do dia a dia, a prosa acadêmica ou a narrativa. Contudo, já observamos que a variação sintática tem não só funções contextuais pragmáticas, mas também funções contextuais semânticas. Assim, o uso frequente do tempo passado nas histórias deriva da convenção narrativa de que as histórias dizem respeito a ações e acontecimentos passados envolvendo seres humanos, o que é uma exigência semântica. O mesmo tipo de coisa vale para o uso frequente do tempo presente na prosa acadêmica (que se refere a eventos gerais, atemporais, ou a eventos específicos em andamento) e nas conversas (que se referem àquilo que os participantes fazem, querem ou pensam enquanto estão falando). Por sua vez, a prosa acadêmica é sobre assuntos especializados, portanto exigirá palavras mais longas e mais variadas, e uma proporção elevada de palavras-tipo e palavras-ocorrência. Em suma, essas variações sintáticas mostram *sobre o que* são esses discursos, não *por quem, quando e onde* são usados e, portanto, não são variáveis do discurso de base contextual.

Por outro lado, os condicionamentos contextuais e as condições de produção se manifestam em outros traços linguísticos. Assim, os cancelamentos frequentes de *that*, as contrações e as partículas de discurso (como *well*) indiciam a fala informal, da mesma forma que o fazem os pronomes dêiticos como os de segunda pessoa, que geralmente pressupõem a presença de um interlocutor na situação em andamento, e os verbos de opinião (*I think, I believe* etc.), que expressam as opiniões do falante no momento. Tanto os aspectos 'semânticos' como os aspectos 'pragmáticos desses diferentes traços linguísticos indiciam as *funções* típicas dos diferentes gêneros no contexto comunicativo. Ao mesmo tempo que as conversas entre amigos manifestam tipicamente interação e envolvimento pessoal altos entre os participantes, a prosa acadêmica funciona principalmente para descrever ou explicar eventos complexos que ocorrem na natureza ou na sociedade e para informar os especialistas. Para ligar os traços linguísticos – e dentre estes, principalmente, os sintáticos – com o contexto, precisamos relacioná-los a tipos de textos (gêneros discursivos) tais como a narrativa, a conversa ou prosa expositiva, por um lado, e por outro a gêneros contextuais, e às suas funções, tais como conversas do dia a dia, reportagens noticiosas, artigos acadêmicos ou debates parlamentares. Se o principal propósito dos artigos acadêmicos é expressar ou transmitir um conhecimento especializado que também pressupõe conhecimento acadêmico tanto em quem escreve como nas pessoas a quem se destinam os escritos, então, os correlatos semânticos (especializados) do conhecimento especializado (por exemplo, significados diferenciados no campo da genética) serão expressos em muitos substantivos 'técnicos' diferentes e longos. Naturalmente, a prosa acadêmica tem muitas outras funções, por exemplo, a de expor conhecimentos e transformar em atos o poder e a autoridade, e assim por diante, mas essas funções não são tipicamente capturadas pelos traços sintáticos, e sim por outras propriedades do discurso, entre elas as citações.

Um fato interessante é que gêneros muito diferentes, como as conversas do dia a dia e a prosa acadêmica, podem também ter alguns traços sintáticos em comum, como uma alta frequência de circunscritores [*hedges*] (Hyland, 1998; Markkanen e Schröder, 1997). Contudo, ao passo que na conversa esses elementos servem tipicamente para modalizar sentimentos e opiniões (por exemplo, para não chocar os sentimentos dos receptores e, muitas vezes, para poupar a própria face ou imagem), na prosa acadêmica eles são usados por medida de cautela na reivindicação de conclusões para a pesquisa, e para limitar as responsabilidades em caso de erro. Mais uma vez, vemos que a ligação entre estruturas contextuais e estruturas do discurso, por exemplo no nível da sintaxe, é bastante complexa e frequentemente indireta.

Se concentrarmos nossa busca em condições pragmáticas-contextuais da variação sintática que sejam exclusivas ou dominantes, é possível que no final fiquemos somente com um conjunto muito pequeno de traços. Assim, as categorias de tempo e lugar dos ambientes contextuais tendem a ser expressas mais ou menos diretamente por expressões dêiticas como os advérbios de lugar e tempo (*aqui*, *agora*, *hoje*, *por enquanto* etc.), encontrados na conversa, mas também nas cartas e nas reportagens de notícias. Nos debates parlamentares no Reino Unido, essas dêixis podem ser sinalizadas por descrições definidas de lugar como *the House* (ou *the other place*, referindo-se à Câmara dos Lordes).

As propriedades, relações e papéis dos participantes são indiciados de vários modos complexos, dos quais apenas alguns são sintáticos, como o uso dos pronomes de primeira e segunda pessoa nas conversas e cartas, sinalizando os papéis comunicativos de falante e destinatário. E, inversamente, o não envolvimento dos falantes pode ser sinalizado pela ausência de verbos de 'opinião' [*private*], pela presença de verbos impessoais e assim por diante, como acontece na prosa acadêmica.

Contudo, assim que especificamos as condições contextuais, por exemplo, com o objetivo de descrever as falas ou debates parlamentares, como foi o caso para o discurso de Tony Blair na Câmara dos Comuns, há poucos correlatos diretos dos papéis e relações dos participantes, além do uso de *I* e *you* e, mais especificamente, de certas expressões formulaicas como '*my honorable friends*' [meus nobres colegas], enquanto maneiras de referir-se ao falante e aos receptores, como na maior parte da língua falada.

Nesses debates, pronomes como *we* [nós] podem assinalar desde o falante (como no caso do 'nós majestático', que sinaliza poder e autoridade), nós-o governo (quando fala o primeiro-ministro), ou qualquer grupo com o qual o falante se associa (mesmo partido, mesmo país etc.). Mas nenhum desses grupos é exclusivo – e isso era esperado, porque os fatores somente indicam a tendência ou plausibilidade de que algum traço linguístico ocorra, em comparação com outros gêneros discursivos.

Ou seja, só podemos dizer que a primeira pessoa do plural *we* é *tipicamente* ou *frequentemente* usada naqueles discursos em que o falante ou escritor sinaliza várias inclusões em grupos, tal qual ocorre em gêneros diferentes como as conversas do dia a dia, os debates parlamentares, e mais geralmente no discurso político (Beard, 1999; Wilson, 1990), mas obviamente não é sempre que isso acontece.

A polarização dos usos dos pronomes *we* [nós] (*us* [nós], *our* [nosso]), em oposição a *they* [eles] (*them* [eles, os], *their* [deles]) pode caracterizar também as conversas do dia a dia, bem como todas as formas de discurso ideológico polarizado, incluindo os debates parlamentares, a propaganda política e os artigos jornalísticos assinados que exprimem uma opinião [*Op-Ed articles*] (Van Dijk, 1991, 1997: 20-36). Mas em inglês não há correlatos sintáticos que assinalem que o falante é primeiro-ministro, membro do Parlamento ou socialista, jovem ou velho, amigo ou adversário, a menos que o falante explicite esses papéis, como o faz Tony Blair quando diz "Aqui estamos, nós, o Governo..." E somente algumas línguas expressam formalmente (morfológica ou sintaticamente) características gerais do falante como o gênero, a idade ou o *status*.

A categoria contextual da Ação em Curso (como a tentativa de Tony Blair de legitimar a política de seu governo através de sua fala, bem como qualquer outra ação política em que ele está engajado quando se dirige aos Comuns) também não chega a ser sinalizada por traços formais (isto é, sintáticos) exclusivos. Contudo, nos debates parlamentares, é frequente o uso de expressões modais como *must* e *should* [precisar, dever], em referencia a ações que 'nós' (o governo, o Parlamento, o país) temos a obrigação ou a recomendação de empreender – um traço que esses discursos têm em comum com a maioria das falas nos gêneros pertinentes à tomada de decisão, como seria o caso na reunião de diretoria de uma empresa. Mais uma vez, vemos que alguns traços formais (as expressões modais) se relacionam com alguns traços semânticos gerais (as obrigações), que podem ser típicos em certas classes de gêneros (por exemplo, as reuniões para tomadas de decisão) que têm traços contextuais especiais, por exemplo, nas representações de papéis, relações ou ações dos participantes.

Naturalmente, tudo isso se aplica também a categorias como os Objetivos ou Metas, que serão sinalizados pela ocorrência de tempos verbais ou advérbios futuros, e por expressões modais (acerca daquilo que nós ou eles precisaremos fazer).

Por fim, como sustentei antes, Conhecimento é uma categoria crucial e é preciso tratar dela com cuidado. Isso significa que há muitas maneiras em que o discurso precisa assinalar aquilo que os participantes sabem, uns sobre o conhecimento dos outros. Isso vem expresso não só nas pressuposições presentes na semântica do discurso, mas também em várias estruturas sintáticas, como o uso pressuposicional dos artigos definidos (por exemplo, na fala de Blair, "*The House, the government, the course that we have set*" ["A Casa, o governo, o rumo que decidimos tomar"], as orações subordinadas começando por *that* e, claro, todas as pró-formas, como os pronomes de terceira pessoa '*he*' ou '*it*'). Também as nominalizações são em sua maior parte definidas e, portanto, pressupõem um conhecimento acerca da ação nominalizada (por exemplo "*the manipulation of public opinion*" em vez de "*a manipulation of public opinion*" ["a/uma manipulação da opinião pública"]).

Concluindo esta seção, vemos que os traços sintáticos costumam relacionar-se às propriedades contextuais indiretamente e de maneiras variadas, muitas vezes através de seus significados ou referências semânticas – tipicamente expressões dêiticas que fazem referência a parâmetros do ambiente, papéis participantes, como falante e destinatário, inclusão ou exclusão em um grupo, o gênero e a idade dos participantes (em algumas línguas), e por fim, os vários indicadores de um conhecimento pressuposto ou assertado (como nas expressões definidas ou nos pronomes).

Ou seja, são muito poucos os traços gramaticais que desempenham funções contextuais de maneira exclusiva e direta. O mesmo vale para as estruturas sintáticas. Elas podem ocorrer – habitualmente em combinações – de modo mais ou menos frequente conforme o gênero textual, e portanto requerem contextos específicos, mas é raro que haja exclusividade. Ao contrário, alguns traços podem caracterizar classes de gêneros, dimensões ou funções mais gerais do uso da língua. Assim, os verbos "de opinião", a omissão de *that*, diferentes contrações e as partículas discursivas, entre outros traços linguísticos, caracterizam antes a interação informal do que da interação formal ou os gêneros escritos e, a este respeito, também sinalizam aspectos do contexto. Por outro lado, embora os verbos conjugados no tempo passado caracterizem vários tipos de narrativas (incluindo as reportagens noticiosas e o discurso histórico) e diferentes gêneros, a razão não é pragmático-contextual; deve antes ser procurada nos condicionamentos semânticos desses gêneros, mais precisamente no fato de que eles costumam tratar de ações, experiências ou eventos passados. Além disso, no interior dos gêneros é frequente haver uma variação considerável de texto para texto, de modo que só podemos caracterizar sintaticamente os gêneros e as relações texto-contexto de maneira aproximada e probabilística.

LÉXICO

A variação lexical é particularmente sensível ao contexto, e seria de esperar que tivesse sido estudada extensamente em Estilística, Sociolinguística, Análise de Discurso Crítica e outras linhas de estudo da língua sociologicamente orientadas, além de outras disciplinas. Nada mais distante da verdade. No momento, parece não haver monografias (pelo menos não em qualquer das línguas europeias ocidentais) que tratem especificamente de contexto social e variação lexical, e há apenas um punhado de artigos sobre o assunto (sobre variação em geral, veja-se, por exemplo, Geeraerts, Grondelaers e Bakema, 1994).

Por meio das palavras que usam, os falantes mostram suas identidades sociais, suas relações enquanto participantes, sua adaptação à audiência, seu estado de espírito, suas emoções, seus valores, suas opiniões e atitudes, seus propósitos, seu conhecimento e os tipos de situações (in)formais ou institucionais em que estão falando ou escrevendo. Em suma, poucas categorias contextuais não são de modo algum marcadas pela escolha do léxico, em acréscimo à escolha das expressões dêiticas, das partículas de discurso e de outros tipos de palavras mencionadas na seção dedicada à sintaxe.

É preciso lembrar, porém, que a escolha lexical é antes de mais nada definida pelos significados ou pelos modelos de eventos subjacentes dos usuários da língua: como uma estratégia geral, as pessoas optam pelas palavras que expressam da maneira mais exata possível a informação específica que está presente nesses modelos de eventos. Dadas várias palavras que têm mais ou menos o mesmo significado (semântico), podem ser usadas as alternativas que, além disso, assinalam algum condicionamento contextual tal como está representado no modelo de contexto.

É sistemático, por exemplo, que haja frequentemente expressões alternativas para diferentes tipos ou níveis, ou formalidade – baixo, normal e alto – como se pode ver em triplas como *pinch*, *steal* e *appropriate* (ou *purloin*) ['garfar', 'roubar' e 'apossar-se de/surrupiar']. Outros condicionamentos contextuais que incidem sobre a contextualização incluem categorias e exemplos bem conhecidos, como os seguintes (entre as muitas publicações, vejam-se Barbour e Stevenson, 1990; Downing, 1980: 89-126; Eckert, 2000; Eckert e Rickford, 2001; Geeraerts, Grondelaers e Bakema, 1994; Singleton, 2000; Wolfram e Schilling-Estes, 1998):

Tipo de situação: formal *versus* padrão *versus* informal (coloquial, popular) *versus* vulgar; público *versus* privado, institucional *versus* não institucional; variação de classe; U *versus* não-U [onde "U" significa '*upper class*', a 'classe alta']; formas diglóssicas H [prestigiadas] *versus* formas diglóssicas L [discriminadas]; expressões que definem o registro e a variação de estilo lexical *automobile* *versus* *car* [automóvel/carro]; *man* *versus* *guy* (*chap, bloke, dude* etc.) [homem, cara, camarada, sujeito, tipo]; *lavatory* *versus* *bathroom* *versus* *toilet* [sanitário/banheiro/toalete]; *copulate* *versus* *fuck* [copular/foder]; espanhol *lavabo* *versus* *baño* etc.;
Variações regionais/dialetais: inglês britânico *versus* inglês dos Estados Unidos da América *apartment* *versus* *flat* [apartamento]; *gas* *versus* *petrol* [gasolina]; alemão do Norte e alemão padrão *Samstag* *versus* *Sonnabend* [sábado]. Essas variações também podem ser usadas intencionalmente e então ser funcionais, como, por exemplo, quando falantes nos Estados Unidos usam palavras do inglês britânico de modo a parecer mais britânicos;
Identidade social e estereótipo: (por gênero, classe, etnia, idade etc.) por exemplo *adorable, divine, gorgeous,* [deslumbrante, divina, maravilhosa] etc. (usados por ou atribuídos a mulheres ou homens gays); *cool* ([legal] como uma qualidade positiva: jovens) etc. *dude, nigger, punk,* (do AAVE, ou African American Vernacular English, onde são denominados para indivíduos afrodescendentes);
Usos especializados *versus* **não especializados:** (papéis participantes e escolarização – falantes e/ouvintes; especialistas – conhecimento, situações institucionais etc.). e.g., *flu* *versus* *influenza* [gripe/influenza]; *aspirin* *versus* *acetylsalicylic acid* [aspirina/ácido acetilsalicílico] no uso padrão e no uso médico, e exemplos análogos em Direito e nas ciências;
Posição social: (*status* dos participantes, poder, fama). Por exemplo, (no tratamento dispensado) *Excellency, Your Honor, Sir, Madam* etc. [Excelência, Meritíssimo, meu senhor, minha senhora] (cumprimentos): *your servant* (*your fan* etc.) [seu criado (seu admirador)]; pronomes que exprimem deferência e solidariedade etc. *Tú* *versus* *Usted* etc.;

Relações sociais: (participantes: amigos *versus* inimigos; intimidade *versus* distância etc. entre participantes), e.g., *dear versus dearest* (*darling, honey* etc.) [querido/meu querido/meu amor, meu bem]; espanhol *estimado versus querido versus queridíssimo* (ao dirigir-se a alguém, por exemplo, nas cartas);

Avaliações, apreciações: (opiniões, atitudes; ver também *Ideologia*) dos falantes e imagem projetada da audiência [*audience-design*]: palavras (mais ou menos) 'positivas' *versus* 'neutras' *versus* 'negativas'; eufemismos *versus* hipérboles; por exemplo, *slay, kill, murder, slaughter, exterminate* [golpear, matar, assassinar, chacinar, exterminar]; *collateral damage versus civilian deaths versus massacre* [danos colaterais/mortes de civis/massacre];

Emoções dos falantes: os verbos e substantivos de emoção (indiciando emoções dos falantes quando usados em primeira pessoa): *love, hate* etc. [amar, odiar etc.]; qualificativos: *lovely* [um amor];

Ideologia: perspectiva, crenças e opiniões do falante e/ou de sua representação da audiência: *terrorista, liberdade, lutador, rebelde, insurgente, radical, reacionário* etc.; *nós* em oposição a *eles*; críticas [*slurs*] racistas e sexistas;

Conhecimento: (*ver também* papéis participantes, uso especializado, escolarização etc.) desde *aardvark, abducing...*, até *Zeitgeist, zeugma* e *zygote* [oricteropo, abdutor, Zeitgeist*, zeugma e zigoto];

Tipo de atividade: todas as expressões (dêiticas, performativas) que indicam que tipo de (inter)ação social está sendo realizada por meio do fragmento de discurso em questão, por exemplo '*Eu os declaro marido e mulher*', '*Nesta aula...*'

Objetivos: todos os substantivos, verbos advérbios etc. que indicam as intenções, propósitos, alvos ou objetivos do falante/escritor: '*Com esta aula eu espero...*', '*O objetivo deste livro é...*' etc.

Embora esta lista dos tipos de controle contextual da escolha e variação lexical esteja longe de completa, ela mostra que quase todas as categorias contextuais de que se tratou anteriormente apresentam alguma forma de expressão ou realização lexical. Cada um desses tipos precisaria ser extensamente analisado e mais comentado, sendo tomado como objeto de mais pesquisa

* N.T.: *Zeitgeist* é voz alemã, que significa "espírito de uma época".

empírica. É que as variações de gênero na escolha do léxico ocorrem não só de acordo com as diferentes línguas e culturas, mas também no interior da mesma língua-cultura, por exemplo, em função de outros condicionamentos sociais (classe, escolarização, ideologia etc. dos homens e mulheres que falam ou a quem se fala), com mudanças importantes e rápidas de uma geração para outra e mesmo numa mesma geração. Assim, enquanto Vincent (1982) descobriu que os homens idosos no Quebec tendiam a praguejar mais do que as mulheres idosas, há uma diferença muito pequena entre meninos e meninas a esse respeito. Macaulay (2005a: 177) cita o exemplo de uma mulher escocesa que reflete em voz alta sobre seus próprios usos linguísticos num entorno tipicamente masculino, a qual chama a atenção para o fato de que sabe praguejar como qualquer homem, mas se sente menos feminina ao fazê-lo – apoiando essa reflexão em exemplos do que significa, para ela, ser mulher. Vemos que os ambientes, tais como os ambientes de trabalho, a classe, o gênero social e as questões de identidade podem relacionar-se de maneiras complexas enquanto condições da variação lexical.

Embora seja difícil generalizar para categorias sociais amplas, relataram-se diferenças de gênero quanto a ser ou não ser direto na fala, e também quanto a usar expressões mais ou menos 'duras' (Eckert e McConnell-Ginet, 2003: 188ff; Gidengill e Everitt, 2003: 209-232; ver também a discussão feita em M. Macaulay, 2001: 293-316). Também nos romances de detetive, os detetives homens são representados e identificados através de sua maneira de falar 'dura' (Christianson, 1989: 151-162). Note-se, mais uma vez, que essas diferenças baseadas no gênero são também relativas à classe e podem refletir valores da classe média ou da classe alta, se se descobrir que as mulheres de classe mais baixa tendem a ter menos medo de falar 'duro', por exemplo durante o trabalho ou no bar (ver também Macaulay, 2001: 78-82).

Por outro lado, num nível de explicação mais elevado, Meyerhoff (1996: 202-227) sustenta que, de maneira análoga, os homens de classe média se sentem mais livres para usar expressões ou pronúncias mais populares ("de classe mais baixa") ou grosseiras, uma coisa que as mulheres trabalhadoras de classe média dificilmente se permitem. Isso sugere, mais uma vez, que pode ser necessário reformular as condições contextuais de gênero e outras que encontramos na Sociolinguística tradicional em termos de construtos mais complexos, em que apareçam não só categorias discretas como o gênero e a classe, mas também condições de nível mais elevado, relativas ao poder, direitos e prerrogativas.

Uma das variações estilísticas de base contextual que têm sido examinadas mais detalhadamente são os comentários racistas, que se presumem em geral enunciados por falantes brancos (Essed, 1991; Mieder, 2002; Van Dijk, 1984, 1987). Os comentários racistas funcionam habitualmente como um meio de dominação étnica, como também acontece com muitas outras propriedades do discurso, não só quando a fala é dirigida às minorias, mas também quando se fala delas. Um fato digno de nota: Stokoe e Edwards (2007: 337-372) descobriram que esses insultos racistas podem também ser usados durante os interrogatórios policiais por suspeitos de terem cometido crimes no *barrio* como um meio de defesa ou legitimação, ou seja, como "contraqueixas".

Como no caso do gênero social, muitos outros condicionamentos que incidem sobre a escolha e variação lexical podem combinar-se de várias maneiras, com o efeito de que, por exemplo, falantes de sexo masculino ou feminino, de escolaridade alta ou limitada etc., podem usar ou não níveis de estilo mais altos ou mais baixos ou variantes regionais, ou palavras 'eruditas' – produzindo-se, assim, um amplo leque de variações lexicais. Assim, para dar conta da escolha lexical contextualmente condicionada de um fragmento de texto ou fala, podemos precisar reconstruir os contextos e o falante como, por exemplo, um jovem afro-americano de classe média, um socialista fanático, uma jornalista feminista que escreve de Nova York em uma mensagem informal de e-mail para um judeu mais velho, homem, amigo chegado e colega etc., e outros eventos igualmente específicos. Não admira que seja difícil generalizar a partir de tanta especificidade!

Essa definição das situações complexas também é relevante para a construção da categoria social à qual atribuímos os agentes das ações de que se fala ou os destinatários de nossa fala: os numerosos *rótulos* de que dispomos para descrever as pessoas são uma função dessas definições e construções (McConnell-Ginet, 2003).

Embora tenham sido dados exemplos de variação lexical em função de várias categorias contextuais, talvez os exemplos mais óbvios ou 'puros' são controlados por tipos de situações (por exemplo, formal *versus* informal).

Essas situações são caracterizadas tradicionalmente por meio de metáforas espaciais, como (variedades linguísticas) altas, médias ou baixas, e são às vezes associadas com *status* ou classe altos, médios e baixos; assim, a variação situacional acaba sendo ligada à variação social (e dialetal) (para um debate sobre essa relação, ver, especialmente, os escritos reunidos em Eckert e Rickford, 2001).

Embora essas diferenças situacionais sistemáticas também existam em inglês, há línguas e culturas em que as distinções de nível são bastante sistemáticas, tanto para a distinção de objetos como para a forma de dirigir-se ao interlocutor. Assim, Irvine (2001) faz referência aos estudos de Errington (1988) sobre os estilos estratificados do javanês, língua em que se faz uma distinção entre um estilo 'alto' (*krama*), associado a valores como o refinamento, o desprendimento, a tranquilidade etc., um estilo 'baixo' (*ngoko*), 'mais grosseiro', que é adaptável às sensibilidades do receptor e no qual as pessoas podem perder as estribeiras, e um nível de estilo 'intermediário' (*madya*), usado, por exemplo, para fazer referência ao arroz ou à comida. Duranti (1992: 77-99) faz uma análise semelhante do vocabulário de respeito usado em samoano para os chefes e oradores (ver *Society in Discourse*, para detalhes). Como em qualquer outro lugar, as expressões de respeito e deferência indiciam não só relações hierárquicas, mas têm também funções persuasivas, quando usadas pelo falante para conseguir o que deseja de interlocutores poderosos; isso, obviamente, exige a representação dos objetivos do falante nos modelos de contexto do receptor.

Na realidade, essa distinção de (três) níveis de estilo já tinha sido feita nos clássicos, por exemplo, na forma da roda de Virgílio – um conjunto de itens lexicais e de gêneros literários ou heróis etc. a eles associados, chegando a uma lista de três estilos: *gravis, mediocris, humilis* (ver, por exemplo, Lodge, 2004: 230). O inglês tem o mesmo tipo de variação situacional, como sabemos a partir de palavras como *purloin* ou *appropriate* ['larapiar', 'subtrair'], que representam o nível elevado, *steal* ['roubar'] que representam o nível intermediário (padrão), e *pinch, nab* ['garfar', 'passar a mão'] e mais um monte de sinônimos caracterizados como populares ou vulgares etc.; variantes situacionais também podem ser associadas com vários dialetos sociais e regionais, e também com significados sociais-situacionais.

A partir desses exemplos, vemos também que essas formas indiciam não só os vários tipos de situações, mas também muitas outras dimensões sociais, como a de ser refinado ou delicado (em oposição a grosseiro), de ter uma educação mais ou menos esmerada, de estar 'por dentro' ou 'calmo' (e, portanto, a identidade), iniciativas de polidez e tato e, em geral, estratificação social. Daí o paralelismo frequentemente observado entre variação estilística 'situacional' e variação estilística 'social/dialetal': as formas estilísticas 'mais baixas' (pronúncia, palavras) coincidem muitas vezes com as formas estilísticas da classe mais baixa.

Resumindo o que dissemos a propósito dessas diferentes fontes de variação contextual da escolha do léxico, percebemos que elas apontam, mais uma vez, para a necessidade de definir o contexto em termos da maneira como os falantes se representam a si próprios e aos outros participantes, bem como às outras dimensões relevantes do evento comunicativo, em um modelo mental dinâmico. Assim, são o ambiente espaçotemporal tal como é percebido (experienciado), a natureza do evento e a interação tais como são definidas e as diferentes identidades e relações (gênero social, região, classe social, etnia, ocupação, escolarização, poder, distância etc.) tais como são assumidas, desempenhadas ou atribuídas que constituem a condição crucial do uso e da variação da língua, e não as dimensões objetivas ou 'reais' da situação social.

Note-se também o importante papel de dimensões 'psicológicas' do contexto como a relevância das emoções, opiniões, conhecimentos e ideologias. Assim, Gleason et al. (1994) descobriram que os pais usam mais diminutivos quando se dirigem às meninas do que quando se dirigem aos rapazes, e isso mostra que a categoria do receptor em seus modelos de contexto precisa figurar não só como uma dimensão de gênero, mas também como uma dimensão avaliativa (da graciosidade) das meninas, que pode ser expressa pelos diminutivos. Na realidade, de maneira mais geral, os diminutivos podem ser usados pelos homens não só quando eles se referem às mulheres carinhosamente, mas também como maneiras explicitamente sexistas de menosprezá-las (ver também Makri-Tsilipakou, 2003: 699-726).

Na lista dos condicionamentos contextuais recapitulados anteriormente para a variação lexical não figura uma categoria para *gênero* textual/discursivo pelas razões que já formulamos. Contrariamente a outras abordagens do contexto, pensamos que o gênero textual/discursivo não é uma categoria discreta do contexto, mas uma noção complexa que incorpora propriedades contextuais e textuais.

O mesmo vale para os *temas* ou *assuntos* [*themes or topics*], que são definidos ou em termos das macroestruturas semânticas dos discursos (que, obviamente – sendo estruturas textuais mas não contextuais –, podem controlar significados locais, e por conseguinte itens lexicais) ou em termos de itens de conhecimento, definidos possivelmente como modelos mentais dos participantes. Ou seja, os temas ou assuntos são contextuais somente se forem parte da dimensão 'cognitiva' do contexto, como os objetivos, as crenças ou os conhecimentos, mas, nesse caso, não os chamamos de 'temas' ou 'assuntos', que são noções reservadas à descrição do discurso.

Menciono esse ponto porque em muitos estudos da variação, os 'assuntos' são mencionados como condições contextuais (ver também o capítulo "Contexto e linguagem"). Essa confusão tem sua origem, é provável, no fato de que os estudos da variação ficaram tradicionalmente limitados às estruturas 'superficiais' (som, sintaxe, léxico) das palavras ou sentenças, e qualquer coisa que controlasse essa variação passava a ser 'contexto', subjacente aos significados e aos assuntos do discurso. Como os sociolinguistas não tinham uma teoria propriamente dita do tópico, macrossemântica ou cognitiva, essa noção foi tomada simplesmente, e em termos vagos, como um condicionamento que afetaria o contexto – mesmo quando é óbvio que não existe essa coisa de estrutura social ou situacional independente do discurso, chamada 'assunto'.

MARCADORES DISCURSIVOS

A maioria dos exemplos antes mencionados são as conhecidas variantes dos substantivos, advérbios e adjetivos tais como as estudaram a Sociolinguística e a Gramática das sentenças tradicionais. Todavia, essa variação pode estender-se também a outros itens lexicais, e um caso disso é o uso dos *marcadores discursivos*.

Por exemplo, Andersen, (1996: 131) mostrou que as crianças percebem o uso fundamentado no *status* que seus pais fazem de *well* (ou, em francês, de *bon*, *alors* e *ouais*) e tiram proveito disso para imitar o estilo dos pais, em suas brincadeiras de faz de conta (para o desenvolvimento e uso dos marcadores discursivos, ver também Pak, Sprott e Escalera, 1996).

Analogamente ao que Dines (1980: 13-31) descobriu a propósito das mulheres australianas da classe trabalhadora, Macaulay (2005b: 67) relata que as mulheres geralmente usam o marcador discursivo *you know* duas vezes mais que os homens, que as mulheres da classe média o usam duas vezes mais do que as da classe trabalhadora, e que os adultos de Glasgow o usam mais frequentemente em suas conversas do que os adultos de Ayr. Entre as garotas e os rapazes em Glasgow, contudo, são apenas as meninas de classe média que usam *you know* com uma frequência minimamente significativa (ver também Macaulay, 2005a: 122, 248; Macaulay, 2005b: 85). Ver também o estudo de

Dines (2005b) sobre os usos de marcadores discursivos por mulheres australianas da classe trabalhadora.

Também consta que marcadores discursivos como *innit* (por *isn't it*), embora com funções pragmáticas de polidez diferentes, são usados mais frequentemente por falantes da classe trabalhadora, mas o padrão desses usos está longe de ser claro, conforme mudam as cidades e os diferentes grupos etários. Descobertas semelhantes foram relatadas para a variação de marcadores de discurso como *you know* no inglês da Nova Zelândia (Stubbe e Holmes, 1995: 63-88) ou no Corpus London-Lund (Erman, 1987, 1993 217-234, 2001 1337-1359), mas os autores ressaltam que as mulheres e os homens usam esses marcadores de maneiras diferentes: os homens, por exemplo, podem usá-los para chamar a atenção ou para 'consertar' seus enunciados, ao passo que as mulheres usam essa expressão sobretudo para assinalar sua qualidade de membros de um grupo.

Norrby e Winter (2002) não identificaram diferenças muito claras entre os marcadores de discurso usados pelos rapazes e pelas garotas – já que tanto umas como outros usam esses marcadores como expressões de pertencimento a um grupo, o que significa que os falantes estão construindo um modelo de contexto em que o pertencimento ao grupo é crucial. Resta saber se as diferenças ligadas a gênero e classe social dos marcadores de discurso se relacionam do mesmo modo ao pertencimento ao grupo e, portanto, à representação nos modelos de contextos.

Esse é mais claramente o caso para o uso marcado que fazem os jovens do marcador de foco *like*, um uso que começou no inglês americano e existe atualmente também no Canadá, na Grã-Bretanha e alhures (Tagliamonte e Hudson, 1999: 147-172).

Qualquer que seja a distribuição dos vários marcadores de discurso – por idade, gênero, classe ou região – seus usos precisam ser descritos em termos das teorias dos modelos de contexto dos participantes que definem as propriedades da interação. Por exemplo, os usos de *innit* no inglês britânico precisam ser descritos em termos dos modelos que os falantes têm acerca dos conhecimentos e das opiniões (compartilhados) do receptor, possivelmente em termos das identidades etárias dos participantes, e envolvendo também, talvez, a autorrepresentação em termos de identidade de classe. É, portanto, necessário distinguir cuidadosamente esses marcadores pragmáticos ou interacionais e os marcadores de discurso que operam no nível semântico, por exemplo, para focalizar ou ressaltar significados – o que, naturalmente, também pode variar em função do gênero e da classe social.

Significado

Como é que o significado do discurso varia com o contexto? A resposta a essa pergunta depende de nossa noção de variação, conforme já discutimos. Se a variação do discurso pressupuser uma equivalência semântica estrita (sinonímia intensional), haverá provavelmente muito pouca variação – ou nenhuma – dependendo da teoria do significado usada. Relaxando de algum modo o critério, então as paráfrases podem ser tomadas como expressões cujos significados são 'mais ou menos os mesmos', o que, por sua vez pressupõe um significado 'subjacente' mais geral. A variação lexical, normalmente, envolve pelo menos alguma variação de significado. Como a comparação neste caso pressupõe que algo continua equivalente, pode-se assumir que a variação de significado requer relações conceituais de nível mais elevado (por exemplo, quando '*rebel*' e '*freedom fighter*' ['rebelde' e 'lutador pela liberdade'] acarretam a noção abstrata e de nível mais alto '*armed resistance*' [resistência armada]) ou macroestruturas semânticas (discursos com diferentes significados locais podem ser a respeito do mesmo assunto).

Significado do discurso é uma noção vastamente complexa, e, por motivos práticos, eu a limitarei aqui aos seguintes aspectos do significado:

- conceitos expressos por palavras;
- proposições expressas por orações e sentenças;
- sequências coerentes de proposições expressas por sequências de sentenças;
- significados gerais (assuntos, macroestruturas) dos fragmentos discursivos;
- (episódios de tipos variados) e discursos inteiros.

Já tratamos de conceitos ao discutir variação lexical, de modo que, agora, eu vou concentrar-me nas proposições e em suas estruturas e relações. Como próximo passo, vamos assumir que as proposições representam o significado das sentenças, e que podemos analisar suas estruturas da maneira clássica, isto é, em termos de predicados de lugares, com argumentos etiquetados para funções de 'casos' (Agente, Paciente etc.). As proposições podem formar proposições compostas pelo acréscimo de vários tipos de modalidades (como 'É necessário que...' ou 'É sabido que...' etc.). Um debate sobre a (in)adequação dessa abordagem 'lógica' do significado das línguas naturais foge ao escopo deste livro, e eu só a adoto por uma preocupação de simplicidade (ver Saeed, 1997). Meu único objetivo aqui é examinar brevemente que aspectos do significado do discurso mudam com a alteração do contexto. Vamos, portanto, considerar algumas possibilidades:

SINÔNIMOS

Um caso já discutido aqui é a variação lexical: as palavras podem ser sinônimos mais ou menos próximos, que entretanto são usados em situações sociais diferentes (por exemplo, mais ou menos formais). Isso costuma implicar pelo menos alguma variação mínima de significado ou de avaliação ou outra implicação. Assim, embora *rebels* ou *guerrillas* [rebeldes, guerrilheiros] possam ser usados tanto em situações formais como informais, a palavra mais informal *insurgents* [insurgentes] não foi até recentemente o tipo de palavra mais usado na conversação cotidiana. Tais usos podem depender de quem recorre a eles, e com que tipo de ideologias: os rebeldes podem chamar-se a si próprios 'lutadores pela liberdade', enquanto outros podem chamá-los de 'terroristas': em ambos os casos está implícita uma avaliação, a primeira positiva, a segunda negativa (ver, por exemplo, Chomsky, 1987, 1994; Herman e Chomsky, 1988; Herman, 1992; Van Dijk, 1998).

O mesmo se aplica aos termos médicos em oposição aos nomes correntes das doenças e às denominações dos documentos, processos e procedimentos da burocracia, em oposição aos nomes usados pela população (para detalhes, ver Edmonds, 1999). Em todos esses casos, algum aspecto do contexto, por exemplo, a categoria ou as relações dos participantes, bem como suas ideologias, selecionam com caráter preferencial o conceito (e a palavra) mais apropriado para cada situação. Isso acontece tipicamente para as alternativas que têm implicações positivas ou negativas. Dificilmente alguém descreveria suas próprias ações (negativas, ilegais etc.) em termos de estarem sendo 'perpetradas', embora possa vir a confessar 'que as cometeu'.

METÁFORA

As metáforas conceituais oferecem uma rica fonte para a construção discursiva do mundo como uma função dos condicionamentos contextuais. Ao mesmo tempo que constroem conceitos muito gerais, elas também constroem e indiciam a cultura. Para diferenças mais específicas construídas conceitualmente, por exemplo, de gênero, classe ou etnia, observou-se muitas vezes que os homens usam metáforas agressivas, baseadas no gênero, para representar sua violência, por exemplo, no discurso militar (Cohn, 1987: 687-718).

Estudos sobre o racismo da imprensa 'branca' da Europa Ocidental encontram repetidamente o uso das mesmas metáforas nos tratamentos dados à imigração: a imigração é uma invasão, ou uma quantidade formidável de água ou neve em que corremos o risco de afogar-nos: os imigrantes são costumeiramente descritos como chegando em 'ondas' ou 'avalanches', usos que se tornaram absolutamente normais e acabaram sendo dicionarizados. Além dessas metáforas de calamidades naturais, o discurso anti-imigrantes pode conter metáforas que representam os países como recipientes ou navios: o país está cheio ou, como no slogan alemão anti-imigração *Das Boot ist voll* (Charteris-Black, 2006: 563-581; Jäger, 1998; Van Dijk, 1991).

PERSPECTIVA

A perspectiva ou ponto de vista é um dos modos clássicos de acordo com os quais os acontecimentos podem ser descritos, relativamente à localização dos falantes ou receptores, e desse modo controlados por variáveis contextuais. Assim, nos relatos da mídia sobre uma ação policial contra uma manifestação, pode-se sinalizar a posição do jornalista como a de quem está 'do lado da' polícia ou 'do lado dos' manifestantes, o que dá origem a descrições da polícia em termos de 'indo' até os manifestantes ou 'vindo até eles', respectivamente (Van Dijk, 1988a). Essas variações do significado dependentes do contexto poderiam também ser classificadas como 'dêiticas', embora obviamente a perspectiva e o ponto de vista não sejam apenas espaciais, mas também metafóricos, isto é, baseados em variações das opiniões pessoais (modelos mentais) ou em atitudes e ideologias compartilhadas socialmente – um condicionamento contextual que precisa ser descrito em outros termos, mais precisamente como uma das formas da cognição social do participante. O famoso par 'terrorista'/'combatente pela liberdade' é um caso clássico, e pode ser definido também em termos de variação de perspectiva. Finalmente, a perspectiva ou ponto de vista (na narrativa de histórias) pode envolver o tipo de variação na narrativa que tem sido extensamente tratado nos estudos literários (ver, por exemplo, Ehrlich, 1990).

AGENTIVIDADE

Um caso específico de variação de perspectiva é o da variação em agentividade, com sua expressão na alternância sintática entre estruturas ativas e passivas. Em termos semânticos, podemos descrever um ato como algo em que alguém se engaja (Agente) ou como algo por que esse alguém passa (Paciente), dependendo de quem o descreve e para quem (Saeed, 1997: 165). A variação sintática (por exemplo, voz ativa ou voz passiva) pode expressar diferentes graus de ênfase dados a essa agentividade, mas a variação pode também ser detectada semanticamente, conforme representamos as ações na perspectiva dos agentes ou dos pacientes. Assim, as ideologias subjacentes e as atitudes sociais que elas organizam controlam uma estratégia de discurso geral que temos chamado o 'quadrado ideológico'. Este se aplica a todos os níveis do discurso, desde a seleção do assunto [*topic*] até o léxico, as metáforas e as estruturas visuais: os membros inseridos no grupo dominante tendem a ressaltar *As Nossas coisas boas* e as *coisas ruins Deles* e a minimizar *As Nossas coisas ruins* e as *coisas boas Deles* (Van Dijk, 1998).

TEMPO

Analogamente, o tratamento dado aos acontecimentos pode variar com a dimensão temporal do contexto. Assim, *no momento em que estou escrevendo este capítulo*, as referências à guerra *em andamento* no Iraque precisam ser enquadradas no tempo presente, mas *quando os leitores lerem* este capítulo, desejavelmente, a guerra estará no passado – exigindo, assim, uma interpretação da palavra 'em andamento' em termos de um quadro temporal associado com o modelo mental em que entro como autor do texto escrito. O mesmo é obviamente verdade para minhas referências a eventos futuros que podem ser contemporâneos com o quadro temporal do modelo de contexto dos leitores. Observações desse tipo aplicam-se, é claro, ao significado dos tempos do verbo. Em outras palavras, nesse caso, a relevância contextual do significado é dêitica. Não aprofundaremos esse aspecto bem conhecido e frequentemente estudado das expressões indiciais, que é uma propriedade semântica, e não pragmática.

Certas expressões dêiticas de tempo, como 'moderno', 'antiquado' ou 'ultrapassado', não se limitam a expressar relações de tempo com respeito à posição temporal do falante ou escritor. Expressam ao mesmo tempo uma avaliação e uma posição ideológica do autor. Assim, por um lado, tais atributos de apreciação expressam opiniões subjacentes que estão no modelo (semântico) pessoal ou das atitudes socialmente compartilhadas que o autor tem a respeito das pessoas a quem se faz referência; por outro lado, quando, por exemplo, os falantes ocidentais desqualificam as pessoas de outras culturas dizendo que são 'atrasadas' ou que 'vivem na idade da pedra', elas também sinalizam algo de sua própria identidade e ideologia (ver, por exemplo, Fabian, 1983). Neste último caso, esses significados são contextuais e, portanto, pragmáticos, porque dizem algo a respeito dos falantes. É provavelmente o que acontece com todas as expressões de opinião: elas dizem algo sobre a pessoa que expressa a opinião, mas também sobre a coisa a que se faz referência. Essa é uma das tantas áreas em que semântica e pragmática se superpõem.

MODALIDADE

Modalidades como a necessidade, a probabilidade, a possibilidade, a obrigação, a permissão, assim por diante, criam novas proposições a partir de proposições. (Assim, o operador modal "*It is probable that*" [é provável que] pode transformar a proposição "*Sue is in the UK*" [Sue está na Grã-Bretanha] na proposição "*It is probable that Sue is in the UK*" [É provável que Sue esteja na Grã-Bretanha].) As modalidades dependem não somente do modo como os eventos estão sendo representados nos modelos mentais, mas também de algumas propriedades do contexto, tais como os papéis e outras identidades dos participantes, além dos objetivos e ações que estão sendo postos em prática. Há maneiras modais padronizadas para formular atos de fala (contextualmente relevantes), na forma de pedidos como em "*Can (could) you pass me the salt*" [O senhor poderia me passar o sal] ou na forma de ordens ou recomendações como em "*You should go to the doctor*" [Você precisaria ir ao médico] que expressam obrigações sociais dos participantes e, portanto, traços do contexto. Notem-se, porém, as restrições usuais: podemos descrever uma obrigação que diz respeito a outros ou a nós mesmos em termos de "*You must go now*" ou "*I must go now*", [Você precisa ir agora/Eu preciso ir agora] e dar uma permissão "*You may go now*" [Você pode ir agora] a outras pessoas, mas dificilmente alguém dá a si mesmo uma permissão "*I may go now*" [Eu posso ir agora].

As variações das modalidades epistêmicas precisam obviamente ser controladas pelos estados de conhecimento dos falantes e receptores. Assim, é rotina que as pessoas descrevam e comuniquem seus próprios estados internos, mas é muito menos comum (e possivelmente estranho) que as pessoas descrevam os do receptor – que tem melhor acesso a eles do que o falante. Assim, "*I believe (doubt etc.) John will come*" [Acho que João virá, Duvido que João venha] é uma frase boa, "*You believe (doubt etc.) that John will come*" [Você acha que João virá, Você duvida que João venha] é uma frase estranha, e exigiria um modelo de contexto muito específico, ao passo que o oposto será verdadeiro para a mesma proposição nas perguntas (para detalhes sobre a pragmática das expressões modais, vejam-se Palmer, 2001; Van Hoot e Vet, 2005).

Macaulay (2005b: 96-111) examinou diferenças de classe, gênero e idade no uso das modalidades. Descobriu que embora os homens de Glasgow pertencentes à classe trabalhadora tendam a usá-las mais do que os homens de classe média, no geral parece haver uma influência pequena da classe na escolha de expressões modais. Por outro lado, as mulheres tendem a usar mais modais epistêmicos do que os homens, e os adolescentes mais do que os adultos. Macaulay conclui que a ausência de diferenças marcadas de gênero, classe ou idade no uso dos auxiliares modais sugere que esses modais são controlados, antes, pelo conteúdo do que pelo contexto. Na verdade, há apenas umas poucas expressões modais denotando obrigação (*must, have to, got to,* [dever, ter que, precisar] etc.). e não há bons motivos pelos quais essas expressões seriam usadas mais ou menos frequentemente por mulheres ou por homens, a não ser quando essas pessoas estão falando a respeito de obrigações.

NÍVEIS E COMPLETUDE DA DESCRIÇÃO: A GRANULARIDADE

Um aspecto interessante do significado do discurso que tem recebido pouca atenção na bibliografia é a variação nos níveis de descrição (discutida brevemente em Van Dijk, 1977), que hoje é às vezes analisada nos termos da *granularidade* da ciência computacional. Isto é, podemos descrever os eventos ou em termos muito gerais, como é típico das manchetes ('Carro-bomba em Bagdá. 24 mortos'), ou de maneira mais ou menos detalhada em níveis mais baixos de especificação. Ao mesmo tempo, em cada nível, podemos ser mais ou menos *completos* em nossa descrição dos detalhes: alguns detalhes são dados, e outros não, dependendo de sua relevância para a história ou o assunto. Geralmente, no interior de um discurso, tão logo os aspectos de um evento se tornam mais importantes para os participantes, a descrição se torna mais específica e mais completa.

Essa variação dos níveis de descrição e dos graus de completude é uma operação sobre modelos mentais de eventos que pode ser controlada pelas informações presentes nos modelos de contexto, tal como o conhecimento prévio presumido, os interesses e ideologias dos receptores e do falante/escritor, e seus objetivos.

Assim, as reportagens de notícias detalharão tipicamente as ações negativas de indivíduos de fora do grupo (negros, jovens, comunistas, terroristas etc.) e serão muito menos específicas sobre coisas negativas que dizem respeito a *Nós*, tais como o racismo (Van Dijk, 1991). Essa é uma das tantas jogadas na estratégia geral de autoapresentação positiva e apresentação negativa do outro que encontramos em muitos textos e falas com base ideológica (Van Dijk, 1993a; 1998). Isto é, um discurso desse tipo mostra não só os modelos subjacentes e preconceituosos que os jornalistas têm dos eventos, mas também propriedades do contexto, como os ambientes, a ocupação, a instituição, a intenção comunicativa etc. do próprio jornalista.

GRAU DE PRECISÃO/VAGUEZA

O mesmo vale para a *precisão* em oposição à *vagueza* das descrições de pessoas e acontecimentos, uma variação no modo como os modelos mentais, por exemplo, de experiências pessoais ou acontecimentos públicos, estão sendo formulados no discurso, e com uma variedade de funções interacionais, por exemplo, de formação de uma impressão, de polidez e assim por diante (ver, por exemplo, Adelswärd e Linell, 1994: 261-288; Ballmer e Pinkal, 1983; Jucker, Smith e Ludge, 2003: 1737-1769; Myers, 1996, 3-18; Wierzbicka, 1986: 597-614).

Tipicamente, tendemos a ser vagos quando o assunto são nossas características negativas, mas somos bastante exatos quando estamos descrevendo as Deles, como sabemos a partir de muitas pesquisas sobre quem faz parte do grupo ou quem está fora dele com respeito à manifestação discursiva da ideologia (Van Dijk, 1993a, 1998).

Obviamente, essa variação depende em primeiro lugar do modo como os eventos estão sendo representados nos modelos mentais de eventos, e isso, por sua vez, depende das atitudes e ideologias subjacentes. Mas a questão é que podemos adaptar nossa descrição a condicionamentos do contexto, tais como nossos objetivos (por exemplo: defender-nos ou atacar nossos opositores), nossa posição (ser um advogado de defesa ou um promotor), ou a ideologia percebida nos receptores (como é o caso quando se usa uma linguagem politicamente correta: um indivíduo chauvinista que está pleiteando um emprego pode querer evitar o uso de descrições sexistas enquanto está sendo entrevistado por uma empregadora feminista).

DESMENTIDOS [DISCLAIMERS]

Um exemplo bem conhecido dos condicionamentos contextuais da autoapresentação e preservação da face é o uso generalizado de desmentidos, tais como a pseudodenegação [*apparent denial*] "Eu não sou racista (sexista etc.), mas...." (Van Dijk, 1984, 1987). Esses lances semânticos, que combinam uma autodescrição positiva (ou a negação de uma propriedade negativa) com uma descrição negativa dos membros de fora do grupo, podem basear-se nas atitudes sociais ambivalentes dos usuários da língua (Billig, 1988a). Mas na maioria dos casos os desmentidos introduzem fragmentos negativos do discurso sujeitos a provocar críticas do falante por parte do receptor. Desse modo, os desmentidos combinam num único lance as estratégias gerais opostas da autoapresentação positiva e da apresentação negativa do outro. Sabemos que um desmentido contém uma denegação e, portanto, uma forma de preservação da face, mas a parte negativa que vem depois do *mas* é muito mais longa e prevalece sobre a primeira parte, isto é, o assunto e a macroproposição são negativos. O discurso ambivalente apresenta tópicos tanto positivos como negativos sobre alguém que é de fora do grupo.

Vemos que os desmentidos são profundamente contextuais – não apenas expressam aquilo que sabemos ou acreditamos, mas adaptam aquilo que dizemos aos conhecimentos que atribuímos aos nossos receptores, portanto são uma forma de administrar impressões (Tedeschi, 1981) e, mais especificamente, um modo de evitar produzir má impressão (Arkin, 1981: 311-333).

PRESSUPOSIÇÃO E ACARRETAMENTO

Duas propriedades cruciais dos significados discursivos são suas pressuposições e seus acarretamentos. Sabemos que o discurso nunca é completamente explícito. Como vimos para as estratégias epistêmicas examinadas no capítulo anterior, os usuários da língua pressupõem que os receptores têm amplos acúmulos de conhecimentos socioculturais gerais e conhecimentos profissionais ou interpessoais mais específicos (por exemplo, o que foi comunicado em encontros anteriores) conforme já foi explicado. Também já vimos que essas suposições acerca de conhecimento recíproco são centrais para uma explicação contextual do discurso (ver Peräkylä e Vehvilainen, 2003: 727-750, para um estudo do papel dos conhecimentos profissionais e de um condicionamento contextual na conversa com clientes).

O uso da língua pode sinalizar pressuposições de muitas maneiras, por exemplo mediante o uso de orações subordinadas começando por *that* [que] ("*That John cannot be trusted*, is a big problem for the project" [*Que não se pode confiar no João* é um grande problema para o projeto]), mediante o uso de verbos pressuposicionais factuais como "*to realize*" [dar-se conta de que] ("John realized *that he was not liked by the members of his team*" [João se deu conta de que *os membros da equipe não gostavam dele*]), ou advérbios como "*even*" [(até) mesmo] ("Even John *had problems with his team*" [Até mesmo João *teve problemas com sua equipe*]) pressupondo que João não é o tipo de pessoa que teria problemas com sua equipe (para detalhes, ver, por exemplo, Gazdar, 1977; Kay, 1997; Petöfi e Franck, 1973; Van der Sandt, 1988; Wilson, 1975).

Analogamente, o discurso tem muitas implicações de significados (acarretamentos) que não são enunciados explicitamente pelo falante ou ouvinte, mas que também não são expressos porque são facilmente inferidos pelos receptores a partir do conhecimento sociocultural compartilhado, ou porque tais implicações são irrelevantes.

Às vezes, as implicações deixam de ser enunciadas por razões comunicativas ou interacionais explicáveis em termos comunicativos ou de interação, por exemplo, porque poderiam ferir os sentimentos dos receptores, por serem tabus, ou porque os falantes não querem assumir a responsabilidade de assertar explicitamente essas proposições, por uma forma de autoproteção ou autoapresentação positiva. Podemos encontrar relatos da mídia nos Estados Unidos acerca de escaladas do crime, vagamente localizadas 'dentro das cidades', nos quais não se asserta explicitamente que os delinquentes são negros, embora isso seja obviamente sugerido. Mais uma vez, essa variação de significado pode ter por base modelos de eventos mais ou menos preconceituosos, mas também pode ser controlada por traços contextuais tais como as intenções ou a identidade social do falante, e assim por diante (Van Dijk, 1993a).

A exigência mais geral sobre significados implícitos ou acarretados é, claro, a que diz respeito ao conhecimento representado no dispositivo-K dos modelos de contexto dos participantes: tendemos a deixar implícitas todas as proposições que acreditamos que os receptores conhecem ou são capazes de derivar (ver o capítulo "Contexto e cognição" para detalhes). A Semântica e a Pragmática das pressuposições e das implicações precisam, portanto, ser formuladas em termos desse mecanismo contextual.

COERÊNCIA

Um dos aspectos do significado do discurso que ficou mais evidentemente ignorado na Semântica linguística tradicional da palavra e da sentença é a noção de coerência. Embora tenha havido muitas definições e teorias da coerência, suas condições básicas são referenciais (extensionais) e, portanto, não se baseiam nos significados conceituais (intensionais) (Van Dijk, 1977; ver também Tannen, 1984).

A mais simples das definições de coerência discursiva é que o discurso enquanto sequência de proposições é coerente se os fatos (acontecimentos, ações, situações) a que ele faz referência têm relação entre si. Essa relação pode ser causal, temporal ou possibilitadora. Em termos formais, essa definição pode ser sintetizada como segue: um discurso é coerente se tem (satisfaz) um modelo. Em termos cognitivos mais realistas, diríamos: um discurso é coerente para os usuários da língua se eles forem capazes de construir um modelo mental para ele (Van Dijk e Kintsch, 1983). Isto é, a coerência é relativa a um ou mais participantes. E não poderia ser de outro modo: o que é um discurso coerente para uma pessoa pode não sê-lo para outras.

Para poder construir um modelo mental desse tipo e, portanto, relações entre os fatos denotados pelas proposições, os participantes precisam, é claro, de um vasto conhecimento do mundo. Assim, uma quantidade maior de conhecimento compartilhado permite que os discursos sejam mais 'incompletos' ou menos 'explícitos'. Num nível superior ao desse tipo de *coerência local ou sequencial*, os discursos são *globalmente coerentes* se suas proposições puderem ser subsumidas por uma ou mais (macro)proposições globais, de que são expressão típica as manchetes e os sumários (Van Dijk, 1977, 1980).

Ao lado dessa forma de coerência referencial (extensional) do discurso, podemos distinguir um tipo mais 'interno' de coerência do discurso, quando falamos sobre relações 'funcionais' entre proposições, por exemplo, quando a proposição B é uma especificação, uma generalização, um exemplo, um contraste etc. com respeito à proposição A.

Repetimos aqui essas definições básicas porque, apesar de décadas de Análise do Discurso e da Conversação, esses tratamentos semânticos da coerência ainda não são lugar-comum, e por causa da orientação ainda dominante em Linguística, que tem base na sentença. Na verdade continua-se a confundir com frequência a coerência semântica com a coesão gramatical, isto é, a sinalização linguística da coerência subjacente, feita, por exemplo, por meio dos pronomes, pró-verbos, conjunções, advérbios e assim por diante (Halliday e Hasan, 1976).

Essas definições são também necessárias para criar a possibilidade de que os modelos de contextos influenciem a coerência do texto e da fala. Com a definição de coerência em termos de modelos mentais dos eventos, já permitimos a variação contextual, realçando que diferentes usuários da língua podem construir modelos mentais diferentes de um mesmo texto. Por exemplo, os leitores de jornal que já estiveram no Iraque, ou que têm família ou amigos naquele país, provavelmente lerão as notícias sobre a guerra do Iraque de um modo diferente, entre outras razões possíveis, porque essa guerra os afeta mais, porque estão mais bem informados ou porque têm objetivos diferentes – e essas são propriedades óbvias de seus modelos de contexto da leitura dos jornais.

Assim, o conhecimento, o envolvimento emocional e os objetivos, enquanto propriedades contextuais dos participantes, podem influenciar o modo como eles constroem modelos mentais do texto, e estes serão mais ou menos completos, mais ou menos detalhados, mais ou menos pessoais. Isso pode significar que a interpretação dos textos por parte dos leitores (modelos *deles*) pode ser muito diferente daquela que o escritor tinha em mente (modelo *dele*). Note-se, porém, que na produção ou compreensão do discurso real, esses modelos são dinâmicos e mudam constantemente – como seria, aliás, de esperar: de fato 'aprendemos' com o discurso e com o contexto enquanto mudam, e portanto precisamos mudar continuamente nossos modelos de discurso.

O mesmo vale para a conversação. Ela é uma das fontes mais comuns de mal-entendidos e conflitos interacionais – como também sugerem os títulos dos conhecidos livros de Deborah Tannen *That's not what I meant!* (Tannen, 1986) e *You just don't understand* [Não foi isso que eu quis dizer!/Você não entendeu] (Tannen, 1990). Contudo, enquanto Tannen tende a interpretar esses conflitos em termos de diferenças culturais entre os homens e as mulheres (admitindo que eles foram criados de maneiras diferentes), outros autores preferem explicá-los em termos de poder e dominação (masculinos) (ver também Cameron, 1998: 437-455). Para além dos diferentes objetivos e interesses que definem diferenças entre grupos ou categorias de falantes, as diferenças de conhecimento são evidentemente fundamentais a esse respeito e, portanto, constituirão a base do insucesso na compreensão dos discursos dos especialistas por parte dos novatos, dos discursos dos que estão "por dentro" por parte dos que estão de fora, e assim por diante.

Na realidade, Tannen (1996) é também uma das pesquisadoras que investigaram as diferenças de gênero na coerência conversacional entre crianças nos Estados Unidos da América, e relaciona de maneira inesperada a coerência com o alinhamento posicional (corporal). Ainda assim, estranhamente, ela define a coerência conversacional em termos de 'coesão do assunto' [*topic cohesion*] no parágrafo mesmo em que limita a coesão a 'ligações de nível superficial', portanto mistura os níveis de sentido bem como a gramática e o significado. Numa definição informal, falar sobre o mesmo assunto ou sobre assuntos relacionados é um critério importante da coerência conversacional – mas é necessário, claramente, ir além de definições vagas como "aquilo a respeito de que os falantes conversam", que ela cita, e que incluiria todos os acontecimentos alheios ao assunto, às pessoas ou aos objetos aos quais se faz referência.

Relevante para a presente discussão, mais uma vez, é a maneira como, segundo o estudo de Tannen, o gênero social influencia a coerência do discurso, e também o alinhamento corporal das crianças (oito pares de amigos). A idade é outra influência que ela estudou, já que observou crianças do segundo, sexto e décimo anos de escola, e também homens e mulheres de 25 anos. Uma das descobertas de seu estudo é que as garotas e as mulheres "se concentravam mais e mais cerradamente umas nas outras" do que os rapazes e os homens. As garotas achavam mais fácil contar histórias (mais longas), que diziam respeito mais tipicamente às preocupações e problemas pessoais de uma delas (ou de garotas ausentes). As mulheres estavam mais interessadas em tópicos referentes à harmonia e ao desacordo entre pessoas. Os rapazes mais jovens pareciam incansáveis e falavam daquilo que precisariam *fazer*. Os garotos do décimo ano falavam sobre seus próprios interesses pessoais (e menos sobre os interesses dos outros). Os homens falavam sobre assuntos pessoais, por exemplo, o casamento, mas em termos mais gerais e abstratos. Embora esse estudo de alguns pares conversacionais não tenha obviamente pretensões quantitativas, as observações de Tannen sobre a atitude física e o alinhamento de olhares e sua relação com a seleção, continuidade e mudança dos assuntos – vagamente resumidas nos termos 'envolvimento' ou 'foco' [*'involvement' or 'focus'*] – proporcionam sugestões para um estudo mais detalhado das diferenças de fala definidas contextualmente. Nesse sentido, seu estudo vale mais como uma contribuição acerca do modo como se administram assuntos (globais) com base no gênero social do que como um estudo da coerência (local).

ASSUNTOS [TOPICS]

Além da semântica local das proposições e das relações interproposicionais, preciso finalmente falar da semântica global do discurso, e tratar dos assuntos de nível mais elevado (definidos como macroestruturas semânticas). Ao longo deste livro e deste capítulo, tenho ressaltado que os assuntos *não* são propriedades dos contextos (como se assume na maioria dos estudos linguísticos baseados na sentença), mas sim uma propriedade do 'próprio' texto ou da 'própria' fala. Em segundo lugar, esses assuntos mudam com os parâmetros contextuais: por exemplo, as reportagens noticiosas, os debates parlamentares e a maioria dos outros gêneros discursivos organizacionais ou institucionais (à diferença das conversas do dia a dia, das cartas pessoais, dos e-mails e dos chats) não apresentam assuntos pessoais (ver, por exemplo, Van Dijk, 1988a, 1988b; Van Dijk, 2000: 45-78). Os assuntos de que os MPs podem falar são inúmeros, mas Tony Blair (em nosso exemplo do debate sobre o Iraque) não pode simplesmente falar sobre *qualquer coisa* que ele queira. Isto é, no texto ou fala institucionais, os assuntos a que é preciso dedicar-se são questões institucionais – com margens variáveis de liberdade para falar de assuntos não relacionados a essas questões, conforme a situação.

Ao passo que esses condicionamentos são bastante diretos, podemos esperar variações sociais baseadas, por exemplo, em classe, gênero, idade, grupos ideológicos ou comunidades de prática. Assim, Wodak (1985: 181-191), em seu primeiro trabalho sobre a interação nos tribunais em Viena, mostrou que um juiz (homem) rejeitou a explicação dada por uma mulher de classe baixa sobre as circunstâncias em que ela tinha sido multada por estacionar em local proibido, ao passo que aceitou essa mesma explicação de um homem de classe média.

Analogamente, assume-se com frequência que os homens e as mulheres falam entre si de assuntos muito diferentes. Todavia, isso pode ser apenas um dos muitos estereótipos que temos sobre diferenças de discurso devidas ao gênero. Aries e Johnson (1983: 1183-1196) praticamente não encontraram diferenças desse tipo, exceto algumas poucas e estereotípicas (por exemplo, que os homens falam mais de esporte e menos de problemas e receios pessoais; ver também Bischoping, 1993: 1-18). Outra constatação desses autores foi que as mulheres têm conversas mais frequentes e mais longas pelo telefone com suas melhores amigas. Por outro lado, em seu estudo focal sobre gênero nas empresas espanholas, Martín Rojo e Gómez Estaban (2005: 61-89) verificaram que os homens têm dificuldade para falar de questões pessoais, e tendem a concentrar-se em tópicos estereotipados como o futebol. Mas os homens que falam com mulheres sobre assuntos pessoais tendem a ser avaliados mais positivamente pelas mulheres (como sendo 'legais' e 'sensíveis') do que as mulheres que fazem o mesmo.

De modo mais geral, os assuntos estão obviamente relacionados às experiências das pessoas, quer se trate de experiências pessoais ou ocupacionais. É banal que os professores, homens ou mulheres que sejam, falam mais sobre estudantes ou pesquisa e menos sobre pão ou bolos do que os padeiros. Assim, em seu estudo sobre entrevistas de sonegadores de classe média-alta, na Grã-Bretanha, Willott, Griffin e Torrance (2001: 441-466) mostraram que esses infratores da ordem econômica procuravam legitimar seus crimes não só em termos de suas responsabilidades para com a família e os empregados, mas também a partir de sua perspectiva de classe, agora que eles compartilhavam uma cela de cadeia principalmente com infratores de classe mais baixa, tendo assim perdido seu *status*. Portanto, aqui como alhures, os modelos de contextos dos falantes mostram uma combinação complexa de gênero, classe, profissão e *status*.

Conclui-se que a escolha do assunto, a argumentação e as estratégias de legitimação são controladas por modelos de contexto complexos, e não pelo gênero, classe ou ocupação por si sós. Podem-se tirar conclusões análogas de um estudo de Riley (2003: 99-113) sobre os discursos dos profissionais brancos na Grã-Bretanha, que legitimavam seus papéis masculinos à maneira antiga identificando-se a si próprios como responsáveis pelo sustento da casa. Ou seja, não são apenas o papel social, o *status*, a posição, a etnia e o gênero dos falantes que, conjuntamente, definem o contexto, mas também as ideologias relevantes, nesse caso ideologias de gênero (ver Adams, Towns e Gavey, 1995: 387-406).

Onde as diferenças de gênero existem, elas costumam estar relacionadas a diferentes esferas do gênero. Soler Castillo (2004), em seu livro sobre as histórias de vida de mulheres e homens em Bogotá, descobriu que os assuntos dessas histórias não eram muito diferentes, com a exceção de que as histórias das mulheres tendiam a centrar-se no lar e nos filhos, e as dos homens nas ocorrências de rua e na política; as histórias dos homens eram também mais abstratas e gerais do que as das mulheres. Eggins e Slade (1997) descobriram que, durante as pausas para café, os homens tendem a falar mais sobre trabalho e esporte, ao passo que as mulheres 'fofocam' e contam histórias; além disso, as mulheres não se põem a caçoar os outros, coisa que os homens tendem a fazer. Por outro lado, Cameron (1997a: 47-64), examinando o que falavam os rapazes das *fraternities* enquanto assistiam à televisão, concluiu que a fala sexista e homofóbica sobre outros homens poderia igualmente ser categorizada como uma 'fofoca' ligada ao gênero.

Como já ressaltei, essas diferenças de gênero precisam ser interpretadas parcialmente em termos de mais parâmetros situacionais, como o lugar em que vivem e a profissão que exercem as mulheres entrevistadas (geralmente pobres). Tanto em Bogotá como em Sydney, parece haver menos diferença entre os assuntos de que falam no dia a dia as professoras e advogadas e os homens com a mesma profissão do que há entre os assuntos de que falam os homens e mulheres que trabalham em nível mais baixo. Em outras palavras, para a variação social dos assuntos do discurso, as características contextuais precisam ser consideradas em conjunto. A combinação de gênero, idade, profissão, objetivos, assim por diante, permite-nos fazer, sobre a variabilidade do assunto, previsões mais confiáveis do que qualquer outro parâmetro.

Não surpreende que o gênero, a classe, a idade ou a profissão, tomados isoladamente, não cheguem a produzir diferenças de assuntos dotadas de algum peso. Se quisermos abstrair e generalizar neste caso, poderemos querer fazê-lo para a categoria contextual bastante geral de 'experiência', que é o termo usado pelo senso comum para os modelos (semânticos) de eventos. Esses modelos de eventos são a base da narração de histórias, e não admira que seleções relevantes (interessantes) a partir desses modelos possam levar à narrativa de histórias e aos seus assuntos. Analogamente, a experiência do racismo e da discriminação vivida pelos afro-americanos está destinada a ser um assunto mais frequente nas famílias negras do que nas famílias brancas (Phinney e Chavira, 1995: 31-53; ver também Essed, 1991).

Além das diferenças por gênero (limitadas) na escolha do assunto, tem havido também pesquisas sobre a maneira como os homens e mulheres, nos Estados Unidos, introduzem, mudam ou apoiam seus assuntos reciprocamente (por exemplo, Tannen, 1996: 75). A esse respeito, nota-se que os homens dão um apoio menos ativo aos assuntos das mulheres, mudam de assunto ao conversar com mulheres, ou usurpam assuntos lançados por elas, por exemplo, em reuniões. Essas diferenças têm sido analisadas de várias maneiras, ora em termos de diferenças culturais entre os sexos, ora em termos de diferenças de poder, sendo que os homens são analisados como dominantes na interação em geral e na conversação e na escolha do assunto, em particular. Muitas pesquisas mais recentes sobre gênero social e discurso, entretanto, não mostram diferenças claras desse tipo, e tudo parece depender do 'restante do contexto', como os tipos de situações, os ambientes institucionais, a profissão, os objetivos e outras características dos homens ou das mulheres (para detalhes, ver Eckert e McConnell-Ginet, 2003).

Note-se, finalmente, que as observações sobre a variação semântica global no discurso (por exemplo, quem fala sobre que assuntos, quando, com quem e em que ambientes) precisam basear-se num estudo empírico mais geral do tópico – ainda inexistente – que vá além da teoria da macroestrutura (Van Dijk, 1980). Nesse sentido, a maioria dos estudos em Linguística, Sociolinguística, Análise do Discurso e Narrativa são antes estudos da *forma*, das estruturas, e não do conteúdo. Precisamos saber quem fala, sobre que assuntos, com quem, em que tipos de situações sociais. Parece que os assuntos são geralmente proporcionados por práticas sociais – assuntos de trabalho tendem a surgir durante o expediente e assuntos de família na mesa do jantar etc. –, mas essa é uma generalização muito abrangente; também é fato que as pessoas contam histórias pessoais enquanto estão trabalhando, e que os pais, na mesa do jantar, falam às vezes sobre trabalho. Logo, o que nos falta são projetos de pesquisa etnográfica, empírica, multidisciplinar, que vão além de estereótipos como esses, e dos dados limitados que temos até o momento, por exemplo, sobre a narração de histórias (ver também Louwerse e Van Peer, 2002).

OBSERVAÇÕES FINAIS SOBRE A VARIAÇÃO SEMÂNTICA

Vemos que muitas das variações discutidas aqui têm condicionamentos subjacentes duplos. De um lado há os condicionamentos que vêm dos modelos de eventos (as experiências dos participantes e suas crenças preconceituosas sobre os eventos). De outro, há os condicionamentos contextuais: as intenções específicas das pessoas, suas estratégias interacionais (como as de autoapresentação positiva, de polidez e de opção pelo politicamente correto), suas identidades sociais de vários tipos (categoria, papel, posição, *status* etc.) e, naturalmente, os traços epistêmicos gerais dos contextos: aquilo que os participantes sabem ou querem ficar sabendo.

Frequentemente, esses condicionamentos semânticos e pragmáticos são difíceis de distinguir, como é o caso da representação preconceituosa de eventos nos modelos mentais e do controle ideológico dos modelos de contextos: um jornalista pode relatar uma história sobre jovens negros em termos racistas porque ele tem um modelo mental racista de algum evento que contou com a participação de jovens negros (por exemplo, 'tumultos'), e que virou notícia, mas também pode contar os eventos de um modo racista porque sabe que seu chefe ou seus leitores querem ler histórias com essas característica, ou porque essas histórias vendem mais no meio de um público leitor branco. Note-se que, por causa dos condicionamentos contextuais, os modelos mentais racistas também podem ficar ocultos no discurso, por exemplo, porque o jornalista sabe que ele poderia perder o emprego ou desagradar os leitores.

Os modelos de contextos podem mudar a informação que subjaz aos modelos semânticos dos eventos de que se fala de modo a adaptar os significados ou o conteúdo do discurso à situação comunicativa. Isto é, os modelos de contextos não controlam somente, em geral, o modo como dizemos as coisas, muitas vezes controlam também *o que* dizemos numa dada situação – mesmo quando isso é diferente daquilo que acreditamos ser a verdade (como sabemos a partir de vários tipos de mentiras). Essa é uma das razões pelas quais não se podem simplesmente 'ler' crenças racistas ou não racistas (sexistas ou não sexistas) a partir do discurso, devido à interface fundamental do modelo de contexto. O que é expresso no texto ou na fala não é apenas aquilo que as pessoas sabem ou acreditam ser verdade, mas também e principalmente aquilo que as pessoas julgam relevante, interessante, aceitável, adequado, assim por diante, no momento.

Em outras palavras, as opiniões e atitudes, enquanto tais, podem ser relativamente estáveis de um contexto para outro, mas a maneira como são expressas numa situação específica pode variar de acordo com o modelo de contexto do falante. Essa é uma das razões pelas quais se assume às vezes que as atitudes não existem como disposições interiores estáveis, mas precisam antes ser descritas em termos de discursos variáveis (ver, por exemplo, Billig, 1987, 1988b).

Nesta seção vimos que o controle pelo contexto do significado e da variação semântica requer antes de mais nada um nível de base que permita a comparação e algum tipo de 'identidade': identidade conceitual para os sinônimos e a paráfrase, macroestruturas semânticas (assuntos) para os significados variáveis em nível local, modelos de eventos (conhecimento subjetivo sobre eventos, por exemplo, referência idêntica) para o significado local e global, e modelos de contextos parcialmente idênticos para as várias maneiras como esses modelos podem ser implementados semanticamente. É crucial que, para um ou mais dos participantes, algum significado local ou global, algum referente ou algum elemento contextual (por exemplo, os objetivos) permaneça inalterado. Essas condições proporcionam definições para opções estilísticas como as 'versões' diferentes dos eventos encontradas em diferentes jornais, as diferentes perspectivas sobre a 'mesma' história, os diferentes níveis e detalhamentos de uma descrição, as paráfrases ideológicas, assim por diante.

Retórica

Muitos discursos têm estruturas 'retóricas' de vários tipos, como as conhecemos desde as 'figuras de linguagem' discutidas na parte da Retórica clássica que tratava da '*elocutio*' (Corbett e Connors, 1998; Lausberg, 1960). As principais funções dessas estruturas especiais em vários níveis do discurso (sons, sintaxe, significado etc.) são de persuasão: elas tipicamente põem em evidência (ou em segundo plano) as intenções interacionais e comunicativas. Quando as reportagens do noticiário querem realçar a natureza ameaçadora da imigração, elas o fazem em geral descrevendo a imigração como uma 'invasão', isto é, por meio de uma metáfora, ou usando expressões hiperbólicas como 'entrada maciça de imigrantes', ou ainda repetindo números ('Milhares de...') como parte de um jogo retórico de números. O mesmo vale para as rimas e aliterações no nível do som, a sintaxe repetitiva no nível da forma, ou os eufemismos, comparações, metonímias e muitas outras figuras de linguagem, desgastadas ou não, no nível semântico (sobre a retórica do discurso da imigração, vejam-se, por exemplo, Reisigl e Wodak, 2000, 2001; Van Dijk, 1984, 1987, 1991, 1993a; Wodak e Van Dijk, 2000).

As funções de realce ou de atenuação das estruturas retóricas podem ser 'semânticas': isto é, correspondem à maneira como as coisas são representadas nos modelos de eventos possivelmente deformados dos participantes – como os participantes realmente veem ou experienciam a realidade. Mas podem ser também 'pragmáticas', isto é, elas podem ficar de prontidão para tornar os discursos mais ou menos adequados à situação social, caso típico da fala e texto persuasivos.

Cognitivamente, essa dimensão persuasiva da retórica pode ter a função específica de conseguir uma atenção especial para significados específicos, realçando, assim, a possibilidade de que esses significados sejam construídos como partes importantes dos modelos de evento visados. Por exemplo, por um certo número de razões emocionais e sociocognitivas, as associações 'ameaçadoras' de uma metáfora como 'invasão' são mais aptas a chamar a atenção dos leitores e a ser integradas em seus modelos de eventos sobre imigração (e nas representações sociais que deles decorrem) do que expressões não metafóricas 'brandas' como 'a chegada de muitos imigrantes ao país'.

Dadas as funções persuasivas – e, portanto, contextuais – das metáforas, é plausível que elas não só sejam usadas mais frequentemente em certas situações do que em outras (por exemplo, mais nos debates parlamentares do que nos manuais escolares), mas ainda que sejam usadas de maneiras diferentes conforme as diferentes categorias e grupos sociais.

As diferenças no uso de metáforas ligadas ao gênero social têm constituído um campo de investigação à parte, com base na ideia de que as metáforas tendem a ser extraídas dos domínios em que os falantes têm maior experiência, ou que eles acham mais interessantes. Não surpreende, por exemplo, que os homens nos Estados Unidos da América façam um uso mais frequente de metáforas esportivas do que as mulheres (O'Barr e Conley, 1992).

Não há necessidade de considerar todas as operações retóricas quanto a papéis contextuais específicos. Basta dizer que elas são mobilizadas tipicamente como recursos discursivos, que dão ou tiram realce aos significados por razões interacionais e comunicativas, por exemplo, para persuadir os receptores ou para conseguir uma autoapresentação positiva.

Assim, a bem conhecida polarização ideológica entre incluídos e excluídos, tal como a conhecemos a partir do discurso racista, envolve tipicamente uma ênfase retórica (metáforas, hipérboles etc.) aplicada nos atributos positivos de *Nós*, e em qualquer atributo negativo que se aplique a *Eles*, e vice-versa, a atenuação (eufemismo, exposição incompleta e minimizada) dos atributos positivos *Deles* e dos *Nossos* atributos ruins (entre outros estudos sobre discurso e racismo referidos anteriormente, ver Van Dijk, 1993a; ver também Carnes e Tauss, 1996; Römer, 1998; Triandafyllidou, 1998: 593-612, 2000: 373-389). Essa polarização pode aparecer também no discurso ou na cobertura da mídia antifeministas (ver, por exemplo, Jenkins, 2002), na retórica da resistência feminista (Gray-Rosendale e Harootunian, 2003) e, naturalmente, em qualquer debate acirrado, como os que se travaram sobre o aborto (Condit, 1994). Na retórica política, realçar as diferenças ideológicas entre os que estão inseridos no/excluídos do grupo é trivial (ver, e.g., King e Anderson, 1971: 252).

A partir desse pequeno conjunto de exemplos, podemos concluir que poucos tipos de discurso marcam a identidade (étnica, social) do falante tão explicitamente quanto os discursos racista, feminista e outras formas de discursos intolerantes ou radicais. É por isso que os receptores (e os analistas) são frequentemente capazes de identificar a ideologia ou a coparticipação num grupo não só com base naquilo que esses falantes dizem (significados, modelos mentais), mas também com base no modo como os falantes acentuam ou atenuam esses significados retoricamente.

Pode ser um tanto estranho aplicar o critério pragmático da 'adequação' num caso como esse, mas como a noção é relativa aos participantes, pode-se achar que um modo mais ou menos 'extremado' (ou atenuado) de formular os significados ou opiniões, por exemplo, sobre a imigração, o aborto, as uniões homossexuais, assim por diante, é mais ou menos apropriado para os membros de uma comunidade. Isso também informa as descrições comuns das posições políticas, por exemplo, sobre a imigração ou o aborto, em termos de "serem duras" ou "brandas". O mesmo vale para o conhecido fenômeno do uso de circunscritores [*hedging*] no discurso acadêmico, empregados, por exemplo, para limitar o risco e a responsabilidade no caso de erros, afirmações exageradas ou generalizações demasiado abrangentes (Hyland, 1998).

O realce e a atenuação retórica podem indiciar não só identidade social ou ideológica, mas também relações sociais (por exemplo, de poder) entre os participantes. O discurso do poder envolve tipicamente hipérboles e metáforas que realçam significados ou atos de fala, e o discurso 'sem poder', analogamente, recorre a expressões atenuadas para indicar o reconhecimento do poder ou *status* do receptor – ou a subordinação de quem fala a esse poder – como sabemos pelas pesquisas sobre o estilo de fala dos que não têm poder, manifestado em outros níveis de discurso (ver Bradac e Mulac, 1984; Erickson, Lind, Johnson e O'Barr, 1978: 266-279; Hosman, 1989: 383-406).

Analogamente, a retórica antiterrorista contemporânea realça de maneira generalizada a natureza 'ruim' dos terroristas, e assim expressa os modelos mentais dos falantes sobre eles. Mas também pode dirigir-se diretamente aos terroristas e aos países terroristas ('impérios do mal'), em termos hiperbólicos do mesmo tipo (ver, por exemplo, Lakoff, 2001).

Os exemplos dados sugerem que o campo contextual da retórica não é apenas o da identidade de grupo e das relações dos participantes, mas é essencialmente o de suas opiniões socialmente compartilhadas. O texto e a fala persuasivos indiciam uma adesão ao grupo ideológico, e as estruturas retóricas estão entre os meios discursivos que contribuem para o processo de persuasão. Assim, assinalamos a que grupo ideológico pertencemos, como nos distinguimos do grupo do destinatário, ou como podemos querer ganhar a adesão de nossos opositores para nossas causas e nossas crenças. Nesse sentido, a retórica é eminentemente contextual.

Por fim, observações semelhantes valem para o papel das estruturas retóricas na comunicação de outras crenças como os conhecimentos. O discurso didático em geral e o discurso de divulgação científica em particular estão cheios de usos retóricos, como metáforas e comparações, que permitem formular significados complexos, novos ou especializados em termos que facilitam sua compreensão e assimilação pelos receptores. Embora essa função da metáfora valha de maneira mais ampla para o significado metafórico, metáforas retóricas mais específicas podem aumentar ainda mais a compreensão, ao mesmo tempo que indiciam o conhecimento (a inclusão num grupo, a profissão etc.)

do falante, e a falta de conhecimento dos receptores. Assim, por exemplo, a divulgação da genética moderna, tanto na imprensa como nos manuais escolares, faz um uso constante da metáfora "O genoma é um código/um texto" (Calsamiglia e Van Dijk, 2004; Martins e Ogborn, 1997: 47-63).

Argumentação

Observações parecidas podem ser feitas para as *superestruturas* específicas que organizam o texto e a fala, como as da argumentação, que também têm funções persuasivas. Usada para defender ou atacar 'posições' como as opiniões ou atitudes acerca de problemas sociais relevantes, é típico da argumentação apresentar, de maneira implícita ou explícita, passagens cognitivas que sugerem (ou forçam as pessoas a tirar) conclusões de argumentos que são aceitos na interação racional e na comunicação (Van Eemeren e Grootendorst, 1992; Van Eemeren, Grootendorst, Blair e Willard, 1987, 1992).

Portanto, crucial para o argumentar não é apenas a relação 'psico-lógica' de inferência ou raciocínio assumida entre as premissas e a conclusão, que pressupõe modelos mentais, representações sociais e conhecimento sociocultural geral. Antes, a argumentação envolve fundamentalmente uma relação entre falantes e receptores reais ou imaginados, a saber, proponentes e opositores, respectivamente. Isto é, a argumentação é acerca de *posições* assumidas pelos participantes, acerca de intenções e crenças dos usuários da língua e acerca de relações entre participantes, e tem, por isso mesmo, uma base contextual (Christmann, Sladek e Groeben, 1998: 107-124; Tindale, 1992: 177-188; Wegman, 1994: 287-312).

As argumentações pressupõem que os falantes têm crenças sobre as crenças ou posições dos destinatários, e é esta condição contextual que controla a formulação de contra-argumentos contra opositores reais ou imaginários. Exatamente como no caso da semântica preconceituosa e da retórica persuasiva, as posições defendidas e atacadas na argumentação, especialmente no discurso público, tendem a ser socialmente compartilhadas, e portanto ideológicas (Sillars e Ganer, 1982: 184-201).

Isso significa que aquilo que é pressuposto nas falácias e argumentos não verbalizados também é controlado pelas opiniões e ideologias polarizadas dos participantes (Van Dijk, 1998). Os receptores inferem rotineiramente em que grupo ou ideologia se enquadram os falantes, com base em seus argumentos. O *slogan* alemão usado como argumento contra a imigração *Das Boot ist voll* ('o barco está cheio') é usado rotineiramente por/atribuído a grupos conservadores, xenófobos e racistas (Jäger et al., 1998). Analogamente, as falácias podem ser controladas por condicionamentos textuais. Assim, a falácia da autoridade variará obviamente conforme os tipos de autoridades reconhecidos pelo grupo do falante e de acordo com seus líderes políticos, morais ou científicos (o papa, o Dalai Lama, o presidente, o ganhador do Prêmio Nobel, a Anistia Internacional etc.). Verkuyten (2005: 66-92), num estudo sobre análises da discriminação nos Países Baixos praticada por membros de grupos majoritários e minoritários, concentrou-se em diferentes estratégias discursivas (por exemplo, questionar a discriminação ou assumir que ela é um fato) e descobriu que a escolha dessas estratégias depende antes da posição do sujeito do que do fato de os falantes serem membros dos grupos majoritários ou minoritários. Ele conclui que a mesma estratégia pode funcionar de modos diferentes em contextos diferentes. Mais uma vez, vemos que o contexto precisa ser analisado em termos de definições do participante, e não em termos de sua origem objetiva numa etnia ou num grupo.

Numa perspectiva variacionista, podemos perguntar novamente se os membros de grupos sociais ou categorias específicos também argumentam de modos diferentes. E, de novo, há poucas chances de que esse recurso discursivo geral dependa do participante: homens e mulheres, brancos e pretos, ricos e pobres, podem ter interesses diferentes e experiências diferentes e, portanto, usam argumentos diferentes, mas dificilmente usam estruturas de argumentos ou falácias diferentes. Goodwin e Goodwin (1987: 200-248) mostram que a argumentação é comum entre rapazes como o é entre garotas. Além disso, as garotas nos Estados Unidos da América são tão hábeis em dar ordens quanto os rapazes (ver, por exemplo, Harness Goodwin, 2003: 229-251).

As variações argumentativas dependem, mais propriamente, do gênero textual, como é o caso, por exemplo, da argumentação científica em oposição à argumentação usada no dia a dia, e que depende apenas indiretamente dos indivíduos envolvidos em tais situações (por exemplo, universitários em oposição a pessoas comuns).

Diferenças de gênero social podem estar envolvidas quando o estilo de argumentação é definido como agressivo, conforme sugere Moulton (1983: 149-164) ao tentar explicar a falta de mulheres nos departamentos de Filosofia dos Estados Unidos (sobre a posição de desvantagem das mulheres na argumentação, veja-se também Meyers, Brashers, Winston e Grob, 1997: 19-41).

Indiretamente relevante para o papel do gênero social na argumentação é o estudo de Burgoon e Klingle (1998), que discute diferenças assumidas de persuasibilidade entre mulheres e homens nos Estados Unidos da América. Os autores argumentam que, se for verdade que as mulheres se deixam convencer mais facilmente, os mesmos dados também podem ser interpretados como evidência de que os homens não mudam facilmente de opinião e, portanto, são menos flexíveis do que as mulheres.

À parte esses poucos estudos, e a despeito do impressionante acúmulo de pesquisas sobre as diferenças de gênero social na língua e no discurso, bem como sobre a argumentação, não há nenhuma pesquisa sistemática de que eu tenha notícia sobre diferenças de gênero na argumentação. Isso é verdade *a fortiori* para um campo que foi muito menos investigado, a saber, a influência da classe social – a não ser quando combinada com diferenças óbvias de escolarização: naturalmente, a argumentação complexa e, especialmente, a argumentação científica pressupõem uma educação avançada, e somente nesse sentido a argumentação pode variar de um grupo para outro.

Isso sugere que, não contando as opiniões e ideologias que definem as 'posições' dos falantes, o fator contextual mais relevantemente relacionado à argumentação é o *conhecimento*. Os falantes só conseguem convencer seus interlocutores com argumentos quando compartilham o conhecimento sociocultural geral ou o conhecimento especializado desses interlocutores, de modo que possam ser feitas as inferências necessárias que são a base da argumentação. Nesse sentido, porém, a argumentação não chega a ser diferente de outros tipos de estruturas do discurso (por exemplo, as estruturas narrativas ou as das notícias), cuja compreensão exige um conhecimento geral ou específico.

Narrativa

Além das conversas do dia a dia, da literatura e das mensagens da mídia, poucos tipos de discurso têm sido estudados tão frequente e sistematicamente quanto os vários tipos de histórias (entre um amplo número de outros estudos, vejam-se, por exemplo, Bamberg, 1997; Bruner, 1990; Fludernik, 1996; Linde, 1993; Ochs e Capps, 2001; Quasthoff e Becker, 2004; Toolan, 2001).

A maioria desses estudos concentram-se nas estruturas e estratégias da própria narrativa, seguindo os paradigmas autônomos habituais que observamos, mais geralmente, para a Linguística e para a Análise do Discurso. Portanto, ainda sabemos muito pouco sobre quem conta que tipos de histórias, como, a quem, e em que situações.

Em minhas próprias pesquisas sobre racismo e discurso, estudei como as pessoas flamengas brancas contam histórias sobre imigrantes e outras 'questões' étnicas (Van Dijk, 1984). Um dos resultados dessa análise foi que o esquema narrativo clássico (Labov e Waletzky, 1967) foi aplicado somente em metade das 144 histórias analisadas. Nas demais histórias, a categoria típica da Resolução estava faltando, de modo que as histórias terminavam na categoria da Complicação, apresentando caracteristicamente uma queixa ou uma experiência negativa com um vizinho estrangeiro. Essas histórias-queixas, contudo, não estavam distribuídas de maneira igual entre nossos entrevistados. Conforme o esperado, elas eram mais típicas daqueles narradores que, no resto de suas entrevistas, se revelavam mais explicitamente preconceituosos. Como não tenho meios explícitos para medir o grau de preconceito étnico, fui incapaz de estabelecer uma relação quantitativa confiável entre preconceito e 'narrativa negativa', mas meus achados sugerem com certeza que as atitudes étnicas subjacentes influenciam muitos aspectos da fala (como a seleção do assunto e a escolha lexical), incluindo as maneiras como as pessoas contam histórias sobre as minorias (ver Van Dijk, 1985, 1993b).

A pesquisa que conseguir elaborar um diagnóstico confiável a respeito do preconceito étnico poderá confirmar essas observações qualitativas. O que é relevante para este livro e para este capítulo é a conclusão de que os modelos de contexto são influenciados não só por conhecimentos compartilhados socialmente, mas também por preconceitos compartilhados da mesma maneira, e que estes podem influenciar a estrutura da narrativa. Ou, em termos das identidades e fidelidades a grupos de usuários da língua, a nacionalidade e a etnia dos falantes podem influenciar dessa maneira (isto é, indiretamente) o modo como eles falam sobre pessoas que não pertencem ao grupo, como os imigrantes e as minorias.

Quase sempre, contar histórias é um componente comum dos relatos das experiências que as pessoas tiveram com seus vizinhos ou colegas estrangeiros. Numa outra análise (Van Dijk, 1993b: 121-142), eu examinei a estrutura narrativa de uma história contada na Califórnia por um cidadão branco a respeito de motoristas estrangeiros, e, mais especificamente, de mexicanos. O sujeito se queixava do alegado desconhecimento do inglês por parte dos imigrantes e insistia na chance de eles causarem acidentes quando liam a sinalização viária. E não é assim somente na Califórnia. O mesmo tipo de queixa sobre o suposto desconhecimento da língua é bastante comum também nos Países Baixos (Van Dijk, 1984, 1987). À parte o preconceito étnico ou a xenofobia que esses narradores têm em comum, podemos assumir sem risco de errar que o tópico, o foco e, especialmente, o que se pode contar sobre a complicação dessas histórias, tudo é controlado pelo fato de que o narrador faz parte de um grupo, como também se observa na polarização Nós-Eles que há no restante da entrevista. Muitas vezes, a fala e o texto sobre excluídos do grupo se organiza mediante uma estratégia polarizadora mais geral, de autoapresentação positiva e apresentação negativa do outro.

Mais pesquisa tem sido feita sobre gênero social e narrativa de histórias, com foco principalmente nos conteúdos ou assuntos das histórias contadas por homens e mulheres. Johnstone (1990) reuniu 68 histórias contadas por homens e mulheres em Indiana, Estados Unidos da América, e concluiu que as histórias das mulheres tendem a orientar-se para outras pessoas, ao passo que os homens tendem a concentrar-se em suas próprias habilidades, coragem, competição e honra, e nos acontecimentos em que eles deram provas de bravura. Outros trabalhos também sugerem que os homens tendem a contar histórias sobre si mesmos e as mulheres sobre outrem. Assim, Nordenstam (1992: 75-98) descobriu que as mulheres contando histórias umas às outras mencionavam os outros duas vezes mais do que os homens quando contavam histórias sobre outros homens. Isso significa que quando as mulheres de muito sucesso contam suas histórias de vida, parte de sua estratégia de autoapresentação pode comportar várias formas de ambivalência quando elas 'representam' [*perform*] seu sucesso (Wagner e Wodak, 2006: 385-411).

Já fiz referência neste livro ao estudo de Soler Castillo (2004) sobre a narrativa em Bogotá, Colômbia, no qual ela comparou o modo como homens e mulheres contam suas histórias durante entrevistas sociolinguísticas. De um modo geral, ela conclui que há poucas diferenças marcantes entre homens e mulheres no que diz respeito a variáveis sociolinguísticas como as da gramática (advérbios, adjetivos, coordenação, subordinação etc.). As mulheres tendem a usar mais os diminutivos e os homens as perguntas-eco [*tag questions*]. As mulheres também usam perguntas-eco, mas diferentes das que são usadas pelos homens, empregando-as menos como expressões (é isto que fazem os homens) e mais como um meio para conseguir confirmação por parte do entrevistador. Acerca de muitos assuntos não há diferenças entre mulheres e homens (nos dois casos, muitos assuntos são sobre o trabalho, a família, os estudos e a insegurança), mas os homens falam mais sobre política, projetos e esportes. Muitas histórias são sobre acontecimentos negativos, que satisfazem a condição de negatividade das Complicações dignas de serem narradas. Soler também analisou as estruturas narrativas de trinta das histórias contadas pelos entrevistados. Aplicando o método de Johnstone (1990), ela descobriu que os homens tendiam a falar de si mesmos, e as mulheres dos outros – mas em ambos os casos as histórias tendiam a ser sobre ações negativas. As experiências negativas dos homens concentravam-se no trabalho e em agressões; as das mulheres, em assaltos e acidentes. Contudo, se confrontarmos as várias categorias de assuntos usadas por Soler Castillo (assalto, agressão física, homicídio, estupro, gangues), quase metade das histórias era sobre alguma forma de violência. As histórias das mulheres eram quase duas vezes mais extensas que as dos homens, mas a estrutura narrativa (Sumário, Orientação, Resolução, Coda) era muito semelhante. As mulheres tendiam a ser mais detalhistas em sua descrição do tempo, do lugar e das pessoas, mas os homens tendiam a dar mais detalhes sobre os nomes das pessoas e dos lugares. As avaliações afetivas das histórias não chegavam a mostrar diferenças baseadas no gênero. As histórias dos homens são, em geral, mais curtas que as das mulheres. Além disso, os homens usam mais metáforas do que as mulheres, em especial metáforas que refletem interesses especificamente masculinos, como o esporte e a guerra. As mulheres estavam interessadas em coisas mais corriqueiras; suas metáforas concentravam-se nas lutas da vida cotidiana e elas usavam muitas metáforas relativas a viagens. Para os homens, as outras pessoas eram um instrumento por meio das quais objetivavam um fim, para as mulheres eram objetos a serem moldados, ou recipientes para serem enchidos, por exemplo, com amor. O espaço narrativo de homens e mulheres tendia a ser organizado de acordo com suas experiências, com as mulheres contando histórias centradas na casa e em lugares pegados à casa, e os homens, por contraste, relatando suas próprias atividades na rua.

Assim, embora houvesse diferenças entre mulheres e homens no que diz respeito a algumas das propriedades da narrativa, essas diferenças quase nunca eram muito salientes – e pareciam ser controladas antes pelas experiências, atividades e localização dos entrevistados do que por (outras) diferenças de gênero. Os assuntos predominantes na narrativa não eram geralmente influenciados pelas diferenças de classe e de gênero, mas antes refletiam as experiências gerais da vida na cidade grande, por exemplo, com o crime e a violência.

Holmes (1997: 263-293) observou que as histórias de homens e mulheres na Nova Zelândia também refletem em primeiro lugar suas experiências e preocupações diárias, e aí também as mulheres estavam mais interessadas na família, nos filhos e nos amigos, e os homens, no esporte, no trabalho e em suas próprias atividades. Günthner (1997: 179-218) relata um estudo em que se mostra que (na Alemanha) as histórias com caráter de queixa [*complaint stories*] tendem a ser contadas principalmente entre mulheres, as quais recebem solidariedade e compaixão de outras mulheres, mas revelam ao mesmo tempo um tipo de vulnerabilidade que, aparentemente, os homens estão menos dispostos a deixar transparecer.

Sidnell (2003), num estudo etnográfico sobre a narrativa masculina em uma venda de rum na Guiana, mostrou que os homens encaram essa interação como um acontecimento só para homens, mesmo quando há mulheres presentes. Note-se mais uma vez que não é meramente o gênero (masculino) que é relevante aqui no modelo de contexto dos participantes, mas também o ambiente, a venda de rum. Na verdade, parece que em alguns outros ambientes, por exemplo, em casa, as histórias podem ser contadas de um modo que não deixa as mulheres tão de fora.

Nos jantares de família, uma mulher, em seu papel de mãe, pode estimular seu filho a contar ao pai suas experiências do dia. Esse ritual reflete o papel do pai enquanto avaliador das crianças, bem como a força das relações no interior da família (Blum-Kulka, 1997; Ochs e Taylor, 1995: 97-119; Tannen, 2003: 179-201). Obviamente, para que possamos dar conta das propriedades da narrativa nessas conversas, precisamos postular modelos mentais complexos para todos os participantes. Esses modelos precisariam mostrar que as mulheres nessas interações revelam ou interpretam várias identidades e papéis sociais, como os de mãe, esposa, mediadora e estimuladora de conversas agradáveis durante o jantar. Ao mesmo tempo, os modelos que controlam histórias apropriadas para a mesa do jantar deveriam especificar a ocasião (o jantar), o lugar (a casa) e o tempo (o final do dia), bem como o conhecimento da mãe acerca daquilo que o pai (ainda) não sabe.

Macaulay (2005b: 51ff) mostrou que os condicionamentos do gênero se combinam com os da classe. As mulheres de classe média, de acordo com um estudo feito em Glasgow, contaram de preferência histórias sobre feriados, visitas a amigos e parentes, estudo, trabalhos, suas crianças e a decoração da casa, ao passo que as mulheres da classe trabalhadora falaram sobre suas famílias, compras, bingo e bebida. Os homens de classe média falaram sobre o trabalho em que estavam envolvidos profissionalmente, viagens e esportes (como os homens do estudo de 1997 há pouco mencionado), ao passo que os homens de classe operária contaram histórias a respeito do passado e de como as coisas mudaram. Day, Gough e McFadden (2003: 141-158) estudaram histórias de mulheres britânicas de classe média a respeito de brigas e bebedeiras – histórias tipicamente baseadas na experiência de 'sair à noite' (indo, por exemplo, a um pub) – para conseguir uma compreensão melhor dos contextos específicos das agressões contra mulheres.

Como é natural, a narrativa que se faz no cotidiano é raramente uma reprodução sem sobressaltos do que aconteceu. Pode ser fragmentária, repetitiva, contraditória ou interrompida pelos receptores (ver Quasthoff e Becker, 2004). Traços contextuais podem trazer contribuições extras a essa natureza fragmentada; por exemplo, homens encarcerados contando suas histórias de vida podem querer passar uma ideia de perseguição, sofrimento e impotência, evitando, assim, reconhecer sua própria responsabilidade (McKendy, 2006: 473-502; ver também Auburn, 2005: 697-718).

Vemos que, apesar de a narrativa de histórias refletir parcialmente experiências baseadas na classe e marcadas pelo gênero social, além das atividades dos narradores, isso não explica completamente a variação. Assim, embora possam ter um trabalho, muitas das mulheres estudadas não falam muito dele ao contar suas histórias. E tanto os homens como as mulheres têm família e amigos, mas as mulheres falam destes últimos mais do que os homens. Há, provavelmente, outras diferenças baseadas também no gênero social – de interesses e objetivos para contar uma história – entre mulheres e homens enquanto contadores de histórias, como o fato de que o machismo tende a estar em evidência somente quando os homens falam de sua própria bravura.

Isso mostra, mais uma vez, que não é o condicionamento social do gênero (ou da classe, ou da idade) que, por si só, 'causa' diferentes tipos de narrativas e de escolhas de assunto. É, ao contrário, uma complexa estrutura, composta, de um lado, pelas experiências, atividades e propósitos socialmente compartilhados, bem como por normas e valores associados ao gênero, à classe e à idade e, de outro lado, naturalmente, pelas experiências e objetivos pessoais.

Kipers (1987: 543-557) usou as histórias contadas por professores na sala de professores de uma escola dos Estados Unidos da América para mostrar que muitas diferenças de gênero cruzam os limites da classe e ocupação: as mulheres tendiam a contar histórias sem relação com o trabalho – sobre o lar, a família e questões sociais –, ao passo que os homens falavam bastante de trabalho.

Como a classe, a profissão, a localização e (presumivelmente) muitas experiências são comparáveis para esses professores, as diferenças nos assuntos das histórias poderiam ser interpretados em termos dos diferentes modelos mentais que os professores homens e as professoras mulheres constroem sobre sua vida cotidiana. Contudo, as diferenças de gênero neste caso podem residir não só na construção de modelos mentais de suas experiências, mas também nos tipos de assuntos dos quais os homens (as mulheres) preferem falar com outros homens (mulheres). Esse seria um efeito do modelo de contexto, por exemplo, em termos daquilo que os homens (as mulheres) pensam que outros homens (mulheres) estão interessados ou interessadas em ouvir, ou em termos do tipo de informação pessoal que eles estão querendo compartilhar com outros homens (mulheres).

Infelizmente, os estudos sistemáticos de como a classe social serve de *background* à maneira de narrar têm sido raros (mas vejam-se, com um sentido mais geral, os achados pioneiros e controversos de Bernstein, 1971, sobre diferenças de classe na fala no Reino Unido). Horvath (1985) descobriu que os narradores de histórias de classe baixa na Austrália geralmente preferem falar de si próprios, ao passo que as pessoas de classe média falam de outras pessoas também.

O trabalho mais extenso sobre esse aspecto do controle contextual – um estudo dos narradores de classe baixa na Escócia – foi realizado por Ronald Macaulay (Macaulay, 2005b). Ele descobriu que os narradores de histórias de classe baixa tendem a usar um número maior de marcadores de discurso e recursos de realce, ao passo que as pessoas de classe média usam mais expressões de avaliação. Como no caso das diferenças de gênero, essas diferenças de classe precisam ser ulteriormente interpretadas e explicadas, em termos, por exemplo, de diferentes experiências pessoais, por um lado, e de experiências linguísticas diferentes, por outro.

Como também mostrou Soler Castillo (2004), Macaulay (2005a) descobriu que, em geral, as mulheres falam mais, contam mais histórias e falam mais sobre outras pessoas, em comparação com os homens, e que as mulheres falam a respeito de outras mulheres, as garotas a respeito de outras garotas, e os homens a respeito de si mesmos. Tipicamente, as mulheres incluem mais diálogo (representado) em suas histórias (uma porção de suas histórias que pode chegar a 27% são diálogos, comparados a apenas 8% nas histórias dos homens, dramatizando assim as cenas e tornando as histórias mais vivas). Wood e Rennie (1994: 125-148) em seu estudo sobre 'formular o estupro' descobriram, entre outras coisas, que as experiências traumáticas do dia a dia podem tornar difícil falar sobre um assunto como o estupro. De um ponto de vista teórico, vemos como os modelos de eventos (de experiências traumáticas) interagem com modelos de contexto da conversação corrente, que podem influir nos problemas de formulação.

O livro publicado por De Fina, Schiffrin e Bamberg (2006) é especialmente relevante nesta resenha. Esse livro é sobre discurso e identidade, mas a maioria dos artigos nele reunidos tratam de identidades nas histórias e na narração. A abordagem teórica dominante do livro é uma concepção construtivista da identidade, isto é, da identidade definida como construção contextual ou representação [*performance*]: as pessoas se 'posicionam' de maneiras específicas por meio de seu discurso. Em *Society in Discourse*, mostra-se que essa abordagem, muito popular atualmente embora reducionista, é demasiado vaga e teoricamente inadequada. O que é relevante aqui é que as histórias expressam, constroem ou interpretam de muitas maneiras as identidades sociais dos narradores, receptores ou protagonistas. Um artigo que se sobressai nessa coletânea, e que mostra claramente como as identidades são representadas narrativamente, é o artigo de Holmes (2006: 166-187) sobre identidades em narrativas de histórias ambientadas em corporações, parte de um amplo projeto sobre o discurso do local de trabalho. Ela mostrou como, nas corporações, histórias mais ou menos irrelevantes contadas durante uma conversa podem ter um certo número de funções importantes, como promover a coesão e solidariedade entre os membros da equipe, além de construir identidades pessoais e profissionais complexas. Ela notou que durante essas conversas os participantes trazem à tona coisas ligadas a suas identidades sociais e pessoais – ser o líder, ou o inveterado beberrão da equipe, por exemplo. Assim, um líder pode confirmar pela narração de uma história (sobre como ele cobriu de ridículo alguém que estava cometendo uma asneira) que ele é um líder duro e profissional – uma identidade que, evidentemente, não é construída a partir do nada (ao contrário, é previamente conhecida pelos membros da equipe), mas precisa ser confirmada – ou possivelmente ser adaptada – discursivamente, naquela situação. Holmes também ressaltou outro ponto importante das relações entre discurso e contexto, a saber, além de os fatores contextuais (como a identidade profissional) influenciarem a fala, a própria fala tem muitas funções na situação corrente, tais como resolver problemas ou aumentar a solidariedade entre os colegas, entre muitas outras. Ou seja, mesmo os 'causos' pessoais, 'irrelevantes' ou relacionados ao trabalho, podem tornar-se funcionais para a organização, por esse processo (para um estudo correlato sobre identidade de gênero e autoridade no local de trabalho, ver Kendall, 2004: 55-79).

Atos de fala

As definições das condições de adequação dos atos de fala precisam ser formuladas em termos de categorias contextuais, tais como os conhecimentos, os desejos ou os propósitos dos participantes (Searle, 1969). Por exemplo, as perguntas que solicitam uma informação (perguntas que começam por uma palavra interrogativa) pressupõem que os falantes não têm certos conhecimentos que assumem que os receptores têm, e as ordens são dadas de maneira apropriada somente quando o falante quer que o destinatário faça (ou *não* faça) uma determinada coisa, quando tem uma posição específica de poder ou autoridade etc.

Robin Lakoff (1996: 481-493) mostrou que, para poder fazer confissões adequadas em casos criminais nos Estados Unidos da América, é preciso levar em conta muitos outros traços contextuais, sendo um deles as diferenças de poder. Ela mostrou que um suspeito precisa ter uma competência pragmática completa para fazer uma confissão aceitável, bem como várias formas de competência comunicativa, incluindo a compreensão de seu próprio papel como suspeito numa conversação criminal.

A questão aqui é se os atos de fala podem variar de modo que, por exemplo, diferentes tipos de falantes usem tipos diferentes de atos de fala. O exemplo padrão seria o uso das ordens que pressupõem que o falante tenha uma posição, um papel ou um *status* superior ao do receptor, ou outra condição análoga. Assim, um sargento dá provavelmente mais ordens do que um recruta; um policial, mais do que um suspeito, e assim por diante. O poder e as relações de papéis entre os participantes influenciam de maneira óbvia as interações entre eles e, portanto, também seus atos de fala.

Embora o poder institucional dos falantes possa controlar a natureza e os efeitos dos atos de fala (Wang, 2006: 529-548), como é o caso nas perguntas dos interrogatórios policiais (em que não há meramente uma preferência ou norma, mas uma obrigação no sentido de responder), precisamos, ao mesmo tempo, examinar a influência de outros traços contextuais. Assim, Haworth (2006: 739-759) mostrou como os suspeitos que têm *status* social alto podem questionar constantemente as perguntas dos agentes de polícia, e resistir a elas. Em muitas situações institucionais, as perguntas são usadas como um meio de controle. Por exemplo, Peer e Parsons (2006: 785-812) descobriram que perguntas hipotéticas sobre seu possível futuro podem ser usadas como jogadas para esconder informações [*gate-keeping moves*] na avaliação psiquiátrica dos pacientes transexuais.

Holmes (2005: 31-60) mostrou como os gerentes, usando o poder de sua posição, dão instruções a seus empregados com o objetivo de obrigá-los a fazer coisas. Em termos pragmáticos abstratos, isso significa que as posições sociais e as relações hierárquicas estão entre as condições apropriadas dos atos de fala diretivos.

Contudo, na vida real, e nas interações reais, as coisas são um pouco mais complexas. Em primeiro lugar, seguindo a lógica desse argumento, os participantes precisam construir essas posições sociais em seus modelos de contextos. Assim, é pouco provável que um gerente que não julga estar em posição superior use ordens: ele usará, antes, pedidos. Em segundo lugar, além da posição social, várias outras características situacionais (tais como são construídas pelos participantes) podem estar envolvidas, como o ambiente, as regras e as normas da organização, as (outras) relações entre os falantes e assim por diante. Em que pesem as relações formais de poder, os participantes podem muito bem ser grandes amigos, ou a ocasião (digamos, a comemoração de um aniversário no local de trabalho) pode ser menos formal, caso em que atos de fala diretivos excessivamente bruscos podem ser menos adequados. Sobre outro assunto relacionado às diferentes situações em que estão presentes profissionais homens e mulheres, Martín Rojo e Gómez Esteban (2005: 82) dão exemplos mostrando que, em algumas festas no escritório, as mulheres podem sentir-se deslocadas ou excluídas com respeito ao 'humor' informal dos homens.

Os atos de fala diretivos não precisam estar sempre na forma de ordens, podem também assumir a forma de pedidos gentis – embora o modelo de contexto do receptor, nesse caso, diga com toda clareza ao próprio receptor se o enunciado precisa ou não ser interpretado como uma fala diretiva ou um pedido. Holmes (2005) também mostrou até que ponto o poder, nos escritórios da Nova Zelândia, é exercido não por atos diretivos explícitos, mas por referências diretas, indiretas ou implícitas aos procedimentos, normas, precedentes etc. que se assumem compartilhados pelos participantes. Esses exemplos mostram, de novo, que não é meramente a posição formal ou o poder que controla diretamente o uso da língua, mas uma análise complexa da situação comunicativa como um todo. A posição formal e a relação pessoal, o conhecimento compartilhado, as normas e outras representações sociais podem ser ativadas de modo a controlar a maneira como os participantes falam ou como compreendem a fala. Isso também se aplica ao papel do gênero nessas situações. Holmes mostrou que as mulheres gerentes podem exercer seu poder de maneira direta, de um modo estereotipicamente brusco e 'masculino', mas que as distinções e pressuposições tradicionais de gênero permanecem relevantes quando se verifica que essa conduta é questionada na interação pelos subordinados.

Conclusões análogas são obtidas por Martín Rojo e Gómez Esteban (2005), que examinaram o 'estilo feminino' nas corporações espanholas. Num estudo de discussões por grupo focal, eles descobriram que as gerentes mulheres se sentem obrigadas a agir de um modo especialmente duro, autoritário e fortemente envolvido no trabalho, para demonstrar competência. Mas pagam por isso o preço de que os subordinados (especialmente as mulheres) gostam menos delas e de serem consideradas menos femininas. Ao contrário, os homens não precisam atuar de nenhum modo especial, ou adotar atitudes que os representam diferentes do que são, e são raramente considerados especialmente duros ou autoritários, porque sua autoridade como gerentes é pressuposta estereotipicamente, de qualquer jeito.

Outras pesquisas documentam ainda mais as diferenças de gênero e idade no uso dos atos de fala. Assim, Gleason, Ely, Perlmann e Narasimhan (1996: 205-217) mostram que as mães nos Estados Unidos tendem a usar mais atos de fala proibitivos com os meninos do que com as meninas (ver Gleason, 1985), e Ervin-Tripp, O'Connor e Rosenberg (1984: 116-135) descobriram que as crianças dos Estados Unidos usam em relação a suas mães atos de fala menos polidos (por exemplo, dão ordens) do que os que usam para com seus pais. (Para uma descrição mais etnográfica com caráter de relato pessoal a respeito do gênero social e outras variações na conversa familiar, ver Nader, 1996: 219-234;

para uma análise de padrões semelhantes no desenvolvimento pragmático das crianças kalunis, ver Schieffelin, 1990; Schieffelin e Ochs, 1986.)

Num estudo de Kyratzis e Guo (1996: 555-577), em que se comparam diferenças de gênero nos Estados Unidos e na China, mostra-se que o controle dos atos de fala e da interação pela fala não depende apenas do gênero, mas também do ambiente e outros parâmetros situacionais: na China, as mulheres tendem a dominar os homens em casa (onde mandam neles, a torto e direito); ocorre o inverso fora de casa (as mulheres tendem a ficar silenciosas e invisíveis) –, como se suas vidas dentro e fora do lar fossem mundos ou culturas diferentes. Nos Estados Unidos, onde predomina o individualismo, as diferenças de contexto são menos pronunciadas: homens e mulheres mantêm sua própria identidade individual, tanto em casa como na esfera pública.

Da mesma forma que qualquer outra ação, os atos de fala são realizados sob o controle de fatores contextuais 'cognitivos' como os *propósitos* ou *objetivos*. A teoria clássica dos atos de fala formulou isso em termos das intenções ou do 'querer' dos falantes: o F(alante) quer que o O(uvinte) saiba (faça, etc.) *p*. E, inversamente, os atos de fala são compreendidos se o receptor é capaz de atribuir esse mesmo propósito ou objetivo ao falante. Quanto a mim, propus que esses conhecimentos fazem parte de maneira regular dos modelos de contextos.

E, por fim, os atos de fala também pressupõem o conhecimento dos falantes sobre o conhecimento assumido do receptor, como já sugeri para as perguntas que começam com palavra interrogativa (perguntas Qu-). Estas perguntas pressupõem que o falante acredita que o receptor sabe as coisas que o falante deseja conhecer.

Vemos que, conforme assumimos, as condições apropriadas dos atos de fala precisam ser formuladas em termos de várias propriedades contextuais. Mas vale lembrar que esse contexto não é a situação social objetiva, e sim a maneira como os participantes a interpretam. Daí a confusão possível e formas de comunicação falha, estereotipicamente resumidas pelo *slogan* "É uma promessa ou uma ameaça?", nos casos em que os receptores não têm informação suficiente sobre o falante.

A fala na interação

Muitas das estruturas discutidas anteriormente também têm traços interacionais importantes, como vimos para a argumentação, os desmentidos e assim por diante. Além daquilo que já dissemos, porém, precisaremos finalmente dar atenção a algumas das muitas características propriamente interacionais do discurso, tais como a tomada de turno, as interrupções, as correções, o sequenciamento, a abertura e fechamento das conversas, a organização do evento comunicativo e toda uma série de outras práticas interacionais, como as de prometer, concordar e contar histórias, entre muitas outras. Obviamente, aquilo que ficou dito antes para o estilo, o registro, o gênero textual e sua manifestação na gramática, na semântica, nos atos de fala e assim por diante, vale também para as conversações, mesmo sabendo que essas propriedades são menos examinadas na análise da conversação.

A despeito da relutância dos primeiros trabalhos em Análise da Conversação em examinar o papel do contexto, um fato que discuti extensamente em *Society in Discourse*, deve-se ter em mente que o tratamento da interação é, ele próprio, moldado em termos 'contextuais'. Enquanto tradicionalmente os enunciados ou 'textos' são estudados como entidades ou fenômenos independentes, sem que se dissesse muito sobre seus autores ou leitores, a conversação quotidiana e a fala-na-interação própria dos ambientes institucionais são caracterizadas fundamentalmente pela presença de vários *participantes* e das *relações* entre eles – propriedades da interação que analisamos até este momento como parte do 'contexto' da fala na condição de coisas separadas do evento comunicativo. O mesmo vale para os numerosos (atos) sociais realizados pela fala, bem como para as normas, regras ou 'métodos' que os membros usam para conduzir a conversação.

Mesmo que nos seja impossível dar conta aqui da imensa quantidade de traços interacionas da fala, examinemos pelo menos alguns deles, mais importantes, em relação com seus condicionamentos contextuais (para detalhes, ver, entre muitos outros estudos, Drew e Heritage, 1992; McHoul e Rapley, 2001; Sarangi e Roberts, 1999; Ten Have, 1999).

TURNOS E TOMADAS DE TURNO

Dentre as propriedades da conversação, o sistema da tomada de turnos, que é uma das mais 'observáveis' e características, foi também uma das primeiras a receber atenção explícita (Sacks, Schegloff e Jefferson, 1974). As pesquisas sintetizadas em *Society in Discourse* sugerem que há muitos condicionamentos contextuais sobre a mudança de turno, incluindo quem pode ou deve ser o primeiro ou o último a falar, por quanto tempo se fala e se há necessidade ou não de ser chamado a fazê-lo. Geralmente, a idade, as relações hierárquico-sociais, como as de posição numa hierarquia ou de *status* ou poder, também definem vários tipos de direitos ao turno. Na comunidade dos Wolof, a expectativa é que as pessoas de posição mais baixa falem primeiro. (Irvine, 1974: 167-191). Em muitas culturas ocidentais, falam primeiro as pessoas de posição mais elevada, e há uma regra geral nesse caso pela qual as pessoas não falam sem que lhes seja dirigida a palavra, e não interrompem quem está falando até que lhes seja dado o turno. Em algumas culturas, as crianças não têm permissão para falar na presença dos pais, a não ser que sejam convidadas a fazê-lo.

O mesmo vale para o gênero social. Em muitas culturas, as mulheres estão sujeitas a restrições semelhantes quanto ao seu direito de falar na presença dos homens. Poder-se-ia arriscar que há apenas uma diferença de grau entre as regras formais da adequação cultural definidas em termos de gênero e da dominação masculina *de facto* nas culturas ocidentais. Tradicionalmente, essa dominação foi inferida dos padrões de interrupção: observou-se em muitas ocasiões que os homens ocupam a cena com mais frequência que as mulheres, que o fazem por mais tempo, e que interrompem as mulheres mais do que elas o fazem com os homens (Bergvall, 1995: 105-129; Edelsky, 1993: 189-227; James e Clarke, 1993: 231-280; West e Zimmerman, 1983: 103-118). Num estudo sobre os debates da Câmara dos Comuns Britânica, verificou-se que os MPs homens transgridem as regras mais frequentemente do que os MPs mulheres, com o objetivo de usar a tribuna (Shaw, 2000: 401-418). E mesmo quando as mulheres conseguem usar a tribuna tão frequentemente quanto os homens, elas ainda estão sujeitas a ter que superar o desafio de apartes derrisórios vindos da audiência masculina (Bergvall e Remlinger, 1996: 453-479).

Mas o quadro é mais complexo do que isso. Redeker e Maes (1996: 612-997) mostraram que em tipos específicos de interações nos Países Baixos não havia diferenças de interrupção entre homens e mulheres em grupos mistos. Ahrens (1997: 79-106) mostrou que todos os critérios de conteúdo e contexto precisam ser levados em conta quando se examinam as interrupções, e que estas não são necessariamente manifestações de arrogância. Em sua resenha crítica de 25 anos de pesquisas sobre interrupções relacionadas ao gênero social, James e Clarke (1993) também concluíram que a pesquisa não confirma essa variação das interrupções com base no gênero.

Com a mudança das relações sociais no sentido de uma igualdade maior, as condições contextuais de tomada de turno também mudaram, como se pode observar mais facilmente na interação das crianças com os pais em muitas partes da cultura ocidental. Ainda assim, a polidez e o respeito, baseados, por exemplo, na idade e em diferenças de *status*, ainda pesam sobre a tomada de turno, no sentido de que as pessoas de *status* mais elevado são menos interrompidas.

Nas situações formais e institucionais, as regras que administram a tomada de turno podem ser explícitas, sendo os turnos atribuídos por alguém que tem essa incumbência específica (o presidente, o orador etc.), como acontece na maioria das reuniões formais, valendo como exemplos as reuniões de diretoria e os debates parlamentares. Neste último caso, os turnos podem também ser atribuídos com referência ao tempo – os falantes têm tantos segundos ou minutos para falar –, como acontece, por exemplo, nos debates presidenciais dos Estados Unidos. Esses exemplos mostram que não são apenas o *status* ou o papel dos participantes que definem certas condições impostas à distribuição dos turnos, mas também as *relações* entre participantes: relações sociais mais igualitárias condicionam (e se concretizam por meio de) distribuições de turnos mais igualitárias.

Muita pesquisa tem sido dedicada às supostas diferenças 'estilísticas' entre homens e mulheres na conversação, tradicionalmente (mas também muitas vezes estereotipicamente) resumidas em atributos como 'cooperativo' e 'competitivo', supostamente capazes de caracterizar em termos gerais a ação e interação fundamentadas no gênero, explicadas ora em termos biológicos, ora em termos de condicionamentos culturais e sociais (de poder). Assim, as interrupções, a seleção dos assuntos e a continuidade observadas nos homens têm sido interpretadas como típicas de uma luta competitiva pelas posições de evidência, e as interrupções feitas pelas mulheres têm sido, antes, interpretadas como sendo cooperativas e visando apoiar o falante anterior (ver, por exemplo, Eckert e McConnell-Ginet, 2003: 122ff; Coates, 1996, 1997: 285-313).

Como acontece para a maioria das pesquisas resenhadas aqui, porém, essas generalizações são, na melhor das hipóteses, tendências gerais, e, como de hábito, tudo depende de situações culturais e sociais e do modo como elas são construídas pelos participantes. Dependendo de tais contextos, as mulheres também podem ser competitivas na interação, mas precisam competir por outras coisas, por exemplo, pela popularidade em vez do poder, ou pela hierarquia, em vez da liderança (Eckert, 1989, 1990: 92-122) – e, obviamente, os homens são capazes de cooperar (ver também Cameron, 1997a: 47-64).

Assim, enquanto os estudos tradicionais de Sociolinguística usavam simplesmente 'variáveis' sociais não problematizadas, como o gênero, de preferência, a pesquisa contemporânea examina o uso da língua em termos de identidades e relações mais variadas, e relaciona tudo isso a outras identidades ou estruturas sociais (ver Cameron, 1997b: 21-36; Wodak, 1997; Wodak e Benke, 1997: 127-150).

Como tendência geral, de base sociocultural, observa-se que às vezes as mulheres constroem seu papel de concorrentes na interação, e as relações entre homens e mulheres (ou entre mulheres), em termos competitivos diferentes, com normas e valores diferentes. Assim, Marjorie Harness Goodwin (1990) mostrou que as garotas podem organizar conversações competitivamente, de modo que algumas garotas afro-americanas são aceitas como amigas ou membros de uma panelinha, enquanto outras são excluídas. E na pesquisa de Sheldon foi observado que as garotas do Meio-Oeste americano eram perfeitamente capazes de lidar com conflitos e negociá-los mediante uma espécie de 'fala dupla', que combinava o valor marcado pelo gênero de 'serem amigáveis' com o de serem afirmativas (ver, por exemplo, Sheldon, 1990: 5-31; 1997: 225-244).

Com as precauções de sempre contra as generalizações indevidas, e tendo em mente a necessidade de análises contextuais mais complexas desses resultados, deve-se lembrar que a grande maioria desses estudos foram realizados na América do Norte, na Europa, na Austrália e na Nova Zelândia; portanto, eles são relativos às identidades e relações de gêneros que vigoram hoje nessas culturas e sociedades – um condicionamento contextual que nem sempre vem mencionado de modo explícito nesses estudos, mas que, obviamente, pressupõe que as situações sociais 'ocidentais' são tomadas como norma.

ABERTURAS, FECHAMENTOS E SEQUENCIAMENTOS

Como vimos, em geral, para a distribuição do turno, há obviamente condições contextuais sobre quem pode ou deve abrir ou fechar uma conversação. Os exemplos mais evidentes em muitas culturas são reuniões formais ou institucionais de vários tipos que são abertas e encerradas por um participante específico, por exemplo, o presidente. Em situações informais, a idade, gênero, posição, *status* ou poder podem ser condições mais ou menos rigorosas para decidir quem pode (ou precisa) ser o primeiro, o segundo ou o último a falar (ver, por exemplo, Aston, 1995: 57-86; Heath, 1981: 71-90; Rostila, 1995: 69-102).

O mesmo se aplica à transição de uma sequência para a próxima numa conversação ou, por exemplo, à ação de iniciar ou fechar uma sequência, ou de passar das saudações iniciais ao assunto em pauta. Bastante geral em situações formais e pouco igualitárias é a regra de permitir aos oradores mais 'poderosos' que iniciem novas sequências, mudanças de assuntos e fechamentos – em que 'poderosos' é definido mais uma vez em termos de idade, gênero, papel e *status* social, bem como da posição formal, por exemplo, a de presidente (Okamoto e Smith-Lovin, 2001: 852-873).

As aberturas das conversações informais podem depender de uma autosseleção dos falantes em situações de seleção de (novos) receptores, por exemplo, quando se pedem orientações a um estranho na rua. O ato de dirigir-se a estranhos em muitas culturas e condições está sujeito a regras rigorosas: como parte de um sistema social geral de proteção do espaço interacional e da privacidade, não podemos pura e simplesmente dirigir-nos a qualquer um em qualquer lugar e sempre que o queremos apenas para começar uma conversa. Em geral, é preciso que haja uma 'boa razão', como ter necessidade de ajuda (num pedido de orientações), oferecer ajuda a alguém que evidentemente precisa disso, iniciar um encontro de atendimento, fornecer informações, assim por diante.

Nos ambientes institucionais, essas 'boas razões' são definidas em termos de papéis e relações formais entre os participantes, como quando os chefes se dirigem a seus subordinados, e os professores aos estudantes, sempre que há uma razão institucional para fazê-lo, por exemplo, pedir informações ou envolver-se em alguma tarefa. Isso significa que as 'boas razões para começar uma conversa' são, em geral, condições de adequação para a interação, por exemplo, quando a ajuda, o atendimento ou outras formas de interação são permitidas ou necessárias. A transgressão dessas regras pode ser definida e sofrer sanções em termos de uma escala que vai desde a impropriedade leve até o assédio e a agressão proibidos por lei. Um exemplo característico é o do assédio sexual de mulheres pelos homens (ver, por exemplo, Conefrey, 1997: 313-340, para um estudo do "gelo" contra mulheres num laboratório universitário).

A abertura de conversas pode também ser controlada por (consciência de) restrições de lugar e espaço. Não cumprimentamos *todas* as pessoas que vemos numa rua muito movimentada da cidade, mas se encontrarmos alguém enquanto estamos caminhando numa estrada deserta do campo será aceitável e talvez necessário que a cumprimentemos; e a proximidade dos participantes numa situação dada tem mais chance de provocar uma conversa espontânea do que a distância: um tanto banalmente, tendemos a falar mais a alguém que está sentado perto de nós num trem ou num avião, ou que espera como nós numa fila, num elevador ou numa loja etc., do que a pessoas que estão do outro lado do trem, do avião, da sala, da loja ou do local em geral. A proximidade, nesse caso, também está associada com outros aspectos da interação face a face, como o fato de compartilhar um espaço interacional, o contato visual, a variação de som da fala normal, assim por diante. Veja-se Ubel et al. (1995: 190-194) para um estudo de conversas de elevador impróprias por parte de empregados de um hospital nos Estados Unidos.

As restrições sobre aberturas e fechamentos e outras sequências decorrentes do *tempo* são a regra na maioria das formas institucionais de interação. A maioria dos tipos de reunião são marcados para começar 'na hora' e se desenvolvem obedecendo a restrições de tempo mais ou menos rigorosas, uma das quais é o número de minutos que limita a fala dos MPs no Legislativo. Analogamente, as restrições de tempo e a agenda das reuniões formais podem exigir que os participantes, frequentemente convidados nesse sentido pela Presidência, concluam um assunto ou um ponto de pauta e passem ao seguinte. As conversas informais também estão sujeitas a restrições de tempo, como sabemos pelo conhecido gesto de olhar ostensivamente para o próprio relógio, como um modo de pôr fim à conversa. Muitas conversas informais começam com os participantes expressando essas limitações de tempo ("Tenho somente um minuto..." etc.). Esses condicionamentos de tempo controlam uma porção de outros aspectos da fala, como a velocidade da elocução, a atitude física, as frequentes olhadas para o relógio, as interrupções, as mudanças rápidas e os fins dados a um assunto, assim por diante, tudo isso sinalizando que o falante "está com pressa".

As Aberturas e os Fechamentos são fases especiais (inicial e final) dos *fenômenos de sequenciamento* mais gerais da fala, de que já tratei sob o título de 'superestruturas' no discurso, e que têm sido descritos em termos de 'esquemas' ou 'formatos' (ver, por exemplo, Atkinson, 1979: 257-86; Piazza, 1987: 107-137; Schegloff, 1968: 1075-1095). Assim, mais ou menos da mesma maneira como as histórias começam com algum tipo de Anúncio ou Sumário e se encerram com uma Coda, e as argumentações começam ou terminam por algum tipo de Conclusão, seguida ou precedida pelos argumentos; assim também a conversa pode ser organizada, em níveis variados, por fragmentos organizados sequencialmente, dois dos quais, as Aberturas e os Fechamentos, são os que foram mencionados anteriormente. Então, depois de vários tipos de Aberturas, a conversa-na-interação passa normalmente ao 'assunto em pauta', uma sequência de turnos ou jogadas que pode ser organizada por vários tópicos, ou por outras categorias formais que podem depender do contexto institucional, como resultou ser o caso para os debates parlamentares.

Assim, uma aula dada em classe, um contato para atendimento numa loja ou uma entrevista para emprego numa companhia de comércio terão partes, segmentos ou unidades identificáveis, que podem receber rotineiramente a atenção dos falantes, tais como Explicar os Objetivos de uma reunião, Introdução (por exemplo, mediante a formulação do problema por parte da pessoa encarregada de dirigir a reunião), Perguntas, Deliberações, Decisão, e assim por diante (ver, por exemplo, Komter, 1992).

Por exemplo, num contato para atendimento numa loja, podemos esperar, depois das saudações iniciais e de um momento eventual de conversa fiada (por exemplo, sobre o tempo, especialmente se os interlocutores já se conhecem), um Pedido de um serviço ou de um produto, possivelmente perguntas sobre a natureza do produto ou serviço que foi pedido ao fornecedor, o pagamento e uma conversa fiada final mais saudações – dependendo de roteiros institucionais (para detalhes, ver, por exemplo, Ventola, 1987).

Analogamente, um julgamento é uma atividade sequencial organizada em unidades de discurso mais ou menos independentes, como Abertura, Libelo de Acusação, Defesa etc., cada uma das quais, por sua vez, é estruturada segundo uma convenção própria (Cotterill, 2002; Drew e Heritage, 1992). Observações parecidas aplicam-se aos interrogatórios em geral, e às 'entrevistas' policiais em particular (ver Cotterill, 2002; Heydon, 2005; Shuy, 1998).

Cada instituição, cada atividade ou gênero textual interativo está, portanto, (também) estruturado por um sequenciamento de unidades ou categorias 'funcionais' que organizam seu significado e sua interação como um todo, por exemplo, em vários tipos de turnos, sequências e comprimentos de turnos etc. 'preestabelecidos' (Ten Have, 2001: 3-11). Assim, os pedidos de um cliente permitem aos fornecedores inferir o que o cliente quer e organizar suas próprias ações e seu discurso de acordo com isso.

Essa é apenas uma representação muito grosseira e geral, e para cada gênero ou atividade é possível passar dessa análise 'esquemática' da fala a um detalhe organizacional muito exato. Note-se que esse tipo de análise esquemática ou 'superestrutural' da fala ou do texto não deve ser reduzida a uma análise 'sequencial' local, feita, por exemplo, no nível dos turnos ou mesmo da estrutura interna dos turnos. Ou seja, as Aberturas, os Fechamentos, os Cumprimentos, as Perguntas etc. são unidades complexas de nível mais elevado que podem organizar muitos turnos da sequência real da fala, como também acontece para o discurso escrito. Na realidade, eles organizam o significado, função ou ação muito mais do que a tomada de turno sequencial, que ocorre em nível mais baixo. Essas categorias podem, elas próprias, incluir uma interação, como acontece nas categorias da Negociação e dos Cumprimentos numa reunião. Conforme sabemos a partir dos pares adjacentes tais como Perguntas e Respostas, as categorias esquemáticas podem consistir em exatamente um turno ou uma proposição cada, ou numa sequência de Perguntas, ou ainda numa sequência de Respostas que comportam muitos turnos ou proposições (dependendo do nível de análise). Muitas das descrições correntes para esses pares adjacentes, por exemplo, a que diz que as perguntas constroem tipicamente 'obrigações de responder' para os interlocutores, são mais uma vez contextuais e não meramente discursivas (como seria o caso para os turnos, as estruturas sintáticas, os itens lexicais, as proposições etc.).

Pelo modo como eu resumi a natureza do sequenciamento de nível global (esquematização, superestruturação) na fala, vemos que aí também há condicionamentos contextuais, como já vimos para as Aberturas e Fechamentos.

Por exemplo, em muitos tipos de entrevistas de emprego, os entrevistadores querem ter (mais) informações vindas dos e sobre os candidatos, de modo a poder avaliá-los com referência ao trabalho. Geralmente, há uma relação desigual de poder entre os entrevistadores e o entrevistado, já que os primeiros têm o poder de decidir a respeito do emprego futuro de alguém e, em geral, têm também o poder de organizar e dirigir a entrevista. Isso significa que eles têm a oportunidade de entrar numa sequência relativamente longa de perguntas, solicitando informações que o entrevistado se sentirá geralmente obrigado a responder da melhor maneira possível, sem que lhe seja dada a opção de pôr fim a essa sequência. E em algumas entrevistas de emprego, espera-se que os entrevistados mostrem interesse fazendo, por sua vez, perguntas aos entrevistadores. Em outras palavras, uma categoria esquemática de Questionamento nas entrevistas profissionais (e também nos interrogatórios, nos exames orais etc.) precisa ser definida não só em termos meramente sequenciais, isto é, como uma categoria que vem depois (digamos) da Abertura, Introdução ou Objetivos, mas também em termos dos participantes que podem ou precisam envolver-se nela, em que condições e com que conhecimento (ou falta de conhecimento) ou propósitos, assim por diante (ver também Komter, 1992).

Isto é, cada categoria superestrutural da fala pode ter uma ordem sequencial e uma função mais ou menos exata, além de condicionamentos contextuais próprios (Tempo, Lugar, Participantes, Objetivos, Conhecimento etc.), como acontece para o discurso como um todo. Além disso, especialmente nas corporações, esses formatos rotineiros da fala podem tornar-se convencionalizados, e mesmo ser transformados explicitamente em normas, quer seja por meio de regras ou por uma orientação prática, como sabemos a partir dos debates parlamentares bem como a partir dos procedimentos das entrevistas nas corporações e das estratégias dos interrogatórios policiais. Essas categorias podem organizar significados (assim como a categoria esquemática de Manchete organiza o macrossignificado global de uma reportagem noticiosa) e ações – como sua Abertura e Fechamento –, mas, como um todo, eles precisam ser definidos em termos contextuais.

OUTRAS INFLUÊNCIAS CONTEXTUAIS SOBRE A FALA NA INTERAÇÃO

As múltiplas maneiras como os parâmetros contextuais influenciam outros aspectos da fala são um assunto que exigiria por si só muitas monografias, por isso eu só posso resenhar sucintamente uns poucos estudos empíricos. Os fatores contextuais mais fortes – além das categorias sempre relevantes dos Propósitos e do Conhecimento – são as categorias (construídas) de Participante: papéis, gênero social, identidades culturais e classe social, bem como as relações entre os participantes.

Contudo, é preciso lembrar mais uma vez que são pouquíssimos os condicionamentos situacionais construídos de maneira uniforme como fatores contextuais pela maioria dos participantes da fala, e nos quais esperamos encontrar diferenças óbvias de gênero social, elas podem ainda depender de fatores e interações mais complexos no contexto. Assim, enquanto vários estudos chegam à conclusão de que, na Espanha, os homens se impõem conversacionalmente às mulheres nos eventos comunicativos de alto nível, como a televisão e os *talk shows* (mais turnos e mais longos, tratamento como especialistas dado pelos entrevistadores etc., ver também Kotthoff, 1997: 139-178), Bierbach (1997: 106-138) mostrou que as mulheres na Espanha, em outras situações sociais, por exemplo, as associações de amigos de bairros, não são de maneira nenhuma dominadas pelos homens. Também em outro ambiente prestigioso, os seminários de pesquisa da universidade, os homens falam mais do que as mulheres (embora isso se aplique mais aos estudantes do que aos professores), mas a situação é diferente nos cursos de Letras e nas faculdades de Ciências Sociais, como mostram dados sobre a Suécia (Gunnarsson, 1997: 219-24).

As 'variáveis' sociolinguísticas tradicionais precisariam, portanto, ser estudadas em relação a noções mais amplas como a de 'comunidade de práticas' (Eckert e McConnell-Ginet, 1992) ou pelo menos com respeito a uma combinação de categorias sociais (construídas) conforme são representadas nos modelos de contextos. Na verdade, os homens, mulheres, adolescentes, estudantes, pessoas da classe baixa e média, falam e comunicam de maneiras bastante diferentes nesses ambientes de comunidade, por exemplo, quando estão no trabalho, no lar ou na academia de ginástica (ver Coates, 1997). Assim, todos os achados resumidos neste capítulo precisam ser relativizados a essas análises situacionais mais complexas e, naturalmente, à noção fundamental de modelo subjetivo que as pessoas constroem para essas situações.

Uma das muitas diferenças de gênero comumente aceita é que as mulheres falam mais do que os homens. Mas, como acontece em geral quando está em jogo a influência do gênero no discurso, isso depende de outros condicionamentos contextuais. Nesse sentido, Swacker, (1975: 76-83) observou que os homens dos Estados Unidos em uma situação experimental (a de descrever de memória os desenhos de uma sala) falavam muito mais do que as mulheres, talvez para aparecerem mais numa situação de teste. James e Drakich (1993), e com eles muitos outros pesquisadores, descobriu que nos Estados Unidos, muitas vezes, os homens falam mais e o fazem principalmente em situações em que estão presentes os dois sexos, nas quais eles também conseguem mais atenção do que as mulheres para seu discurso e suas ideias (ver Eckert e McConnell-Ginet, 2003: 114ff).

Já vimos que muitas diferenças conversacionais comumente admitidas entre homens e mulheres são em grande medida estereótipos – e enquanto tais são também normas poderosas de uso 'apropriado' da língua (ver o debate do estudo original de Robin Lakoff, datado de 1975, sobre a língua das mulheres,

Bucholtz, 2004). Décadas de pesquisa sobre língua, discurso e gênero desmistificaram ou pelo menos refinaram essas observações mais antigas (ver, por exemplo, os capítulos no manual organizado por Holmes e Meyerhoff, 2003). Entretanto, também foi realçado que a substituição de estereótipos negativos por estereótipos positivos ainda pressupõe diferenças entre homens e mulheres (Talbot, 2003: 468-486). Por outro lado, negar quaisquer diferenças sistemáticas de gênero no uso linguístico poderia ser interpretado como uma negação da influência geral da posição subordinada da mulher na maioria das culturas e sociedades, se não em todas. O que conta, mais uma vez, é que tudo depende do contexto e de como os participantes definem esse contexto.

RECUSAS

Embora não visasse especialmente demonstrar diferenças de gênero social na fala, o estudo de Kitzinger e Frith (1999: 293-316) sobre as recusas das mulheres inglesas a propostas sexuais ou agressões dos homens é relevante aqui. Contrariamente à recomendação corrente feita às mulheres, de que precisam apenas aprender a dizer "não" às ofertas sexuais indesejadas dos homens, os autores ressaltam que, conversacionalmente, as recusas são menos aceitas e difíceis de fazer, e portanto são tipicamente formuladas de forma hesitante. Os homens, que compartilham as mesmas regras conversacionais, compreendem perfeitamente bem essas recusas, ao passo que um "Não" seco poderia dar margem a mal-entendidos.

Um dos modos de interpretar esse estudo crucial em meu quadro teórico consiste em lembrar que a linguagem 'hesitante' não é, por um lado, expressão de uma insegurança feminina estereotípica, mas um lance conversacional mais geral para recusas mal aceitas (difíceis), e um modo de salvar a face do receptor. Por outro lado, o gênero é evidentemente relevante nesse tipo particular de recusa, porque os lances conversacionais implementam o impasse ocasionado pelas ofertas e solicitações sexuais. Isto é, as recusas, neste caso, baseiam-se na definição de uma situação comunicativa complexa, tal como é representada nos modelos de contextos das mulheres. Na verdade nenhum problema desse tipo surge nas recusas-padrão do dia a dia, como a recusa em resposta à oferta de um torrão de açúcar no chá, que são feitas tipicamente por meio de um simples e educado "*No, thank you!*" [Não, obrigado!]. Uma das diferenças fundamentais é que um grande número de pressuposições sobre as implicações que esse tipo de recusa poderia ter para a imagem, a popularidade, a reputação etc. da mulher é inerente ao modelo de contexto para uma recusa de sexo. Todas essas pressuposições, por sua vez, fundamentam-se nas representações sociais do sexo, das mulheres e das relações de gênero – e não apenas em considerações sobre a imagem do receptor. Assim, os fenômenos de hesitação não são apenas maneiras polidas de 'fazer' recusas difíceis, mas também uma manifestação de tais 'deliberações' complexas na construção em andamento do modelo de contexto que governa essas recusas.

Como costuma acontecer com a interação social envolvendo questões de 'face' ou polidez, podemos, aqui também, esperar diferenças culturais. Assim, Jiang (2006: 435-55) descobriu que as recusas diretas a responder às perguntas dos jornalistas eram muito mais comuns nas coletivas de imprensa nos Estados Unidos do que na China, onde as evasivas e as respostas incompletas eram o modo de resposta preferido.

ELOGIOS

Uma das poucas diferenças claras de gênero que parece existir é a estratégia de polidez positiva de fazer e receber elogios. Nesse sentido, Holmes (2003: 177-195) descobriu que, pelo menos entre os neozelandeses brancos (pakehas), as mulheres fazem e recebem mais elogios do que os homens (68% e 74%, respectivamente), e que somente 9% dos homens se elogiam entre si, uma descoberta que confirma um estudo anterior acerca de elogios nos Estados Unidos. Brown (1993: 144-162) mostrou que as mulheres tenejapas no México faziam mais do que os homens para proteger as necessidades da imagem (positivas e negativas) umas das outras – mas sua explicação não é apenas uma questão de gênero, pois também tem a ver com o baixo *status* social e a dependência mútua das mulheres.

HUMOR

Lampert (1996: 579-596) mostrou que o humor na conversa também varia de um gênero social para outro e cruza também as divisas culturais. Assim, as mulheres em grupos só de mulheres usam um humor autodirigido para expressar seus sentimentos sobre uma experiência pessoal e para obter resposta, ao passo que os homens em grupos mistos usam o humor, antes, para evitar a crítica ou para minimizar um comportamento inaceitável. E geralmente, as mulheres euro-americanas são menos inclinadas a usar o humor autodirigido do que as mulheres latinas ou as mulheres asiático-americanas. Holmes e Stubbe (2003a: 573-599, 2003b) encontraram provas de que o estereótipo segundo o qual os homens usam mais o humor no trabalho do que as mulheres não era confirmado nos locais de trabalho que eles estudaram na Nova Zelândia, ao passo que, por exemplo, as mulheres que detinham posições de comando encorajavam mais o humor nos locais de trabalho e suportavam mais a fala social sem relação ao trabalho do que os homens que ocupavam os mesmos cargos (para uma resenha dos estudos do humor relacionado ao gênero, ver Crawford, 2003: 1413-1430).

POLIDEZ

Outro tema investigado na pesquisa sociolinguística e pragmática são as condições sociais da *polidez*. Holmes (1995) descobriu que as mulheres pakehas da Nova Zelândia tendem a ser mais educadas do que os homens, mas, em sua breve resenha desse estudo de Holmes, Macaulay (2002: 291) chamou a atenção para o fato de que a razão para uma atitude mais 'polida', especialmente dos homens (jovens) na Grã-Bretanha, pode ter muitas razões e não precisa ser um efeito importante do gênero social. (Ver também Brown, 1993; Macaulay, 2001, 2005a; Mills, 2003 para mais estudos sobre gênero e polidez no Reino Unido.) Por outro lado, num estudo dedicado ao Marrocos, Kharraki (2001: 615-632) descobriu que, ao pechinchar, os homens usam mais recursos de solidariedade do que as mulheres, para as quais um modo rude de pechinchar (que é, consequentemente, mais ameaçador para a imagem) é encarado como uma das qualidades positivas de quem cuida da casa.

Na verdade, num estudo sociopsicológico da influência dos estilos de fala, Steffen e Eagly (1985: 191-205) mostraram que um estilo menos polido é associado com uma condição alta de *status* e poder nos Estados Unidos. Como essa condição é associada principalmente aos homens e aos cargos que eles ocupam, então há também uma relação a mais, indireta, entre polidez e gênero. Assim, mulheres de *status* alto que usam um 'estilo poderoso' menos polido podem, por um lado, parecer mais competentes, mas, por outro, menos convincentes, porque são vistas como menos femininas. Analogamente, a falta de respeito, manifestada em muitas formas de interação, é experienciada pelos afro-americanos e pelos americanos de etnia latina como um dos modos básicos como o racismo se exprime nos Estados Unidos (Buttny e Williams, 2000: 109-133).

Somente uma análise estratégica (frequentemente inconsciente) da situação social tanto pelos falantes como pelos receptores influenciará o modo como as pessoas falam e o modo como serão compreendidas e se é, antes, o gênero, o *status*, ou uma combinação das duas coisas que é construído pelos participantes (para o papel da comunicação conforme o gênero, nos locais de trabalho, vejam-se, por exemplo, Thimm, Koch e Schey (2003: 528-549). Holmes e Stubbe (2003a) ressaltam que as mulheres em cargo de chefia na Nova Zelândia podem ser bastante diretas nas reuniões ou ao dar instruções para tarefas simples, exatamente como os homens, mas, de um modo geral, tenderão menos ao confronto nas falas interpessoais com os empregados.

Contrariamente ao que se supunha inicialmente quanto às diferenças de fala relacionadas ao gênero, as *perguntas-eco* [*tag questions*] não são necessariamente mais usadas por mulheres 'inseguras' (Lakoff, 1975). Já mencionei a descoberta de Soler Castillo (2004) de que nas histórias de vida contadas em Bogotá os homens usam mais perguntas-eco do que as mulheres. Dubois e Crouch (1975: 289-294) descobriram que *todas* as perguntas-eco eram feitas por homens, e Cameron, McAlinden e O'Leary (1989: 74-93) descobriram que os homens as usavam duas vezes mais que as mulheres. Por outro lado, Holmes (1984: 47-62) encontrou mais perguntas-eco na fala das mulheres (pakehas) na Nova Zelândia, embora essas perguntas tivessem, sobretudo, um papel facilitador.

Mais uma vez, vemos que, deixando de lado possíveis diferenças de gênero – baseadas especialmente em diferentes experiências e interesses para pelo menos alguns grupos de mulheres –, outras condições contextuais também estão envolvidas, como diferentes tipos de interação (por exemplo, facilitadora *versus* desafiadora). Isso também implica que as mulheres, nas mesmas situações sociais que os homens (por exemplo, em encontros profissionais), usarão perguntas-eco de um modo muito semelhante. Um aspecto interessante das perguntas-eco é que elas são uma propriedade do discurso bastante automatizada, e por isso são menos fáceis de controlar permanentemente durante a fala. Portanto, se elas variam conforme a situação, isso pode ser porque fazem parte do estilo mais geral dos participantes.

Conclusão

Este capítulo discutiu algumas das noções fundamentais que relacionam os contextos, tais como são representados pelos participantes, com várias propriedades do uso da língua ou do discurso, tais como o estilo, o registro e o gênero. Se o contexto influencia o uso da língua, essa influência atua especificamente sobre aquelas propriedades do discurso que podem variar. Por conseguinte, examinamos em algum detalhe a noção mesma de variação, que pressupõe que algo 'continua o mesmo', de uma variante para outra. Indo além da abordagem tradicional da variação dos sons e da gramática, propusemos um conceito de variação muito mais amplo, baseado em última análise nos modelos de contextos e de eventos subjacentes. Dessa maneira, ficou também mostrado que as definições mesmas de noções clássicas como o estilo, o registro, o tipo e gênero do texto, todas necessitam de uma teoria mais explícita do contexto.

Muitas vezes, as relações entre discurso e sociedade necessitam de uma análise mais explícita e mais teórica, e eu mostrei que uma abordagem sociocognitiva em termos de modelos de contexto proporciona a interface exigida. Dentre as muitas relações possíveis entre situações sociais e estruturas do discurso, tais como são representadas nos modelos dos participantes construídos pelos participantes, decidimos centrar nossas atenções na noção de *controle*, ou seja, no modo como os modelos de contexto controlam o processo da produção e compreensão do discurso. Somente desse modo conseguimos finalmente fugir da noção sociolinguística superficial de correlações entre variáveis, das explicações determinísticas, monocausais, da influência da sociedade sobre o texto e a fala, ou de noções conversacionais vagas, como a 'orientação' dos participantes para parâmetros do contexto.

Dentro desse novo quadro teórico, resenhamos muitos estudos, especialmente em Sociolinguística, sobre a relação entre 'variáveis' sociais, especialmente o gênero e estruturas do discurso. Embora haja muitos estudos que relatam alguma variação das características do discurso em diferentes níveis (som, sintaxe, léxico, significado, retórica, formatos como a argumentação ou a narração, atos de fala e interação), como uma função do gênero, da classe, da idade, do *status*, do cargo ocupado e outras propriedades dos participantes, a conclusão geral que se pode tirar de todos esses estudos é que os efeitos claros de condições sociais 'monocausais' são raros. Os resultados dos vários estudos são frequentemente contraditórios. Além disso, é raro encontrar efeitos de peso incontestáveis para as variáveis 'sociais'; os efeitos encontrados dependem em geral de uma variedade de situações ou circunstâncias.

Deve-se, portanto, concluir que é preciso dar ao estudo social e cultural do uso da língua uma base teórica mais adequada, que leve em conta, de um lado, a variação em todos os níveis de eventos comunicativos multimodais e complexos (que ultrapassam a correlação de variáveis simples, fonológicas ou gramaticais), e, por outro lado, uma análise igualmente sofisticada de situações comunicativas complexas e de como essas situações comunicativas são compreendidas e representadas pelos participantes. Quase sempre, um 'fator' bem conhecido, como o gênero, a classe, a idade ou a etnia, exercerá sua influência indireta em combinação com outras condições – e sempre em relação com o modo como os participantes constroem essas condições subjetivamente. Por exemplo, aquilo que é frequentemente atribuído ao gênero pode perfeitamente ser atribuído de maneira geral à experiência de vida, à posição social, ao *status* ou poder – mais uma vez, da maneira como essas coisas são interpretadas e construídas pelos participantes.

Em outras palavras, toda maneira adequada de explicar essas condições sociais complexas da fala e do texto precisará ser formulada em termos da complexa interação dessas condições nas estruturas e estratégias mediadas dos modelos de contexto. Em *Society in Discourse*, examino mais detalhadamente as dimensões e bases sociais desses modelos de contexto. Assim, precisamos conhecer como os participantes constroem ambientes sociais, os participantes como membros de grupos, as relações sociais entre participantes, ou os grupos e instituições sociais como parâmetros relevantes de suas construções subjetivas e intersubjetivas dos aspectos relevantes das situações comunicativas. Na verdade, o que uma teoria dos modelos de contexto sugere fortemente é que produzir e compreender o texto e a fala adequada e estrategicamente, de um modo geral e de um modo inserido na situação, pressupõe que os participantes sejam capazes de analisar, compreender e representar as situações sociais, tanto individualmente como pelas normas de um grupo ou comunidade. Nesse sentido, a compreensão contextual do discurso é parte inerente da compreensão das vidas e experiências diárias das pessoas e de como elas conseguem agir adequadamente em qualquer situação social.

CONCLUSÕES

Embora se reconheça, geralmente, que o contexto desempenha um papel fundamental na produção, propriedades e compreensão do discurso, as teorias e análises do contexto têm sido escassas. Os contextos tendem a ser conceitualizados intuitivamente em termos das situações comunicativas, como o gênero, a idade, a classe ou a etnia dos falantes. Além disso, onde a influência do contexto é estudada, por exemplo, em Sociolinguística, Antropologia e Análise de Discurso Crítica, assume-se quase sempre que essas propriedades das situações sociais têm um impacto direto sobre as estruturas do texto e da fala.

Neste livro, foi apresentada uma teoria mais explícita e empiricamente mais satisfatória, que define os contextos em termos de modelos mentais subjetivos – os modelos de contextos – dos participantes. Essa teoria evita o determinismo das influências ou da causação social direta e dá conta das diferenças entre falantes, portanto explica a unicidade de todo discurso e de toda a compreensão do discurso mesmo quando a situação social é 'a mesma', oferecendo uma análise muito mais sofisticada das complexas estruturas da influência contextual sobre o texto e a fala.

Este estudo mostra, em primeiro lugar, que a maioria dos pesquisadores em Letras e Ciências Humanas, depois da Segunda Guerra Mundial, aderiram a teorias estruturalistas e formalistas, teorias autônomas que se concentravam no texto, na fala, nos signos, na literatura ou nas artes por si mesmos, e desse modo ignoravam em grande medida os entornos sociais e culturais da língua e do discurso. Foi somente nos anos 1970 e 1980 que novas (sub)disciplinas e abordagens, tais como a Etnografia da Fala, a Pragmática, a Sociolinguística e a Análise de Discurso Crítica começaram a realçar a importância de uma abordagem integrada do uso linguístico e dos eventos comunicativos voltada para o contexto e nele inserida. Assim, em Sociolinguística, as variáveis 'sociais', como o gênero e a classe dos falantes, foram relacionadas com diferentes variações do uso linguístico, de início, sobretudo no nível da gramática da sentença, dos sons da sintaxe e do léxico. Na Pragmática, o novo enfoque no uso da língua assumiu a forma de condições de adequação para os atos de fala, como os desejos, intenções ou conhecimentos do ouvinte. A Análise de Discurso Crítica examina especialmente o papel do discurso na (re)produção da desigualdade social, estudando, por exemplo o texto e a fala como formas de abuso de poder.

Embora essas diferentes abordagens dessem conta informalmente das relações entre situações sociais e uso da língua em termos de 'contextos' ou 'contextualização', a natureza da relação, bem como explicações mais explícitas das estruturas dos próprios contextos, foi raramente objeto de um estudo detalhado. De fato, por que motivo o gênero ou a idade dos falantes são geralmente considerados como propriedades do contexto e tantas outras propriedades das situações sociais não o são? E se se admite que o gênero social e muitos outros parâmetros sociais influenciam o discurso, por que é que tanta variação continua inexplicada – se é que é mesmo possível encontrar efeitos importantes e confiáveis? Essas perguntas e muitas outras podem ser feitas sobre a relação que há entre situações sociais e uso linguístico, e uma nova teoria do contexto precisa ser capaz de respondê-las.

Linguagem e contexto

Para examinar mais de perto a relação entre língua e contexto, examinei em primeiro lugar a mais importante das teorias que tratam de contexto, a saber, a Gramática Sistêmico-Funcional – tal como foi elaborada por Halliday, sob a influência de Firth e Malinowski. Esse estudo crítico do tratamento que a Gramática Sistêmico-Funcional dá ao contexto mostrou antes de mais nada que Firth e Malinowski tinham muito pouco a dizer sobre os contextos e sobre suas relações com a língua. Além disso, seu empiricismo implicava uma recusa fundamental do papel da cognição no uso da língua e no contexto. Essa recusa influenciou a Linguística Sistêmico-Funcional desde o primeiro momento, levando a um tratamento incompleto e preconceituoso da língua. Por exemplo, as condições da coerência semântica do discurso foram então reduzidas a um estudo da coesão superficial, ao mesmo tempo que as relações semânticas subjacentes, baseadas no conhecimento e nas inferências, foram ignoradas. O próprio contexto foi definido por meio de três noções obscuras, o Campo, o Encaminhamento [*tenor*] e o Modo, que, analisados mais de perto, resultam ser definidos de maneira tão vaga e incoerente que não conseguem dar nenhum esclarecimento sistemático quanto aos modos como as situações sociais influenciam os usos linguísticos. Analogamente, a posição anticognitivista da Linguística Sistêmico-Funcional não admite as propriedades mentais dos contextos, como os conhecimentos, os objetivos ou as intenções dos participantes. Pelas mesmas razões, não consegue definir as condições de adequação dos atos de fala, que são com frequência um dos traços do conhecimento dos participantes. A despeito da ampla influência que teve na Linguística e na Análise de Discurso Crítica, a abordagem sistêmico-funcional do contexto resulta, assim, totalmente equivocada, e é surpreendente que tenha conseguido manter-se inalterada por décadas.

Contexto e cognição

A Psicologia Cognitiva da produção e compreensão do texto, que surgiu no início dos anos 1970 juntamente com outras abordagens novas da língua e do discurso, nas Letras e nas Ciências Sociais, concentrou-se nos processos mentais e nas representações envolvidas no uso da língua. Além de realçar o papel fundamental do conhecimento no processamento discursivo, e a natureza dinâmica, flexível, das estratégias de produção e compreensão, introduziu a noção fundamental de modelos mentais como a base do uso linguístico. Esses modelos combinam significados do discurso e conhecimento do mundo para representar os eventos de que trata um discurso e, portanto, proporcionam, pela primeira vez, uma explicação cognitiva da referência, da correferência e da coerência discursiva.

Embora ofereça, assim, uma poderosa teoria do modo como as pessoas produzem e compreendem o discurso, a Psicologia do Processamento do Texto carece fundamentalmente de uma teoria do contexto. À parte algumas variáveis independentes, *ad hoc*, manipuladas em experimentos de laboratório, a própria teoria não dá conta do fato de que os usuários da língua adaptam as estruturas do discurso à situação social ou comunicativa, e, vice-versa, compreendem o texto e a fala como uma função da situação.

Foi assim proposto que, ocupando posição intermediária entre os modelos dos eventos e a formulação concreta do discurso, os participantes também precisam de uma representação da situação comunicativa da qual participam, isto é, de outro modelo, não semântico, e sim 'pragmático': um modelo de contexto. Esses modelos assemelham-se a qualquer outra experiência pessoal, mas são específicos para a interação verbal. Esses modelos de contexto controlam o modo como os falantes adaptam o enunciado ao entorno comunicativo, não de um modo direto, determinístico, mas passando pela interpretação subjetiva que os participantes têm do entorno social. Ou seja, os modelos de contextos dão conta da variação pessoal e social ao mesmo tempo, portanto também do estilo e de quaisquer outras formas de variação significativa da língua. E, desse modo, como os participantes podem representar subjetivamente não só os aspectos relevantes-para-eles do evento comunicativo, mas também estruturas sociais mais amplas, tais como grupos, organizações e instituições, os modelos de contexto são a interface geral entre sociedade, situação, interação e discurso. Eles incorporam não só experiências pessoais da memória (episódica) autobiográfica, mas também inferências relevantes derivadas de crenças socialmente compartilhadas, por exemplo, conhecimentos, atitudes e ideologias. Assim como os modelos subjetivos de eventos podem ser distorcidos pelo modo como representam o mundo real ou fictício acerca do qual se fala ou escreve, assim os modelos de contexto podem perfeitamente ser distorcidos pelas ideologias ou conhecimentos específicos do grupo ao qual pertencem o falante ou o receptor. Mas, novamente, diferenciando-se das teorias determinísticas da ideologia, eles permitem, ao mesmo tempo, que cada membro do grupo 'aplique' essas crenças coletivas de um modo pessoal e *ad hoc*. Vê-se que a teoria cognitiva dos modelos de contexto, além de ser o elo faltante crucial que liga o processamento do discurso às situações comunicativas e às estruturas sociais, também dá conta da variação e unicidade individuais, ligando assim sociedade, discurso e mente, mente pessoal e mente social, discurso social e discurso individual, grupos e membros de grupos, estrutura e agentividade [*agency*].

A explicação teórica das propriedades desses modelos de contexto assume, em primeiro lugar, que eles são parecidos com os outros modelos mentais que representam experiências pessoais na memória episódica. Assim, é provável que eles tenham entre seus elementos categorias como o Ambiente (Tempo, Lugar), Participantes com vários papéis e identidades, relações entre Participantes, e a atividade social em que eles estão momentaneamente envolvidos. Ao passo que essas dimensões 'sociais' dos modelos de contexto são exploradas em *Society in Discourse*, neste livro, dá-se realce ao fato de que os modelos de contexto comportam também categorias cognitivas, tais como os conhecimentos e as ideologias, refletindo os conhecimentos e ideologias compartilhados pelo grupo social ou comunidade de que os participantes são membros. Mais crucial, nesse caso, é a representação mútua que os participantes têm uns do conhecimento dos outros, uma condição fundamental para qualquer interação, comunicação e discurso. Postula-se, portanto, que nos modelos de contexto é central um dispositivo de conhecimento, o dispositivo-K, que a cada momento durante a interação calcula o que os receptores já sabem. Para lidar com essa tarefa complexa (afinal, o conhecimento dos receptores é vasto), os falantes aplicam estratégias poderosas, arraigadas no fato de serem membros de comunidades epistêmicas. Por exemplo, um falante pode simplesmente assumir que tudo aquilo que ele sabe também é sabido pelos outros falantes da mesma comunidade, com exceção de fatos pessoais e recentes. O mesmo vale para as comunidades locais, nacionais, culturais ou internacionais e a comunicação. Desse modo, damos conta de um modo mais dinâmico da noção de base comum como a base compartilhada de toda interação, discurso e compreensão.

Finalmente, assume-se que toda interação – e também o discurso – precisa ser controlada pelas intenções-das-ações, bem como pelos objetivos mais distantes a serem alcançados por esse discurso-enquanto-ação.

Como os modelos de contexto controlam o discurso e a interação à medida que estes se desenvolvem e precisam ser mantidos ativos na memória de trabalho – pelo menos parcialmente –, eles precisam ser relativamente simples e caracterizar-se apenas por um número limitado de categorias e subcategorias. Ou seja, da infinita riqueza de cada situação social, eles selecionam somente umas poucas propriedades que são usualmente relevantes para a fala ou o texto, como o ambiente e a ação em andamento dos participantes (e suas identidades, papéis, relações, objetivos e conhecimentos). Os usuários da língua usam os modelos de contexto dúzias ou centenas de vezes por dia e, portanto, rotinizaram sua construção e aplicação, com a consequência de que podem simplesmente aplicar de modo estratégico um mesmo esquema-padrão a tipos de comunicação específicos, adaptando-o a circunstâncias variáveis. Vemos assim que os modelos de contexto são um dispositivo poderoso que liga o discurso com seu entorno social e comunicativo. Ao mesmo tempo, essa teoria do contexto mostra como o discurso se adapta estratégica e flexivelmente a situações únicas. Essa flexibilidade cognitiva relaciona-se sistematicamente à flexibilidade interacional. Os participantes podem renegociar constantemente sua interpretação dos aspectos relevantes da situação comunicativa. Ou seja, a explicação cognitiva dos contextos se liga intimamente a uma explicação interacional, que é também dinâmica, estratégica e progressiva [*ongoing*].

Contexto, uso da língua e discurso

Com base nessa poderosa teoria sociocognitiva do contexto em termos de modelos de contexto, finalmente, explorei em detalhe as relações entre contexto e propriedades de vários níveis do discurso. Comecei por examinar o início de um discurso de Tony Blair que visava legitimar uma ação militar iminente no Iraque. Mostrei que a compreensão desse discurso pelos Membros do Parlamento, bem como pelos analistas, não pode ser reduzida a uma explicação da gramática, das regras do discurso, do conhecimento do mundo ou da interação. Para compreender como esse discurso é significativo, é crucial postular um modelo de contexto do falante e dos receptores em que se representam quem participa, em que papel político, com que intenção política, assim por diante. Uma pergunta feita num aparte pode, portanto, ser ouvida não como uma pergunta, e nem mesmo apenas como uma ironia ou crítica, como aconteceria nas conversas do dia a dia, mas fundamentalmente como uma forma de oposição política, à qual será dada uma resposta que será por sua vez entendida em termos políticos, a saber, como um ataque da oposição. A análise da conversação standard é incapaz de dar conta desses aspectos fundamentais da interação institucional, por não explicitar a maneira como os participantes constroem a situação comunicativa enquanto contexto relevante.

Com base nesse exemplo e na teoria sociocognitiva do contexto, a próxima pergunta é: como, exatamente, precisamos analisar as relações entre esses contextos, enquanto modelos mentais, e as estruturas do discurso. Já conclui que uma relação causal direta é teórica e empiricamente impossível, o que me levou a postular os modelos de contexto como uma interface. Depois de examinar outros conceitos de relações, como a correlação, o mapeamento ou a influência, minha conclusão foi que a relação em questão é de controle. Os contextos enquanto modelos não causam nem condicionam a fala ou o texto, mas controlam o modo como eles são executados, como é também o caso da gramática e do conhecimento.

Os modelos de contexto controlam o discurso controlando suas possíveis variações. Ou seja, dados o modelo subjetivo de um evento, o conhecimento sociocultural e as atitudes ou ideologias do grupo, os modelos de contexto mostram como os falantes formulam (ou pressupõem) essas crenças específicas ou gerais em todos os níveis do discurso. Tradicionalmente, por exemplo, em Sociolinguística, o modo como os falantes se comunicam foi estudado particularmente com respeito à variabilidade dos sons, da sintaxe e dos itens lexicais. Todavia, dado algum nível subjacente que se mantém constante, muitos outros aspectos do discurso podem variar, e assim ser controlados pelos modelos de contexto, como acontece com as estruturas visuais nos meios de comunicação de massa, com vários significados locais que dão concretude ao assunto geral, com os diferentes modos de contar uma história, ou os diferentes atos de fala que realizam um significado ilocucionário - por exemplo, um significado ilocucionário diretivo.

Essa explicação da variação do discurso como controlada pelo contexto em diferentes níveis é de fato uma teoria do estilo, razão pela qual foi examinada a questão de como várias abordagens do estilo podem ser tornadas mais explícitas em termos de modelos de contexto. Assim, a variação estilística pessoal pode ser explicada com base na natureza episódica dos modelos de contexto, isto é, em termos de experiências autobiográficas e do modo como elas dão forma a maneiras pessoais de fazer as coisas ('personalidade'). Analogamente, pela natureza mesma dos modelos de contexto, a unicidade e peculiaridade do estilo são definidas como representações únicas dos eventos comunicativos, e pelo que esses modelos de contexto têm de diferente em relação àqueles dos outros membros do grupo. E os estilos sociais são controlados pela base social compartilhada dos modelos de contexto, controlando como o discurso se adapta aos modos como os membros sociais interpretam as situações sociais (por exemplo, como sendo formais ou informais, ou sujeitas a regras institucionais, caso das falas no Parlamento).

Ao passo que o estilo é, nesse sentido, o modo controlado como o discurso pode variar e adaptar-se a diferentes situações sociais, definidas de modo semelhante em termos linguísticos mais específicos, o registro é o modo como a gramática exerce um papel em tais situações. Por exemplo, quando se contam histórias sobre eventos passados, os falantes recorrem rotineiramente aos tempos do verbo para expressar ou sinalizar tais eventos passados, e uma característica típica das conversas informais (que se distinguem nesse aspecto do discurso científico) é a preferência pelo uso da primeira e segunda pessoas dos pronomes. Isto é, o registro é a maneira rotinizada como os usuários da língua fazem com que os recursos gramaticais expressem as dimensões semântica e pragmática do discurso.

Uma contribuição relacionada a isso e importante de uma teoria do contexto é um tratamento mais explícito da teoria dos gêneros discursivos. Embora os gêneros tenham preferências por estruturas gramaticais e discursivas em vários níveis, suas características distintivas são mais contextuais do que 'textuais'. Por exemplo, um discurso ou debate parlamentar define-se, em primeiro lugar, não tanto por seus assuntos (que podem ser debatidos em muitos outros discursos públicos), nem por seu estilo formal (típico de muitas outras instituições formais) ou por condicionamentos que afetam a tomada de turno (que caracterizam muitas reuniões formais), mas antes de mais nada pelos papéis e identidades dos participantes (MPs, membros de partido etc.), suas relações (por exemplo, Governo *versus* Oposição), seus objetivos políticos, e as ações políticas de que participam (legislar etc.). Ou seja: uma teoria explícita do contexto proporciona também uma sólida base para teorias dos gêneros.

Tendo definido desse modo algumas propriedades gerais das relações entre contexto e discurso, e algumas noções cruciais relacionadas a essas propriedades (estilo, registro, gênero), o final do último capítulo faz um balanço sistemático do estado atual da pesquisa sobre a influência do contexto em várias estruturas do texto e da fala. Conforme observei há pouco, e ao longo de todo o livro, a maioria dessas pesquisas assume uma relação direta entre situação, sociedade e discurso, e não indireta, cognitivamente mediada, tal como é definida pelos modelos de contexto. Isso significa que meu balanço da pesquisa sobre a variação do discurso dependente de contexto se limita necessariamente à perspectiva teórica desses estudos mais antigos. Na verdade, tive que explicar muitas vezes que uma das razões pelas quais é difícil encontrar influências sociais estáveis no discurso reside nas explicações limitadas, monocausais e não mediadas que encontramos nesses estudos. Nesse sentido, muitos trabalhos enfocam o gênero no discurso, mas muito poucos resultados das pesquisas resultam claros e estáveis quando se passa de uma situação para outras. Uma das razões óbvias é que, em primeiro lugar, o gênero social não é uma questão de condições biológicas do discurso, e sim um construto social; outra é que, para cada falante, a relevância das identidades de gênero pode ser construída de modo diferente, e que o gênero nunca está sozinho, sendo sempre acompanhado por outras condições sociais, como a idade, a etnia, a classe social, o poder e as práticas sociais em curso, bem como os objetivos, o conhecimento e as ideologias; em suma, estruturas contextuais complexas. Ou seja, seria necessário um amplo corpo de estudos empíricos paralelos, para estabelecer, estatisticamente, um fator principal de gênero nas relações contexto-discurso. Observações semelhantes valem para outras 'variáveis sociais', como a classe, a etnia, a idade e assim por diante – e essas são apenas algumas das muitas outras propriedades das situações sociais. E mesmo quando fosse possível encontrar correlações estáveis, elas ainda não nos diriam como essas categorias se relacionam aos processos concretos de produção e compreensão.

Com essas advertências em mente, investiguei como vários aspectos do discurso, desde as estruturas sonoras, a sintaxe e o léxico até os assuntos, os significados locais, os atos de fala, o estilo, o gênero, a retórica e propriedades da interação como a tomada de turno e as interrupções parecem sensíveis a 'influências' sociais que podem também ser refletidas em diferentes modelos de contexto. Conforme sugeri, surpreende que décadas de pesquisa abrangente tenham produzido tantos resultados inconclusivos (ou pelo menos bastante limitados) que não vão além das trivialidades ou que também podem ser explicados em outros termos. Por exemplo, se se descobre que os homens ocupam a cena mais vezes e cortam a fala dos outros mais do que as mulheres, pelo menos em certos tipos de eventos comunicativos, uma diferença desse tipo pode ser atribuída a diferenças de poder ou *status*, em vez de diferenças de gênero social. E, obviamente, vai-se descobrir que a maioria dos professores de Literatura falam mais sobre literatura do que os professores de Física ou os carpinteiros. As experiências (conhecimentos, interesses) cotidianas dos falantes de diferentes grupos ou categorias sociais podem ser, portanto, um meio mais apropriado de prever a variação do discurso do que o gênero, a classe social ou a idade por si sós. Na verdade, muitos achados anteriores resultam ter sido consequência de estereotipia, e não de estudos empíricos sólidos.

Mas não vai dar certo corrigir os estudos tradicionais baseados em variáveis sociais objetivas pelo simples acréscimo de mais variáveis – mesmo que tenhamos observações empíricas suficientes para alcançar uma significância estatística para essas combinações de variáveis. O que está em jogo nos modelos de contextos é que os usuários da língua, eles mesmos, interpretam subjetivamente e tratam como relevante cada uma das dimensões da situação comunicativa. E, quando queremos estudar precisamente esses modelos de contexto, damos de cara com os mesmos problemas metodológicos da observação indireta das estruturas mentais que conhecemos a partir da Psicologia Cognitiva e Social. Há métodos que dão acesso a essas representações e processos mentais, tais como o método de *priming*, os protocolos de pensar em voz alta [*think-aloud protocols*] e as mensurações da rememoração [*recall measures*] entre outros, mas são métodos limitados ao laboratório e, precisamente por essa razão, não lançam luzes sobre a gigantesca variedade das situações sociais e dos gêneros discursivos. A observação participante, os protocolos de campo, os diários e outros métodos serão então necessários para lançar luzes sobre o modo como pelo menos alguns participantes, e especialmente os pesquisadores-participantes, construíram a situação comunicativa – métodos que, evidentemente, estão carregados de todo tipo de vieses do observador.

Deixando de lado esses métodos empíricos, que são bem conhecidos, uma análise do discurso detalhada nesse caso provavelmente produz mais resultados sistemáticos quando procuramos explicar, dentro de um quadro teórico, por que certas estruturas discursivas específicas estão sendo usadas, e não outras. Assim, por algum tipo de engenharia reversa, psicológica ou metodológica, podemos caminhar para trás, desde as propriedades do discurso até prováveis estruturas dos modelos de contexto, dos modelos de evento e dos sistemas de crenças que lhes subjazem, cada um deles relacionado a estruturas situacionais e sociais tais como são conhecidas e percebidas pelos participantes.

Muitas vezes, algumas dessas estruturas subjacentes acabam sendo explicitadas, por exemplo, nos mal-entendidos, conflitos, negociações e em outros 'problemas' da interação e da comunicação. E, como o uso da língua é, em muitos casos, altamente reflexivo, o discurso pode dar muitos sinais explícitos da estrutura e conteúdos dos modelos de contexto. Assim, precisamos não só de uma nova teoria, muitos aspectos da qual continuam obscuros e inexplorados, mas também de novos métodos e de um amplo programa de pesquisa que, por um lado, ultrapasse as variações da gramática, dando atenção a todas as estruturas discursivas, e, de outro lado, vá desde as 'variáveis' sociais isoladas até a complexidade das situações e estruturas sociais tais como são construídas pelos participantes em seus modelos de contextos.

Esta primeira monografia é dedicada exclusivamente à teoria do contexto e enfoca os argumentos gerais e a teoria sociocognitiva dos modelos. Ela os aplica na análise crítica dos trabalhos de Linguística (e especialmente da Linguística Sistêmica) e de Sociolinguística já publicados. Em contraste com isso, *Society in Discourse* investiga as contribuições feitas pelas Ciências Sociais a uma teoria do contexto. Naquele livro, vemos como foram feitas propostas em Psicologia Social para analisar episódios sociais, como os entornos sociais influenciam a conduta humana e como várias formas de representações socialmente compartilhadas, por exemplo, o conhecimento e as ideologias, influenciam a construção dos modelos de contexto. Analogamente, a história da Sociologia e a Análise da Conversação contemporânea serão examinadas por suas análises das situações sociais como os microssítios da interação humana. Veremos que a Antropologia, tendo já centrado suas atenções na análise etnográfica do discurso enquanto eventos comunicativos nos anos 1960, em seguida aos trabalhos fundadores de Dell Hymes, deu início à reflexão analítica sobre a natureza das influências contextuais. Assim, uma abordagem cultural dos contextos deveria responder ao mesmo tempo à pergunta sobre as variações culturais dos contextos e sobre suas categorias.

Este livro começa com uma primeira análise informal e contextual de alguns fragmentos do discurso de Tony Blair na Câmara dos Comuns. O último capítulo de *Society in Discourse* dá uma ilustração muito mais detalhada da teoria do contexto, analisando as numerosas propriedades contextuais do debate acerca do Iraque como um todo. Ao mesmo tempo, esta análise mostra como a análise do contexto pode ser aplicada na – e inspirada pela – Ciência Política. Na verdade, primeiros-ministros e Membros do Parlamento não se envolvem apenas numa fala gramatical e dotada de significado, e não seguem apenas regras e estratégias de interação, como ensina a Análise da Conversação e do Discurso, mas também e especialmente se envolvem em ação política. Aquilo que eles dizem, e como o dizem, pode também ter funções políticas, como defender ou atacar políticas de governo, 'fazer' oposição etc.

É neste ponto que a razão última da Análise do Discurso e da Conversação precisa ser estabelecida, a saber, nas funções sociais, culturais e políticas do texto e da fala na sociedade. É precisamente a interface sociocognitiva, que liga essas formas do uso da língua a suas situações sociais e comunicativas, que tem faltado até aqui nas teorias, cada vez mais complexas, da língua, do discurso e da comunicação das últimas décadas.

BIBLIOGRAFIA

Adams, P. J., Towns, A. e Gavey, N. 1995. Dominance and entitlement: the rhetoric men use to discuss their violence towards women, *Discourse & Society*, 6 (3): 387-406.

Adelswärd, V. e Linell, P. 1994. Vagueness as an interactional resource: the genre of threatening phone calls, in W. Sprondel (ed.), *Die Objektivität der Ordnungen und ihre kommunikative Konstruktion*, 261-288. Berlin: Suhrkamp.

Adler, R. B. e Rodman, G. R. 1991. *Understanding human communication*. New York: Holt, Rinehart and Winston.

Ahrens, U. 1997. Interruptions and preference organization, in H. Kotthoff e R. Wodak (eds.), *Communicating gender in context*. 79-106. Berlin: De Gruyter.

Akman, V., Bouquet, P., Thomason, R. e Young, R. A. (eds.) 2001. *Modeling and using context*. Berlin; New York: Springer-Verlag.

Al-Ali, M. N. 2006. Religious affiliations and masculine power in Jordanian wedding invitation genre, *Discourse & Society*, 17 (6): 691-714.

Alverson, H. e Rosenberg, S. (1990). Discourse analysis of schizophrenic speech: a critique and proposal, *Applied Psycholinguistics*, 11 (2): 167-184.

Ames, S. E. 1989. *Elements of newspaper design*. New York: Praeger.

Andersen, E. S. 1996. A cross-cultural study of children's register knowledge, in Dan Isaac Slobin, Julie Gerhardt, Amy Kyratzis and Jiansheng Guo (eds.), *Social interaction, social context, and language: essays in honor of Susan Ervin-Tripp*. Hillsdale, NJ: Lawrence Erlbaum.

Anderson, J. R. 1990a. *Cognitive psychology and its implications*. San Francisco, CA: Freeman.

Anderson, J. R. 1990b. *The adaptive character of thought*. Hillsdale, NJ: Lawrence Erlbaum.

Aries, E. J. e Johnson, F. L. 1983. Close friendship in adulthood: conversational content between same-sex friends. *Sex Roles* 9 (12): 1183-1196.

Arkin, R. M. 1981. Self-presentation styles, in Tedeschi (ed.), 311-333.

Aronoff, M. 2003. *Handbook of linguistics*. Oxford: Blackwell.

Asp, E. D. 1995. Knowledge and laughter: an approach to socio-cognitive linguistics, in Fries e Gregory (eds.), 141-157.

Aston, G. 1995. Say 'Thank you': some pragmatic constraints in conversational closings, *Applied Linguistics* 16 (1): 57-86.

Atkinson, J. M. 1979. Sequencing and shared attentiveness to court proceedings, in G. Psathas (ed.), *Everyday language: studies in ethnomethodology*, 257-86, New York: Irvington.

Atkinson, J. M. 1984. *Our masters' voices: the language and body language of politics*. London, UK and New York: Methuen. (Review: M. Phillipson in *Sociology* 1985 19 (2): 295-297).

Auburn, T. 2005. Narrative reflexivity as a repair device for discounting 'cognitive distortions' in sex offender treatment, *Discourse & Society* 16 (5): 697-718.

Auer, P. 1992. Introduction: John Gumperz' approach to contextualization, in P. Auer e A. di Luzio, (eds.), 1-38.

Auer, P. e Di Luzio, A. (eds.) 1992. *The contextualization of language*. Amsterdam, Netherlands: John Benjamins Publishing Company.

Augoustinos, M. e Walker, I. 1995. *Social cognition. An integrated introduction*. London: Sage.
Augoustinos, M., Tuffin, K. e Every, D. 2005. New racism, meritocracy and individualism: constraining affirmative action in education, *Discourse and Society* 16 (3): 315-340.
Austin, J. L. 1962. *How to do things with words*. Cambridge, MA: Harvard University Press.
Austin, T. R. 1984. *Language crafted: a linguistic theory of poetic syntax*. Bloomington: Indiana University Press.
Austin, T. R. 1994. *Poetic voices: discourse linguistics and the poetic text*. Tuscaloosa: University of Alabama Press.
Avramides, A. 2001. *Other minds*. London: Routledge.
Bachorowski, J. A. e Owren, M. J. 1995. Vocal expression of emotion: acoustic properties of speech are associated with emotional intensity and context, *Psychological Science* 6 (4): 219-224.
Baddeley, A., Conway, M. e Aggleton, J. (eds.) 2002. *Episodic memory: new directions in research*. Oxford University Press.
Ballmer, T. T. e Pinkal, M. (eds.) 1983. *Approaching vagueness*. Amsterdam, New York: North-Holland.
Bamberg, M. G. W. (ed.) 1997. Oral versions of personal experience: three decades of narrative analysis, *Journal of Narrative and Life History* 7 (1-4) (special issue).
Barbour, S. e Stevenson, P. 1990. *Variation in German: a critical approach to German sociolinguistics*. Cambridge and New York: Cambridge University Press.
Barclay, C. R. e Subramaniam, G. 1987. Autobiographical memories and self-schemata. *Applied Cognitive Psychology* 1 (3): 169-182.
Barnhurst, K. G. e Nerone, J. C. 2002. *The form of news: a history*. New York: Guilford Press.
Barry, D., Carroll, B. e Hansen, H. 2006. To text or context? Endotextual, exotextual, and multi-textual approaches to narrative and discursive organizational studies, *Organization Studies* 27 (8): 1091-1110.
Bartlett, F. C. 1932. *Remembering a study in experimental and social psychology*. Cambridge. University Press.
Barwise, J. e Perry, J. 1983. *Situations and attitudes*. Cambridge, MA: MIT Press.
Baudet, S. e Denhière, G. 1991. Mental models and acquisition of knowledge from text: representation and acquisition of functional systems, in Guy Denhière e Jean-Pierre Rossi (eds.), *Text and text processing: advances in psychology* 79: 155-187.
Bauman, R. 2001. The ethnography of genre in a Mexican market: form, function, variation, in Eckert e Rickford (eds.) 57-77.
Bauman, R. e Sherzer, J. 1974. *Explorations in the Ethnography of Speaking*. Cambridge University Press.
Beard, A. 1999. *The language of politics*. London; New York: Routledge.
Bell, A. 1984. Language style as audience design, *Language in Society* 13 (2): 145-204.
Bell, A. 1991. *The language of news media*. Oxford, UK; Cambridge, MA: Blackwell.
Bell-Villada, G. H. 1996. *Art for art's sake and literary life: how politics and markets helped shape the ideology and culture of aestheticism, 1790-1990*. Lincoln, Nebr.: University of Nebraska Press.
Bergvall, V. L. 1995. Joining in academic conversation: gender, power, and the apportionment of turns at talk, *Studies in the Linguistic Sciences* 25 (2): 105-129.
Bergvall, V. L. e Remlinger, K. A. 1996. Reproduction, resistance and gender in educational discourse: the role of Critical Discourse Analysis, *Discourse and Society* 7 (4): 453-479.
Bernstein, B. B. 1971. *Class, codes and control* Vol. 1. London: Routledge and Kegan Paul.
Berry, J. D. (ed.) 2003. *Contemporary newspaper design: shaping the news in the digital age: typography and image on modern newsprint*. West New York: Mark Batty.
Bettie, J. 2003. *Women without class: girls, race, and identity*. Berkeley: University of California Press.
Bhatia, V. K. 1993. *Analysing genre: language use in professional settings*. London: Longman.
Biber, D. 1988. *Variation across speech and writing*. Cambridge University Press.
Biber, D. 1994. An analytic framework for register studies, in Biber e Finegan (eds.), 31-56.
Biber, D. 1995. *Dimensions of register variation: a cross-linguistic comparison*. Cambridge University Press.
Biber, D. e Finegan, E. (eds.) 1994. *Sociolinguistic perspectives on register*. New York: Oxford: Oxford University Press.
Bierbach, C. 1997. Is Spain different? Observations on male-female communicative styles in a Spanish group discussion, in H. Kotthoff e R. Wodak (eds.) 1997. *Communicating gender in context*, 106-113. Amsterdam, Netherlands; Philadelphia: John Benjamins Publishing Company.
Bierhoff, H. W. 1989. *Person perception and attribution*. Berlin; New York: Springer-Verlag.
Billig, M. 1987. *Arguing and thinking: a rhetorical approach to social psychology*. Cambridge University Press.

Billig, M. 1988a. *Ideological dilemmas: a social psychology of everyday thinking*. London: Sage Publications.

Billig, M. 1988b. The notion of 'prejudice': some rhetorical and ideological aspects. *Text* 8: 91-110.

Bischoping, K. 1993. Gender differences in conversation topics, 1922-1990, *Sex Roles* 28 (1-2): 1-18.

Blanc, N. 2006. *Émotion et Cognition: quand l'émotion parle à la cognition*. Paris: Éditions in Press.

Blaauw, M. 2005. *Epistemological contextualism*. Amsterdam: Rodopi.

Blommaert, J. 2001. Context is/as critique, *Critique of Anthropology* 21 (1): 13-32.

Blommaert, J. 2005. *Discourse: a critical introduction*. Cambridge University Press.

Blum-Kulka, S. 1997. *Dinner talk: cultural patterns of sociability and socialization in family discourse*. Mahwah, NJ: Lawrence Erlbaum Associates.

Boden, D. e Zimmerman, D. H. (eds.) 1991. *Talk and social structure: studies in ethnomethodology and conversation analysis*. University of California Press.

Bosco, F. M., Bucciarelli, M. e Bara, B. G. 2004. The fundamental context categories in understanding communicative intention, *Journal of Pragmatics* 36 (3): 467-488.

Bourdieu, P. 1984. *Distinction: a social critique of the judgment of taste*. Cambridge, MA: Harvard University Press.

Bowcher, W. L. 1999. Investigating institutionalization in context, in Ghadessy (ed.) 141-176.

Bower, G. H. 1980. Mood and memory, *American Psychologist* 36: 129-148.

Bower, G. H., Black, J. B. e Turner, T. J. 1979. Scripts in memory for text, *Cognitive Psychology* 11: 177-220.

Bradac, J. J. e Mulac, A., 1984. A molecular view of powerful and powerless speech styles, *Communication Monographs* 51: 307-319.

Brand, M. 1984. *Intending and acting: toward a naturalized action theory*. Cambridge, MA: MIT Press.

Brendel, E. e Jäger, C. (eds.) 2005. *Contextualisms in epistemology*. Berlin: Springer.

Brown, P. 1993. Gender, politeness and confrontation in Tenejapa, in D. Tannen (ed.), *Gender and conversational interaction*, 144-162. New York: Oxford University Press.

Brown, P. e Levinson, S. C. 1987. *Politeness: some universals in language usage*. Cambridge University Press.

Brown, R. 1996. The language of social relationships, in D. I. Slobin, J. Gerhardt, A. Kyratzis e J. Guo (eds.) *Social interaction, social context, and language: essays in honor of Susan Ervin-Tripp*, 39-52. Hillsdale, NJ: Lawrence Erlbaum.

Bruner, J. S. 1981. Intention in the structure of action and interaction, *Advances in Infancy Research* 1: 41-56.

Bruner, J. S. 1990. *Acts of meaning*. Cambridge, MA: Harvard University Press.

Bruner, J. S. 2002. *Making stories: law, literature, life*. New York: Farrar, Straus and Giroux.

Bucholtz, M. 1999. 'Why be normal?': language and identity practices in a community of nerd girls, *Language in Society* 28 (2): 203-223.

Bucholtz, M. e Hall, K. 2004. Language and identity, in S. Duranti (ed.), *A companion to linguistic anthropology*, 369-394. Oxford: Blackwell.

Bucholtz, M. e Hall, K. 2005. Identity and interaction: a sociocultural linguistic approach, *Discourse Studies* 7 (4-5): 585-614.

Bullock, M. (ed.) 1991. *The Development of intentional action: cognitive, motivational, and interactive processes*. Basel; New York: Karger.

Burgoon, M. e Klingle, R. S. 1998. Gender differences in being influential and/or influenced: a challenge to prior explanations, in Kathryn Dindia e Daniel J. Canary (eds.), *Sex differences and similarities in communication: critical essays and empirical investigations of sex and gender in interaction*. Mahwah, NJ: Lawrence Erlbaum.

Burkhart, F. N. 1991. *Media, emergency warnings, and citizen response*. Boulder, CO: Westview Press.

Butler, C. S. 1985. The applicability of systemic theories, *Australian Review of Applied Linguistics* 8 (1): 1-30.

Butler, J. 1990. *Gender trouble: feminism and the subversion of identity*. New York: Routledge.

Button, G. (ed.) 1991. *Ethnomethodology and the human sciences*. Cambridge University Press.

Buttny, R., e Williams, P. L. 2000. Demanding respect: the uses of reported speech in discursive constructions of interracial contact, *Discourse and Society* 11 (1): 109-133.

Calsamiglia, H. e Van Dijk, T. A. 2004. Popularization discourse and knowledge about the genome, *Discourse and Society* 15 (4): 369-389.

Cameron, D. 1997a. Performing gender identity: young men's talk and the construction of heterosexual masculinity, in S. A. Johnson e U. H. Meinhof (eds.), *Masculinity and language*, 47-64. Oxford: Blackwell.

Cameron, D. 1997b. Theoretical debates in feminist linguistics: questions of sex and gender, in R. Wodak (ed.), 21-36.
Cameron, D. 1998. 'Is there any ketchup, Vera?': Gender, power and pragmatics, *Discourse and Society* 9 (4): 437-455.
Cameron, D., McAlinden e O'Leary, K. 1989. Lakoff in context: the social and linguistic functions of tag questions, in J. Coates e D. Cameron (eds.), *Women in their speech communities*, 74-93. London: Longman.
Campbell, S. e Roberts, C. 2007. Migration, ethnicity and competing discourses in the job interview: synthesizing the institutional and personal, *Discourse and Society* 18 (3): 243-271.
Carnes, J. e Tauss, H. 1996. *Us and them: a history of intolerance in America*. New York: Oxford University Press.
Cashdan, E. 1998. Smiles, speech, and body posture: how women and men display sociometric status and power, *Journal of Nonverbal Behavior* 22 (4): 209-228.
Chambers, J. K., Trudgill, P. e Schilling-Estes, N. 2002. *The handbook of language variation and change*. Malden, MA: Blackwell Publishers.
Charlton, T. L., Myers, L. E. e Sharpless, R. (eds.) 2006. *Handbook of oral history*. Lanham, MD: Altamira Press.
Charteris-Black, J. 2006. Britain as a container: immigration metaphors in the 2005 election campaign, *Discourse and Society* 17 (5): 563-581.
Cheshire, J. 2005. Syntactic variation and beyond: gender and social class variation in the use of discourse-new markers, *Journal of Sociolinguistics* 9 (4): 479-508.
Chilton, P. (ed.) 1985. *Language and the nuclear arms debate: Nukespeak today*. London: Pinter.
Chomsky, N. 1987. *Pirates and emperors: international terrorism in the real world*. Montreal: Black Rose Books.
Chomsky, N. 1994. *World orders, old and new*. London: Pluto Press.
Christianson, S. R. 1989. Tough talk and wisecracks: language as power in American detective fiction, *Journal of Popular Culture* 23 (2): 151-162.
Christmann, U., Sladek, U. e Groeben, N. 1998. The effect of person-related and interactive context variables on the diagnosis and evaluation of argumentational (un-)fairness. *Sprache and Kognition* 17 (3): 107-124.
Clark, H. H. 1996. *Using language*. Cambridge University Press.
Clark, H. H. e Marshall, C. E. 1981. Definite reference and mutual knowledge, in A. K. Joshi, B. L. Webber e I. A. Sag (eds.), *Elements of discourse understanding*, 10-63. Cambridge University Press.
Clark, K. 1992. The linguistics of blame: representation of women in The Sun's reporting of crimes of sexual violence, in M. Toolan (ed.), *Language, text and context: essays in stylistics*. London: Routledge.
Cloran, C. 1999. Context, material situation and text, in M. Ghadessy (ed.), *Text and context in functional linguistics*, 177-218. Amsterdam: John Benjamins Publishing Company.
Coates, J. 1996. *Women talk: conversation between women friends*. Oxford: Blackwell.
Coates, J. 1997. Competing discourses of femininity, in H. Kotthoff e R. Wodak (eds.), *Communicating gender in context*, 285-313. Amsterdam: John Benjamins Publishing Company.
Coates, L. e Wade, A. 2004. Telling it like it isn't: obscuring perpetrator responsibility for violent crime, *Discourse and Society* 15 (5): 499-526.
Cohen, P. R., Morgan, J. L. e Pollack, M. E. (eds.) 1990. *Intentions in communication*. Cambridge, MA: MIT Press.
Cohen, S. 1980. *Folk devils and moral panics*. Oxford: Robertson. 2nd, revised edition.
Cohn, C. 1987. Sex and death in the rational world of defense intellectuals, *Signs* 12 (4): 687-718.
Condit, C. M. 1994. *Decoding abortion rhetoric: communicating social change*. Urbana and Chicago: University of Illinois Press.
Condor, S. 2000. Pride and prejudice: identity management in English people's talk about this country, *Discourse and Society* 11 (2): 175-205.
Conefrey, T. 1997). Gender, culture and authority in a university life sciences laboratory, *Discourse and Society* 8 (3): 313-340.
Conte, R. e Castelfranchi, C. 1995. *Cognitive and social action*. London: UCL Press Limited.
Conway, M. A., Singer, J. A. e Tagini, A. 2004. The Self and autobiographical memory: correspondence and coherence, *Social Cognition* 22 (5): 491-529.

Cook, A. E. e Myers, J. L. 2004. Processing discourse roles in scripted narratives: the influences of context and world knowledge, *Journal of Memory and Language* 50 (3): 268-288.
Cook, G. 1994. *Discourse and literature: the interplay of form and mind.* Oxford University Press.
Cook-Gumperz, J. e Gumperz, J. J. 1976. *Papers on language and context*. Berkeley, CA: University of California, Language Behavior Research Laboratory.
Corbett, E. P. J. e Connors, R. J. 1998. *Classical Rhetoric for the Modern Student*. Oxford University Press.
Cotterill, J. (ed.). 2002. *Language in the legal process*. Houndsmills, Basingstoke, Hampshire: Palgrave.
Coupland, N. 2001. Language, situation, and the relational self, in Eckert e Rickford (eds.), 185-209.
Craik, K. J. W. 1943. *The nature of explanation*. Cambridge University Press.
Crawford, M. 2003. Gender and humor in social context, *Journal of Pragmatics* 35 (9): 1413-1430.
Cronkhite, G. 1997. Cognitive representations of rhetorical situations, in James L. Owen (ed.), *Context and communication behavior*, 213-228. Reno, Nev.: Context Press.
Crystal, D., 2001. *Language and the internet*. Cambridge University Press.
Damasio, A. 2000. *The feeling of what happens: body, emotion and the making of consciousness*. London: Vintage Books.
Danto, A. C. 1973. *Analytical philosophy of action*. New York: Cambridge University Press.
Day, K., Gough, B. e McFadden, M. 2003. Women who drink and fight: a discourse analysis of working-class women's talk, *Feminism and Psychology* 13 (2): 141-158.
De Fina, A., Schiffrin, D. e Bamberg, M. (eds.) 2006. *Discourse and identity*. Cambridge University Press.
Di Luzio, A., Günthner, S. e Orletti, F. 2001. *Culture in communication: analyses of intercultural situations*. Amsterdam, Netherlands; Philadelphia, PA: John Benjamins Publishing Company.
Dik, S. C. 1981. *Functional grammar*. Dordrecht: Foris.
Dines, E. 1980. Variation in discourse - and stuff like that, *Language in Society* 9: 13-31.
Douglas, L., Roberts, A., e Thompson, R. 1988. *Oral history: a handbook*. Sydney; Boston: Allen and Unwin.
Downing, P. A. 1980. Factors influencing lexical choice in narrative, in Wallace Chafe (ed.), *The pear stories: cognitive, cultural, and lexical aspects of narrative production*, 89-126. Norwood, NJ: Ablex.
Drew, P. e Heritage, J. (eds.) 1992. *Talk at work interaction in institutional settings*. Cambridge University Press.
Dubois, B. L. e Crouch, I. 1975. The question of tag questions in women's speech: they don't really use more of them, do they? *Language in Society* 4: 289-294.
Duranti, A. 1992. Language in context and language as context: the Samoan respect vocabulary, in A. Duranti e C. Goodwin (eds.), 77-99.
Duranti, A. (ed.) 2001. *Linguistic anthropology: a reader*. Malden, MA: Blackwell.
Duranti, A. 2006. The social ontology of intentions, *Discourse Studies* 8 (1): 31-40.
Duranti, A. e Goodwin, C., (eds.) 1992. *Rethinking context: language as an interactive phenomenon*. Cambridge University Press.
Eckert, P. 1989. *Jocks and burnouts: social categories and identity in the high school*. New York: Teachers College Press.
Eckert, P. 1990. Cooperative competition in adolescent girl talk, *Discourse Processes* 13 (1): 92-122.
Eckert, P. 1997. Age as a sociolinguistic variable, in F. Coulmas (ed.) (1997). *The handbook of sociolinguistics*, 150-167. Oxford, UK; Cambridge, MA: Blackwell Publishers.
Eckert, P. 2000. *Linguistic variation as social practice: the linguistic construction of identity in Belten High*. Malden, MA: Blackwell Publishers.
Eckert, P. 2003. Language and gender in adolescence, in J. Holmes e M. Meyerhoff (eds.), 380-400.
Eckert, P. e McConnell-Ginet, S. 1992. Communities of practice: where language, gender and power all live, in K. Hall, M. Bucholtz e B. Moonwomon (eds.), *Locating power: proceedings of the second Berkeley Women and Language Conference* Vol. 1, 89-99. Berkeley: Berkeley Women and Language Group.
Eckert, P. e McConnell-Ginet, S. 2003. *Language and gender*. Cambridge University Press.
Eckert, P. e Rickford, J. R. (eds.) 2001. *Style and sociolinguistic variation*. Cambridge, UK; New York: Cambridge University Press.
Eco, U. 1978. *A theory of semiotics*. Bloomington: Indiana University Press.
Edelsky, C. 1993. Who's got the floor? in Deborah Tannen (ed.), *Gender and conversational interaction*,189-227. London: Oxford University Press.
Edmonds, P. 1999. Semantic representations of near synonyms for automatic lexical choice. University of Toronto, Ph. D. dissertation. www.csri.utoronto.ca/pub/gh/Edmonds-PhDthesis.pdf.

Edwards, D. e Potter, J. 1992. *Discursive psychology*. London: Sage Publications, Inc.
Eggins, S. 1994. *An introduction to systemic functional linguistics*. London, New York: Pinter Publishers distributed in the United States and Canada by St. Martin's Press.
Eggins, S. e Slade, D. 1997. *Analysing casual conversation*. London, New York: Cassell.
Ehrlich, S. 1990. *Point of view: a linguistic analysis of literary style*. London, New York: Routledge.
Ehrlich, S. 2001. *Representing rape: language and sexual consent*. London, New York: Routledge.
Erickson, B., Lind, A. A., Johnson, B. C. e W. M. O'Barr. 1978. Speech style and impression formation in a court setting: the effects of 'powerful' and 'powerless' speech, *Journal of Experimental Social Psychology* 14: 266-279.
Ericsson, K. A. e Kintsch, W. 1995. Long-term working memory. *Psychological Review* 102 (2): 211-245.
Erlich, V. 1965. *Russian formalism*. The Hague: Mouton.
Erman, B. 1987. *Pragmatic expressions in English: a study of you know, you see, and I mean in face-to-face conversation*. Stockholm: Almqvist e Wiksell.
Erman, B. 1993. Female and male usage of pragmatic expressions in same-sex and mixed-sex interaction. *Language variation and change* 4: 217-234.
Erman, B. 2001. Pragmatic markers revisited with a focus on 'you know' in adult and adolescent talk. *Journal of Pragmatics* 33 (9): 1337-1359.
Errington, J. J. 1988. *Structure and style in Javanese: a semiotic view of linguistic etiquette*. University of Pennsylvania Press.
Ervin-Tripp, S. M. 1973. *Language acquisition and communicative choice*. Stanford University Press.
Ervin-Tripp, S. M. 1996. Context in language, in D. I. Slobin e J. Gerhardt (eds.) *Social interaction, social context, and language: essays in honor of Susan Ervin-Tripp*, 21-36. Hillsdale, NJ; England: Lawrence Erlbaum Associates.
Ervin-Tripp, S. M. 2001. Variety, style-shifting, and ideology, in P. Eckert e J. R. Rickford (eds.), 44-56.
Ervin-Tripp, S., O'Connor, M. C. e Rosenberg, J. 1984. Language and power in the family, in C. Kramarae, M. Schulz e W. O'Barr (eds.), *Language and Power*, 116-135. Los Angeles: Sage.
Essed, P. 1991. *Understanding everyday racism: an interdisciplinary theory*. Newbury Park, CA: Sage Publications.
Evaldsson, A. C. 2005. Staging insults e mobilizing categorizations in a multiethnic peer group. *Discourse and Society* 16 (6): 763-786.
Fabian, J. 1983. *Time and the other: how anthropology makes its object*. New York: Columbia University Press.
Fairclough, N. 1989. *Language and power*. London: Longman.
Fairclough, N. 1995. *Critical discourse analysis: the critical study of language*. London; New York: Longman.
Fairclough, N. e Wodak, R. 1997. Critical discourse analysis, in Teun A. van Dijk, (ed.), *Discourse as social interaction: discourse studies: a multidisciplinary introduction* Vol. 2, 258-284. London, England: Sage Publications.
Ferguson, C. A. 1994. Dialect, register and genre: working assumptions about conventionalization, in D. Biber e E. Finegan (eds.), *Sociolinguistic perspectives on register*, 15-30. New York: Oxford University Press.
Ferstl, E. C., Rinck, M. e Von Cramon, D. Y. 2005. Emotional and temporal aspects of situation model processing during text comprehension: an event-related fMRI study, *Journal of Cognitive Neuroscience* 17 (5): 724-739.
Ferrell, J. 1999. *The influence of gender on the interpretation and creation of texts. Dissertation Abstracts International, Section A: Humanities and Social Sciences*, Vol. 59 (8-A), Feb. 1999, 2960.
Fairclough, N. 2000. *New Labour, new language?* New York: Routledge.
Fetzer, A. 2004. *Recontextualizing context: grammaticality meets appropriateness*. Amsterdam, Netherlands; Philadelphia, PA: John Benjamins Publishing Company.
Fillmore, C. J. 1968. The case for case, in E. Bach e R. T. Harms (eds.), *Universals in linguistic theory*, 1-88. New York: Holt, Rinehart and Winston.
Finegan, E. e Biber, D. 1994. Register and social dialect variation: an integrated approach, in Douglas Biber e Edward Finegan (eds.), *Sociolinguistic Perspectives on Register*, 315-347. New York, NY: Oxford University Press.
Finegan, E. e Biber, D. 2001. Register and social dialect variation: re-examining the connection, in J. R. Rickford e P. Eckert (eds.), *Style and variation*, 235-267. Cambridge University Press.
Firth, J. R. 1930. *Speech*. London: Benn's Sixpenny Library.
Firth, J. R. 1968. *Selected papers of J.R. Firth, 1952-59*: edited by F.R. Palmer. London: Longmans.

Fleming, I. 1978. *Discourse from the point of view of four strata. The 5th LACUS Forum*. Columbia, S. C.: Horbeam Press.

Fludernik, M. 1996. *Towards a 'natural' narratology*. London: Routledge.

Ford, M. E. 1992. *Motivating humans: goals, emotions, and personal agency beliefs*. London, CA: Sage.

Forgas, J. P. 1979. *Social episodes: the study of interaction routines*. London; New York: published in cooperation with the European Association of Experimental Social Psychology by Academic Press.

Fought, C. 2002. *Chicano English in context*. Basingstoke, UK; New York: Palgrave.

Fowler, R. 1991. *Language in the news: discourse and ideology in the British press*. London; New York: Routledge.

Fowler, R. 1996. On critical linguistics, in Carmen Rosa Caldas-Coulthard e Malcolm Coulthard (eds.), *Texts and practices: readings in Critical Discourse Analysis*, 3-14. London: Routledge.

Fowler, R., Hodge, B., Kress, G. e Trew, T. 1979. *Language and control*. London: Routledge and Kegan Paul.

Freed, A. F. 2003. Epilogue: reflections of language and gender research, in J. Holmes e M. Meyerhoff (eds.), 699-722.

Fries, P. H. e Gregory, M. (eds.) 1995. *Discourse in society: systemic functional perspective, meaning and choice in language: studies for Michael Halliday*. Norwood, NJ: Ablex.

Gallagher, S. 2000. Philosophical conceptions of the self: implications for cognitive science. *Trends in Cognitive Science* 4 (1): 15-21.

Gallagher, S. e Shear, J. (eds.) 1999. *Models of the self*. Thorverton, England: Imprint Academic

Gans, H. J. 1979. *Deciding what's news*. New York: Pantheon Books.

Gazdar, G. 1977. Conversational analysis and convention: sociolinguistics. *Analytic Sociology* 1 (1).

Geeraerts, D., Grondelaers, S. e Bakema, P. 1994. *The structure of lexical variation: meaning, naming, and context*. Berlin: Mouton de Gruyter.

Gentner, D. e Stevens, A. L. (eds.) 1983. *Mental models*. Hillsdale, NJ: L. Erlbaum Associates.

Ghadessy, M. (ed.) 1999. *Text and context in functional linguistics*. Amsterdam; Philadelphia, PA: John Benjamins Publishing Company.

Gibbons, T. H. 1979. *Literature and awareness an introduction to the close reading of prose and verse*. London: Arnold.

Gidengil, E. e Everitt, J. 2003. Talking tough: gender and reported speech in campaign news coverage. *Political Communication* 20 (3): 209-232.

Giles, H. (ed.) 1991. *Contexts of accommodation. Developments in applied sociolinguistics*. Cambridge; Paris: Cambridge University Editions de la Maison des Sciences de l'Homme.

Giles, H. e Hewstone, M. 1982. Cognitive structures, speech, and social situations: two integrative models. *Language Sciences* 4: 187-219.

Giles, H. e Powesland, P. F. 1975. *Speech style and social evaluation*. London; New York: Published in cooperation with the European Association of Experimental Social Psychology by Academic Press.

Giles, H., Coupland, J. e Coupland, N. (eds.) 1991. *Contexts of accommodation: developments in applied sociolinguistics*. Paris, France: Editions de la Maison des Sciences de l'Homme.

Giles, H., Mulac, A., Bradac, J. J. e Johnson, P. 1987. Speech accommodation theory: the next decade and beyond, in *Communication Yearbook 10*, 13-48. Newbury Park, CA: Sage.

Gillett, G. R. e McMillan, J. 2001. *Consciousness and intentionality*. Amsterdam: John Benjamins Publishing Company.

Givón, T. 1989. *Mind, code and context: essays in pragmatics*. Hillsdale, NJ: Lawrence Erlbaum.

Givón, T. 1995. *Functionalism and grammar*. Amsterdam; Philadelphia, PA: John Benjamins Publishing Company.

Givón, T. 2005. *Context as other minds. the pragmatics of sociality, cognition and communication*. Amsterdam: John Benjamins Publishing Company.

Glasgow University Media Group 1985. *War and peace news*. Milton Keynes and Philadelphia: Open University Press.

Gleason, J. B. 1985. *The development of language*. Columbus, Ohio: C. E. Merrill Pub. Co.

Gleason, J. B., Ely, R., Perlmann, R. Y. e Narasimhan, B. 1996. Patterns of prohibition in parent-child discourse, in Julie Gerhardt e Dan Isaac Slobin (eds.), *Social interaction, social context, and language: essays in honor of Susan Ervin-Tripp*, 205-217. Hillsdale, NJ: Lawrence Erlbaum Associates, Inc.

Gleason, J. B., Perlmann, R. U., Ely, R. e Evans, D. W. 1994. The babytalk register: parents' use of diminutives, in Catherine E. Snow e Jeffrey L. Sokolov (eds.), *Handbook of research in language development using CHILDES*, 50-76 Hillsdale, NJ: Lawrence Erlbaum Associates, Inc.

Golden, R. M. e Rumelhart, D. E. 1993. A parallel distributed-processing model of story comprehension and recall. *Discourse Processes* 16 (3): 203-237.
Goffman, E. 1974. *Frame analysis: an essay on the organization of experience*. Cambridge, MA: Harvard University Press.
Goodwin, M. H. 1990. *He-said-she-said: talk as social organization among Black children*. Bloomington: Indiana University Press.
Goodwin, M. H. 2003. The relevance of ethnicity, class, and gender in children's peer negiotations, in J. Holmes e M. Meyerhoff (eds.), 229-251.
Goodwin, M. H. e Goodwin, C. 1987. Children's arguing, in S. Philips, S. Steele e C. Tanz (eds.), *Language, gender and sex in comparative perspective*, 200-248. Cambridge University Press.
Graesser, A. C. e Bower, G. H. (eds.) 1990. *Inferences and text comprehension: the psychology of learning and motivation*, Vol. 25. New York: Academic Press.
Graesser, A. C., Gernsbacher, M. A. e Goldman, S. R. (eds.) 2003. *Handbook of discourse processes*. Mahwah, NJ: Lawrence Erlbaum.
Graesser, A. C., Millis, K. K. e Zwaan, R. A. 1997. Discourse comprehension. *Annual Review of Psychology* 48: 163-189.
Graesser, A. C., Singer, M. e Trabasso, T. 1994. Constructing inferences during narrative text comprehension. *Psychological Review* 101 (3): 371-395.
Grant, D., Hardy, C., Oswick, C. e Putnam, L. (eds.) 2004. *The Sage handbook of organizational discourse*. London; Thousand Oaks, CA: Sage Publications.
Gray-Rosendale, L. e Harootunian, G. (eds.) 2003. *Fractured feminisms: rhetoric, context, and contestation*. Albany, NY: SUNY Press.
Greasley, P., Sherrard, C. e Waterman, M. 2000. Emotion in language and speech: methodological issues in naturalistic approaches. *Language and Speech*, 43 (4): 355-375.
Gregory, M. 1967. Aspects of varieties of differentiation. *Journal of Linguistics* 3: 177-198.
Gregory, M. 1985. Towards communication linguistics: a framework, in J. D. Benson e W. S. Greaves (eds.), *Systemic perspectives on discourse*. Vol. 1: 119-134 Norwood, NJ: Ablex.
Gregory, M. e Carroll, S. 1978. *Language and situation: language varieties and their social contexts*. London; Boston: Routledge and Kegan Paul.
Grice, H. P. 1975. Logic and conversation, in P. Cole e J. Morgan (eds.), *Syntax and semantics*, Vol. 3: Speech acts: 68-134. New York: Academic Press.
Grice, H. P. 1989. *Studies in the way of words*. Cambridge, MA: Harvard University Press.
Grimshaw, A. D. 2003. Genres, registers, and contexts of discourse, in A. C. Graesser, M. A. Gernsbacher e S. R. Goldman (eds.), *Handbook of discourse processes*, 25-82. Mahwah, NJ: Erlbaum.
Groenendijk, J. A. G., De Jongh, D. e Stokhof, M. B. J. 1987. *Studies in discourse representation theory and the theory of generalized quantifiers*. Dordrecht, Holland: Foris Publications.
Gudykunst, W. B. 2003. *Cross-cultural and intercultural communication*. Thousand Oaks, CA: Sage Publications.
Gudykunst, W. B. (ed.) 2005. *Theorizing about intercultural communication*. Thousand Oaks, CA: Sage.
Gumperz, J. J. 1982a. *Discourses strategies*. Cambridge University Press.
Gumperz, J. J. 1982b. *Language and social identity*. Cambridge University Press.
Gunnarsson, B. 1997. Women and men in the academic discourse community, in H. Kotthoff e R. Wodak (eds.), *Communicating gender in context*, 219-247. Amsterdam: John Benjamins Publishing Company.
Günthner, S. 1997. Complaint stories: constructing emotional reciprocity among women, in H. Kotthoff e R. Wodak (eds.), *Communicating gender in context*, 179-218. Amsterdam: John Benjamins Publishing Company.
Gussenhoven, C. 2004. *The phonology of tone and intonation*. New York: Cambridge University Press.
Halford, S., e Leonard, P. 2006. Place, space and time: contextualizing workplace subjectivities. *Organization Studies* 27 (5): 657-676.
Halliday, M. A. K. 1977. *Explorations in the functions of language*. New York: Elsevier North-Holland.
Halliday, M. A. K. 1978. *Language as social semiotic: the social interpretation of language and meaning*. Baltimore: University Park Press.
Halliday, M. A. K. 1999. The notion of 'context' in language education, in M. Ghadessy (ed.), *Text and context in functional linguistics*, 1-24. Amsterdam: John Benjamins Publishing Company.
Halliday, M. A. K. e Hasan, R. 1976. *Cohesion in English*. London: Longman.

Halliday, M. A. K., McIntosh, A. e Strevens, P. 1964. *The linguistic sciences and language teaching*. London: Longman.
Hanks, W. F. 1992. The indexical ground of deictic reference, in A. Duranti e C. Goodwin (eds.) (1992). *Rethinking context: language as an interactive phenomenon*, 43-76. Cambridge University Press.
Hanks, W. F. 1996. *Language and communicative practices*. Boulder, CO: Westview Press.
Harrower, T. 1998. *The newspaper designer's handbook*. Boston, MA: McGraw-Hill.
Hasan, R. 1985. Meaning, context and text: fifty years after Malinowski, in J. D. Benson, e W. S. Greaves (eds.), *Systemic perspectives on discourse* Vol.1, 16-49. Norwood, NJ: Ablex Corp.
Hasan, R. 1995. The conception of context in text, in P. H. Fries e M. Gregory (eds.) 1995, 183-283.
Hasan, R. 1999. Speaking with reference to context, in M. Ghadessy (ed.), 219-321.
Haworth, K. 2006. The dynamics of power and resistance in police interview discourse. *Discourse and Society* 17 (6): 739-759.
Heath, C. 1981. The opening sequence in doctor-patient interaction, in P. Atkinson e C. Heath (eds.), *Medical work: realities and routines*, 71-90. Farnborough: Gower.
Henley, N. M., Miller, M. e Beazley, J. A. 1995. Syntax, semantics, and sexual violence: agency and the passive voice. *Journal of Language and Social Psychology* 14 (1-2): 60-84.
Henton, C. 1995. Pitch dynamism in female and male speech. *Language and Communication* 15 (1): 43-61.
Heritage, J. 1991. Intention, meaning and strategy: observations on constraints on interaction analysis. *Research on Language and Social Interaction* 24: 311-32.
Herman, E. S. 1992. *Beyond hypocrisy: decoding the news in an age of propaganda, including a doublespeak dictionary for the 1990s*. Boston, MA: South End Press.
Herman, E. S. e Chomsky, N. 1988. *Manufacturing consent: the political economy of the mass media*. New York: Pantheon Books.
Heydon, G. 2005. *The language of police interviewing: a critical analysis*. Basingstoke, UK: Palgrave.
Higgins, M. 2004. Putting the nation in the news: the role of location formulation in a selection of Scottish newspapers. *Discourse and Society* 15 (5): 633-648.
Hodge, B., e Kress, G. R. 1988. *Social semiotics*. Ithaca, NY: Cornell University Press.
Holland, D. e Quinn, N. (eds.) 1987. *Cultural models in language and thought*. New York: Cambridge University Press.
Holmes, J. 1984. Hedging your bets and sitting on the fence: some evidence for hedges as support structures *Te Reo* 27: 47-62.
Holmes, J. 1995. *Women, men and politeness*. New York: Longman Group Limited.
Holmes, J. 1997. Story-telling in New Zealand women's and men's talk, in R. Wodak (ed.), 263-293.
Holmes, J. 2003. Complimenting: a positive politeness strategy, in C. Bratt Paulston e G. R. Tucker (eds.) 2003. *Sociolinguistics: the essential readings*, 177-195. Oxford: Blackwell.
Holmes, J. 2005. Power and discourse at work: is gender relevant? in M. Lazar (ed.), 31-60.
Holmes, J. 2006. Workplace narratives, professional identity and relational practice, in A. De Fina, D. Schiffrin e M. Bamberg (eds.) 2006, 166-187.
Holmes, J. e Meyerhoff, M. (eds.) 2003. *The handbook of language and gender*. Oxford: Blackwell.
Holmes, J. e Stubbe, M. 2003a. 'Feminine' workplaces: stereotype and reality, in: J. Holmes e M. Meyerhoff (eds.), 573-599.
Holmes, J. e Stubbe, M. 2003b. *Power and politeness in the workplace: a sociolinguistic analysis of talk at work*. London: Longman.
Honey, J. 1989. *Does accent matter? The Pygmalion factor*. London: Faber and Faber.
Honey, J. 1997. Sociophonology, in F. Coulmas (ed.), *Handbook of sociolinguistics*, 92-106. Oxford: Blackwell.
Horvath, B. 1985. *Variation in Australian English: the sociolects of Sydney*. Cambridge University Press.
Hosman, L. A. 1989. The evaluative consequences of hedges, hesitations, and intensifiers: powerful and powerless speech styles, *Human Communication Research* 15 (3): 383-406.
Hyland, K. 1998. *Hedging in scientific research articles*. Amsterdam: John Benjamins Publishing Company.
Hymes, D. 1972. Models of the interaction of language and social life, in J. J. Gumperz e D. Hymes (eds.), *Directions in sociolinguistics: the ethnography of communication*, 35-71. New York: Holt, Rinehart and Winston.
Hymes, D. 1974. Ways of speaking, in R. Bauman e J. Sherzer (eds.), 433-451.

Irvine, J. T. 1974. Strategies of status manipulation in Wolof greeting, in R. Bauman e J. Sherzer (eds.), 167-191.

Irvine, J. T. 2001. 'Style' as distinctiveness: the culture and ideology of linguistic differentiation, in P. Eckert e J. R. Rickford (eds.), 21-43.

Iwańska, L. e Zadrozny, W. 1997. Introduction to the special issue on context in natural language processing, *Computational Intelligence*, 13(3): 301-308.

Jäger, S. 1993a. *BrandSätze: Rassismus im Alltag*. Duisburg: DISS.

Jäger, S. 1993b. *Kritische Diskursanalyse. Eine Einführung*. Duisburg: DISS.

Jäger, S., et al. 1998. *Der Spuk ist nicht vorbei. Völkisch-nationalistische Ideologeme im öffentlichen Diskurs der Gegenwart* [The ghost has not gone. Völkisch-nationalist ideologemes in contemporary public discourse]. Duisburg: DISS.

James, D. e Clarke, S. 1993. Women, men, and interruptions: a critical review, in Deborah Tannen (ed.), *Gender and conversational interaction*, 231-280. Oxford University Press.

James, D. e Drakich, J. 1993. Understanding gender differences in amount of talk: a critical review of research, in Deborah Tannen (ed.), *Gender and conversational interaction*. Oxford University Press.

Jarvella, R. J. e Klein, W. (eds.) 1982. *Speech, place and action*. Chichester, UK: Wiley.

Jayyusi, L. 1993. Premeditation and happenstance: the social construction of intention, action and knowledge, *Human Studies* 16: 435-55.

Jenkins, C. 2002. The more things change: women, politics and the press in Australia, *ejournalist* 2(1).

Jiang, X. Y. 2006. Cross-cultural pragmatic differences in US and Chinese press conferences: the case of the North Korea nuclear crisis, *Discourse & Society* 17 (2): 237-257.

Johnson-Laird, P. N. 1983. *Mental models: towards a cognitive science of language, inference and consciousness*. Cambridge, Cambridgeshire, New York: Cambridge University Press.

Johnstone, B. 1990. *Stories, community, and place: narratives from middle America*. Bloomington: Indiana University Press.

Johnstone, B. 2003. Conversation, text, and discourse, *American Speech*, Supplement 87: 75-98.

Johnstone, B. e Bean, J. M. 1997. Self-expression and linguistic variation, *Language in Society* 26 (2): 221-246.

Jucker, A. H. 1992. *Social stylistics: syntactic variation in British newspapers*. Berlin: Mouton de Gruyter.

Jucker, A. H., Smith, S. W. e Ludge, T. 2003. Interactive aspects of vagueness in conversation, *Journal of Pragmatics* 35(12): 1737-1769.

Jurafsky, D. e Martin, J. H. 2000. *Speech and language processing: an introduction to natural language processing, computational linguistics, and speech recognition*. Upper Saddle River, NJ: Prentice Hall.

Kamp, H. e Partee, B. H. (eds.) 2002. *Context-dependence in the analysis of linguistic meaning*. Amsterdam; Boston: Elsevier.

Kamp, H. e Reyle, U. 1993. *From discourse to logic: introduction to modeltheoretic semantics of natural language, formal logic and discourse representation theory*. Dordrecht; Boston: Kluwer Academic.

Kay, P. 1997. *Words and the grammar of context*. Stanford, CA: CSLI Publications.

Kendall, S. 2004. Framing authority: gender, face, and mitigation at a radio network, *Discourse and Society* 15 (1): 55-79.

Kerswill, P. 2004. Social dialectology, in K. Mattheier, U. Ammon e P. Trudgill (eds.), *Sociolinguistics: an international handbook of the science of language and society* Vol. 1, 22-33 Berlin: De Guyter.

Keshishian, F. 1997. Political bias and nonpolitical news: a content-analysis of an Armenian and Iranian earthquake in the *New York Times* and the *Washington Post*. *Critical Studies in Mass Communication*, 14 (4): 332-343.

Kharraki, A. 2001. Moroccan sex-based linguistic difference in bargaining, *Discourse and Society* 12 (5): 615-632.

Kiesling, S. F. 2003. Prestige, cultural models, and other ways of talking about underlying norms and gender, in J. Holmes e M. Meyerhoff (eds.), 510-527.

Kiesling, S. F. and Paulston, C. B. (eds.). 2005. *Intercultural discourse and communication: the essential readings*. Malden, MA: Blackwell Pub.

King, A. A. e Anderson, F. D. 1971. Nixon, Agnew, and the 'silent majority': a case study in the rhetoric of polarization, *Western Speech Communication Journal* 35 (4): 252.

King, N. 2000. *Memory, narrative, identity: remembering the self*. Edinburgh University Press.

Kintsch, W. 1998. *Comprehension: a paradigm for cognition*. New York: Cambridge University Press.
Kipers, P. S. 1987. Gender and topic. *Language in Society* 16: 543-557.
Kitchener, R. F. (ed.) 1988. *The World View of Contemporary Physics*. Albany, NY: SUNY Press.
Kitzinger, C. e Frith, H. 1999. Just say no? The use of conversation analysis in developing a feminist perspective on sexual refusal. *Discourse and Society* 10 (3): 293-316.
Kleiner, B. 1998. The modern racist ideology and its reproduction in 'pseudo-argument'. *Discourse and Society* 9 (2): 187-215.
Kochman, T. 1981. *Black and white styles in conflict*. University of Chicago Press.
Köhler, W. 1929. *Gestalt psychology*. New York: Liveright.
Komter, M. L. 1992. *Conflict and cooperation in job interviews: a study of talk, tasks and ideas*. Amsterdam: John Benjamins Publishing Company.
Kotthoff, H. 1997. The interactional achievement of expert status: creating asymmetries by 'teaching conversational lectures' in TV discussions, in H. Kotthoff e R. Wodak (eds.), *Communicating gender in context*, 139-178. Amsterdam: John Benjamins Publishing Company.
Krauss, R. M. e Fussell, S. R. 1991. Constructing shared communicative environments, in Lauren B. Resnick, John M. Levine e Stephanie D. Teasley (eds.), *Perspectives on socially shared cognition*, 172-200. Washington, DC: American Psychological Association.
Kress, G. e Van Leeuwen, T. 1998. Front pages: (the critical) analysis of newspaper layout, in A. Bell e P. Garret (eds.), *Approaches to media discourse*, 186-218. Oxford: Blackwell Publishers.
Kyratzis, A. e Guo, J. 1996. 'Separate worlds for girls and boys?'. views from U. S. and Chinese mixed-sex friendship groups, in D. I. Slobin, J. Gerhardt, A. Kyratzis e J. Guo (eds.) (1996). *Social interaction, social context and language: essays in honor of Susan Ervin-Tripp*. 555-577. Mahwah, NJ: Lawrence Erlbaum.
Labov, W. 1966. *The social stratification of English in New York City*. Washington, DC: Center for Applied Linguistics.
Labov, W. 1969. The logic of nonstandard English, in J. Alatis (ed.), *Georgetown Monographs on Language and Linguistics* (Vol. 22), 1-44. Washington, DC: Georgetown University Press.
Labov, W. 1972a. *Language in the inner city: studies in the Black English vernacular*. Philadelphia, PA: University of Pennsylvania Press.
Labov, W. 1972b. *Sociolinguistic patterns*. Philadelphia, PA: University of Pennsylvania Press.
Labov, W. 1990. The three dialects of English, in P. Eckert (ed.), Quantitative analyses of sound change in progress. New York: Academic Press.
Labov, W. 2001. The anatomy of style-shifting, in P. Eckert e J. Rickford (eds.), 85-108.
Labov, W. e Waletzky, J. 1967. Narrative analysis: oral versions of personal experience, in J. Helm, (ed.), *Essays on the verbal and visual arts*, 12-44. Seattle: University of Washington Press.
Ladd, D. R. 1990. Intonation: emotion *versus* grammar. *Language* 66 (4): 806-816.
Ladd, D. R. 1997. *Intonational phonology*. Cambridge University Press.
Lakoff, G. 1996. *Moral politics: what conservatives know that liberals don't*. University of Chicago Press.
Lakoff, G. 2001. Metaphors of terror. www.press.uchicago.edu/News/911lakoff.html.
Lakoff, G. e Johnson, M. 1980. *Metaphors we live by*. University of Chicago Press.
Lakoff, R. T. 1975. *Language and woman's place*. New York: Harper and Row.
Lakoff, R. T. 1996. True confessions? Pragmatic competence and criminal confession, in Dan Isaac Slobin, e Julie Gerhardt (eds.), *Social interaction, social context, and language: essays in honor of Susan Ervin-Tripp*, 481-493. Mahwah, NJ: Lawrence Erlbaum Associates, Inc.
Lakoff, R. T. 2003. Language, gender and politics: putting 'women' and 'power' in the same sentence, in: J. Holmes e M. Meyerhoff (eds.), 161-178.
Lakoff, R.T. 2004. *Language and woman's place: text and commentaries*. Revised edn. (ed. M. Bucholtz). Oxford University Press.
Lakoff, R. T. e Ide, S. (eds.) 2005. *Broadening the horizon of linguistic politeness*. Philadelphia, PA: John Benjamins Publishing Company.
Lamb, S. 1996. *The trouble with blame: victims, perpetrators, and responsibility*. Cambridge, MA: Harvard University Press.
Lampert, M. D. 1996. Gender differences in conversational humor, in D. I. Slobin, J. Gerhardt, A. Kyratzis e J. Guo (eds.) 1996. *Social interaction, social context, and language: essays in honor of Susan Ervin-Tripp*, 579-596. Mahwah, NJ: Lawrence Erlbaum.

Lausberg, H. 1960. *Handbuch der literarischen Rhetorik: eine Grundlegung der Literaturwissenschaft*. München: M. Hueber.
Lavandera, B. R. 1978. Where does the sociolinguistic variable stop? *Language in Society* 7: 171-182.
Lave, J. e Wenger, E. 1991. *Situated learning: legitimate peripheral participation*. Cambridge University Press.
Lazar, M. 2005a. Performing state fatherhood: the remaking of hegemony, in M. Lazar (ed.), 139-163.
Lazar, M. (ed.) 2005b. *Feminist Critical Discourse Analysis: gender, power and ideology in discourse*. Basingstoke, UK: Palgrave Macmillan.
Leckie-Tarry, H. 1995. *Language and context: a functional linguistic theory of register*. Edited by David Birch. London: Pinter.
Lehman, S. e Schraw, G. 2002. Effects of coherence and relevance on shallow and deep text-processing, *Journal of Educational Psychology* 94 (4): 738-750.
Lemke, J. L. 1999. Discourse and organizational dynamics: website communication and institutional change, *Discourse and Society* 10 (1): 21-47.
Leudar, I., Marsland, V. e Nekvapil, J. 2004. On membership categorization: 'us', 'them' and 'doing violence' in political discourse, *Discourse and Society* 15 (2-3): 243-266.
Levelt, W. J. M. 1989. *Speaking: from intention to articulation*. Cambridge, MA: MIT Press.
Lévi-Strauss, C. 1963. *Structural anthropology*. New York: Basic Books.
Levinson, S. C. 1989. *Pragmatics*. Cambridge University Press.
Levinson, S. C. 1993. *Deixis. Entry in the Encyclopedia of Language and Linguistics*. Oxford: Pergamon Press.
Levinson, S. C. 2003. *Space in language and cognition: explorations in cognitive diversity*. Cambridge University Press.
Lewis, D. K. 1968. *Convention: a philosophical study*. Cambridge, MA: Havard University Press.
Lin, C. A. e Jeffres, L. W. 2001. Comparing distinctions and similarities across websites of newspapers, radio stations, and television stations, *Journalism and Mass Communication Quarterly* 78 (3): 555-573.
Linde, C. 1993. *Life stories: the creation of coherence*. Oxford University Press.
Lodge, R. A. 2004. *A sociolinguistic history of Parisian French*. Cambridge University Press.
Louwerse, M. e Van Peer, W. (eds.) 2002. *Thematics: interdisciplinary studies*. Amsterdam: John Benjamins Publishing Company.
Maas, U. 1984. 'Als der Geist der Gemeinschaft eine Sprache fand': Sprache im Nationalsozialismus. *Versuch einer historischen Argumentationsanalyse*. Opladen: Westdeutscher Verlag.
Macaulay, M. 2001. Tough talk: indirectness and gender in requests for information, *Journal of Pragmatics* 33 (2): 293-316.
Macaulay, R. K. S. 1978. The myth of the female superiority in language, *Journal of Child Language* 5: 353-363.
Macaulay, R. K. S. 1991a. 'Coz it izny spelt when they say it': displaying dialect in writing, *American Speech* 66: 280-289.
Macaulay, R. K. S. 1991b. *Locating dialect in discourse: the language of honest men and bonnie lasses in Ayr*. New York: Oxford University Press.
Macaulay, R. K. S. 1999. Is sociolinguistics lacking in style? *Cuadernos de Filología Inglesa* 8: 9-33.
Macaulay, R. K. S. 2001. The question of genre, in P. Eckert e J. R. Rickford (eds.), 78-82.
Macaulay, R. K. S. 2002. Discourse variation, in J. K. Chambers, P. Trudgill e N. Schilling-Estes (eds.), 283-305.
Macaulay, R. K. S. 2005a. *Extremely common eloquence: constructing Scottish identity through narrative*. Amsterdam: Rodopi.
Macaulay, R. K. S. 2005b. *Talk that counts: age, gender, and social class differences in discourse*. New York: Oxford University Press.
Makri-Tsilipakou, M. 2003. Greek diminutive use problematized: gender, culture and common sense, *Discourse and Society* 14 (6): 699-726.
Malinowski, B. 1956. The problem of meaning in primitive languages, in C. K. Ogden e I. A. Richards (eds.), *The meaning of meaning*, 296-336. New York: Harcourt, Brace and Company. (originally published 1923).
Malle, B. F. e Hodges, S. D. (eds.). 2005. *Other minds: how humans bridge the divide between self and others*. New York: Guilford Press.
Mallinson, C. e Brewster, Z. W. 2005. 'Blacks and bubbas': stereotypes, ideology, and categorization processes in restaurant servers' discourse, *Discourse and Society* 16 (6): 787-807.

Mandler, J. M. 1984. *Stories, scripts, and scenes: aspects of schema theory*. Hillsdale, NJ: Lawrence Erlbaum Associates.
Markel, N. N. 1998. *Semiotic psychology: speech as an index of emotions and attitudes*. New York: P. Lang.
Markkanen, R. e Schröder, H. (eds.) 1997. *Hedging and discourse: approaches to the analysis of a pragmatic phenomenon in academic texts*. Berlin; New York: Walter de Gruyter.
Markus, H. 1977. Self-schemata and processing information about the self, *Journal of Personality and Social Psychology* 35: 63-78.
Martin, J. R. 1985. Process and text: two aspects of human semiosis, in J. D. Benson e W. S. Greaves (eds.), *Systemic perspectives on discourse*, 248-274. Vol. 1. Selected Theoretical Papers from the 9th International Systemic Workshop. Norwood, NJ: Ablex.
Martin, J. R. 1992. *English text: system and structure*. Philadelphia, PA: John Benjamins Publishing Company.
Martin, J. R. 1999. Modelling context: the crooked path of progress in contextual linguistics, in M. Ghadessy (ed.), 25-61.
Martin, J. R., e Wodak, R. (eds.) 2003. *Re/reading the past: critical and functional perspectives on time and value*. Amsterdam; Philadelphia, PA: John Benjamins Publishing Company.
Martin, B. A., Tversky, B. e Lang, D. S. 2006. Making sense of abstract events. Stanford University: Dept. of Psychology.
Martins, I. e Ogborn, J. 1997. Metaphorical reasoning about genetics, *International Journal of Science Education* 19 (1): 47-63.
Maynard, D. W. 2003. *Bad news, good news: conversational order in everyday talk and clinical settings*. University of Chicago Press.
McConnell-Ginet, S. 2003. 'What's in a name?' Social labeling and gender practices, in J. Holmes e M. Meyerhoff (eds.), 69-97.
McGlone, M. S. 2005. Contextomy: the art of quoting out of context, *Media Culture and Society* 27 (4): 511-512.
McHoul, A. e Rapley, M. (eds.) 2001. *How to analyse talk in institutiomal settings: a casebook of methods*. London: Continuum.
McKendy, J. P. 2006. 'I'm very careful about that': narrative and agency of men in prison, *Discourse & Society* 17 (4): 473-502.
Meinhof, U. H. e Smith, J. (eds.) 2000. *Intertextuality and the media: from genre to everyday life*. Manchester University Press.
Mendoza, N. 1996. Language ideology and gang affiliation among California Latina girls, in M. Bucholtz (ed.), *Proceedings of the Third Berkeley Women and Language Conference*. Berkeley: University of California Press.
Mendoza, N. 1999. Fighting words: Latina girls, gangs, and language attitudes, in D. L. Galindo e M. D. Gonzalez-Vasquez (eds.), *Speaking Chicana: voice, power and identity*. Tucson, AZ: University of Arizona Press.
Mey, J. 1993. *Pragmatics: an introduction*. Oxford, UK; Cambridge, MA: Blackwell.
Metzinger, T. 2003. *Being no one: the self-model theory of subjectivity*. Cambridge, MA: MIT Press.
Meyerhoff, M. 1996. Dealing with gender identity as a sociolinguistic variable, in V. L. Bergvall, J. M. Bing e A. Freed (eds.) 1996. *Rethinking gender and language research: theory and practice*, 202-227. London: Longman.
Meyers, R. A., Brashers, D. E., Winston, L. e Grob, L. 1997. Sex differences and group argument: a theoretical framework and empirical investigation. *Communication Studies* 48: 19-4.
Middlestadt, S. E. e Barnhurst, K. G. 1999. The influence of layout on the perceived tone of news articles, *Journalism and Mass Communication Quarterly* 76 (2): 264-276.
Mieder, W. 2002. *Call a spade a spade: from classical phrase to racial slur: a case study*. New York: Peter Lang.
Miller, L. M. S. 2003. The effects of age and domain knowledge on text-processing, *Journals of Gerontology Series B-Psychological Sciences and Social Sciences* 58 (4): 217-223.
Mills, S. 2003. *Gender and politeness*. Cambridge University Press.
Milroy, J. e Milroy, L. 1997. Varieties and variation, in F. Coulmas (ed.), *The handbook of sociolinguistics*, 47-64. Oxford: Blackwell.
Milroy, L. e Gordon, M. J. 2003. *Sociolinguistics: method and interpretation*. Malden, MA: Blackwell Pub.
Mitra, A. 2004. Voices of the marginalized on the internet: examples from a website for women of South Asia, *Journal of Communication* 54 (3): 492-510.

Mohammed, S. N. 2004. Self-presentation of small developing countries on the world wide web: a study of official websites, *New Media and Society* 6 (4): 469-486.
Montague, R. 1974. *Formal philosophy: selected papers of Richard Montague*. Edited and with an introduction by Richmond H. Thomason. New Haven: Yale University Press.
Montefiore, A. e Noble, D. (eds.) 1989. *Goals, no-goals, and own goals: a debate on goal-directed and intentional behaviour*. London; Boston: Unwin Hyman.
Moulton, J. 1983. A *paradigm of philosophy: the adversary method*, in S. Harding (ed.), *Discovering reality*, 149-164. Dordrecht: Reidel.
Mutz, D. C. e Mondak, J. J. 2006. The workplace as a context for cross-cutting political discourse, *Journal of Politics* 68 (1): 140-155.
Myers, G. 1996. Strategic vagueness in academic writing, in E. Ventola e A. Mauranen (eds.), *Academic writing: intercultural and textual issues*, 3-18. Amsterdam; Philadelphia, PA: John Benjamins Publishing Company.
Nader, L. 1996. Regulating household talk, in Julie Gerhardt e Dan Isaac Slobin (eds.), *Social interaction, social context, and language: essays in honor of Susan Ervin-Tripp*, 219-234. Hillsdale, NJ: Lawrence Erlbaum Associates, Inc.
Neisser, U. e Fivush, R. (eds.) 1994. *The remembering self: construction and accuracy in the self-narrative*. Cambridge University Press.
Newtson, D. e Engquist, G. 1976. The perceptual organization of ongoing behavior, *Journal of Experimental Social Psychology* 12: 436-450.
Nordenstam, K. 1992. Male and female conversation style, *International Journal of the Sociology of Language* 94: 75-98.
Norrby, C. e Winter, J. 2002. Affiliation in adolescents' use of discourse extenders, in Cynthia Allen (ed.), Proceedings of the 2001 Conference of the Australian Linguistic Society. www.als.asn.au.
Nuyts, J. 1993. *Intentions and language use*. Antwerp, Belgium: University of Antwerp.
Oakhill, J. e Garnham, A. (eds.) 1996. *Mental models in cognitive science: essays in honour of Phil Johnson-Laird*. Hove, UK: Psychology Press.
Oatley, K. e Johnson Laird, P. N. 1996. The communicative theory of emotions: empirical tests, mental models, and implications for social interaction, in Abraham Tesser e Leonard L. Martin, (eds.), *Striving and feeling: interactions among goals, affect, and self-regulation*, 363-393. Hillsdale, NJ: Lawrence Erlbaum Associates, Inc.
O'Barr, W. M. e Conley, J. M. 1992. *Fortune and folly: the wealth and power of institutional investing*. Homewood, Ill.: Business One Irwin.
Ochs, E. e Capps, L. 2001. *Living narrative: creating lives in everyday storytelling*. Cambridge, MA: Harvard University Press.
Ochs, E. e Taylor, C. 1995. The 'father knows best' dynamic in dinnertime narratives, in K. Hall e M. Bucholtz (eds.), *Gender articulated: language and the socially constructed self*, 97-119. New York: Routledge.
O'Donnell, M. 1999. Context in dynamic modeling, in M. Ghadessy (ed.), 63-100.
O'Hara, R. J. 1992. Telling the tree: narrative representation and the study of evolutionary history, *Biology and Philosophy* 7 (2): 135-160.
Okamoto, D. G. e Smith-Lovin, L. 2001. Changing the subject: gender, status, and the dynamics of topic change, *American Sociological Review* 66 (6): 852-873.
Ostermann, A. C. 2003. Localizing power and solidarity: pronoun alternation at an all-female police station and a feminist crisis-intervention center in Brazil, *Language in Society* 32 (3): 351-381.
Owen, J. L. (ed.) 1997. *Context and communication behavior*. Reno, NV: Context Press.
Pak, M., Sprott, R. e Escalera, E. 1996. Little words big deal: the development of discourse and syntax in child language, in Dan Isaac Slobin, e Julie Gerhardt (eds.), *Social interaction, social context, and language: essays in honor of Susan Ervin-Tripp*. Mahwah, NJ: Lawrence Erlbaum Associates.
Palmer, C. L. 2001. *Work at the boundaries of science information and the interdisciplinary research process*. Boston: Kluwer Academic Publishers.
Palmer, G. B. e Occhi, D. J. (eds.) 1999. *Languages of sentiment: cultural constructions of emotional substrates*. Amsterdam: John Benjamins Publishing Company.
Paugh, A. L. 2005. Learning about work at dinnertime: language socialization in dual-earner American families, *Discourse and Society* 16 (1): 55-78.

Penelope, J. 1990. *Speaking freely: unlearning the lies of the fathers' tongues*. New York: Pergamon Press.

Peräkylä, A. e Vehvilainen, S. 2003. Conversation analysis and the professional stocks of interactional knowledge, *Discourse and Society* 14 (6): 727-750.

Perfetti, C. A. 1983. *Individual differences in reading abilities*, in National Academy of Sciences (ed.), *Issues in cognition*, 137-161. Washington DC: National Academy of Sciences.

Pervin, L. A. (ed.). 1978. *Perspectives in interactional psychology*. New York: Plenum Press.

Petöfi, J. S. 1971. *Transformationsgrammatiken und eine ko-textuelle Texttheorie*. Frankfurt: Athenäum.

Petöfi, J. S. e Franck, D. M. L. (eds.) 1973. *Presuppositions in linguistics and philosophy*. Frankfurt: Athenäum.

Philips, S. U. 2003. The power of gender ideologies in discourse, in J. Holmes e M. Meyerhoff (eds.), 252-276.

Phillips, D. e Henderson, D. 1999. 'Patient was hit in the face by a fist...': a discourse analysis of male violence against women. *American Journal of Orthopsychiatry* 69 (1): 116-121.

Phinney, J. S. e Chavira, V. 1995. Parental ethnic socialization and adolescent coping with problems related to ethnicity, *Journal of Research on Adolescence* 5 (1): 31-53.

Piazza, C. L. 1987. Identifying context variables in research on writing: a review and suggested directions, *Written Communication* 4: 107-137.

Pickering, M. J. e Garrod, S. 2004. Toward a mechanistic psychology of dialogue, *Behavioral and Brain Sciences* 27: 169-225.

Pickering, M. J. e Garrod, S. 2005. Establishing and using routines during dialogue: implications for psychology and linguistics, in Anne Cutler (ed.), *Twenty-first century psycholinguistics: four cornerstones*. Mahwah, NJ: Lawrence Erlbaum Associates.

Plett, H. F. (ed.). 1991 *Intertextuality*. Berlin; New York: W. de Gruyter.

Polanyi, L. 1981. Telling the same story twice, *Text* 1 (4): 315-336.

Polanyi, L. 1985. *Telling the American story: a structural and cultural analysis of conversational storytelling*. Norwood, NJ: Ablex Publishers.

Portner, P. 2005. *What is meaning? Fundamentals of formal semantics*. Malden, MA: Blackwell.

Portner, P. e Partee, B. H. (eds.) 2002. *Formal semantics: the essential readings*. Oxford: Blackwell.

Potter, J. 1996. *Representing reality: discourse, rhetoric and social construction*. London Thousand Oaks, CA: Sage.

Prego-Vázquez, G. 2007. Frame conflict and social inequality in the workplace: professional and local discourse struggles in employee/customer interaction, *Discourse and Society* 18 (3): 295-335.

Preyer, G. e Peter, G. (eds.) 2005. *Contextualism in philosophy: knowledge, meaning, and truth*. Oxford University Press.

Quasthoff, U. M. e Becker, T. (ed.) 2004. *Narrative interaction*. Amsterdam, Netherlands; Philadelphia, PA: John Benjamins Publishing Company.

Redeker, G. e Maes, A. 1996. Gender differences in interruptions, in D. I. Slobin, J. Gerhardt, A. Kyratzis e J. Guo (eds.) (1996). *Social interaction, social context, and language: essays in honor of Susan Ervin-Tripp*, 997-612. Hillsdale, NJ: Lawrence Erlbaum Associates.

Reisigl, M. e Wodak, R. 2001. *Discourse and discrimination rhetorics of racism and antisemitism*. London; New York: Routledge.

Reisigl, M. e Wodak, R. (eds.) 2000. *The semiotics of racism: approaches in critical discourse analysis*. Vienna: Passagen.

Rendle-Short, J. 2005. 'I've got a paper-shuffler for a husband': indexing sexuality on talk-back radio, *Discourse and Society* 16 (4): 561-578.

Resnick, L. B., Levine, J. M. e Teasley, S. D. (eds.) 1991. *Perspectives on socially shared cognition*. Washington DC: American Psychological Association.

Rice, P. S. 2000. Gendered readings of a traditional feminist folktale by 6th-grade boys and girls *Journal of Literacy Research* 32 (2): 211-236.

Riley, S. C. E. 2003. The management of the traditional male role: a discourse analysis of the constructions and functions of provision, *Journal of Gender Studies* 12 (2): 99-113.

Rochester, S. R. e Martin, J. R. 1979. *Crazy talk: a study of the discourse of schizophrenic speakers*. New York: Plenum.

Rojo, L. M. e Esteban, C. G., 2005. The gender of power: the female style of labour organizations, in M. M. Lazar (ed.) 2005b, 61-89.

Romaine, S. 2003. Variation in language and gender, in J. Holmes e M. Meyerhoff (eds.), 98-118.
Römer, C. 1998. *Us and Them: zur Einwanderungsproblematik in Grossbritannien in den achtziger Jahren: das Beispiel der Migranten aus dem karibischen Raum*. Tübingen: Stauffenburg Verlag.
Rosch, E. 1978. Principles of categorization, in E. Rosch e B. B. Lloyd (eds.), *Cognition and categorization*. Hillsdale, NJ: Erlbaum.
Rostila, I. 1995. The relationship between social worker and client in closing conversations, *Text* 15 (1): 69-102.
Rubin, D. C. (ed.) 1986. *Autobiographical memory*. New York: Cambridge University Press.
Rubin, D. C. (ed.) 1999. *Remembering our past*. Cambridge University Press.
Rubin, D. L. 1984. The influence of communicative context on stylistic variation in writing, in A. D. Pelligrini e T. Yawkey (eds.), *The development of oral and written language in social contexts*, 213-222. Norwood, NJ: Ablex.
Ryan, K. 2003. *Write up the corporate ladder: successful writers reveal the techniques that help you write*. New York: American Management Association.
Sacks, H., Schegloff, E. A. e Jefferson, G. 1974. A simplest systematics for the organization of turn-taking in conversation, *Language* 50 (4): 696-735.
Saeed, J. I. 1997. *Semantics*. Cambridge, MA: Blackwell Publishers.
Sandell, R. G. 1977. *Linguistic style and persuasion*. London; New York: published in cooperation with European Association of Experimental Social Psychology by Academic Press.
Sarangi, S. e Roberts, C. (eds.) 1999. *Talk, work, and institutional order: discourse in medical, mediation, and management settings*. Berlin; New York: Mouton de Gruyter.
Saville-Troike, M. 2002. *The ethnography of communication: an introduction*. Malden, MA: Blackwell.
Schank, R. C. 1990. *Tell me a story: a new look at real and artificial memory*. New York: Charles Scribner's Sons.
Schank, R. C. 1999. *Dynamic memory revisited*. Cambridge University Press.
Schank, R. C. e Abelson, R. P. 1977. *Scripts, plans, goals, and understanding: an inquiry into human knowledge structures*. Hillsdale, NJ, New York: L. Erlbaum Associates distributed by the Halsted Press Division of John Wiley and Sons.
Schegloff, E. A. 1968. Sequencing in conversational openings, *American Anthropologist* 70: 1075-1095.
Schegloff, E. A. 1996. Turn organization: one intersection of grammar and interaction, in E. Ochs, E. A. Schegloff e S. A. Thompson (eds.), *Interaction and grammar*, 52-133. Cambridge University Press.
Schieffelin, B. B. 1990. *The give and take of everyday life: language socialization of Kaluli children*. Cambridge University Press.
Schieffelin, B. B. e Ochs, E. (eds.) 1986. *Language socialization across cultures*. Cambridge University Press.
Schiffer, S. R. 1972. *Meaning*. Oxford University Press.
Schober, M. F. e Conrad, F. G. 1997. Does conversational interviewing reduce survey measurement error? *Public Opinion Quarterly* 61 (4): 576-602.
Searle, J. 1969. *Speech acts: an essay in the philosophy of language*. Cambridge University Press.
Searle, J. R. 1983. *Intentionality: an essay in the philosophy of mind*. Cambridge University Press.
Sebeok, T. A. (ed.) 1960. *Style in language*. Cambridge, MA: MIT Press.
Selting, M. e Sandig, B. 1997. *Sprech- und Gesprächsstile*. Berlin: De Gruyter.
Shailor, J. G. 1997. The meaning and use of 'context' in the theory of Coordinated Management of Meaning, in J. L. Owen (ed.), *Context and communication behavior*, 97-110. Reno, NV: Context Press.
Shaw, S. 2000. Language, gender and floor apportionment in political debates, *Discourse and Society* 11 (3): 401-418.
Sheldon, A. 1990. Pickle fights: gendered talk in preschool disputes, *Discourse Processes* 13 (1): 5-31.
Sheldon, A. 1997. Talking power: girls, gender enculturation and discourse, in Ruth Wodak (ed.), 225-244. Thousand Oaks, CA: Sage.
Shuy, R. W. 1998. *The language of confession, interrogation, and deception*. Thousand Oaks, CA: Sage.
Sidnell, J. 2003. Constructing and managing male exclusivity in talk-in-interaction, in J. Holmes e M. Meyerhoff (eds.), 327-352.
Sillars, M. O. e Ganer, P. 1982. Values and beliefs: a systematic basis for argumentation, in J. R. Cox e C. A. Willard (eds.), *Advances in argumentation theory and research*, 184-201. Carbondale, Ill.: Southern Illinois University Press.
Singleton, D. 2000. *Language and the lexicon: an introduction*. London: Arnold.

Slotte, V., Lonka, K. e Lindblom-Ylänne, S. 2001. Study-strategy use in learning from text: does gender make any difference? *Instructional Science* 29 (3): 255-272.

Smocovitis, V. B. 1996. *Unifying biology: the evolutionary synthesis and evolutionary biology*. Princeton University Press.

Snow, C. E. e Ferguson, C. A. (eds.) 1977. Talking to children: language input and acquisition. Papers from a conference sponsored by the Committee on Sociolinguistics of the Social Science Research Council (USA). Cambridge; New York: Cambridge University Press.

Soler Castillo, S. 2004. *Discurso y género en historias de vida: una investigación de relatos de hombres y mujeres en Bogotá*. Bogotá: Instituto Caro y Cuervo.

Speer, N., Zacks, J. M. e Reynolds, J. R. 2006. Human brain activity time-locked to narrative event boundaries. *Psychological Science* 18 (5), 449-455.

Speer, S. A. e Parsons, C. 2006. Gatekeeping gender: some features of the use of hypothetical questions in the psychiatric assessment of transsexual patients. *Discourse and Society* 17 (6): 785-812.

Spencer, J. e Gregory, M. J. 1964. An approach to the study of style, in Spencer, J. W., Enkvist, N. E. e Gregory, M. J. (eds.), *Linguistics and Style*, 57-105. London: Oxford University Press.

Sperber, D. e Wilson, D. 1995. *Relevance: communication and cognition*. Cambridge, MA: Blackwell Publishers.

Stalnaker, R. C. 1978. Assertion, in P. Cole (ed.), *Syntax and semantics 9: Pragmatics*, 315-332. New York: Academic Press.

Stalnaker, R. C. 1999. *Context and content: essays on intentionality in speech and thought*. Oxford University Press.

Stalnaker, R. C. 2002. Common ground, *Linguistics and Philosophy* 25 (5-6): 701-721.

Steffen, V. J. e Eagly, A. 1985. Implicit theories about influence of style: the effects of status and sex, *Personality and Social Psychology Bulletin* 11 (2): 191-205.

Stokoe, E. e Edwards, D. 2007. 'Black this, black that': racial insults and reported speech in neighborhood complaints and police interrogations, *Discourse and Society* 18 (3): 337-372.

Struever, N. S. 1985. Historical discourse, in T. A. van Dijk (ed.), *Handbook of discourse analysis. Vol. 1. Disciplines of Discourse*, 249-271. London: Academic Press.

Stubbe, M. e Holmes, J. 1995. You know, eh and other 'exasperating expressions': an analysis of social and stylistic variation in the use of pragmatic devices in a sample of New Zealand English. *Language and Communication* 15 (1): 63-88.

Swacker, M. 1975. The sex of a speaker as a sociolinguistic variable, in B. Thorne e N. Henley (eds.), *Language and sex: difference and dominance*, 76-83. Rowley, MA: Newbury House Publishers.

Tagliamonte, S. e Hudson, R. 1999. *Be like* et al. beyond America: the quotative system in British and Canadian youth, *Journal of Sociolinguistics* 3 (2): 147-172.

Talbot, M. 2003. Gender stereotypes: reproduction and challenge, in J. Holmes e M. Meyerhoff, (eds.), 468-486.

Tannen, D. 1981. Indirectness in discourse: ethnicity as conversational style, *Discourse Processes* 4 (3): 221-238.

Tannen, D. 1984. *Coherence in spoken and written discourse*. Norwood, NJ: ABLEX Corp.

Tannen, D. 1986. *That's not what I meant!* London: Dent.

Tannen, D. 1990. *You just don't understand: women and men in conversation*. New York: William Morrow.

Tannen, D. 1996. *Gender and discourse*. New York; Oxford: Oxford University Press.

Tannen, D. 2003. Gender and family interaction, in J. Holmes e M. Meyerhoff (eds.), 179-201.

Tedeschi, J. T. (ed.) 1981. *Impression management theory and social psychological research*. New York: Academic Press.

Ten Have, P. 1999. *Doing conversation analysis: a practical guide*. London: Sage.

Ten Have, P. 2001. Applied conversation analysis, in Alec McHoul e Mark Rapley, (eds.), *How to analyse talk in institutional settings: a casebook of methods*, 3-11. London: Continuum.

Thimm, C., Koch, S. C. e Schey, S. 2003. Communicating gendered professional identity: competence, cooperation, and conflict in the workplace, in J. Holmes, J. e M. Meyerhoff (eds.), 528-549.

Thurlow, C. e Jaworski, A. 2006. The alchemy of the upwardly mobile: symbolic capital and the stylization of elites in frequent-flyer programmes, *Discourse and Society* 17 (1): 99-135.

Thurlow, C., Lengel, L. B. e Tomic, A. 2004. *Computer mediated communication*. Sage: London.

Tilbury, F. e Colic-Peisker, V. 2006. Deflecting responsibility in employer talk about race discrimination, *Discourse and Society* 17 (5): 651-676.

Tindale, C. W. 1992. Audiences, relevance, and cognitive environments, *Argumentation* 6 (2): 177-188.

Tomasello, M. 1999a. Having intentions, understanding intentions, and understanding communicative intentions, in Janet Wilde Astington e Philip David Zelazo (eds.) *Developing theories of intention: social understanding and self-control*, 63-75. Mahwah, NJ: Lawrence Erlbaum.

Tomasello, M. 1999b. *The cultural origins of human cognition*. Cambridge, MA: Harvard University Press.
Tomasello, M., Carpenter, M., Call, J., Behne, T. e Moll, H. 2005. Understanding and sharing intentions: the origins of cultural cognition, *Behavioral and Brain Sciences* 28: 675-735.
Tonkin, E. 1992. *Narrating our pasts: the social construction of oral history*. Cambridge University Press.
Toolan, M. J. 1990. *The stylistics of fiction: a literary-linguistic approach*. London; New York: Routledge.
Toolan, M. J. 2001. *Narrative: a critical linguistics introduction*. Second edition. London: Routledge.
Tracy, K. 1991. *Understanding face-to-face interaction: issues linking goals and discourse*. Hillsdale, NJ: Lawrence Erlbaum Associates.
Tracy, K. (ed.) 1998. *Analyzing context: special issue research on language and social interaction*, 31(1).
Triandafyllidou, A. 1998. National identity and the other, *Ethnic and Racial Studies* 21 (4): 593-612.
Triandafyllidou, A. 2000. The political discourse on immigration in Southern Europe: a critical analysis, *Journal of Community and Applied Social Psychology* 10 (5): 373-389.
Trudgill, P. 1972. Sex, covert prestige and linguistic change in the urban British English of Norwich, *Language in Society* 1: 179-195.
Tuchman, G. 1978. *Making news: a study in the construction of reality*. New York: Free Press.
Tulving, E. 1983. *Elements of episodic memory*. Oxford University Press.
Tulving, E. 2002. Episodic memory: from mind to brain, *Annual Review of Psychology* 53 (1): 1-25.
Tyler, A. e Boxer, D. 1996. Sexual harassment? Cross-cultural/ cross-linguistic perspectives. *Discourse & Society* 7 (1): 107-133.
Ubel, P. A., Zell, M. M, Miller, D. J., Fischer, G. S., Peters-Stefani, D. e Arnold R. M. 1995. Elevator talk: observational study of inappropriate comments in a public space, *The American Journal of Medicine* 99 (2): 190-194.
Van Bezooijen, R. 1995. Sociocultural aspects of pitch differences between Japanese and Dutch women, *Language and Speech* 38 (3): 253-265.
Van der Sandt, R. A. 1988. *Context and presupposition*. London: Croom Helm.
Van Dijk, T. A. 1972. *Some aspects of text grammars: a study in theoretical linguistics and poetics*. The Hague: Mouton.
Van Dijk, T. A. 1977. *Text and context: explorations in the semantics and pragmatics of discourse*. London: Longman.
Van Dijk, T. A. 1980. *Macrostructures: an interdisciplinary study of global structures in discourse, interaction, and cognition*. Hillsdale, NJ: Lawrence Erlbaum Associates.
Van Dijk, T. A. 1981. *Studies in the pragmatic of discourse*. The Hague: Mouton.
Van Dijk, T. A. 1984. *Prejudice in discourse: an analysis of ethnic prejudice in cognition and conversation*. Amsterdam, Netherlands; Philadelphia: John Benjamins Publishing Company.
Van Dijk, T. A. 1985. Cognitive situation models in discourse processing: the expression of ethnic situation models in prejudiced stories, in J. P. Forgas, (ed.) *Language and social situations*, 61-79. New York: Springer.
Van Dijk, T. A. 1987. *Communicating racism: ethnic prejudice in thought and talk*. Newbury Park, CA: Sage Publications.
Van Dijk, T. A. 1988a. *News analysis: case studies of international and national news in the press*. Hillsdale, NJ: Lawrence Erlbaum Associates.
Van Dijk, T. A. 1988b. *News as discourse*. Hillsdale, NJ: Lawrence Erlbaum Associates.
Van Dijk, T. A. 1991. *Racism and the press*. London; New York: Routledge.
Van Dijk, T. A. 1992. Discourse and the denial of racism, *Discourse & Society*, 3(1), 87-118.
Van Dijk, T. A. 1993a. *Elite discourse and racism*. Thousand Oaks, CA: Sage Publications.
Van Dijk, T. A. 1993b. Stories and racism, in D. Mumby (ed.), *Narrative and social control*, 121-142. Newbury Park, CA: Sage.
Van Dijk, T. A. (ed.) 1997. *Discourse studies: a multidisciplinary introduction*. 2 vols. London: Sage.
Van Dijk, T. A. 1998. Ideology. A *multidisciplinary approach*. London: Sage.
Van Dijk, T. A. 1999. Context models in discourse processing, in Herre van Oostendorp e Susan R. Goldman (eds.), *The construction of mental representations during reading*, 123-148. Mahwah, NJ: Lawrence Erlbaum Associates.
Van Dijk, T. A. 2000. Parliamentary debates, in R. Wodak e T. A. van Dijk (eds.), *Racism at the top: parliamentary discourses on ethnic issues in six European states*, 45-78. Klagenfurt, Austria: Drava Verlag.
Van Dijk, T. A. 2001. Critical discourse analysis, in D. Schiffrin, D. Tannen e H. E. Hamilton (eds.), *The handbook of discourse analysis*, 352-371. Oxford: Blackwell.

Van Dijk, T. A. 2003. Knowledge in parliamentary debates, *Journal of Language and Politics* 2 (1): 93-129.
Van Dijk, T. A. 2004. Text and context of parliamentary debates, in Paul Bayley (ed.), *Cross-cultural perspectives on parliamentary discourse*, 339-372. Amsterdam: John Benjamins Publishing Company.
Van Dijk, T. A. 2006. Discourse, context and cognition, *Discourse Studies* 8 (1): 159-177.
Van Dijk, T. A. 2008. *Society in discourse: how context controls text and talk*. Cambridge University Press.
Van Dijk, T. A. e Kintsch, W. 1983. *Strategies of discourse comprehension*. New York: Academic Press.
Van Eemeren, F. H. e Grootendorst, R. 1992. *Argumentation, communication, and fallacies*. Hillsdale, NJ: Erlbaum.
Van Eemeren, F. H., Grootendorst, R., Blair, J. A. e Willard, C. A. (eds) 1987. *Argumentation across the lines of discipline*. Dordrecht: Foris.
Van Eemeren, F. H., Grootendorst, R., Blair, J. A. e Willard, C. A. (eds.). 1992. *Argumentation Illuminated*. Amsterdam: SICSAT.
Van Hout, A. e Vet, C. 2005. *Cross-linguistic views on tense, aspect and modality*. Amsterdam: Rodopi
Van Leeuwen, T. J. 2005. *Introducing social semiotics*. London: Routledge.
Van Leeuwen, T. J. 2006. Towards a semiotics of typography, *Information Design Journal* 14 (2): 139-155.
Van Oostendorp, H. e Goldman, S. R. (eds.) 1999. *The construction of mental representations during reading*. Mahwah, NJ: Lawrence Erlbaum.
Vazire, S. e Gosling, S. D. 2004. e-Perceptions: personality impressions based on personal websites, *Journal of Personality and Social Psychology* 87 (1): 123-132.
Ventola, E. 1987. *The structure of social interaction: a systemic approach to the semiotics of service encounters*. London, Wolfeboro, N. H. F. Pinter Longwood.
Ventola, E. 1995. Generic and register qualities of texts and their realization, in P. H. Fries e M. Gregory (eds.), 3-28.
Ventola, E. (ed.). 1991. *Functional and systemic linguistics: approaches and uses*. Berlin; New York: Mouton de Gruyter.
Verkuyten, M. 2005. Accounting for ethnic discrimination: a discursive study among minority and majority group members, *Journal of Language and Social Psychology* 24 (1): 66-92.
Verschueren, J., Östman, J. O. e Blommaert, J. (eds.) 1995. *Handbook of pragmatics*. Amsterdam; Philadelphia, PA: John Benjamins Publishing Company.
Vincent, D. 1982. *Pressions et impressions sur les sacres au Québec*. Québec: Gouvernement du Québec, Office de la langue française.
Wagner, I. e Wodak, R. 2006. Performing success: identifying strategies of self-presentation in women's biographical narratives, *Discourse and Society* 17 (3): 385-411.
Wang, J. J. 2006. Questions and the exercise of power, *Discourse and Society* 17 (4): 529-548.
Wegener, P. 1991. *Untersuchungen über die Grundfragen des Sprachlebens (1885)*. (Investigations into the fundamental questions of the life of language). Amsterdam: John Benjamins Publishing Company.
Wegman, C. 1994. Factual argumentation in private opinions: effects of rhetorical context and involvement, *Text* 14 (2): 287-312.
West, C. e Fenstermaker, S. 2002. Accountability in action: the accomplishment of gender, race and class in a meeting of the University of California Board of Regents, *Discourse and Society* 13 (4): 537-563.
West, C. e Zimmerman, D. 1983. Small insults: a study of interruptions in cross-sex conversations between unacquainted persons, in B. Thorne, C. Kramarae e N. Henley (eds.), *Language Gender and Society*, 103-118. Rowley, MA: Newbury House.
Whissell, C. 1999. Phonosymbolism and the emotional nature of sounds: evidence of the preferential use of particular phonemes in texts of differing emotional tone, *Perceptual and Motor Skills* 89 (1): 19-48.
Wierzbicka, A. 1986. Precision in vagueness: the semantics of English approximatives, *Journal of Pragmatics* 10 (5): 597-614.
Willott, S., Griffin, C. e Torrance, M. 2001. Snakes and ladders: upper-middle class male offenders talk about economic crime, *Criminology* 39 (2): 441-466.
Wilson, D. 1975. *Presuppositions and non-truth-conditional semantics*. London: Academic Press.
Wilson, J. 1990. *Politically speaking: the pragmatic analysis of political language*. Oxford; Cambridge, MA: Blackwell.
Wodak, R. 1985. The interaction between judge and defendant, in T. A. Van Dijk (ed.), *Handbook of discourse analysis. Vol. 4. Discourse analysis in society*, 181-191. London: Academic Press.
Wodak, R. 1989. *Language, power, and ideology: studies in political discourse*. Amsterdam; Philadelphia, PA: John Benjamins Publishing Company.

Wodak, R. (ed.). 1997. *Gender and discourse*. Thousand Oaks, CA: Sage Publications.

Wodak, R. 2003. Multiple identities: the roles of female parliamentarians in the EU parliament, in J. Holmes e M. Meyerhoff (eds.), 671-698.

Wodak, R. e Benke, W. 1997. Gender as a sociolinguistic variable, in F. Coulmas (ed.), *The handbook of sociolinguistics*, 127-150. Oxford: Blackwell.

Wodak, R. e Meyer, M. (eds.) 2001. *Methods of critical discourse analysis*. London Thousand Oaks, CA: SAGE.

Wodak, R. e Van Dijk, T. A. (eds.) 2000. *Racism at the top. Parliamentary discourses on ethnic issues in six European countries*. Klagenfurt: Drava Verlag.

Wodak, R., Nowak, P., Pelikan, J., Gruber, H., de Cillia, R. e Mitten, R. 1990. *'Wir sind alle unschuldige Täter'. Diskurshistorische Studien zum Nachkriegsantisemitismus*. Frankfurt/Main: Suhrkamp.

Wolfram, W. e Schilling-Estes, N. 1998. *American English: dialects and variation*. Oxford: Blackwell.

Wood, L. A. e Rennie, H. 1994. Formulating rape: the discursive construction of victims and villains. *Discourse and Society* 5 (1): 125-148.

Wuthnow, R. 1989. *Communities of discourse: ideology and social structure in the Reformation, the Enlightenment, and European socialism*. Cambridge, MA: Harvard University Press.

Zacks, J. M., Tversky, B. e Iyer, G. 2001. Perceiving, remembering, and communicating structure in events, *Journal of Experimental Psychology-General* 130 (1): 29-58.

Zelazo, P. D., Astington, J. W. e Olson, D. R. (eds.) 1999. *Developing theories of intention: social understanding and self-control*. Mahwah, NJ: Lawrence Erlbaum Associates, Publishers.

Zentella, A. C. 1997. *Growing up bilingual: Puerto Rican children in New York*. Malden, MA: Blackwell.

Zwaan, R. A. e Radvansky, G. A. 1998. Situation models in language comprehension and memory, *Psychological Bulletin* 123 (4): 162-185.

O AUTOR

Teun A. van Dijk é professor da Universidade Pompeu Fabra de Barcelona (Espanha) desde 1999. Licenciado na Universidade Livre de Amsterdã e na Universidade de Amsterdã (Holanda), é doutor por esta última. Foi editor-fundador das revistas *Poetics*, *TEXT*, *Discourse & Society* e *Discourse Studies*; ainda é editor das duas últimas. Fundou também a revista multidisciplinar *Discourse & Communication* e a revista on-line em espanhol *Discurso y Sociedad*. Idealizador do site www.racismos.org e cofundador e secretário-geral da International Association for the Study of Racism (IASR). Pela Editora Contexto publicou os livros *Cognição, discurso e interação*, *Discurso e poder* e, como organizador, *Racismo e discurso na América Latina*.

O TRADUTOR

Rodolfo Ilari foi professor do Instituto de Estudos de Linguagem (IEL) da Unicamp e da Universidade de Estocolmo. Publicou vários livros, entre eles *A expressão do tempo em português*, *Introdução à semântica*, *Introdução ao estudo do léxico* e *O português da gente*, todos pela Editora Contexto. Também pela Contexto, traduziu o *Dicionário de linguagem e linguística*, organizado por R. L. Trask, pelo qual ganhou o Prêmio União Latina de Tradução Especializada. Além disso, foi um dos responsáveis pela organização do volume 2 da coleção Gramática do Português Culto Falado no Brasil, dedicado às classes de palavras.